Java EE
核心技术与应用

郝玉龙 周旋◎著

電子工業出版社
Publishing House of Electronics Industry
北京•BEIJING

内 容 简 介

本书基于最新的 Java EE 6 规范对 Java EE 应用开发技术进行系统讲解。书中主要包括四部分内容：第一部分介绍了 Java EE 的定义、设计思想、技术架构和开发模式等，可使读者全面认识 Java EE。第二部分以 Java EE 企业应用的表现层、数据持久化层和业务逻辑层的开发为主线，重点讲解 Java EE 6 规范的最新功能特性，包括 JSF 2.0、Servlet3.0、EJB 3.1 和 JPA 2.0 等，使读者掌握开发完整 Java EE 企业应用的基本技能。第三部分讲解了如何利用 CDI 实现组件的低耦合、如何利用 Bean Validation 框架实现统一校验、如何确保企业应用安全等高级知识，使读者掌握企业应用开发中的系统架构、安全防护等高级技能。第四部分讲解了如何利用 JavaMail、Web 服务、JMS 消息服务和消息驱动 Bean 等技术来实现企业应用之间的集成和交互。

本书可作为高等学校计算机专业教材，也可作为相关人员的参考书。本书每一章都是一个完整独立的部分，因此教师在授课时可根据授课重点及课时数量进行灵活调整。

图书在版编目（CIP）数据

Java EE 核心技术与应用 / 郝玉龙，周旋著. —北京：电子工业出版社，2013.5
ISBN 978-7-121-20175-2

Ⅰ. ①J… Ⅱ. ①郝… ②周… Ⅲ. ①JAVA 语言－程序设计－教材 Ⅳ. ①TP312

中国版本图书馆 CIP 数据核字（2013）第 074255 号

责任编辑：徐津平
印　　刷：涿州市京南印刷厂
装　　订：涿州市京南印刷厂
出版发行：电子工业出版社
　　　　　北京市海淀区万寿路 173 信箱　邮编 100036
开　　本：850×1168　1/16　印张：19.5　字数：524 千字
印　　次：2013 年 5 月第 1 次印刷
印　　数：4000 册　定价：45.00 元

凡所购买电子工业出版社图书有缺损问题，请向购买书店调换。若书店售缺，请与本社发行部联系，联系及邮购电话：（010）88254888。

质量投诉请发邮件至 zlts@phei.com.cn，盗版侵权举报请发邮件至 dbqq@phei.com.cn。

服务热线：（010）88258888。

前　言

为什么写作本书

企业应用的多用户、分布式、可扩展、安全性等高级特性使得开发企业级应用程序成为一项复杂而艰巨的任务。Java EE 是专为开发企业级应用而推出的标准规范和体系架构。自 1999 年 11 月推出以来，Java EE 经历了 5 次重大版本的升级。每一次的版本升级都会带给开发人员一些惊喜。但是 2009 年 11 月 Java EE 6 版本的推出却不能用“惊喜”二字来表达，它给 Java EE 开发领域带来的是一次重大的革命，而不是简单的改进。为了帮助广大读者尽快掌握最新的 Java EE 技术，特推出此书。让我们一起分享新的 Java EE 开发技术带给我们的快乐！

什么人适合读这本书

如果你已经学习了 Java 语言，准备开始学习 Java EE 应用开发，那么这本书正是你在寻找的。它将带你一起系统学习 Java EE 最新的开发技术。本书由浅入深、全面深入地讲解了 Java EE 应用开发的各个环节所必需的基本技能和实战要领，你最终收获的将不仅是 Java EE 应用开发技能的掌握，更重要的是对 Java EE 编程思想的理解，及对 Java EE 经典架构模式的领悟。

如果你已经是一名 Java EE 应用开发人员，正醉心于 Struts、Spring 和 Hibernate 等开源框架的海洋里，那么是时候升级到最新的 Java EE 技术了。新的 Java EE 开发技术将使你以一种更加清晰的体系架构、更加优雅的系统设计、更加简洁的编程模型来完成任务。这本书将是你快速升级的最好阶梯。它涵盖了 Java EE 最新的功能特性，展示了 Java EE 新的编程思想、架构模式，昭示了 Java EE 开发未来的发展趋势。书中专门针对经验开发者之前掌握的开发技术与新的 Java EE 技术进行了对比分析，便于加深对新技术的理解。

本书有哪些特点

（1）体系完整，内容新颖

Java EE 是一个复杂的技术体系，本书对 Java EE 进行了整体介绍，涵盖 Java EE 体系架构的各个层次及其相关的功能特性，其中的 JSF 扩展、CDI、Bean Validation、安全、Restful Web 服务等重要内容都是市面上其他图书尚未涉及的，可使读者获得对 Java EE 应用开发技术的全面理解。

（2）重点突出，言简意赅

针对企业应用开发过程中的常见任务，本书对最常用的 JSF、JPA 和 EJB 等内容，以通俗简练的语言进行了深入细致的讲解，重点讲述核心概念和开发流程，突出体现 Java EE 设计思想和架构模式。

（3）结构严谨，由浅入深

为降低学习难度，使得读者可循序渐进地掌握 Java EE 开发技术，书中内容按照基础技术、高级特性和应用整合三个梯次由浅入深展开。基础技术部分以企业应用的表现层、数据持久化层和业务逻辑层的开发为主线，重点讲解 Java EE 6 规范的最新功能特性，包括 JSF 2.0、Servlet3.0、EJB 3.1 和

JPA 2.0 等；高级特性部分讲解了企业应用开发中的系统架构、安全防护、数据校验等高级技能；应用集成部分讲解了如何利用 JavaMail、Web 服务、JMS 消息服务等内容来实现企业应用之间的集成和交互。

（4）示例简洁，举一反三

本人根据多年 Java EE 工程项目实践与实际教学经验，精选示例来演示开发技术。示例力求简洁，便于读者理解和操作。对示例重在讲解启发，而不是简单的代码堆砌。

致谢

本书编写过程中，得到了许多人的帮助和支持。感谢我的同事潘老师、关老师和姚老师，他们对本书的定位和内容组织提出了宝贵的建议。感谢周旋、季平和胡志宇等同事，他们参与了本书的部分编写工作。感谢我的研究生们，他们测试了本书的全部代码。感谢本书的编辑，她对本书尽快出版付出了艰辛的劳动。特别感谢我的妻子，在我写作的过程中给我无微不至的关怀。

由于作者水平有限，加之编写时间仓促，书中难免出现错误和不足。对于书中的任何问题，请发 E-mail 至邮箱：haoyulongsd@163.com。

郝玉龙
2012 年 11 月于北京

目　录

第 1 章　走进 Java EE

1.1　引言

在开始学习 Java EE 之前，我们首先要了解什么是 Java EE？简单来说，Java EE 是一个用来开发企业级应用的架构体系和标准规范集合。但显然这不是一个能令人满意的回答。你可能马上会问：什么是企业级应用？什么又是架构体系？Java EE 是一个怎样的架构体系？它都包含了哪些标准规范呢？在本章我们将详细讲述 Java EE 产生的背景、组成、设计思想和技术架构等，帮你概要了解 Java EE 的整体特性，为进一步学习 Java EE 开发技术打下基础。

1.2　为什么需要 Java EE

1.2.1　企业级应用特征

Java EE 是为了满足企业级应用开发而推出的。大部分读者可能都开发过应用程序，例如老师布置的作业或一些小的工具软件，但是这些应用程序与企业级应用程序有着本质的区别。企业级应用并不是特指为企业开发的应用软件，而是泛指那些为大型组织部门创建的、为大量用户提供连续服务的应用程序。如网上电子银行就是一个典型的企业应用。与常见的应用程序相比，企业级应用一般具有以下特点。

（1）多用户。企业级应用通常需要服务大量用户群体，少则是一个单位或组织内的几十名员工，多则是数以亿计的社会人群。

（2）分布式。企业级应用程序通常不是运行在某个单独的 PC 上，而是通过局域网运行在一个组织内部，或通过 Internet 连接分布在世界各地的部门或用户。

（3）连续性。企业级应用通常需要 24×7 连续不停的运转，即使是短暂的服务中断也可能是无法接受的，例如铁路调度系统、电子商务网站等。

（4）多变性。社会信息瞬息万变，企业组织必须不断地改变业务规则来适应社会信息的高速变化，相应地，对应用程序也不断提出新的需求。企业级应用程序必须具备能力来及时适应需求的改变，同时又尽可能地减少资金的投入。

（5）可扩展性。在网络环境内，应用的潜在用户可能成百上千，企业级应用除了要考虑能够更加有效地利用企业不断增长的信息资源外，还要充分考虑用户群体的膨胀给应用带来的性能上的扩展需求。

（6）安全性。实现应用系统的正常操作和运转，对于企业的成功来说至关重要。但仅仅做到这一点还不够，还必须保证企业信息的安全和系统运行的可靠性。

（7）集成化。企业应用除了满足自身的需求外，还经常需要与其他信息系统进行交互对接。例如一个电子商务网站通常需要与物流信息系统和电子支付系统进行交互。

注：Java EE 是专为解决企业级应用开发提出的，牢记企业应用的上述特性是深入理解和灵活运用 Java EE 开发技术的前提和基础。

1.2.2 企业级应用架构体系

应用程序的体系结构是指应用程序内部各组件间的组织方式。企业级应用程序的体系结构的设计经历了从两层结构到三层结构、再到多层结构的演变过程。

1．两层体系结构应用程序

如图 1-1 所示，两层体系结构应用程序分为客户层（Client）和服务器层（Server），因此又称为 C/S 模式。在两层体系结构中，客户层的客户端程序负责实现人机交互、应用逻辑、数据访问等职能；服务器层由数据库服务器来实现，唯一职能是提供数据服务。

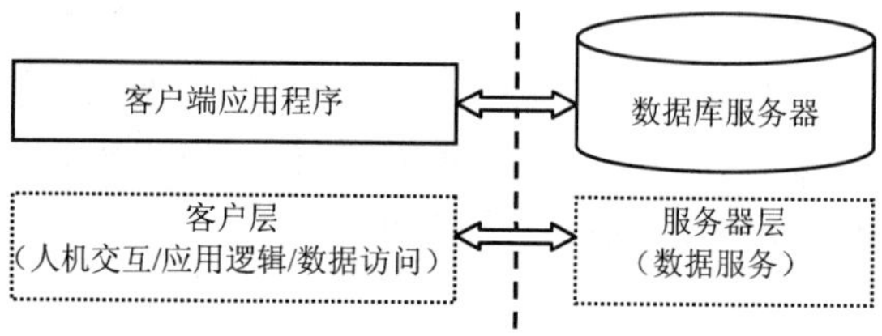

图 1-1 两层体系结构应用程序

这种体系结构应用程序有以下缺点。

（1）安全性低。客户端程序与数据库服务器直接连接，非法用户容易通过客户端程序侵入数据库，造成数据损失。

（2）部署困难。集中在客户端的应用逻辑导致客户端程序肥大，而且随着业务规则的不断变化，需要不断更新客户端程序，大大增加了程序部署工作量。

（3）耗费系统资源。每个客户端程序都要直接连到数据库服务器，使服务器为每个客户端建立连接而消耗大量宝贵的服务器资源，导致系统性能下降。

2．三层体系结构应用程序

为了解决两层体系结构应用程序带来的问题，软件开发领域又提出三层体系结构应用程序，在两层体系结构应用程序的客户层与服务器层之间又添加了一个第三层——应用服务器层。这样应用程序共分为客户层、应用服务器层和数据服务器层三个层次，如图 1-2 所示。与两层体系结构应用程序相比，三层体系结构应用程序的客户层功能大大减弱，只用来实现人机交互，原来由客户端实现的应用逻辑、数据访问职能都迁移到应用服务器层上来实现，因此客户层通常被称做“瘦客户层”。数据服务层仍旧仅提供数据信息服务。由于客户层应用程序通常是由一个通用的浏览器（Browser）程序来实现的，因此这种体系结构又被称做 B/S 模式或“瘦客户机”模式。应用服务器层是位于客户层与数据服务器层中间的一层，因此应用服务器被称做“中间件服务器”或“中间件”，应用服务器层又被称做“中间件服务器层”。

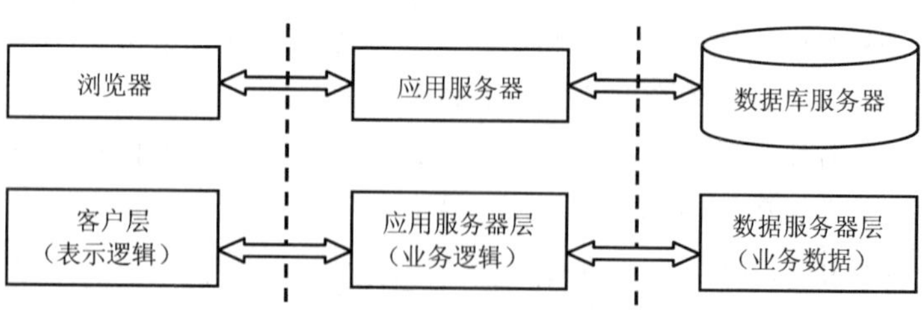

图 1-2 三层体系结构应用程序

与两层体系结构的应用程序相比，三层体系结构的应用程序具有以下优点。

（1）安全性高。中间件服务器层隔离了客户端程序对数据服务器的直接访问，保护了数据信息的安全。

（2）易维护。由于业务逻辑在中间件服务器上，当业务规则变化后，客户端程序基本不做改动，只需要升级应用服务器层的程序即可。

（3）快速响应。通过中间件服务器层的负载均衡以及缓存数据能力，可以大大提高对客户端的响应速度。

（4）系统扩展灵活。基于三层分布体系的应用系统，可以通过在应用服务器部署新的程序组件来扩展系统规模；当系统性能降低时，可以在中间件服务器层部署更多的应用服务器来提升系统性能，缩短客户端的响应。

3．多层体系结构应用程序

可以将中间件服务器层按照程序应用逻辑进一步划分为若干个子层，这样就形成了多层体系结构的应用程序。多层体系结构应用程序与三层体系结构类似，这里不再赘述。在有些文献中也将三层以及三层以上体系结构应用程序统称为多层体系结构应用程序。

为了满足开发多层体系结构的企业级应用的需求，Sun 公司在早期的 J2SE 基础上，针对企业级应用的各种需求提出了 Java EE。

1.3　什么是 Java EE

1．Java EE 是一个企业级应用架构体系

不要被名称“Java Platform Enterprise Edition”误导，与 Java 不同，Java EE 是一个企业级应用的架构体系，而不是一门编程语言。Java 作为一门编程语言，可以用来编写各种应用程序。而 Java EE 作为一个架构体系，它定义了企业级应用的层次结构，旨在简化和规范企业应用系统的开发和部署。

典型的 Java EE 应用程序包括四层：客户层、表示逻辑层（Web 层）、业务逻辑层和企业信息层，如图 1-3 所示。

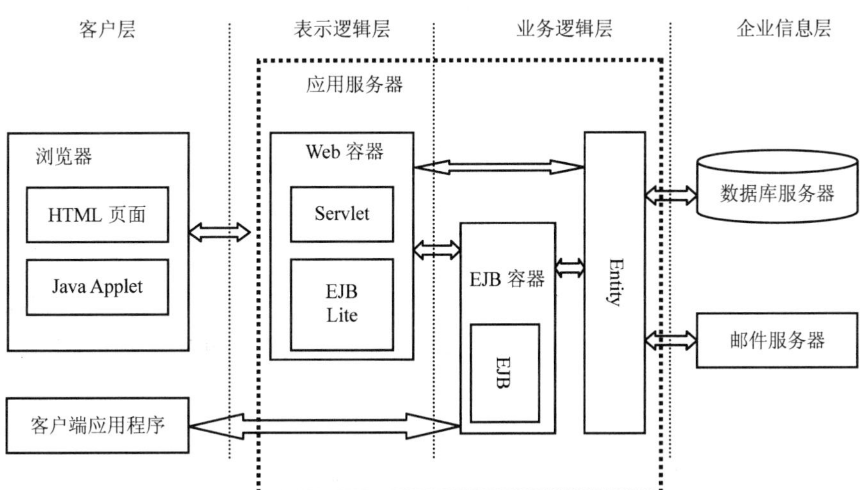

图 1-3　Java EE 多层体系结构

客户层可以是网络浏览器或者是桌面应用程序。

表示逻辑层（Web 层）和业务逻辑层位于应用服务器上，都是由一些 Java EE 标准组件来实现，这些组件运行在兼容 Java EE 标准的应用服务器上，来实现特定的表现逻辑和业务逻辑。由于企业级

应用多用户和分布式的特征，使得表示逻辑层通常以 Web 的方式实现，因此又称为 Web 层。

企业信息层主要用于企业信息的存储管理，主要包括数据库系统、电子邮件系统和目录服务等。Java EE 组件经常需要访问企业信息系统层来获取所需的数据信息。

Java EE 出现之前，企业应用系统的开发和部署没有被普遍认可的行业标准。Java EE 体系架构的实施可显著地提高企业应用系统的可移植性、安全性、可伸缩性、负载平衡和可重用性。

注意： Java EE 体系架构的分层不是一成不变的，可根据实际情况扩展或精简。

2. Java EE 是一个企业级应用开发标准集

Java EE 不但定义了企业级应用的架构体系，还在此基础上定义了企业级应用的开发标准。Java EE 作为一个企业级应用开发标准集合，主要体现在以下两个方面。

（1）Java EE 规范了企业级应用组件开发的标准。Java EE 定义的组件类型有 Servlet、EJB 等。Java EE 标准规定了这些组件应该实现哪些接口方法。

（2）Java EE 规范了容器提供的服务标准。组件的运行环境称为容器，容器通过提供标准服务来支持组件的运行。不同的组件由不同的容器来支撑运行。如 JSF 组件和 Servlet 运行在 Web 容器中，EJB 组件运行在 EJB 容器中。在 Java EE 规范中，容器实现的标准服务有安全、事务管理、上下文和依赖注入、校验和远程连接等。

Java 技术标准组织领导着 Java EE 规范和标准的制定，可以从网址 http://download.oracle.com/javaee/6/api/下载最新的 Java EE 规范。截至 2012 年 11 月，最新的 Java EE 6 规范包含了 28 个具体的标准。Java EE 6 规范已被众多中间件开发厂商接受并实现。实现 Java EE 6 完整规范的应用服务器有 Oracle 的 Weblogic 12c、IBM 的 Websphere V8，同时还有其他一些免费软件，如 JBoss AS 7.1 和 GlassFish 3.1 等。

注： Java EE 规范只是一个标准集，它不定义组件和容器的具体实现。容器由第三方厂商来实现，通常被称为应用服务器。而组件由开发人员根据具体的业务需求来实现，各种不同类型的组件最终构成了 Java EE 企业应用系统。

尽管不同的厂家有不同的容器产品实现，但它们都遵循同一个 Java EE 规范。因此遵循 Java EE 标准的组件，可以自由部署在这些由不同厂商生产、但相互兼容的 Java EE 容器环境内。企业级系统的开发由此变得简单高效。

1.4 Java EE 设计思想

为了更好地学习 Java EE，首先要领会 Java EE 的设计思想。社会要想发展进步，其根本在于每个社会成员都“各司其职，各尽其责”，对于一个复杂的企业级应用系统也是如此。本着这种合理分工的思想，Java EE 将企业级应用分为两部分：实现基础支撑功能的容器和实现特定业务逻辑的组件。

1.4.1 容器

容器提供的底层基础功能被称为服务。这些服务主要用来实现企业级应用的共性需求，如事务、安全、可扩展性和远程连接等。组件通过调用容器提供的标准服务来与外界交互。为满足企业级应用灵活部署，组件与容器之间必须既松散耦合，又能够强有力地交互。为实现这一点，组件和容器都要遵循一个标准规范，这个标准规范就是 Java EE。

容器由专门的厂商来生产，容器必须实现的基本接口和功能由 Java EE 规范定义，但具体如何实现完全由容器厂商自己决定。常见的容器类型分为 Web 容器和 EJB 容器。

1.4.2　组件

组件一般由开发人员根据特定的业务需求编程实现。所有的 Java EE 组件都是在容器的 Java 虚拟机中进行初始化的，组件通过调用容器提供的标准服务来与外界交互。容器提供的标准服务有：命名服务、数据库连接、持久化、Java 消息服务、事务支持和安全服务等。因此在组件的开发过程中，完全可以不考虑复杂多变的企业应用运行环境，而专注于业务逻辑的实现，这样可大大提高组件开发的效率，降低开发企业级应用程序的难度。

1.4.3　容器与组件的交互

那么组件与容器之间是如何实现交互的呢？即容器如何知道要为组件提供何种服务、组件又是如何来获取容器提供的服务呢？Java EE 采用部署描述文件来解决这一难题。每个发布到服务器上的应用除了要包含自身实现的代码文件外，还要包括一个 XML 文件，称为部署描述文件。部署描述文件中详细地描述了应用中的组件所要调用的容器服务的名称、参数等。部署描述文件就像组件与容器间达成的一个“契约”，容器根据部署描述文件的内容为组件提供服务，组件根据部署文件中的内容来调用容器提供的服务。

从上面的介绍中我们可以发现，部署描述文件的配置是 Java EE 开发中的一项重要而又烦琐的工作。值得庆幸的是，在 Java EE 6 规范中，提供了一种注解机制来取代配置复杂的部署描述文件。所谓注解其实就是一个以“@”开头的特殊注释文本，但它比注释的作用要大得多。代码中的注释是帮助开发人员阅读和理解代码内容，而注解则是帮助容器来阅读和理解组件内容。我们可以把注解看成是贴在组件身上的标签，在将组件部署到容器中时，根据这些标签，容器便知道该如何为组件提供服务。注解的出现大大简化了 Java EE 应用程序的开发和部署，是 Java EE 规范的一项重大进步。

更值得一提的是，在最新的 Java EE 6 规范中，还引入了一种“惯例优于配置”，也称为“仅异常才配置”的思想。通俗一点讲，就是对于 Java EE 组件的一些属性和行为，容器将按照一些约定俗成的惯例来自动进行配置，此时开发人员甚至连注解都可以省略。只有当组件的属性和行为不同于惯例时，才需要进行配置。这种编程方式大大降低了程序人员的工作量，也是需要开发人员逐渐熟悉和适应的一种编程技巧。

1.5　Java EE 技术架构

作为一个企业应用开发标准，Java EE 最终由一系列的企业应用开发技术来实现。Java EE 技术框架可以分为四部分：组件技术、服务技术、通信技术和框架技术。整个 Java EE 技术框架体系如图 1-4 所示。

1.5.1　组件技术

组件是 Java EE 应用的基本单元。Java EE 6 提供的组件主要包括三类：客户端组件、Web 组件和业务组件。

1. 客户端组件

用户通过客户端组件与企业应用进行交互。Java EE 客户端既可以是一个 Web 浏览器、一个 Applet，也可以是一个应用程序。

（1）Web 浏览器。

Web 浏览器又称为瘦客户。它通常只进行简单的人机交互，不执行如查询数据库、业务逻辑计算等复杂操作。

（2）Applet。

Applet 是一个用 Java 语言编写的小程序，运行在浏览器上的虚拟机里，通过 HTTP 等协议和服务器进行通信。

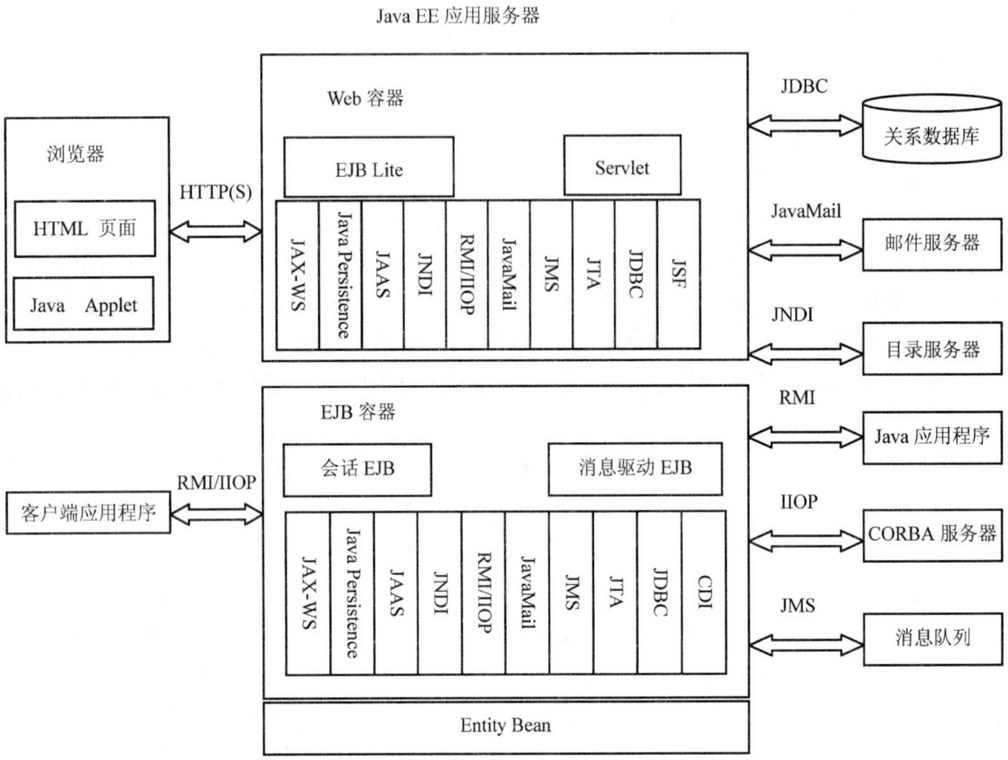

图 1-4 Java EE 技术体系结构

（3）应用程序客户端。

Java EE 应用程序客户端运行在客户机上，它为用户处理任务提供了比标记语言丰富的接口。典型的 Java EE 应用程序客户端拥有通过 Swing 或 AWT API 建立的图形用户界面。应用程序客户端直接访问在服务器 EJB 容器内的 EJB 组件。当然，Java EE 客户应用程序也可以像 Applet 客户那样通过 HTTP 连接与服务器的 Servlet 通信。与 Applet 不同的是，应用程序客户端一般需要在客户机进行安装，而 Applet 是通过 Web 下载，无需专门安装。

2. Web 组件

Web 组件对客户提交的 Web 请求进行动态响应。用户每次在浏览器上单击一个链接或图标，实际上是通过 HTTP 请求向服务器发出请求。Web 容器负责将 Web 请求传递给 Web 组件。Web 组件对这些请求进行处理后生成动态内容，再通过 Web 容器返回给客户端。

Java EE Web 组件包括 Servlet 和 JSF（JavaServer Faces）组件。

Servlet 是 Web 容器里的程序组件。Servlet 实质上是动态处理 HTTP 请求和生成网页的 Java 类。JSF 组件是一种基于 JSF 框架的组件，它可以实现像桌面应用一样基于事件驱动 Web 应用。

注：在 Java EE 6 之前的规范中，还有一种 Web 组件，称为 JSP，它是 Servlet 的变形，可视为文本格式的 Servlet，它的写法有些像写网页，这就为应用开发者（特别是不熟悉 Java 语言的）提供了方便，JSP 在 Web 容器内会被自动编译为 Servlet，编写 JSP 比编写 Servlet 程序更简洁。但 JSP 在 Java EE 6 中

已经被视为过时的技术。

3. 业务组件

业务组件用来实现特定的业务逻辑操作，它们通常不直接与客户交互。业务组件包含 EJB 组件和 Entity 组件两大类。

EJB 组件用于实现特定的业务逻辑，而不是像 Web 组件一样对客户端请求生成动态页面。EJB 组件能够在容器的支持下完成诸如远程连接、消息驱动、分布式事务处理等复杂的业务逻辑，因此使用 EJB 组件编写的程序可大大降低开发难度，且具有良好的扩展性。Java EE 支持两种类型的 EJB 组件：Session Bean（会话 bean）和 Message-Driven Bean（消息驱动 bean）。

Entity 组件主要用来完成应用数据的持久化操作。

1.5.2 服务技术

Java EE 容器为组件提供了各种服务，这些服务是企业应用经常用到但开发人员难以实现的，例如命名服务、数据库连接、上下文和依赖注入、事务、安全和连接框架等。现在这些服务已经由容器实现，因此 Java EE 组件只要调用这些服务就可以了。

1. 命名服务

企业应用中通常包含大量的组件，为了完成功能需求，组件间通常要相互调用。JNDI（Java Naming and Directory Interface，Java 命名和目录服务接口）简化了企业应用组件之间的查找调用。它提供了应用的命名环境（naming environment）。这就像一个公用电话簿，企业应用组件在命名环境注册登记，并且通过命名环境查找所需要的其他组件。

2. 数据库连接服务

数据库访问几乎是任何企业应用都需要实现的。JDBC（Java DataBase Connectivity，Java 数据库连接）API 使 Java EE 平台可以和各种关系数据库之间连接起来。JDBC 技术提供 Java 程序和数据库服务器之间的连接服务，同时它能保证数据事务的正常进行。另外，JDBC 提供了从 Java 程序内调用 SQL 数据检索语言的功能，Java EE 6 平台使用 JDBC 4.0 API 以及 JDBC 4.0 拓展 API，这些 API 提供了高级的数据连接功能。

3. Java 事务服务

JTA（Java Transaction API，Java 事务 API）允许应用程序执行分布式事务处理——在两个或多个资源节点上访问并且更新数据。JTA 用于保证数据读/写时不会出错。当程序进行数据库操作时，要么全部成功完成，要么一点也不改变数据库内容。最怕的是在数据更改过程中程序出错，那样整个系统的业务状态和业务逻辑就会陷入混乱。所以，数据事务有一个“不可分微粒”的概念，是指一次数据事务过程不能间断，JTA 保证应用程序的数据读/写进程互不干扰。如果一个数据操作能整个完成，它就会被批准；否则，应用程序服务器就当什么都没做。应用程序开发者无需自己实现这些功能，这样数据操作就被简化了。数据事务技术使用 JTA 的 API，它可以在 EJB 层或 Web 层实现。

4. 安全服务

JAAS（Java Authentication Authorization Service，Java 验证和授权服务）提供了灵活和可伸缩的机制来保证客户端或服务器端的 Java 程序。Java 早期的安全框架强调的是通过验证代码的来源和作者，保护用户避免受到下载下来的代码的攻击。JAAS 强调的是通过验证谁在运行代码以及他/她的权限来保护系统免受用户的攻击。它使用户能够将一些标准的安全机制，例如 Solaris NIS（网络信息服务）、Windows NT、LDAP（轻量目录存取协议）或 Kerberos 等通过一种通用的可配置的方式集成到系统中。

5．Java 连接框架

JCA（Java Connector Architecture，Java 连接框架）是一组用于连接 Java EE 平台到企业信息系统（EIS）的标准 API。企业信息系统是一个广义的概念，它指企业处理和存储信息数据的程序系统，例如企业资源计划（ERP）、大型机数据事务处理以及数据库系统等。由于很多系统已经使用多年，这些现有的信息系统又称为遗产系统（Legacy System），它们不一定是标准的数据库或 Java 程序，例如非关系数据库等系统。JCA 定义了一套扩展性强、安全的数据交互机制，解决了现有企业信息系统与 EJB 容器和组件的集成。这使 Java EE 企业应用程序能够和其他类型的系统进行通话。

6．上下文和依赖注入

上下文和依赖注入（Contexts and Dependency Injection，CDI）使得容器以类型安全的低耦合方式为 EJB 等组件提供一种上下文服务。它将 EJB 等受控组件的生命周期交由容器来管理，降低了组件之间的耦合度，大大提高了组件的重用性和可移植性。

1.5.3 通信技术

Java EE 通信技术提供了客户和服务器之间及在服务器上不同组件之间的通信机制。Java EE 平台支持几种典型的通信技术：Internet 协议、RMI（Remote Method Invocation，远程方法调用）、消息技术（Messaging）和 JavaMail 等。

1．Internet 协议

Java EE 平台能够采用通用的 Internet 协议实现客户服务器和组件之间的远程网际通信。

TCP/IP（Transport Control Protocol over Internet Protocol，互联协议之上的传输控制协议）是 Internet 在传输层和 Web 层的核心通信协议。

HTTP 1.1 是在互联网上传送超文本文件的协议。HTTP 消息包括从客户端到服务器的请求和从服务器到客户端的响应，HTTP 和 Web 浏览器称为 Internet 最普及和最常用的功能。大多数 Web 机器都提供 HTTP 端口和互联网进行通信，在 HTTP 之上的 SOAP （Simple Object Access Protocol）成为正受到广泛关注的 Web 服务基础协议。

SSL 3.0（Secure Socket Layer）是 Web 的安全协议。它在 TCP/IP 之上对客户和服务器之间的 Web 通信信息进行加密而不被窃听，它可以和 HTTP 共同使用（即 HTTPS）。服务器可以通过 SSL 对客户进行验证。

2．RMI

RMI 是 Java 的一组用于开发分布式应用程序的 API。RMI 使用 Java 语言接口定义了远程对象（在不同机器操作系统的程序对象），它结合了 Java 序列化（Java serialization）和 Java 远程方法协议（Java Remote Method Protocol）。简单地说，这样使原先的程序在同一操作系统的方法调用，变成了不同操作系统之间程序的方法调用。由于 Java EE 是分布式程序平台，它以 RMI 机制实现程序组件在不同操作系统之间的通信。比如，一个 EJB 可以通过 RMI 调用 Web 上另一台机器上的 EJB 远程方法。

3．Java 消息技术

JMS（Java Message Service，Java 消息服务）API 允许 Java EE 应用程序访问企业消息系统，例如 IBM MQ 系列产品和 JBoss 的 JBoss MQ。

4．邮件技术

Java 邮件（Java Mail）API 提供能进行电子邮件通信的一套抽象类和接口。它们支持多种电子邮件格式和传递方式。Java 应用可以通过这些类和接口收发电子邮件，也可以对其进行扩充。

1.5.4　框架技术

框架方面的贡献是 Java EE 6 规范的一项重大进步。在之前的 Java EE 规范中，主要从微观的角度来规范企业应用的开发，关注的重点是在组件级别上如何处理组件与客户端的交互，及组件与容器之间的交互。但随着 Java EE 的广泛应用，在 Java EE 企业应用的构建过程中，一些架构层面上的共性问题，如页面导航、国际化、数据持久化、输入校验等渐渐浮出水面。这些问题是每个企业应用开发人员构建企业应用时几乎必然遇到的，但 Java EE 规范并没有对此给出标准答案，因此，各种第三方架构如 Struts2、Hibernate、Spring、Seam 等大行其道。这些众多的框架给开发人员带来很大压力，也给 Java EE 服务器厂商带来更多的麻烦，限制了他们为 Java EE 应用提供更高级的支持。因此，在 Java EE 6 规范中，吸收了目前流行的架构的优点，增加了架构方面的一些标准规范。

1．JSF

JSF（Java Server Faces）是一种用于构建 Java EE Web 应用表现层的框架标准。它提供了一种以组件为中心的事件驱动的用户界面构建方法，从而大大简化了 Java EE Web 应用的开发。通过引入了基于组件和事件驱动的开发模式，使开发人员可以使用类似于处理传统界面的方式来开发 Web 应用程序。JSF 还通过将模型-视图-控制器（MVC）设计模式集成到它的体系结构中，提供了行为与表达的清晰分离，确保了应用程序具有更高的可维护性。Java EE 6 规范中包含的 JSF 的版本为 2.1。

2．JPA

数据持久化对于大部分企业应用来说都是至关重要的，因为企业应用中的大部分信息都需要持久化存储到关系数据库等永久介质中。尽管有不少选择可以用来构建应用程序的持久化层，但是并没有一个统一的标准可以用在 Java EE 环境中。作为 Java EE 5 规范中的一部分，JPA（Java Persistence API）规范了 Java 平台下的持久化实现，大大提高了应用的可移植性。Java EE 6 规范中包含的 JPA 的版本为 2.0。

1.6　Java EE 核心开发模式

Java EE 6 的推出是 Java EE 发展历程上一个重大的里程碑。相对于之前的版本，Java EE 的开发变得更加轻松、更加优雅，主要得益于如 JSF、JPA 和 CDI 等一系列新的技术规范的加入。Java EE 6 下的核心开发模式如图 1-5 所示。

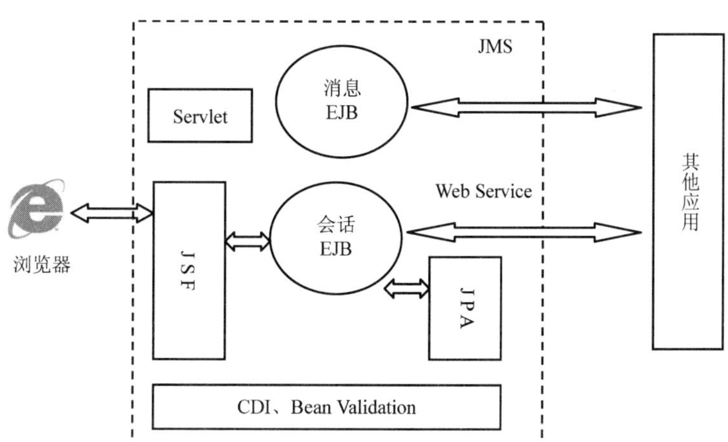

图 1-5　Java EE 核心开发模式

在 Java EE 6 核心开发模式中，表现逻辑层主要由 JSF 框架来承担，开发人员通过开发定制 JSF 组件来实现与用户的交互，而 Servlet 仅作为实现表现逻辑层的有力补充，用来处理一些复杂的客户端请求。业务逻辑层主要由会话 EJB 组件来实现，它可充分利用 EJB 容器提供的安全、事务等基础服务，并基于 JPA 框架实现对持久化信息的管理操作。

CDI 作为 Java EE 企业应用的黏合剂，可实现应用内各层组件之间的松散耦合。Bean Validation 为应用提供统一的校验框架。

为了实现与其他 Web 应用的交互，Java EE 企业应用可利用 Web Service，或 JMS 消息服务等技术。

注：本书的内容将按照上述 Java EE 核心开发模式由浅入深的展开。

1.7 Java EE 优点

Java EE 体系架构具有以下优点。

1．独立于硬件配置和操作系统。

Java EE 应用运行在 JVM（Java Virtual Machine，Java 虚拟机）上，利用 Java 本身的跨平台特性，独立于硬件配置和操作系统。JRE（Java™ 2 Runtime Environment，Java 运行环境）几乎可以运行于所有的硬件/操作系统组合。因此 Java EE 架构的企业应用使企业免于高昂的硬件设备和操作系统的再投资，保护已有的 IT 资源。

2．坚持面向对象的设计原则。

作为一门完全面向对象的语言，Java 几乎支持所有的面向对象的程序设计特征。面向对象和基于组件的设计原则构成了 Java EE 应用编程模型的基础。Java EE 多层结构的每一层都有多种组件模型。因此开发人员所要做的就是为应用项目选择适当的组件模型组合，灵活地开发和装配组件，这样不仅有助于提高应用系统的可扩展性，还能有效地提高开发速度，缩短开发周期。

3．灵活性、可移植性和互操作性。

利用 Java 的跨平台特性，Java EE 组件可以很方便地移植到不同的应用服务器环境中。这意味着企业不必再拘泥于单一的开发平台。Java EE 的应用系统可以部署在不同的应用服务器上，在全异构环境下，Java EE 组件仍可彼此协同工作。这一特征使得装配应用组件首次获得空前的互操作性。

4．轻松的企业信息系统集成

Java EE 技术出台后不久，很快就将 JDBC、JMS 和 JCA 等一批标准归纳自身体系之下，这大大简化了企业信息系统整合的工作量，方便企业将诸如遗产系统、ERP 和数据库等多个不同的信息系统进行无缝集成。

对经验开发者：相对于之前的版本，Java EE 6 有以下优点。

1．服务轻量化。

Java EE 6 中提出了 Profile 的概念。Profile 是针对特定应用领域的一个技术规范子集，它剪切掉一些很少使用的技术，使得 Java EE 变得更加简洁，也便于开发商实现。目前 Java EE 规范中支持的唯一一个 Profile 是 Web Profile。例如 Apache Tomcat 就是仅实现 Java EE 6 Web Profile 的应用服务器。另外，对于 Java EE 核心组件 EJB 提出了简化版本 EJB Lite，使得 EJB 可以运行在 Web 容器中，大大促进了 EJB 的应用。

2．开发简单化。

首先得益于 JSF、JPA 等架构规范的引入，为企业应用提供了导航控制、输入校验、事件驱动、实体关系数据映射等一系列应用基础功能，大大减轻了开发人员的工作量；其次，容器提供的服务更加强大，尤其是 CDI、Interceptor、Bean Validation 等，使得组件之间更加松散耦合，系统层次结

> 构更加明晰；再次，在新的 Java EE 6 中，组件开发变得简单轻松，大部分基于 POJO（Plain Old Java Object），不再需要实现一大堆的接口。另外，注解机制更使得配置文件成为可选项，并且大大提高了组件的可移植性。

1.8 小结

为满足企业应用开发需求，SUN 推出了 Java EE。Java EE 定义了企业级应用的架构体系，同时还规范了企业级应用的开发标准。Java EE 的核心编程思想是“组件-容器”，应用程序由组件组成，组件运行在容器中，容器为组件提供一些通用服务，如事务处理、安全认证等，组件专注于应用逻辑的实现，并通过调用容器提供的服务实现应用程序所需的功能。Java EE 体系技术框架可以分为四部分：组件技术、服务技术、通信技术和架构技术。Java EE 6 规范是 Java EE 的重大进步，大大简化了 Java EE 应用的开发。

第 2 章　搭建开发环境

2.1　引言

在学习 Java EE 应用开发之前，首先必须熟悉 Java EE 的开发工具和开发环境。相对于桌面应用开发，Java EE 的开发步骤相对复杂一些。因为 Java EE 应用必须先发布到 Java EE 应用服务器上才能够被客户访问。

对于初学者来说，最适合使用集成开发环境进行入门学习。我们毕竟应当将主要精力放在 Java EE 知识的学习上，而不是被类似如何部署 Java EE 应用等问题而搞得焦头烂额。网络上一些免费的集成开发环境如 NetBeans、Eclipse 等为 Java EE 开发提供了工具支持。

NetBeans 是 Oracle 为软件开发者提供的一个免费、开放源代码的集成开发环境。NetBeans 易于安装和使用。它为 Java EE 开发者创建企业应用程序提供了所需的全部工具。Java EE 编程属于服务器端应用的编程，因此 Java EE 程序的运行还需要一个应用服务器的支持。NetBeans IDE 7 内置了开源的 Java EE 6 应用服务器 GlassFish 3.1，它全面支持最新的 Java EE 6 规范，为开发人员部署和调试程序提供了一个良好的平台。因此，本书将基于 NetBeans IDE 来讲解 Java EE 的各项编程技术。

注： Eclipse 也是一款优秀的 Java 开发环境，但是不内置 Java EE 应用服务器，而且需要安装各种插件来帮助开发 Java EE 应用，插件与 Eclipse 平台间还经常出现版本不兼容的问题。

下面就详细介绍在 Windows 7 操作系统下如何利 NetBeans IDE 来搭建 Java EE 集成开发环境。

说明： 本书所有 Java EE 编程示例，都将使用本章搭建的 Java EE 开发环境配置：Windows 7（64 位）＋JDK7.02+NetBeans 7.2。另外，由于 Java EE 跨平台的优点，本书中的所有代码完全可以运行在其他兼容 Java EE 6 规范的应用服务器上。

2.2　安装 JDK

JDK （Java Development Kit，Java 开发包）是用于构建发布在 Java 平台上的组件和应用程序的开发环境。它是 Java 应用程序开发的基础，所有的 Java 应用程序都是构建在 JDK 之上。可以到 Oracle 网站的如下地址（http://www.oracle.com/technetwork/java/javase/downloads/index.html）下载 JDK 最新版本。本书使用的 JDK 版本是 7.0 Update 2。

说明： Netbeans IDE 7.2 至少需要 JDK 6 Update 26 以上的版本。

① 双击安装程序文件 jdk-7u2-windows-x64.exe 开始安装 JDK。如图 2-1 所示。

② 在随后出现的如图 2-2 所示【自定义安装】窗口中，用户可以设置 JDK 的安装组件、安装路径等信息。默认所有选项设置，单击【下一步】按钮，继续安装 JDK。

③ 在安装 JDK 过程中，将会提示用户选择 Java 运行环境安装路径，如图 2-3 所示。默认路径选项，单击【下一步】按钮。

④ 最后出现如图 2-4 所示的运行结果画面，表示 JDK 安装成功。

图 2-1　开始安装 JDK

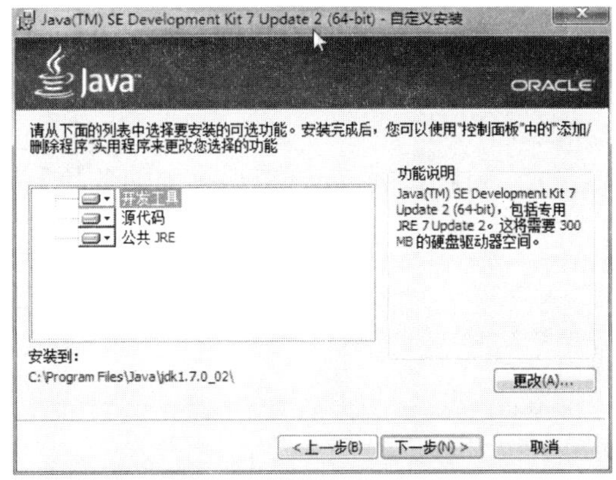

图 2-2　JDK 安装选项设置

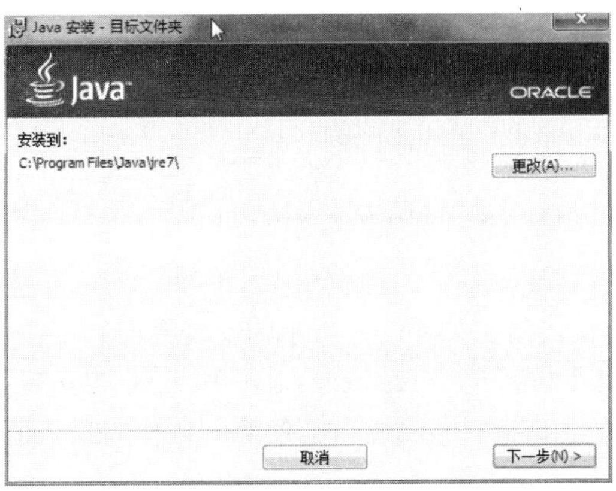

图 2-3　选择 Java 运行环境安装路径

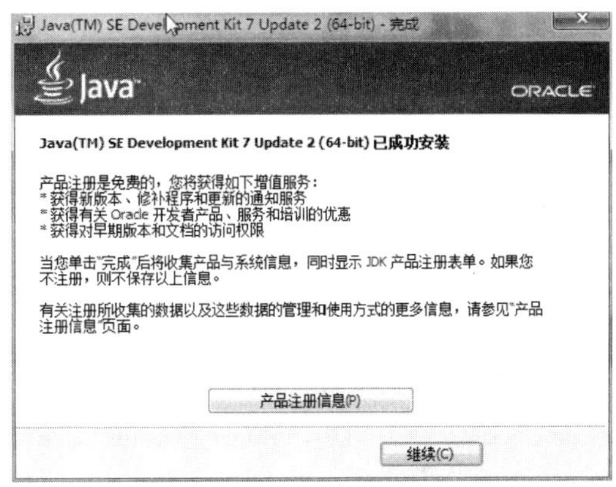

图 2-4　JDK 安装成功

说明： 由于安装包中默认包含 JavaFX 组件，因此，单击图 2-4 中的【继续】按钮，将进入 JavaFX 安装界面。由于 JavaFX 与本书内容无关，因此单击 JavaFX 安装界面的【取消】按钮即可。

2.3　安装 NetBeans IDE

可以从地址 http://netbeans.org/downloads/下载最新版本的 NetBeans IDE。本书使用的版本为 7.2。它内置的应用服务器为 GlasssFish Server 3.1.2。

① 双击 NetBeans IDE 安装文件，安装程序自动开始运行，并显示如图 2-5 所示的安装提示界面。

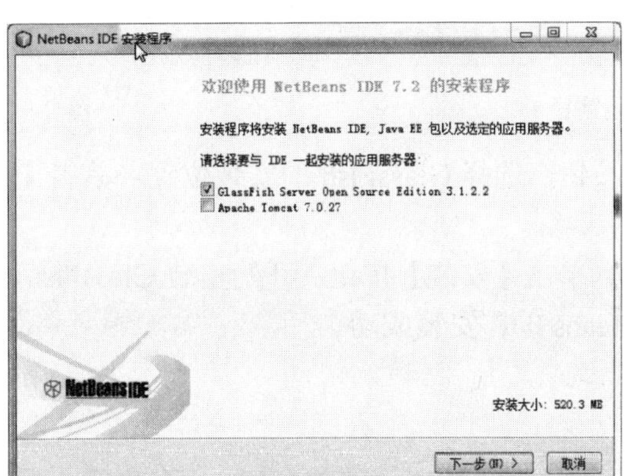

图 2-5　NetBeans IDE 安装提示界面

② 默认选中【GlassFish Server Open Source Edition 3.1.2.2】检查框将安装 GlassFish Server Open Source Edition 3.1.2 作为 NetBeans 内置服务器。单击【下一步】按钮，得到如图 2-6 所示的许可证协议界面。

③ 选中【我接受许可协议中的条款】复选框，然后单击【下一步】按钮，得到如图 2-7 所示的安装界面。

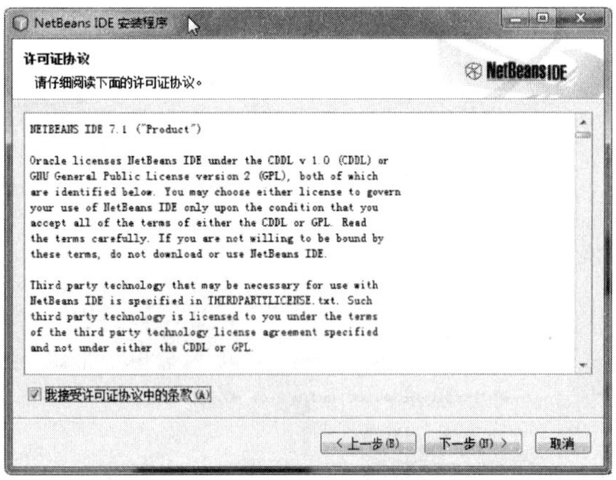

图 2-6　接受使用许可证协议

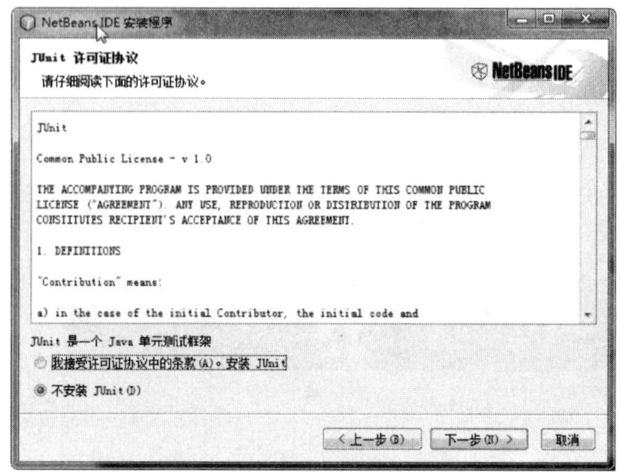

图 2-7　JUnit 安装选择

④ 选中【不安装 JUnit】单选框，单击【下一步】按钮，得到如图 2-8 所示的安装界面。

⑤ 在弹出的安装提示窗口中，分别单击相应的【浏览】按钮选择 Netbeans IDE 和 JDK 的安装路径。注意，这里 JDK 安装路径是前面我们安装 JDK 的位置，安装程序已经自动侦测到并作为默认值。单击【下一步】按钮，得到如图 2-9 所示的安装界面。

图 2-8　选择 NetBeans 安装路径

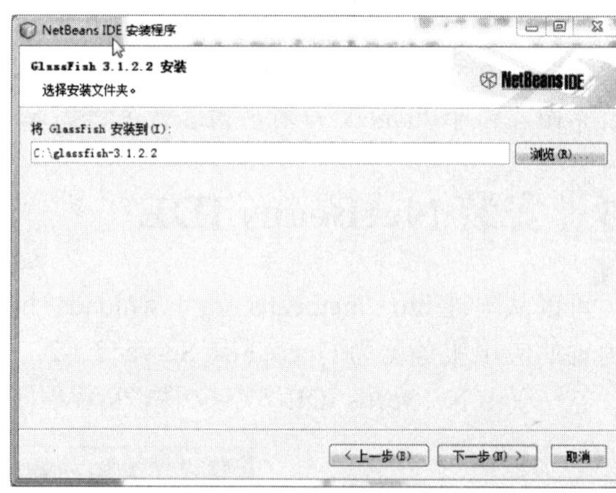

图 2-9　选择 GlassFish 安装路径

⑥ 单击右侧的【浏览】按钮，选择 GlassFish 的安装位置，单击【下一步】按钮，得到如图 2-10 所示的确认安装信息界面。

⑦ 确认安装选项信息后，单击【安装】按钮，开始安装 GlassFish，最后得到如图 2-11 所示的页面，单击【完成】按钮，NetBeans IDE 安装成功。

2.4　测试开发环境

下面通过建立一个包含动态 Web 页面的 Java EE 程序来测试搭建的 Java EE 开发环境的正确性。

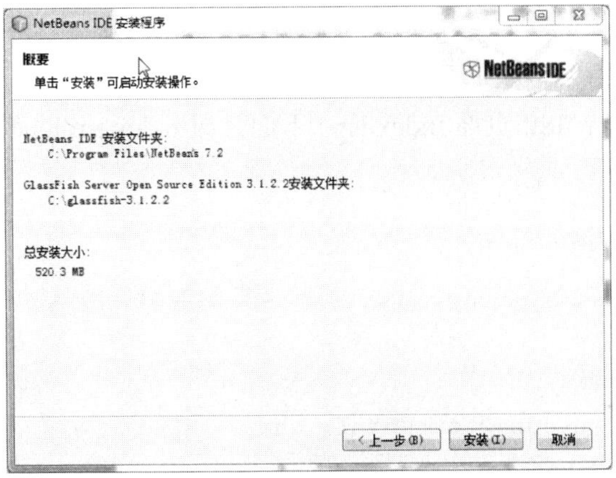

图 2-10　确认安装信息

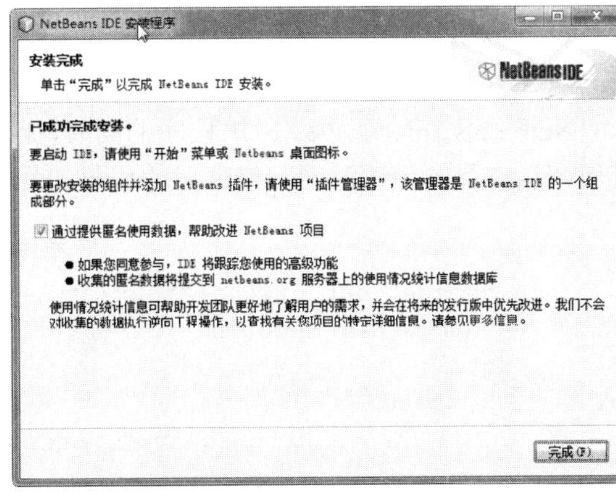

图 2-11　NetBeans IDE 安装成功

① 打开 NetBeans IDE，选择【文件】菜单的【新建项目】选项，弹出【新建项目】对话框，如图 2-12 所示。

② 在【类别】列表中选中“Java Web”选项，在项目列表中选中【Web 应用程序】。单击【下一步】按钮，进入下一页面，如图 2-13 所示。

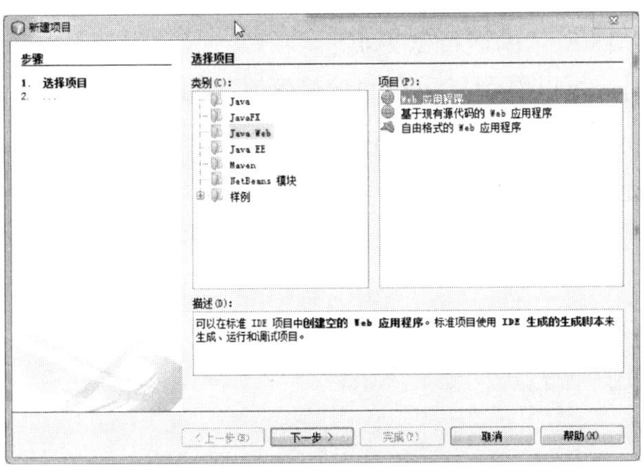

图 2-12　【新建项目】对话框

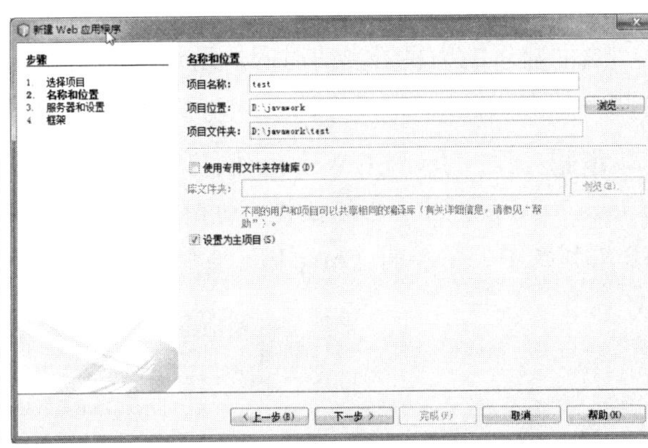

图 2-13　设置测试 Web 应用选项

③ 在【项目名称】文本框输入“test”。单击【浏览】按钮选择项目文件夹位置，单击【下一步】按钮，得到如图 2-14 所示的运行界面。

注：项目文件夹路径名中不允许包含中文字符。

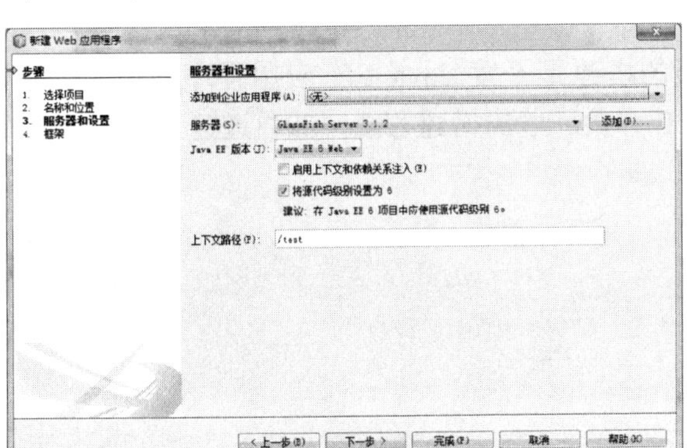

图 2-14　设置 Web 应用服务器

Web 应用程序必须发布到 Java EE Web 服务器上才能够运行。因此从【服务器】下拉列表中选择选择“GlassFish Server 3.1.2”，其他选项默认，单击【完成】按钮，则 Web 应用程序创建完毕。

NetBeans 在创建 Web 应用程序的同时，自动生成一个 JSP 页面 index.jsp。下面修改 index.jsp 的源代码来动态显示当前时间。修改后的代码如程序 2-1 所示。

程序 2-1：index.jsp

```
<%@page contentType="text/html"%>
<%@page pageEncoding="UTF-8"%>
<html>
    <head>
        <meta http-equiv="Content-Type" content="text/html; charset=UTF-8">
        <title>测试页面</title>
    </head>
    <body>
    <center><%out.print(new java.util.Date());%></center>
    </body>
</html>
```

下面发布 index.jsp 到应用服务器上。在【项目】视图中选中文件“index.jsp”，单击右键，在弹出的快捷菜单中选中【运行文件】，则 Web 应用程序被打包、部署，且内置的应用服务器 GlassFish Server 3.1.2 被启动，在自动弹出的浏览器窗口中，将得到如图 2-15 所示的运行结果页面。

页面显示的为机器当前时间，通过不断刷新页面，可以看到显示时间随机器时间的改变而改变。至此，利用我们搭建的开发环境，一个 Java EE 应用从创建、编写、发布到运行已全部顺利通过。

说明： 作为 Java EE Web 组件，JSP 允许在 HTML 代码中嵌入 Java 脚本来生成动态网页。但在新的 Java EE 6 规范中，已经被视为过时的技术。本书将不再对 JSP 编程的内容进行讲解。如果希望了解 JSP 编程技术，请参阅《Java EE 编程技术（第二版）》。

图 2-15　测试页面运行结果

2.5　小结

Java EE 集成开发环境的搭建是开发 Java EE 应用程序的前提。本章详细介绍了基于 JDK＋NetBeans IDE 配置的 Java EE 开发环境的搭建方法，并通过建立一个测试项目来对集成开发环境进行了测试。

第 3 章　基于 JSF 构建表示逻辑层

3.1　引言

Java EE 将企业级应用分为客户层、表示逻辑层、业务逻辑层和企业信息层。其中的表示逻辑层主要负责实现与用户的交互，即接收用户提交的请求信息并返回动态响应。企业与用户的交互场所是客户端浏览器，而企业应用对客户请求的动态响应却是在服务器端生成，更糟糕的是连接服务器和浏览器的是无状态的 HTTP，这种类似“隔墙喊话”的 Web 运行模式大大增加了企业应用的开发难度。加之安全、国际化和可维护性等高级功能特性使得 Web 应用表现逻辑层的开发成为一项困难的任务。

为方便企业级应用表示逻辑层开发，Java EE 6 规范中提出了一种基于组件和事件驱动的 Web 应用框架——JSF（Java Server Faces）。

3.2　什么是 JSF

在深入学习 JSF 开发之前，我们首先要了解什么是 JSF。

3.2.1　什么是框架

JSF 是 Java EE 推荐的 Web 应用开发框架。既然 JSF 是一种框架，那么开发人员首先必须理解什么是框架。

提到框架，首先想到的可能是建筑工地上钢筋水泥组成的柱子。这些柱子决定了建筑物的高度、层数和面积，确定了每个楼层房间的面积和布局。框架也是软件工程中一个重要的概念。它在软件系统中的作用和建筑物中的那些柱子所起的作用一样。更具体一点，我们可以从以下两个角度来理解。

（1）从软件设计的角度来看，框架是一个可复用的软件架构解决方案，它规定了应用的体系结构，阐明了软件体系结构中各层次间以及层次内部各组件间的依赖关系、责任分配和控制流程，表现为一组接口、抽象类以及其实例之间协作的方法。框架的使用将大大降低应用系统的设计难度，确保系统设计的质量。

（2）从软件实现的角度来看，框架是软件快速实现的基础平台，它包含一组可重用的组件，使得某一领域内的软件的基础功能和通用流程的实现更加高效便捷，也使得开发人员可以专注于特定业务逻辑，从而大大提高软件的开发效率。

说明：从上面的定义可以看出，框架都具有一定的适用范围，都是针对特定应用领域软件开发的。本章所讲述的 JSF 就是针对 Web 应用表现层的框架标准。因此，作为程序开发人员要时刻牢记，没有可以适合任何领域的万能框架。

3.2.2　为什么需要框架

在企业级 Web 应用开发中，除了实现具体的业务逻辑外，开发人员不得不解决一些系统级别上的共性问题：如何定义和维护多个页面间的导航，如何确保用户输入信息的合法性，如何实现信息的国际化显示，如何尽可能实现应用组件之间的松散耦合，如何确保系统信息的安全等。

针对上述共性问题，框架提供了一套完整的解决方案，使得开发人员无需亲自动手来解决这些问题，而将主要精力集中在特定业务逻辑的实现上。采用框架进行软件开发的主要优点如下。

（1）确保开发质量。框架对整个软件的体系进行了合理的规划设计，对一些常用的功能如类型转换、输入校验、安全性等提供了基础实现，框架经历了全世界众多开发人员的共同努力以及数以万计的软件工程项目的实践，从根本上保证了软件的稳定性和扩展性。

（2）提高开发效率。框架的最大优点就是重用。重用包括两个层次，一个是应用分析设计上的重用，框架已经设计架构好了应用的整体架构以及各层之间的接口关系，这就使得开发人员可以专注于业务领域的设计分析。二是代码上的重用，框架中提供了一些通用功能组件的实现，将在很大程度上减少开发人员工作量。更重要的是，通过框架，实现了对应用开发中底层 API 的封装，降低了开发难度，大大提高了开发效率。

对经验开发者而言，你可能会产生疑问，利用之前学习的 Servlet、JSP 等技术不是也可以开发 Web 应用吗？为什么还要学习框架技术呢？Servlet、JSP 等组件技术只是规定了 Web 应用组件模型的工作接口，并没有从系统高度出发对 Web 应用开发中的一些共性问题提出一种标准解决方案。仅仅利用 Servlet、JSP 等技术，开发人员可以开发出功能强大、界面美观的 Web 应用，但是需要付出更多艰辛的努力，有时甚至是不可能完成的任务。就像你只是一名掌握了烧砖技术的工人，如果要求你建造一所房子，你还将需要完成建筑设计师的工作一样。

3.2.3 JSF 是什么样的框架

随着 Java EE 企业开发的不断深入，一些开源的 Web 应用框架如 Struts2、Spring 等不断涌现，并获得了广泛应用和一致好评。为了规范 Web 应用架构技术，以便各服务器厂商提供更好的兼容性，2004 年 6 月，JCP 推出了 JSF 1.0，并于 2006 年成为 Java EE 5 规范的重要组成部分。特别是 2009 年推出的 JSF 2.0，它广泛吸收了业界主流的 Web 框架如 Struts2、Seam、Webwork、Spring 等的优点，大大简化了 Web 应用开发的难度，成为 Java EE 6 规范中的一大亮点。

那么，JSF 是一个什么样的框架呢？

其实这里要更正一个概念，与 Struts2 等具体的框架实现不同，JSF 是一个 Web 应用框架标准，而不是一个具体的框架。作为 Java EE 标准的一部分，各厂商都可以提供自己的 JSF 实现，只要遵循 JSF 标准，就能在 Java EE 服务器上运行。Java EE SDK 中包含的是 Sun 的 JSF 实现，除此之外，还有 Primefaces、OpenFaces、MyFaces 等其他 JSF 实现。

注：许多论述中都把实现了 JSF 标准的框架统称为 JSF 框架。为统一起见，本书也采用这种方式。

1．JSF 是 Web 应用表现层的框架标准。

前面已经说过，任何框架都是有一定适用范围的，JSF 是一个针对 Web 应用表现层的框架标准。Web 应用表现层主要实现与用户的人机交互。因此，JSF 主要定义了与此相关的输入校验、类型转换、用户事件响应、页面导航等功能，对于数据持久化等领域并未涉及。因此，在构建复杂的 Web 应用中，除了 JSF 框架外，可能还需要利用到其他的框架，如 JPA 等。

2．JSF 是一个基于组件的框架标准。

基于组件的开发一直是桌面应用开发的主流方式，如果你曾经使用过 Visual Studio 或者 Delphi 的话，一定对那种仅仅通过简单的拖曳组件、设置属性就可完成应用开发的经历记忆犹新。JSF 使得基于组件的开发在 Web 应用开发领域成为现实。JSF 框架中最核心的元素是组件。JSF 包含一组 UI 组件如文本框、按钮、下拉列表等用来实现与用户的动态交互。除此之外，还包含一些非 UI 组件，如转换器、校验器和监听器等实现数据的格式转换、输入校验等业务逻辑。它使得 Web 应用采用类似 Delphi

或 Visual Studio 等“所见即所得”的开发方式成为可能。目前已经有一些开发工具如 Oracle JDeveloper 10g 等提供 JSF 的可视化编辑功能。

3．JSF 是一个基于 MVC 架构的框架。

Model–View–Controller（MVC）是一个经典的软件系统架构，它将应用分割为三个独立的部分，实现了应用中表现层与控制逻辑层和业务逻辑层的分离。JSF 继承了这一优秀的架构理念，它将 Web 应用分成三个独立的部分，其中 M（Model，模型）角色由 Managed Bean 承担，实现具体的业务逻辑，V（View，视图）角色由 XHTML 页面承担，实现信息展示和与用户的交互，C（Control，控制）角色由 JSF 框架自身承担，实现具体的控制逻辑。这种清晰的职责划分特别适合大规模企业级 Web 应用程序的开发。

3.2.4　为什么学习 JSF

Java EE Web 应用表现层的优秀框架有很多，最著名的有 Struts2、Spring、Seam 等，那么为什么必须学习 JSF 呢？笔者认为有以下三点原因。

（1）JSF 是 JavaEE 规范推荐的表现层的框架标准。与其他框架不同的是，JSF 是一个框架标准，而不是一个具体的框架实现，广大的应用服务器厂商可以实现自己的 JSF 框架。只要遵循 JSF 标准，就能在 Java EE 服务器上运行。因此 JSF 框架将能够得到应用服务器厂商的大力支持，开发人员基于 JSF 的应用也将能够确保运行在更多的应用服务器上。

（2）JSF 吸收了流行框架的优点。在制定 JSF 标准时，广泛吸收了当前流行的 Web 表现层框架如 Struts2、Webwork、Seam 等优点，能够更好地满足开发人员的需求。

（3）便于与其他 Java EE 技术集成。JSF 已经成为 Java EE 标准规范的一部分。当前的 JSF 标准已经与 CDI、Bean Validation 等技术规范实现紧密结合。相信随着 Java EE 技术的不断进步，JSF 将能够与其他 Java EE 技术实现更完美、更紧密的结合，更能充分发挥 Java EE 解决方案的整体优势。

3.3　第一个 JSF 应用

在了解了什么是 JSF 后，本节将通过一个简单的示例来演示如何开发 JSF 应用，以便让用户了解 JSF 应用的组成、开发思路和开发流程，为深入学习 JSF 打下基础。

在本示例中，将创建一个名为 HelloMessage 的 Web 应用。它将在页面上显示一行文本提示信息和一个按钮，当用户单击按钮时，显示的文本信息将不断变化。虽然它的功能足够简单，但是能够反映出 JSF 应用的完整结构。在后面的示例中将通过更加复杂的示例来一步步展示 JSF 框架的强大威力。

注：本节的示例代码保存在 chapt3/HelloMessage 下。

3.3.1　创建 JSF 项目

① 打开 NetBeans 开发环境，选择【文件】→【新建项目】，得到如图 3-1 所示窗口。

② 在【类别】列表中选择“Java Web”，在【项目】列表中选择“Web 应用程序”，单击【下一步】按钮，得到如图 3-2 所示窗口。

③ 在【项目名称】和【项目位置】中分别输入新建 Java Web 项目的名称和位置信息，单击【下一步】按钮，得到如图 3-3 所示窗口。

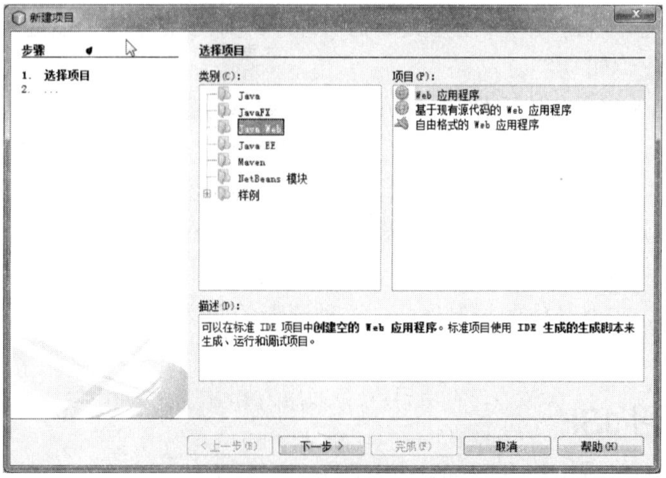

图 3-1　创建项目

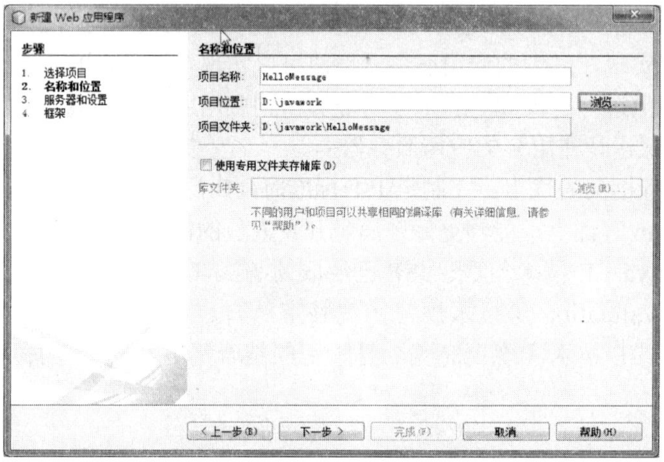

图 3-2　设置项目名称和位置

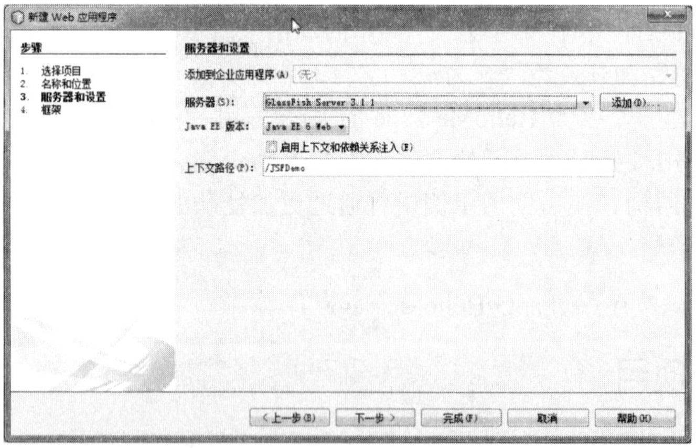

图 3-3　设置项目的服务器和 Java EE 版本

④ 在【服务器】下拉列表中选择“GlassFish Server 3.1.1”，在【Java EE 版本】下拉列表选择“Java EE 6 Web”，文本输入框【上下文路径】代表 JSF 应用对应的 URL，Java EE 服务器正是根据上下文路径的值来将相应的请求转发给 Web 应用来处理。在本例中默认上下文路径为“/HellloMessage”。注意：上下文路径的值是大小写敏感的。单击【下一步】按钮，得到如图 3-4 所示的窗口。

⑤ 因为创建的是一个基于 JSF 框架的应用，在【框架】多选列表中选中“JavaServer Faces”，默认其他选项设置，单击【完成】按钮，一个支持 JSF 框架的 Java Web 应用就创建完成了。

在 NetBeans 左上角的【项目】视图中，展开【库】节点，可以看到服务器 GlassFish Server 3.1.2 对 JSF 提供的支持，如图 3-5 所示。

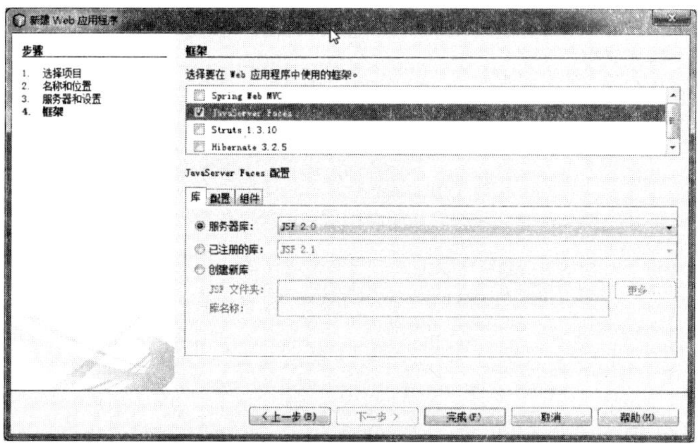

图 3-4 为项目增加 JSF 框架支持

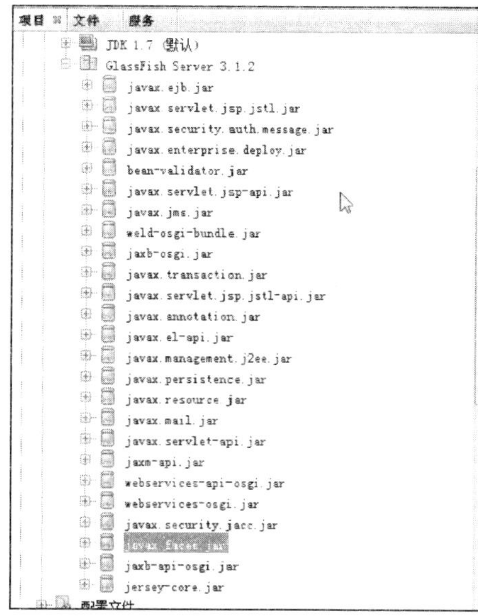

图 3-5 GlassFish 对 JSF 框架的支持

对 JSF 的支持主要表现在将名为 javax.faces.jar 添加到服务器类路径下，它是 Sun 提供的对 JSF 框架标准的一个实现。

3.3.2 模型组件

前面已经说过，JSF 是一个基于 MVC 的架构标准。因此首先创建 JSF 的模型组件。JSF 的模型组件其实是一个 JavaBean，所有的业务逻辑全部封装在此 JavaBean 中。由于这类 JavaBean 的生命周期不是应用本身控制，而是由 JSF 框架控制，因此被称为 Managed Bean。在本示例中，所有的业务逻辑均封装在一个名为 Message 的 Managed Bean 中。代码如程序 3-1 所示。

程序 3-1：Message.java

```
package com.demo.jsf;
import javax.faces.bean.ManagedBean;
@ManagedBean
public class Message  {
    String Current="";
    int i=0;
    String[] messages={"Hello World","Hello Java EE","Hello JSF"};
    public String getCurrent() {
        return messages[i];
    }
    public String change(){
         i=(i+1)%3;
         return null;
    }
}
```

程序说明：从上面的代码中可以看出，Managed Bean 与普通的 JavaBan 相比，几乎没有什么不同，最大的区别是在类的声明前增加了注解@ManagedBean。通过这个注解它将自己注册到 JSF 框架，以便让 JSF 来管理自己的生命周期。

3.3.3 视图组件

视图用来显示业务信息，实现与用户的交互。在本例中只包含一个视图，它包括两个组件：文本输出组件和命令按钮组件。在 JSF 应用中，每个视图都是一个 XHTML 文件。完整代码如程序 3-2 所示。

程序 3-2：hello.xhtml

```
<!DOCTYPE html>
<html xmlns="http://www.w3.org/1999/xhtml"
      xmlns:h="http://java.sun.com/jsf/html">
    <head>
        <title>第一个 JSF 应用</title>
    </head>
    <body>
        <h:form>
           <p><h:outputLabel value=" #{message.current}" /></p>
          <p><h:commandButton  value="Change" action="#{message.change}"/></p>
        </h:form>
    </body>
</html>
```

程序说明：在上面的代码中，首先通过命名空间 xmlns:h 引入 JSF 标记库，然后就可以直接使用组件标记在视图中添加组件了。组件的属性通过表达式语言“#{...}”直接引用之前创建的 Managed Bean 的属性和方法，当视图被执行时，JSF 将检查当前是否有可用的 Message Bean 的实例，如果没有，JSF 框架将自动创建 Managed Bean 的实例并在视图中引用它。这也正是 Managed Bean 的强大之处，开发人员完全不需要关心 Managed Bean 的创建和销毁等生命周期动作，这一切均由 JSF 框架来托管。

注：这里 Managed Bean 的引用变量名称为 message。因为在声明 Managed Bean 的注解@ManagedBean 时没有为其命名，JSF 框架将按照约定将 Bean 类名（Message）的首字母小写作为 Managed Bean 的名称。

3.3.4 控制组件

JSF 应用的控制功能由 JSF 框架自身来实现。为了确保 JSF 框架接管 Web 应用，在 Web 应用的配置文件 web.xml 中要对 JSF 框架的核心控制组件 javax.faces.webapp.FacesServlet 进行配置。所有 JSF 请求都传入 FacesServlet 中。该 Servlet 是 JSF 实现的一部分。由于在 3.3.1 节创建 Web 项目时已经选择了 JavaServer Face 框架支持，因此，NetBeans 已经帮开发人员完成了 FacesServlet 的配置工作。

注：Servlet 是一种 Java EE Web 组件类型，它可看做是部署在服务器上的功能扩展点。针对请求的 URL，服务器将寻找特定的 Servlet 组件来处理。以本示例为例，所有匹配“/faces/*”的请求都将由 FacesServlet 来处理。这个 Servlet 是 JSF 框架的入口，从而让 JSF 框架来接管整个 Web 应用的控制权。关于 Servlet 组件将在第 5 章详细阐述，这里只要记得 FacesServlet 是 JSF 框架的入口，必须在应用的配置文件 web.xml 中配置即可。

提示：在 JSF 应用中还存在非 JSF 请求吗？当然存在啊，所有不匹配“/faces/*” 的请求都是非 JSF 请求。例如对 Web 中静态图像资源的请求，就完全没有必要经过 JSF 框架处理。所有非 JSF 请求的处理都是在 JSF 框架之外。

在【项目】窗口中的【配置文件】节点下可以找到 web.xml。详细信息如程序 3-3 所示。

程序 3-3：web.xml

```
<?xml version="1.0" encoding="UTF-8"?>
<web-app version="3.0" xmlns="http://java.sun.com/xml/ns/javaee"
xmlns:xsi= "http://www.w3.org/2001/XMLSchema-instance" xsi:schemaLocation=
"http://java.sun.com/xml/ns/javaee http://java.sun.com/xml/ns/javaee/web-app_3
_0.xsd">
    <context-param>
        <param-name>javax.faces.PROJECT_STAGE</param-name>
        <param-value>Development</param-value>
    </context-param>
    <servlet>
        <servlet-name>Faces Servlet</servlet-name>
        <servlet-class>javax.faces.webapp.FacesServlet</servlet-class>
        <load-on-startup>1</load-on-startup>
    </servlet>
    <servlet-mapping>
        <servlet-name>Faces Servlet</servlet-name>
        <url-pattern>/faces/*</url-pattern>
    </servlet-mapping>
    <session-config>
        <session-timeout>
            30
        </session-timeout>
    </session-config>
    <welcome-file-list>
        <welcome-file>faces/hello.xhtml</welcome-file>
    </welcome-file-list>
</web-app>
```

程序说明：从上面的代码中可以看到，已经在 Web 应用中配置了一个名为 Faces Servlet 的 Servlet 组件，它负责处理所有 url-pattern 为“/faces/*”的 JSF 请求。这个 Servlet 是由 JSF 框架实现的（它包含在 jsf-api.jar 中。）另外在<welcome-file-list>节点配置 hello.xhtml 作为应用的启动页面。注意这里要在页面地址前面增加前缀“/faces/”。

还要注意程序中的 context-param 节点，它定义了 JSF 应用的项目开发阶段信息。context-param 的可选项有 Development、UnitTest、SystemTest 和 Production。在 Development 阶段，JSF 页面中将会输出更多的信息帮助用户调试程序。

说明：如果需要对 JSF 框架进行更多的配置，则只需要增加一个配置文件 face-config.xml 即可。在这个文件里通过配置参数可以更灵活地控制 JSF 框架的行为。关于如何通过 face-config.xml 来配置 JSF 框架，在后面的示例中将深入展开。

3.3.5　运行演示

保存并部署应用后，启动应用，将得到如图 3-6 所示的运行界面。

单击【Change】按钮，可以看到页面上显示的文本信息将发生变化。

说明：当再次单击【Change】按钮，页面上显示的文本却不再继续变化，为什么会出现这种现象，将在 3.7.2 节来解释。

3.3.6　总结思考

首先总结一下 JSF 应用开发的开发流程，它包括以下步骤。

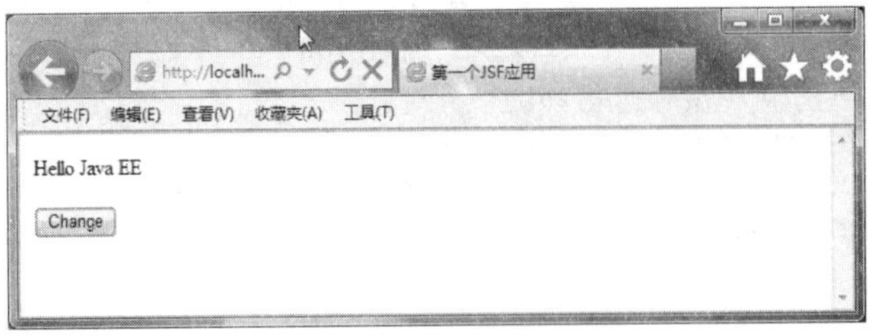

图 3-6 示例程序运行界面

（1）创建模型组件。这些模型组件都是 JavaBean，它们封装了完整的业务逻辑。在创建时只需要利用注解@ManagedBean 将其注册到 JSF 框架即可。

（2）创建视图组件。这些视图组件都是 xhtml 文件，可通过 JSF 表达式语言直接引用 Managed Bean 的属性和方法，JSF 框架将在页面运行时自动创建或引用相关的 Managed Bean。特别是可通过表达式语言直接引用 ManagedBean 的方法，实现了基于事件驱动的开发模式。

当然，最后不要忘记实现项目的 JSF 框架支持，包括在 web.xml 中配置 JSF 框架的核心控制组件 FaceServlet，以及在项目路径下增加与 JSF 框架相关的 Jar。

开发 JSF 应用就是这么简单，至少现阶段就是如此。

下面梳理一下 JSF 应用的开发思路，JSF 框架下 Web 应用的结构变得非常清晰，XHTML 负责表现逻辑，Managed Bean 负责业务逻辑，JSF 框架实现控制逻辑。XHTML 中没有了 Java 脚本，它通过标记引入 JSF 组件，标记属性可通过表达式语言引用 Managed Bean 的属性和方法，从而实现视图组件与服务器端数据的绑定。Managed Bean 中包含了所有的业务逻辑，它不包含任何信息显示的内容，它也不会直接获取或设置用户界面信息。表现逻辑和业务逻辑实现了完美分离，并通过表达式语言有机结合。JSF 框架实现了应用的控制管理，开发人员可通过配置文件来定制 JSF 的管理控制。

对经验开发者而言，与利用 Servlet 和 JSP 的 Web 开发相比，基于 JSF 框架的 Web 开发有以下特点：首先，Web 应用的结构变得很清晰。在 JSP 或 Servlet 中，负责显示信息和处理业务逻辑的代码混杂在一起，没有明确的职责划分和界限，尤其是在 JSP 页面中，大量 HTML 标记和 Java 脚本相混合，难以维护。其次，开发工作变得非常简单，一些基础性、通用性的工作如请求处理、响应生成等全由 JSF 框架帮助开发人员完成。例如在上面示例的开发过程中，开发人员并没有做任何请求处理和响应生成的具体工作。

3.4 利用 JSF 组件构建视图

通过前面的学习，我们知道 JSF 应用的视图都是由组件组成的。每个视图都是一个 XHTML 文件，它通过标记将组件添加到视图中。通过引入不同的命名空间，可将不同类型的组件添加到视图中。XHTML 页面是一个标准的 XML 文件，遵循严格的 XML 语法，确保组件之间形成严格的嵌套关系。JSF 框架在运行时将视图编译成一个组件树并保存到内存中。

注：本节的示例代码保存在 chapt3/jsfbasic 下。

3.4.1 JSF 标记库

同一类型的一组组件的标记称为标记库。JSF 支持如表 3-1 所示的标记库。

要使用上述标记库中的内容，则必须首先在 XHTML 中引入标记库对应的命名空间，如程序 3-2 中代码片段。

……

```
<html xmlns="http://www.w3.org/1999/xhtml"
      xmlns:h="http://java.sun.com/jsf/html">
......
```

表 3-1　JSF 标记库

名　称	前　缀	命名空间	说　明
Core	f:	http://java.sun.com/jsf/core	对组件进行属性设置和功能绑定
HTML	h:	http://java.sun.com/jsf/html	生成 HTML 控件标记
Facelets	ui:	http://java.sun.com/jsf/facelets	页面模板标记
Composite Components	Composite:	http://java.sun.com/jsf/composite	生成复合组件

其中，前缀“h”对应着 JSF 的 HTML 标记库，这样，视图就能够引用 HTML 标记库中的组件。例如在程序 3-2 中，通过下面的标记引入一个按钮组件：

```
<h:commandButton value="Change"/>
```

其中，冒号前面的“h”为 HTML 标记库的前缀，冒号后面的“commandButton”为标记的名称，它通过空格与标记的属性 value 分割开，这里通过设置 value 属性来设置按钮的标题。

从这里可以看出，编写 JSF 视图与编写 HTML 网页的思路基本一样，就是在文件中通过引入各种不同的标记以及设置标记的属性来最终确定视图的外观。

对经验开发者而言，视图摒弃了 JSP 页面中的复杂的指令和脚本，使得页面更加简洁和可维护。

3.4.2 HTML 标记

HTML 标记用来绘制页面，实现与用户的交互。JSF 框架提供了几十个 HTML 标记，如表 3-2 所示。

表 3-2　HTML 标记

标　记	说　明
head	呈现页面标题
body	呈现页面正文
form	呈现 HTML 表单
outputStylesheet	向页面中添加一个样式表
outputScript	向页面中添加一个脚本
inputText	单行文本输入控件
inputTextarea	多行文本输入控件
inputSecret	密码输入控件
inputHidden	隐藏字段
outputLabel	便于访问其他组件的标记
outputLink	到其他 Web 站点的链
outputFormat	类似于 outputText，但是格式化复合消息
outputText	单行文本输出
commandButton	按钮
commandLink	作用类似于下压按钮的链接
button	用于发布 GET 请求的按钮
link	用于发布 GET 请求的链接
message	显示一个组件最近的消息

续表

标　记	说　明
Messages	显示所有消息
graphicImage	显示图像
selectOneListbox	单选列表框
selectOneMenu	单选菜单
selectOneRadio	单选按钮集
selectBooleanCheckbox	复选框
selectManyCheckbox	复选框集
selectManyListbox	多选列表框
selectManyMenu	多选菜单
panelGrid	表格布局
panelGroup	将两个或多个组件布置成一个组件
dataTable	功能丰富的表格控件
column	data-Table 中的列

1. 通用属性

HTML 标记支持丰富的属性，用于定制组件的行为。这些属性大致可分为以下三类。

（1）基本属性：包括 id、binding、render、values、converters 和 validators 等。这些属性用来标记组件，设置组件值、绘制方式，绑定转换器和校验器等。其中，id 属性作为组件的唯一标识，利用它可以从其他 JSF 标记访问 JSF 组件或者在 Java 代码中获取组件引用，例如下面的代码：

```
<h:inputText id="name" .../>
<h:message for="name"/>
```

其中标记<h:message>的属性 for 的值就是引用了<h:inputText>的 id 属性。

如果希望在系统事件监听器中访问此组件，则对应的代码如下：

```
UIComponent component = event.getComponent().findComponent("name");
```

视图中经常需要动态显示或隐藏一个组件，使用 rendered 属性可以轻松实现这一点。例如，只有当用户已经登录时才显示一个“Logout”按钮，则对应代码如下：

```
<h:commandButton  rendered = "#{user.logged}" ualue = "logout"/>
```

（2）HTML 4.0 属性：包括 border、size、style 和 title 等。这些属性用来控制标记的输出，决定页面的显示外观。

HTML 页面通常使用 CSS 来显示漂亮的外观。通过 HTML 4.0 属性，JSF 组件也可以轻松实现这一点，而且既可以支持内联样式，也支持单独的 CSS 文件，代码片段如下所示：

```
<h:outputText value="#{customer.name}" styleClass="emphasis"/>
<h:outputText value="#{customer.id}" style="border: thin solid blue"/>
```

（3）DHTML 事件：客户端的脚本语言在 Web 开发中总是不可忽视的，如实现客户端输入校验、图像滚动等。HTML 标记中包含的支持客户端脚本的属性称为动态 HTML 事件属性。JSF 的 HTML 标记几乎支持所有的动态 HTML 事件属性，包括 onblur、onchange、onclick 等。这些属性链接到指定的 Javascript 代码，用来响应客户端的事件。

例如对于下拉列表，如果希望在输入值变化时提交请求，以便值更改监听器能够立即得到值改变的通知，则利用 DHTML 属性可轻松实现这一点，代码如下所示：

```
<h:selectOneMenu onchange="submit()"...>
```

2. 页面

为输出 HTML 页面，JSF 提供了两个主要的组件标记 h:head 和 h:body，它们仅包含一些通用属性。其中 h:head 标记通常与标记 h:outputScript 和标记 h:outputStylesheet 一起，完成 Javascript 脚本引入、样式表资源引入等操作，代码片段如下所示：

```
<h:head>
    <title>资源管理测试 </title>
    <h:outputStylesheet library="css" name="table.css"/>
    <h:outputScript library="javascript" name="check.js"/>
</h:head>
```

标记 h:body 代表一个容器组件，通常包含其他 HTML 组件标记。最常用的一个 HTML 标记便是 h:form。

h:form 标记生成一个 HTML form 元素。例如，如果在名为/index.xhtml 的 JSF 页面中直接使用 h:form 标记，则将最终生成如下所示的 HTML 代码：

```
<form id="_id0" method="post" action="/faces/index.xhtml"
  enctype="application/x-www-form-urlencoded">
```

如果没有明确指定 id 属性，则由 JSF 实现生成，就像所有生成的 HTML 元素一样。可以明确指定表单的 id 特性，以便能够从样式表或脚本中引用。默认在生成 form 内的标记时，组件的 id 将自动以 form 的 id 为前缀。为确保代码的简洁，可使用属性 prependId 禁止将表单 id 作为前缀。

注：JSF 的表单全部是通过 Post 请求提交。

3. 布局

设计 HTML 网页时经常用表格来控制页面布局，JSF 同样也提供了一个对应的组件标记 h:panelGrid，除通用属性外的其他常用属性如表 3-3 所示。

表 3-3 h:panelGrid 的特性

属 性	说 明
bgcolor	表格的背景色
border	表格边框的宽度
cellpadding	表格单元格周围的填充
cellspacing	表格单元格间的间距
columnClasses	由逗号分隔的列 CSS 类列表
columns	表格中的列数
footerClass	表尾的 CSS 类
frame	要绘制的表格周围框架的边的说明。有效值：none、above、below、hsides、vsides、lhs、rhs、box、border
headerClass	表头的 CSS 类
rowClasses	由逗号分隔的行 CSS 类的列表
rules	在单元格间绘制的线的说明。有效值：groups、rows、columns、all
summary	表格用途及结构的概述
captionClass	表格标题的 CSS 类
captionStyle	表格标题样式

其中，最重要的属性 columns 用来指定列数，默认列数是 1。至于行数，组件将根据列的数量自

动进行计算，不需要指定。

可以为表格的不同部分指定不同的 CSS 类：表头、表尾、行和列。columnClasses 和 rowClasses 分别用于指定列和行的 CSS 类的列表。下面是一个 PanelGrid 的示例。

```
…
        <h:panelGrid   columns="2" columnClasses="evenColumns, oddColumns">
         姓名          <h:inputText/>
         密码          <h:inputSecret id="password"/>
         重新输入密码   <h:inputSecret id="passwordConfirm"/>
        </h:panelGrid>
        <h:commandButton type="button"value="提交"   />
 …
```

h:panelGrid 在页面布局时，默认一个组件占据一个单元格，但是有些情况下开发人员希望将多个组件视为一个整体放在一个网格中，这就用到另外一个经常使用的布局组件标记 h:panelGroup，它用于将两个或更多组件组合在一起，以便它们被看做是一个组件。例如，可将一个输入字段和它的错误消息分为一组，代码如下：

```
<h:panelGrid columns="2">
  ...
  <h:panelGroup>
    <h:inputText id="name" value="#{user.name}">
    <h:message for="name"/>
  </h:panelGroup>
  ...
</h:panelGrid>
```

其中，h:message 用来显示与组件相关的错误消息。

4. 文本

文本输入是最常用的 Web 组件。JSF 支持以下三种表示的文本输入标记。

- h:inputText：普通文本输入框。
- h:inputSecret：密码输入框。
- h:inputTextarea：文本输入区域。

除了前面所讲的通用属性外，对于上述三个标记来说，最重要的属性便是 value，它代表获得的文本输入值。

另外，对于 h:inputSecret 标记，还有一个重要的属性 redisplay，它是一个布尔值，当密码字段所在表单被重新提交时，确定密码字段是否保存值——即重新显示它。而对于标记 h:inputTextarea，还经常使用 cols 和 rows 属性分别设置文本区域中的列数和行数。

注： JSF 为隐藏字段提供了 h:inputHidden 标记。隐藏字段通常与 JavaScript 动作结合使用，以便将数据返回到服务器。除了不支持标准的 HTML 和 DHTML 动作属性外，h:inputHidden 标记拥有与其他输入标记相同的属性。

JSF 视图使用下面的标记显示文本。

- h:outputText
- h:outputFormat

h:outputText 标记是 JSF 最简单的标记之一。该标记仅有少数几个特性，通常不生成 HTML 元素，只是生成文本。但是如果指定了 style 或 styleClass 属性，h:outputText 将生成一个 HTML span 元素。

注：用户可以直接将表达式(比如# {msgs. namePrompt})插入到页面中。

在以下情况下可使用 h:outputText。

- 为了生成样式化的输出
- 在面板网格中要确保文本被认为是网格的一个单元格
- 为了生成 HTML 标记

h:outputText 和 h:outputFormat 具有一个在所有 JSF 标记中独有的属性：escape。默认情况下，escape 特性的值是 true，此情况下字符<、>、&将分别被转换为<、>、&。对这些特殊字符进行转换有助于防止跨站点脚本攻击。如果用户想要通过此标记输出 HTML，那么需要将此属性设置为 false。

h:outputFormat 在其标记主体中使用指定的参数格式化组合消息，例如：

```
<h:outputFormat value="{0} 比 {1} 漂亮">
   <f:param value="张山"/>
   <f:param value="李四"/>
</h:outputFormat>
```

在上述代码段中，组合消息是“{0} 比 {1} 漂亮”，使用 f:param 标记指定的参数是张山和李四。上述代码段的输出是：张山比李四漂亮。h:outputFormat 标记使用 java.text.MessageFormat 实例来格式化输出。

下面通过一个相对完整的示例来演示如何使用 HTML 组件来构建视图。首先创建一个提交用户信息的视图，完整代码如程序 3-4 所示。

程序 3-4：textdemo.xhtml

```
<?xml version="1.0" encoding="UTF-8"?>
<!DOCTYPE html PUBLIC "-//W3C//DTD XHTML 1.0 Transitional//EN"
"http://www.w3.org/TR/xhtml1/DTD/xhtml1-transitional.dtd">
<html xmlns="http://www.w3.org/1999/xhtml"
      xmlns:h="http://java.sun.com/jsf/html">
   <h:head>
      <title>HTML组件示例</title>
   </h:head>
   <h:body>
      <h:outputText value="HTML组件示例"
                   style="font-style: italic; font-size: 1.5em"/>
      <h:form>
         <h:panelGrid columns="2">
            姓名
            <h:inputText value="#{userBean.name}"/>
            密码
            <h:inputSecret value="#{userBean.password}"/>
            简介
            <h:inputTextarea value="#{userBean.desc}" rows="5" cols="35"/>
         </h:panelGrid>
         <h:commandButton value="注册" action="textconfirm"/>
      </h:form>
   </h:body>
</html>
```

程序说明：代码中用到了前面所讲述的大部分组件，其中 h:commandButton 代表一个按钮组件，它的 action 属性代表当按钮单击时转向的目标视图。关于按钮和链接等导航组件将在 3.9 节进行详细讲述。

下面创建一个显示用户提交信息的视图，代码如程序 3-5 所示。

程序 3-5：textconfirm.xhtml

```
<?xml version="1.0" encoding="UTF-8"?>
<!DOCTYPE html PUBLIC "-//W3C//DTD XHTML 1.0 Transitional//EN"
"http://www.w3.org/TR/xhtml1/DTD/xhtml1-transitional.dtd">
<html xmlns="http://www.w3.org/1999/xhtml"
     xmlns:h="http://java.sun.com/jsf/html">
  <h:head>
     <title>HTML 组件示例</title>
  </h:head>
  <h:body>
     <h:outputText value="姓名: " style="font-style: italic"/>
     #{userBean.name}
     <br/>
     <h:outputText value="简介: " style="font-style: italic"/>
     <br/>
     <pre>#{userBean.desc}</pre>
  </h:body>
</html>
```

程序说明：代码中主要利用 h:outputText 标记来输出文本，同时演示了利用表达式语言直接输出文本信息。

最后还要创建一个 Managed Bean，用来保存用户信息，代码如程序 3-6 所示。

程序 3-6：UserBean.java

```
package com.demo.chapt3;
import javax.faces.bean.ManagedBean;
import javax.faces.bean.SessionScoped;
@ManagedBean
@SessionScoped
public class UserBean {
    private String name;
   private String password;
   private String desc;
    public String getName() {
        return name;
    }
    public void setName(String name) {
        this.name = name;
    }
    public String getPassword() {
        return password;
    }
    public void setPassword(String password) {
        this.password = password;
    }
    public String getDesc() {
        return desc;
    }
    public void setDesc(String desc) {
        this.desc = desc;
    }
```

```
        public UserBean() {
        }
    }
```

程序说明：ManagedBean 用来为视图中的组件提供数据支撑。

运行程序 3-4，将得到如图 3-7 所示的运行界面。

图 3-7　显示 HTML 组件

可在页面中单击右键来查看视图输出的 HTML 源文件。在图 3-7 中的组件中输入相关信息，并单击【注册】按钮，看看会得到什么样的运行结果。

5. 选择

JSF 有七个选择标记：

- h:selectBooleanCheckbox
- h:selectManyCheckbox
- h:selectOneRadio
- h:selectOneListbox
- h:selectManyListbox
- h:selectOneMenu
- h:selectManyMenu

对于上述选择标记，value 属性代表组件的输入值，单选组件代表某个简单属性，多选组件则对应一个集合属性。

h:selectBooleanCheckbox 是最简单的选择标记，它显示了一个能绑定到布尔属性的复选框。

可以用 h:selectManyCheckbox 创建一组复选框。标记内可嵌套一个或多个 f:selectItem 标记，或者一个 f:selectItems 标记来定义复选组件包含的所有选项信息。对于包含动态选项内容的复选组件，则首选 f:selectItems 标记。f:selectItems 标记的 value 属性可指向一个 Map 或 List 对象，JSF 将自动提取其中的元素来作为组件的选项。

下面通过一个示例来演示如何使用选择组件。首先创建包含选择组件的视图，代码如程序 3-7 所示。

程序 3-7：selectInput.xhtml

```
<?xml version="1.0" encoding="UTF-8"?>
<!DOCTYPE html PUBLIC "-//W3C//DTD XHTML 1.0 Transitional//EN"
"http://www.w3.org/TR/xhtml1/DTD/xhtml1-transitional.dtd">
<html xmlns="http://www.w3.org/1999/xhtml"
     xmlns:f="http://java.sun.com/jsf/core"  xmlns:h="http://java.sun.com/jsf/
html">
  <h:head>
        <title>选择组件示例</title>
  </h:head>
```

```
        <h:body>
            <h:form>
             <h:panelGrid columns="2">
              喜欢的车型
              <h:selectManyMenu value="#{form.lovestyle}" >
                 <f:selectItems value="#{form.carStyles}" var="w"
                           itemLabel="#{w}" itemValue="#{w}"/>
               </h:selectManyMenu>
              喜欢的颜色
               <h:selectManyCheckbox value="#{form.colors}">
                 <f:selectItems value="#{form.colorItems}"/>
               </h:selectManyCheckbox>
               喜欢的品牌
               <h:selectManyListbox size="5" value="#{form.cars}">
                 <f:selectItems value="#{form.carItems}"/>
               </h:selectManyListbox>
               姓名
               <h:inputText value="#{form.name}"/>
              订阅本站消息
               <h:selectBooleanCheckbox value="#{form.contactMe}"/> 出生年份
               <h:selectOneMenu value="#{form.yearOfBirth}" required="true">
                 <f:selectItems value="#{form.yearItems}"/>
               </h:selectOneMenu>
               教育程度
               <h:selectOneRadio value="#{form.education}"
                             layout="pageDirection">
                 <f:selectItems value="#{form.educationItems}"/>
               </h:selectOneRadio>
             </h:panelGrid>
             <h:commandButton value="提交" action="selectresult"/>
           </h:form>
           <h:messages/>
        </h:body>
    </html>
```

程序说明：在上面的代码中，演示了如何使用各种选择组件。注意对于多选组件，可将代表选项信息的 Managed Bean 属性直接赋给 f:selectItems 的 value 属性，而选择组件的 value 属性用来保存用户的选择结果。Managed Bean 的代码如程序 3-9 所示。

下面创建一个视图来显示结果，代码如程序 3-8 所示。

程序 3-8：selectResult.xhtml

```
    <?xml version="1.0" encoding="UTF-8"?>
    <!DOCTYPE html PUBLIC "-//W3C//DTD XHTML 1.0 Transitional//EN"
    "http://www.w3.org/TR/xhtml1/DTD/xhtml1-transitional.dtd">
    <html xmlns="http://www.w3.org/1999/xhtml"
         xmlns:f="http://java.sun.com/jsf/core"  xmlns:h="http://java.sun.com/jsf/
html">
        <h:head>
           <title>选择组件示例</title>
        </h:head>
        <h:body>
           <h:form>
             <h:outputFormat value="欢迎您, {0}">
```

```
            <f:param value="#{form.name}"/>
         </h:outputFormat>
         <h:panelGrid columns="2">
           喜欢的车型
           <h:outputText value="#{form.carStyleConcatenated}"/>
           出生年份
            <h:outputText value="#{form.yearOfBirth}"/>
           喜欢品牌
           <h:outputText value="#{form.cars}"/>
            喜欢颜色
            <h:outputText value="#{form.colorsConcatenated}"/>
           订阅本站邮件
            <h:outputText value="#{form.contactMe}"/>
            教育程度
            <h:outputText value="#{form.education}"/>
         </h:panelGrid>
         <h:commandButton value="返回" action="selectInput"/>
      </h:form>
   </h:body>
</html>
```

程序说明：仅仅用来显示选择组件的结果信息。

说明： 为节省篇幅，本书随后的示例代码中 import 语句，一些属性的 getter 和 setter 方法等被省略，完整的代码请到出版社的网站下载。

程序 3-9：FormBean.java

```
package com.demo.chapt3;
......
@ManagedBean(name = "form")
@SessionScoped
public class FormBean {
    public FormBean() {
    }
    public enum Education {
        高中, 大学, 研究生
    };
    private String name;
    private boolean contactMe;
    private String[] lovestyle;
    private Integer yearOfBirth;
    //getter 和 setter
    ......
     public Collection<SelectItem> getYearItems() {
        return birthYears;
    }
    public String[] getCarStyles() {
        return stylenames;
    }
    public SelectItem[] getCarItems() {
        return carItems;
    }
    public SelectItem[] getColorItems() {
        return colorItems;
```

```
        }
        public Map<String, Education> getEducationItems() {
            return educationItems;
        }
        public String getCarStyleConcatenated() {
           // return Arrays.toString(lovestyle);
            StringBuilder result = new StringBuilder();
            for (String s : lovestyle) {
                result.append(s+" ");
            }
            return result.toString();
        }
        public String getColorsConcatenated() {
            StringBuilder result = new StringBuilder();
            for (int color : colors) {
                result.append(String.format("%06x ", color));
            }
            return result.toString();
        }
        private SelectItem[] colorItems = {
            new SelectItem(Color.RED.getRGB(), "红"), // value, label
            new SelectItem(Color.GREEN.getRGB(), "绿"),
            new SelectItem(Color.BLUE.getRGB(), "蓝"),
            new SelectItem(Color.YELLOW.getRGB(), "黄"),
            new SelectItem(Color.BLACK.getRGB(), "黑", "", true) // disabled
        };
        private static Map<String, Education> educationItems;
        static {
            educationItems = new LinkedHashMap<String, Education>();
            educationItems.put("高中", Education.高中); // label, value
            educationItems.put("大学", Education.大学);
            educationItems.put("研究生", Education.研究生);
        }
        ;
       private static SelectItem[] carItems = {
            new SelectItem("Benz"),
            new SelectItem("BMW"),
            new SelectItem("Audi"),
            new SelectItem("Buick"),
            new SelectItem("Jeep"),};
        private static Collection<SelectItem> birthYears;
        static {
            birthYears = new ArrayList<SelectItem>();
            // The first item is a "no selection" item
            birthYears.add(new SelectItem(null, "选择一个年份", "", false, false, true));
            for (int i = 1950; i < 2012; ++i) {
                birthYears.add(new SelectItem(i));
            }
        }
        private static String[] stylenames = {"跑车", "轿车", "越野车", "旅行车", "皮卡",
"MPV", "面包车"};
    }
```

运行程序 3-7，将得到如图 3-8 所示的运行界面。

在界面中输入选择信息，单击【提交】按钮，将得到如图 3-9 所示的运行界面。可以看到用户选择信息已经正确显示。

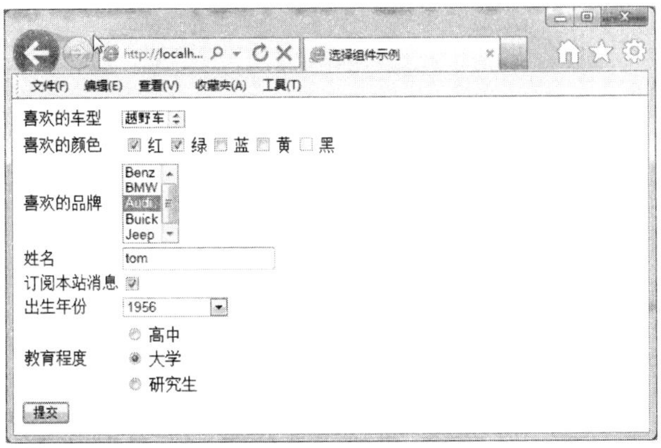

图 3-8　运行界面

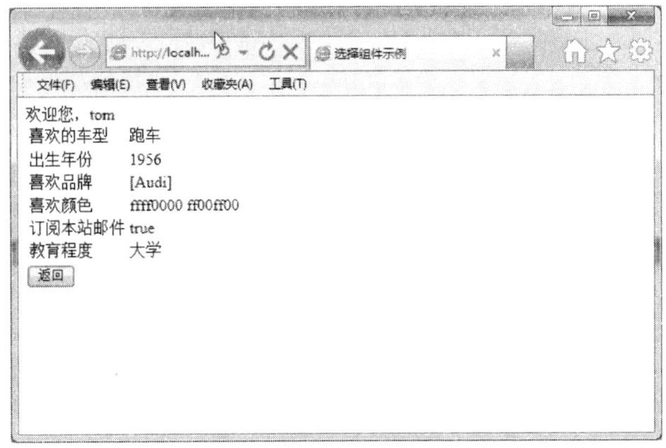

图 3-9　显示操作后的结果

6. 表格

Web 页面中经常需要展示大量的数据，尤其是存储在数据库中的数据。JSF 特意提供了一个表格控件来显示大量的数据信息。h:datatable 标记用来引入一个表格控件，它通常与标记 h:column 一起使用，分别代表表格及其包含的数据列。h:datatable 标记最重要的属性是 value，它代表组件要显示的数据，通常是一个集合对象或是访问数据库返回的记录集，h:datatable 标记将遍历 value 中的每一个元素来生成 HTML 表格。h:datatable 标记另外一个重要的属性是 var，它用来临时保存每次对 value 遍历时获取的临时变量，var 属性使得在 h:datatable 标记内部可以更加方便地操作数据。

下面通过一个示例来演示如何使用 h:datatable 标记和 h:column 标记来展示大量数据。这里显示的是 2012 女子网坛排名信息。首先创建一个代表运动员信息的类 player，代码如程序 3-10 所示。

程序 3-10：player.java

```
package com.demo.chapt3;
public class Player {
    String country;
    public Player(String country, String name) {
        this.country = country;
        this.name = name;
    }
    String name;
//省略 getter and setter
......
}
```

程序：代表运动员信息的 Bean。

下面创建一个代表运动员排名信息的 Managed Bean，代码如程序 3-11 所示。

程序 3-11：Top10Player2012.java

```
package com.demo.chapt3;
import javax.faces.bean.ManagedBean;
import javax.faces.bean.SessionScoped;
@ManagedBean
@SessionScoped
public class Top10Player2012 {
```

```
        public Top10Player2012() {
        }
        private static final Player[] top10 = new Player[]{
            new Player("白俄罗斯", "阿扎伦卡"),
            new Player("俄罗斯", "萨拉波娃"),
            new Player("波兰", "拉德万斯卡"),
            new Player("丹麦", "沃兹尼亚奇"),
            new Player("美国", "威廉姆斯"),
            new Player("中国", "李娜"),
            new Player("法国", "巴托丽"),
            new Player("德国", "科波尔"),
            new Player("俄罗斯", "兹沃娜列娃"),
            new Player("澳大利亚", "斯托瑟")
        };
        public  Player[] getTop10() {
            return top10;
        }
    }
```

下面创建视图来显示运动员排名信息，如程序 3-12 所示。

程序 3-12：table1.xhtml

```
<?xml version="1.0" encoding="UTF-8"?>
<!DOCTYPE html PUBLIC "-//W3C//DTD XHTML 1.0 Transitional//EN"
"http://www.w3.org/TR/xhtml1/DTD/xhtml1-transitional.dtd">
<html xmlns="http://www.w3.org/1999/xhtml"
      xmlns:h="http://java.sun.com/jsf/html">
   <h:head>
      <title>演示表格组件</title>
   </h:head>
   <h:body>
        <h:form>
          <h:dataTable value="#{top10Player2012.top10}" var="p">
            <h:column>
               #{p.country},
            </h:column>
            <h:column>
               #{p.name}
            </h:column>
         </h:dataTable>
      </h:form>
   </h:body>
</html>
```

程序说明：在上面的代码中，首先将要展示的 Managed Bean 的信息赋给 h:dataTable 的 value，然后在 h:column 中利用每次遍历的临时变量 p 来填充表格。

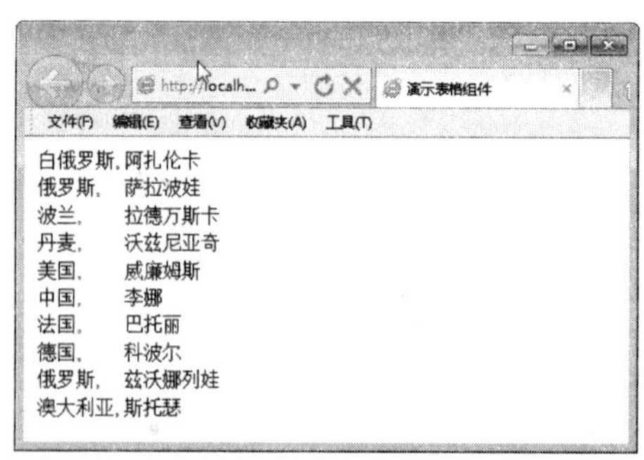

图 3-10　利用表格数据显示信息

运行程序 3-12，将得到如图 3-10 所示的运行结果。

在图 3-10 中虽然显示出了表格数据，但是不够美观。下面为表格增加表头和标题，修改后的视图代码如程序 3-13 所示。

程序 3-13：table2.xhtml

```
<!DOCTYPE html PUBLIC "-//W3C//DTD XHTML 1.0 Transitional//EN"
```

```
"http://www.w3.org/TR/xhtml1/DTD/xhtml1-transitional.dtd">
<html xmlns="http://www.w3.org/1999/xhtml"
      xmlns:h="http://java.sun.com/jsf/html"
      xmlns:f="http://java.sun.com/jsf/core">
   <h:head>
      <title>演示表格组件</title>
   </h:head>
   <h:body>
      <h:form>
          <h:dataTable value="#{top10Player2012.top10}" var="p">
              <f:facet name="caption"> 世界网坛女子排名 </f:facet>
            <h:column>
               <f:facet name="header"> 国籍</f:facet>
              #{p.country},
            </h:column>
            <h:column>
                <f:facet name="header"> 姓名</f:facet>
              #{p.name}
            </h:column>
         </h:dataTable>
      </h:form>
   </h:body>
</html>
```

程序说明：为了增加标题和表头，分别增加了三个 facelet。一个组件内部可以嵌套两种内容：子组件和 facelet。facelet 可以视为组件外观中的小窗口。与子组件不同的是，facelet 由组件本身来渲染绘制，而子组件自己负责自身的渲染绘制和交互响应等工作。注意，facelet 的名称，一定要如程序 3-13 中所示。运行程序 3-13，将得到如图 3-11 所示的运行界面。

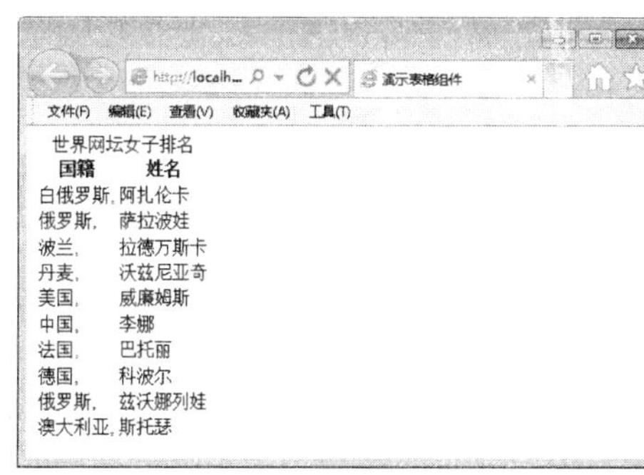

图 3-11　显示表头信息

为了使表格更加漂亮，还可以为表格组件应用样式表。首先在 Web 项目的 resources 路径下的 css 子路径下创建一个名为 table.css 的文件，内容如下：

```
.oddColumn {
height: 25px;
text-align: center;
background: MediumTurquoise;
}
.evenColumn {
text-align: center;
background: PowderBlue;
}
```

修改视图 3-13 如程序 3-14 所示。

程序 3-14：table3.xhtml

```
<!DOCTYPE html PUBLIC "-//W3C//DTD XHTML 1.0 Transitional//EN"
"http://www.w3.org/TR/xhtml1/DTD/xhtml1-transitional.dtd">
<html xmlns="http://www.w3.org/1999/xhtml"
      xmlns:h="http://java.sun.com/jsf/html"
      xmlns:f="http://java.sun.com/jsf/core">
```

```
        <h:head>
          <title>演示表格组件</title>
          <h:outputStylesheet library="css" name="table.css"/>
        </h:head>
        <h:body>
            <h:form>
              <h:dataTable value="#{top10Player2012.top10}" var="p" columnClasses=
"oddColumn,evenColumn">
                  ……
             </h:dataTable>
          </h:form>
        </h:body>
    </html>
```

程序说明：为了引入样式表，首先在 h:head 标记中嵌套 h:outputStylesheet 标记，然后就可以在 h:dataTable 等标记的属性中来引用样式了。

运行程序 3-14，看看会有什么变化？

下面我们还要再进一步改进视图。既然是个排名表，如果希望在每一行的前面显示出名次，那该怎么办呢？

其实，JSF 提供了一个 DataModel 对象，用来封装表格数据。开发人员只要将要显示的数据转换为 DataModel 对象，就可以进行诸如显示序号等高级操作了。

下面修改程序 3-11，使用 DataModel 来封装数据，修改后的代码如程序 3-15 所示。

程序 3-15：Top10Player2012.java

```
package com.demo.chapt3;
import javax.faces.bean.ManagedBean;
import javax.faces.bean.SessionScoped;
import javax.faces.model.ArrayDataModel;
import javax.faces.model.DataModel;
@ManagedBean
@SessionScoped
public class Top10Player2012 {
   public Top10Player2012() {
   }
   private static final Player[] top10 = new Player[]{
      new Player("白俄罗斯", "阿扎伦卡"),
      new Player("俄罗斯", "萨拉波娃"),
      new Player("波兰", "拉德万斯卡"),
      new Player("丹麦", "沃兹尼亚奇"),
      new Player("美国", "威廉姆斯"),
      new Player("中国", "李娜"),
      new Player("法国", "巴托丽"),
      new Player("德国", "科波尔"),
      new Player("俄罗斯", "兹沃娜列娃"),
      new Player("澳大利亚", "斯托瑟")
   };
private DataModel<Player> model = new ArrayDataModel<Player>(top10);
public DataModel<Player> getTop10() { return model; }
}
```

程序说明：在上面的代码中，将包含运动员信息的表格数据利用 DataModel 进行封装。

修改显示表格组件的视图如程序 3-16 所示。

程序 3-16：table4.xhtml

```
<!DOCTYPE html PUBLIC "-//W3C//DTD XHTML 1.0 Transitional//EN"
"http://www.w3.org/TR/xhtml1/DTD/xhtml1-transitional.dtd">
<html xmlns="http://www.w3.org/1999/xhtml"
      xmlns:h="http://java.sun.com/jsf/html"
      xmlns:f="http://java.sun.com/jsf/core">
   <h:head>
      <title>演示表格组件</title>
   </h:head>
   <h:body>
      <h:form>
         <h:dataTable value="#{top10Player2012.top10}" var="p" >
              <f:facet name="caption"> 世界网坛女子排名 </f:facet>
           <h:column >
               <f:facet name="header"> 排名</f:facet>
              #{top10Player2012.top10.rowIndex+1},
           </h:column>
              <h:column >
               <f:facet name="header"> 国籍</f:facet>
              #{p.country},
           </h:column>
           <h:column>
                <f:facet name="header"> 姓名</f:facet>
               #{p.name}
           </h:column>
        </h:dataTable>
      </h:form>
   </h:body>
</html>
```

程序说明：由于表格数据保存在 DataModel 中，因此在视图中利用 DataModel 的 rowIndex 属性来输出序号信息。序号默认从 0 开始。因此视图中进行了简单处理。运行程序 3-16，将得到如图 3-12 所示的结果视图。

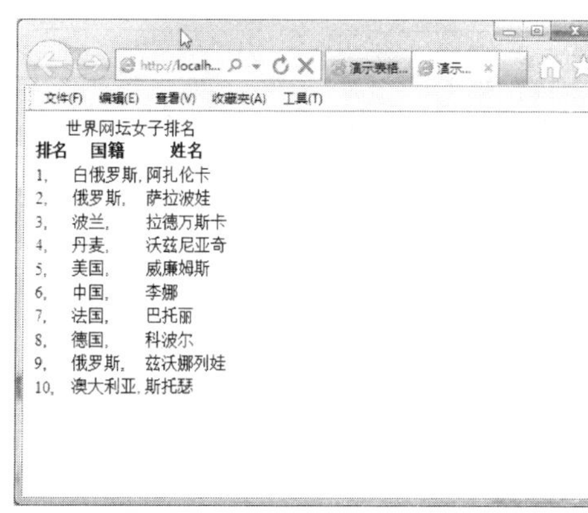

图 3-12　显示带序号的表格数据

3.4.3 Core 标记

Core 标记与页面的 HTML 绘制无关，它通常嵌套在 HTML 标记中，负责向组件添加属性、参数和 facet，注册与组件关联的转换器、校验器和事件监听器等。常见的 Core 标记如表 3-4 所示。

表 3-4　常见 Core 标记

标　　记	说　　明
attribute	在父组件中设置属性（键/值）
param	向父组件添加参数子组件
facet	向组件添加 facet
actionListener	向组件添加动作监听器
setPropertyActionListener	添加设置属性的动作监听器
valueChangeListener	向组件添加值改变监听器
phaseListener	向父视图添加阶段监听器

续表

标　记	说　明
event	添加组件系统事件监听器
converter	向组件添加强制转换器
convertDateTime	向组件添加日期时间转换器
convertNumber	向组件添加数字转换器
validator	向组件添加验证器
validateDoubleRange	验证组件值的双精度范围
validateLength	验证组件值的长度
validateLongRange	验证组件值的长整型范围
validateRequired	检查值是否存在
validateRegex	对照规则表达式验证值
validateBean	使用 Bean Validation API 进行验证
loadBundle	加载资源包存储属性为 Map
selectitems	为选定的一个或多个组件指定项
selectitem	为选定的一个或多个组件指定一个项
verbatim	将包含标记的文本转换为组件
viewParam	定义一个可使用请求参数进行初始化的“视图参数”
metadata	保存视图参数。可能在以后保存其他元数据
ajax	支持组件的 Ajax 行为
view	用于指定页面区域设置或者阶段监听器
subview	Facelets 不需要该标记

注：关于 Core 标记的使用将分散在其他相关章节的内容中讲述。

3.4.4 使用 JSTL 标记

JSTL（JSP Standard Tag Library，JSP 标准标记库）是一个实现 Web 应用程序中常用功能的定制标记库集，这些功能包括迭代和条件判断、数据格式化、XML 操作以及数据库访问等。

JSTL 的第一个版本 1.0 发布于 2002 年 6 月，从 1.1 版本开始，它已经成为 Java EE 标准的核心技术规范。在最新的 Java EE 6 规范中支持的 JSTL 版本为 1.2。JSTL 的推出，使得开发人员可以将精力专注于实现特定的业务逻辑，而不必费力去实现迭代和条件判断等通用功能，开发效率将大大提高。

JSTL 由五个不同的功能标记库组成，各标记库的详细信息如表 3-5 所示。

表 3-5　JSTL 的功能标记库

标记库名称	URI	前　缀	说　明
core	http://java.sun.com/jsp/jstl/core	c	核心功能实现，包括变量管理、迭代和条件判断等
I18N	http://java.sun.com/jsp/jstl/fmt	fmt	国际化、数据格式显示
SQL	http://java.sun.com/jsp/jstl/sql	sql	操作数据库
XML	http://java.sun.com/jsp/jstl/xml	x	操作 XML
Fn	http://java.sun.com/jsp/jstl/functions	fn	常用函数库，包括 String 操作，集合类型操作等

说明：JSTL 的推出，本来是配合 Java EE 的另外一种表现层技术 JSP。但在 JSF 视图中，可继续使用 JSTL 的 core 和 Fn 两个标记库来实现诸如逻辑判断、循环控制等基础功能。

下面演示如何在视图中使用 JSTL。修改程序 3-8 如程序 3-17 所示。

程序 3-17：selectResult2.xhtml

```
<?xml version="1.0" encoding="UTF-8"?>
<!DOCTYPE html PUBLIC "-//W3C//DTD XHTML 1.0 Transitional//EN"
"http://www.w3.org/TR/xhtml1/DTD/xhtml1-transitional.dtd">
<html xmlns="http://www.w3.org/1999/xhtml"
    xmlns:f="http://java.sun.com/jsf/core"  xmlns:h="http://java.sun.com/jsf/
html"
    xmlns:c="http://java.sun.com/jsp/jstl/core">
  <h:head>
    <title>选择组件示例</title>
  </h:head>
  <h:body>
    <h:form>
      <h:outputFormat value="欢迎您，{0}">
        <f:param value="#{form.name}"/>
      </h:outputFormat>
      <h:panelGrid columns="2">
        <c:if test="${form.carStyleConcatenated.length()>0}">
       喜欢的车型
       <h:outputText value="#{form.carStyleConcatenated}"/>
        </c:if>
       出生年份
        <h:outputText value="#{form.yearOfBirth}"/>
       喜欢品牌
       <h:outputText value="#{form.cars}"/>
        喜欢颜色
        <h:outputText value="#{form.colorsConcatenated}"/>
       订阅本站邮件
        <h:outputText value="#{form.contactMe}"/>
        教育程度
        <h:outputText value="#{form.education}"/>
      </h:panelGrid>
      <h:commandButton value="返回" action="selectInput"/>
    </h:form>
  </h:body>
</html>
```

程序说明：与 JSF 标记库一样，也是首先引入 JSTL 标记库的命名空间，然后就可以在视图中使用相应的标记了。在本例中，利用 JSTL 的 core 标记库的 if 标记判断 bean 的属性，来动态决定组件是否显示。注意在 JSTL 中也可以使用表达式语言，但只能使用单向表达式符号“$”，而不能使用 JSF 表达式符号“#”。

3.5　在视图中访问 Web 资源

注：本节的示例代码保存在 chapt3/HelloMessage 下。

为了实现界面的美观和格式统一，JSF 组件的标记属性支持引用 image、css 和 JavaScript 等资源。JSF 2.0 将 image、css 和 JavaScript 等资源统一放到 web 应用的根目录下的 resources 下，resources 目录下的每个子目录被称为一个“library”。JSF 2.0 提供了定义和访问资源的标准机制，它包含两个 JSF 标记：<h:outputScript> 和 <h:outputStylesheet>，这些标记可以结合<h:head> 和 <h:body> 标记一起使用，代码片段如下所示。

```
<h:body>
<h:outputStylesheet  library="css" name="styles.css" target="body"/>
<h:outputScript library="javascript" name="util.js" target="head"/>
...
</h:body>
```

<h:outputScript> 和 <h:outputStylesheet> 标记有两个属性 library 和 name。library 名称对应于 resources 目录下的子目录，它代表保存资源的位置。例如，如果在 resources/css/en 目录中有一个样式表，那么 library 对应的名称为"css/en"。name 属性是资源本身的名称。例如，使用 <h:graphicImage> 访问一个图像，对应的示例代码如下所示：

```
<h:graphicImage library="images" name="cloudy.gif"/>
```

注：<h:outputScript>和<h:outputStylesheet>必须位于<h:head>或<h:body>中。

有些情况下，需要使用 JSF 表达式语言（EL）访问资源。在 EL 表达式内访问资源的语法是 resource['LIBRARY:NAME']，其中 LIBRARY 和 NAME 对应于<h:outputScript> 和 <h:outputStylesheet> 标记的 library 和 name 属性。示例代码如下所示：

```
<h:graphicImage value="#{resource['images:cloudy.gif']}"/>
```

更重要的是，JSF 还支持资源版本的动态更新。假设存在如下两个路径：

```
resources/css/1_0_2
resources/css/1_1
```

则 JSF 框架在加载资源时首先在 resources/css/1_1 目录下寻找，然后才去 resources/css/1_0_2 下寻找。下面通过一个示例来演示如何在视图中访问资源。首先建立一个视图，完整代码如程序 3-18 所示。

程序 3-18：testresource.xhtml

```
<?xml version="1.0" encoding="UTF-8"?>
<!DOCTYPE html PUBLIC "-//W3C//DTD XHTML 1.0 Transitional//EN"
"http://www.w3.org/TR/xhtml1/DTD/xhtml1-transitional.dtd">
<html xmlns="http://www.w3.org/1999/xhtml"
    xmlns:h="http://java.sun.com/jsf/html">
  <h:head>
    <title>资源管理测试 </title>
    <h:outputStylesheet library="css" name="table.css"/>
    <h:outputScript library="javascript" name="check.js"/>
  </h:head>
  <h:body>
    <h:form>
      <h:panelGrid columns="2" columnClasses="evenColumns, oddColumns">
        姓名
         <h:inputText/>
        密码
         <h:inputSecret id="password"/>
        重新输入密码
         <h:inputSecret id="passwordConfirm"/>
      </h:panelGrid>
      <h:commandButton type="button" value="提交"
                  onclick="checkPassword(this.form)"/>
    </h:form>
  </h:body>
</html>
```

程序说明：在上面的代码中，分别利用标记<h:outputScript> 和 <h:outputStylesheet>向视图中引入样式表和标记库，后面的内容与 html 页面中引用样式表和 Javascript 的办法一致。

下面还要在项目的 web 目录下建立一个 resources 文件夹，并继续在 resources 文件夹下建立一个 css 文件夹和 javascript 文件夹，分别用来保存样式表和 js 文件。样式表和 js 文件的内容分别如程序 3-19 和程序 3-20 所示。

程序 3-19：table.css

```
.evenColumns {
  font-style: italic;
    color:red
}
.oddColumns {
  padding-left: 1em;
}
```

程序 3-20：check.js

```
function checkPassword(form) {
  var password = form[form.id + ":password"].value;
  var passwordConfirm = form[form.id + ":passwordConfirm"].value;
  if(password == passwordConfirm)
    form.submit();
  else
    alert("两次输入的密码不匹配");
}
```

程序说明：注意代码中 Javascript 中对 JSF 组件的引用。JSF 组件虽然是服务器端组件，但是，它也可被客户端脚本语言（如 JavaScript）来访问，关键是在 JavaScript 中正确引用组件输出后的 ID。对于表单中的组件，输出的组件 ID 都遵循如下规律：

```
Formid+“:”+组件自身 ID
```

运行程序 3-18，将得到如图 3-13 所示的运行界面。可以看到字体已经倾斜，且颜色变为红色。在文本输入框【密码】和【重新输入密码】中输入不一致的信息，单击【提交】按钮，看看是否会有错误提示信息弹出。

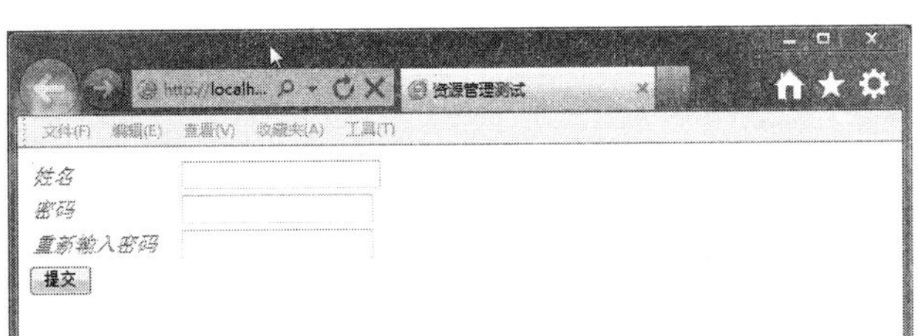

图 3-13　在 JSF 视图中引用资源

3.6　利用页面模板提高视图可维护性

注：本节的示例代码保存在 chapt3/template 下。

3.6.1　布局

企业 Web 应用中通常包含大量的视图，这些视图大部分都具有相似的布局，例如页眉、页脚、导航菜单、广告栏等。为了确保视图外观一致性，以及提高视图可维护性，使用页面模板是个不错的选择。

JSF 为支持页面模板专门提供了一个名为 Facelets 的标记库。常用的 Facelets 标记如表 3-6 所示。

表 3-6　主要 Facelets 标记

标　记	说　明
ui:component	定义一个组件，该组件会被添加到组件树中
ui:composition	定义一个页面组件，可以选择在该组件中使用模板。这个标记之外的内容会被忽略
ui:debug	定义一个调试组件，该组件会被添加到组件树中
ui:define	定义一段被模板插入到页面中的内容
ui:decorate	和 composition 类似，但是不忽略标记之外的内容
ui:fragment	和 component 相似，但是不忽略标记之外的内容
ui:include	为多个页面封装并重用内容
ui:insert	将内容插入一个模板
ui:param	用来将参数传递给被 include 的文件
ui:repeat	作为其他的循环标记如 c:forEach 或 h:dataTable 的替换项
ui:remove	将内容从页面中移除

利用 JSF 的 Facelets 标记库来实现模板很简单。首先定义一个代表视图布局的模板，它也是一个 XHTML 文件，文件中利用 ui:insert 标记来声明布局中的元素，利用 ui:include 标记来声明默认内容。在创建具体视图时，利用 ui:composition 标记来声明一个组合，ui:composition 标记的 template 属性代表使用的模板信息，组合中嵌套的 ui:define 标记用来填充模板中的布局元素，对于未填充的部分将显示为模板的默认内容。最终视图显示时，组合之外的部分将被忽略，组合显示为模板与填充元素叠加的效果。

下面通过一个具体示例来演示如何使用页面模板。首先创建模板文件，如程序 3-21 所示。

程序 3-21：commonLayout.xhtml

```
<?xml version="1.0" encoding="UTF-8"?>
<!DOCTYPE html PUBLIC "-//W3C//DTD XHTML 1.0 Transitional//EN"
"http://www.w3.org/TR/xhtml1/DTD/xhtml1-transitional.dtd">
<html xmlns="http://www.w3.org/1999/xhtml"
xmlns:h="http://java.sun.com/jsf/html"
xmlns:ui="http://java.sun.com/jsf/facelets"
>
<h:head>
<h:outputStylesheet name="common-style.css" library="css" />
</h:head>
<h:body>
<div id="page">
<div id="header">
<ui:insert name="header" >
<ui:include src="/template//Header.xhtml" />
</ui:insert>
</div>
<div id="content">
<ui:insert name="content" >
<ui:include src="/template//Content.xhtml" />
</ui:insert>
</div>
<div id="footer">
```

```
<ui:insert name="footer" >
<ui:include src="/template//Footer.xhtml" />
</ui:insert>
</div>
</div>
</h:body>
</html>
```

程序说明：从上面的代码可以看到，模板文件就是一个普通的视图，只是引入了 JSF 的 Facelets 标记库，并使用 ui:insert 标记定义 3 个布局元素：header 、content 和 footer。同时针对每个布局元素，还使用 ui:include 标记定义了默认内容。另外，模板文件中还引入了一个样式表文件 common-style.css 来统一视图外观。

作为默认布局元素内容的三个视图代码分别如程序 3-22、程序 3-23 和程序 3-24 所示。

程序 3-22：Header.xhtml

```
<?xml version="1.0" encoding="UTF-8"?>
<!DOCTYPE html PUBLIC "-//W3C//DTD XHTML 1.0 Transitional//EN"
"http://www.w3.org/TR/xhtml1/DTD/xhtml1-transitional.dtd">
<html xmlns="http://www.w3.org/1999/xhtml"
xmlns:ui="http://java.sun.com/jsf/facelets"
>
<body>
<ui:composition>
<h1>This is default header</h1>
</ui:composition>
</body>
</html>
```

程序 3-23：Content.xhtml

```
<?xml version="1.0" encoding="UTF-8"?>
<!DOCTYPE html PUBLIC "-//W3C//DTD XHTML 1.0 Transitional//EN"
"http://www.w3.org/TR/xhtml1/DTD/xhtml1-transitional.dtd">
<html xmlns="http://www.w3.org/1999/xhtml"
xmlns:ui="http://java.sun.com/jsf/facelets"
>
<body>
<ui:composition>
<h1>This is default content</h1>
</ui:composition>
</body>
</html>
```

程序 3-24：Footer.xhtml

```
<?xml version="1.0" encoding="UTF-8"?>
<!DOCTYPE html PUBLIC "-//W3C//DTD XHTML 1.0 Transitional//EN"
"http://www.w3.org/TR/xhtml1/DTD/xhtml1-transitional.dtd">
<html xmlns="http://www.w3.org/1999/xhtml"
xmlns:ui="http://java.sun.com/jsf/facelets"
>
<body>
<ui:composition>
<h1>This is default footer</h1>
</ui:composition>
```

```
</body>
</html>
```

程序说明：在程序 3-22、程序 3-23 和程序 3-24 中，仅仅利用 ui:composition 标记来定义要显示在模板中的内容。composition 标记之外的部分在嵌入模板时将被忽略。

下面创建一个视图，并引用程序 3-19 创建的模板，代码如程序 3-25 所示。

程序 3-25：default.xhtml

```
<?xml version="1.0" encoding="UTF-8"?>
<!DOCTYPE html PUBLIC "-//W3C//DTD XHTML 1.0 Transitional//EN"
"http://www.w3.org/TR/xhtml1/DTD/xhtml1-transitional.dtd">
<html xmlns="http://www.w3.org/1999/xhtml"
xmlns:h="http://java.sun.com/jsf/html"
xmlns:ui="http://java.sun.com/jsf/facelets"
>
<h:body>
<ui:composition template="template/commonLayout.xhtml">
 </ui:composition>
</h:body>
</html>
```

程序说明：在代码中仅仅利用 ui:composition 来引用页面模板，需要注意 template 属性的值是否正确指向模板文件所在的位置。

运行程序 3-25，将得到如图 3-14 所示的运行结果。由于引用页面模板时并没有向模板中插入任何页面布局元素，因此视图输出时将显示模板中默认的内容。可以看到 h1 格式的文本都显示为红色，模板已经发挥出统一页面外观的作用。

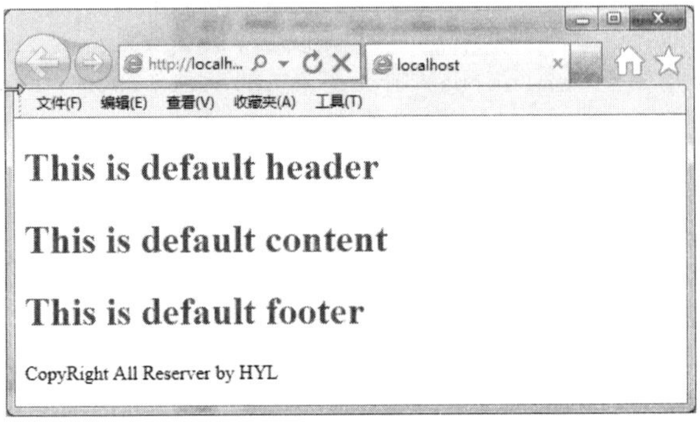

图 3-14　默认模板视图输出

下面创建一个新的视图，代码如程序 3-26 所示。

程序 3-26：index.xhtml

```
<?xml version="1.0" encoding="UTF-8"?>
<!DOCTYPE html PUBLIC "-//W3C//DTD XHTML 1.0 Transitional//EN"
"http://www.w3.org/TR/xhtml1/DTD/xhtml1-transitional.dtd">
<html xmlns="http://www.w3.org/1999/xhtml"
xmlns:h="http://java.sun.com/jsf/html"
xmlns:ui="http://java.sun.com/jsf/facelets"
>
<h:body>
<ui:composition template="/template/commonLayout.xhtml">
<ui:define name="content">
<h2>This is page1 content</h2>
</ui:define>
<ui:define name="footer">
<h2>This is page1 Footer</h2>
</ui:define>
</ui:composition>
</html>
```

程序说明：在上面的代码中，利用标记 ui:define 来定义模板中的布局元素，它的属性 name 对应

```
      xmlns:f="http://java.sun.com/jsf/core"
      xmlns:h="http://java.sun.com/jsf/html">
    <style>
        .wrapper { width: auto; }
        * { border-color: #9CE6AE; }
        .wrapper * { background-color: #DCFAB9; }
        .wrapper .horizontalEdge, .wrapper .curvedEdge1, .wrapper .curvedEdge2,
 .wrapper .verticalEdge{
            font-size: 1px; display: block; height: 1px; overflow: hidden; }
        .wrapper .curvedEdge1, .wrapper .curvedEdge2, .wrapper .verticalEdge{
            border-width: 0px 1px 0px 1px; border-style: solid; }
        .wrapper .horizontalEdge {
            border-style: solid; border-width: 1px 0px 0px 0px; margin: 0px 5px; }
        .wrapper .curvedEdge1 { margin: 0px 3px; }
        .wrapper .curvedEdge2 { margin: 0px 2px; }
        .wrapper .verticalEdge { margin: 0px 1px; height:2px; }
        .wrapper .content { border-width: 0px 1px 0px 1px; border-style: solid;
padding:   0px 5px; }
    </style>
    <table width="80%">
        <tr>
            <td>
                <div class="wrapper">
                    <span>
                        <span class="horizontalEdge"></span>
                        <span class="curvedEdge1" ></span>
                        <span class="curvedEdge2" ></span>
                        <span class="verticalEdge" ></span>
                    </span>
                    <div class="content">
                        <ui:insert />
                    </div>
                    <span>
                        <span class="verticalEdge" ></span>
                        <span class="curvedEdge2" ></span>
                        <span class="curvedEdge1" ></span>
                        <span class="horizontalEdge" ></span>
                    </span>
                </div>
            </td>
        </tr>
    </table>
</html>
```

程序说明：可以看到定义一个装饰模板与布局模板的方法一样，只是不使用 ui:include 标记来定义默认内容。因为装饰模板是不能单独使用的。

下面来演示如何使用装饰模板，示例代码如程序 3-31 所示。

程序 3-31：index.xhtml

```
<?xml version="1.0" encoding="UTF-8"?>
<!DOCTYPE html PUBLIC "-//W3C//DTD XHTML 1.0 Transitional//EN"
"http://www.w3.org/TR/xhtml1/DTD/xhtml1-transitional.dtd">
<html xmlns="http://www.w3.org/1999/xhtml"
```

```
xmlns:h="http://java.sun.com/jsf/html"
xmlns:ui="http://java.sun.com/jsf/facelets"
>
<h:body>
<ui:composition template="/template/commonLayout.xhtml">
<ui:define name="content">
<h1>This is page1 content</h1>
</ui:define>
<ui:define name="footer">
   <ui:decorate template="/template/Decorator.xhtml">
<h1>This is page1 Footer</h1></ui:decorate>
</ui:define>
</ui:composition>
</h:body>
</html>
```

程序说明：从上面的代码中可以看到，与利用 ui:composition 标记引用布局模板不同，通过 ui:decorate 标记来引用之前创建的装饰模板，而被装饰的内容将嵌套在 ui: decorate 标记中。运行程序 3-31，运行结果如图 3-17 所示。

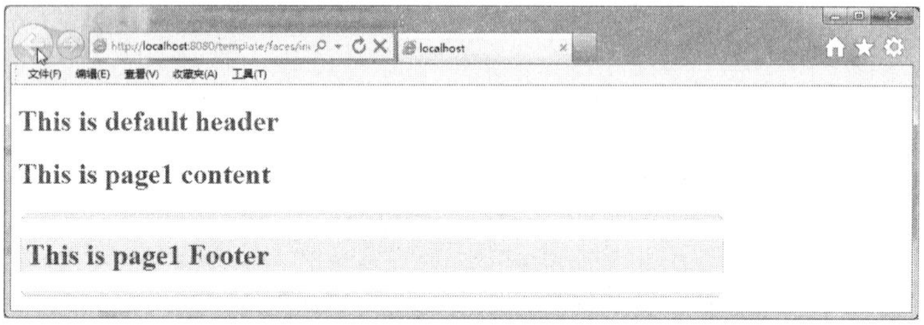

图 3-17 在视图中引用装饰模板

当然，在 ui: decorate 标记中通常是用 ui: include 标记来嵌套要装饰的文件，如程序 3-32 所示。

程序 3-32：index.xhtml

```
<?xml version="1.0" encoding="UTF-8"?>
<!DOCTYPE html PUBLIC "-//W3C//DTD XHTML 1.0 Transitional//EN"
"http://www.w3.org/TR/xhtml1/DTD/xhtml1-transitional.dtd">
<html xmlns="http://www.w3.org/1999/xhtml"
xmlns:h="http://java.sun.com/jsf/html"
xmlns:ui="http://java.sun.com/jsf/facelets"
>
<h:body>
<ui:composition template="/template/commonLayout.xhtml">
<ui:define name="content">
<h1>This is page1 content</h1>
</ui:define>
<ui:define name="footer">
   <ui:decorate template="/template/Decorator.xhtml">
      <ui:include src="/template/Footer.xhtml"></ui:include>
   </ui:decorate>
</ui:define>
</ui:composition>
</h:body>
</html>
```

运行程序 3-32，看看会得到什么结果？

3.7　利用 Managed Bean 封装业务逻辑

通过对前面几节的学习，我们已经掌握了如何构建 JSF 视图，下面开始研究如何在 JSF 应用中实现业务逻辑。JSF 应用的业务逻辑全部封装在 Managed Bean 中，视图中的组件只是通过表达式语言引用 Managed Bean 的属性或方法。其实 Managed Bean 是一个普通的 JavaBean，它不需要继承任何 Java 类，实现任何特定的接口。但是，与普通 JavaBean 不同的是，它的生命周期不是由应用程序控制的，而是由 JSF 框架来托管。JSF 视图中无需显式引入 Managed Bean，只需要利用表达式语言直接引用 Managed Bean 的属性或方法即可，JSF 框架在运行页面时将自动创建相关的 Managed Bean，在完成生命周期后将自动销毁 Managed Bean，这也是为什么称其为 Managed Bean 的原因。

注：本节的示例代码保存在 chapt3/JSFDemo 下。

3.7.1　定义 Managed Bean

定义一个 Managed Bean 与定义一个普通的 JavaBean 没有任何区别，只需要遵守如下的规则。

（1）对于数据类型“protype”的每个可读属性，Bean 必须有下面签名的一个方法：

```
public proptype  getProperty() { }
```

（2）对于数据类型“protype”的每个可写属性，Bean 必须有下面签名的一个方法：

```
public setProperty(proptype x) { }
```

（3）定义一个不带任何参数的构造函数。

那么 JSF 框架是如何知道 Managed Bean 的呢？为了将 JavaBean 注册到 JSF 框架，可以用两种方式，最简单的方式是利用特定的 JSF 注解对 JavaBean 进行标注。相关的注解主要有以下几个。

- @ManagedBean。必选注解。值得一提的是，它有一个可选的属性 name，用来声明 Managed Bean 的名称，以便在视图中引用，当然开发者可以默认此属性，则 JSF 框架默认将 Managed Bean 类名的首字母小写后作为它的名称，如在程序 3-1 中 Message 的默认名称为 message。
- @SessionScoped、@RequestScoped、@ApplicationScoped、@ViewScoped 和@CustomScoped 等。可选注解。既然 Managed Bean 的生命周期将由 JSF 来管理。那么 JSF 根据什么来管理 Bean 的生命周期呢？在定义 Managed Bean 时，开发人员将使用上述注解来声明 Managed Bean 不同的生命周期范围。JSF 正是根据这些注解对 Managed Bean 进行管理的。如果在声明 Managed Bean 是没有使用上述任何注解，则默认的生命周期范围为@RequestScoped。关于 Managed Bean 的生命周期范围，在后面的示例中还要详细讲解。

另一种方式是在 JSF 配置文件 face-config.xml 中进行配置，配置信息主要包括 Bean 的名称、类和生命周期范围，还是以 3.2 节的示例为例，相关的配置代码如程序 3-33 所示。

程序 3-33：face-config.xml

```
<?xml version="1.0" encoding="UTF-8"?>
<faces-config
   xmlns="http://java.sun.com/xml/ns/javaee"
   xmlns:xsi="http://www.w3.org/2001/XMLSchema-instance"
   xsi:schemaLocation="http://java.sun.com/xml/ns/javaee
   http://java.sun.com/xml/ns/javaee/web-facesconfig_2_0.xsd"
   version="2.0">
```

```
    <managed-bean>
    <managed-bean-name> MessageBean </managed-bean-name>
    <managed-bean-class> com.demo.jsf.Message</managed-bean-class>
    <managed-bean-scope>session</managed-bean-scope>
     </managed-bean>
</faces-config>
```

注：Java EE 规范推荐采用注解的方式来声明 Managed Bean。

需要特别指出的是，对于 Map、List 等集合对象，可以直接作为 Managed Bean，但是只能通过在 face-config.xml 中进行配置的方式进行注册。配置信息的代码片段如下所示。

```
......
<managed-bean>
        <managed-bean-name>listBean</managed-bean-name>
        <managed-bean-class>java.util.ArrayList</managed-bean-class>
        <managed-bean-scope>none</managed-bean-scope>
        <list-entries>
            <value>Steve Jobs</value>
            <value>Sergy Brin</value>
            <value>Larry Page</value>
            <value>Anil Ambani</value>
        </list-entries>
    </managed-bean>
    <managed-bean>
        <managed-bean-name>mapBean</managed-bean-name>
        <managed-bean-class>java.util.HashMap</managed-bean-class>
        <managed-bean-scope>none</managed-bean-scope>
        <map-entries>
            <map-entry>
                <key>Apple</key>
                <value>Steve Jobs</value>
            </map-entry>
            <map-entry>
                <key>Google</key>
                <value>Larry Page and Sergy Brin</value>
            </map-entry>
            <map-entry>
                <key>Reliance</key>
                <value>Anil Ambani</value>
            </map-entry>
        </map-entries>
</managed-bean>
......
```

在上面的代码片段中，分别声明了一个 ArrayList 类型的 Managed Bean 和一个 HashMap 类型的 Managed Bean。并且在声明 Bean 时，分别利用<list-entries>和<map-entries>对 Managed Bean 的值进行了初始化。

下面演示如何访问作为 Managed Bean 的 Map 和 List，视图文件代码如程序 3-34 所示。

程序 3-34：collection.xhtml

```
<?xml version="1.0" encoding="UTF-8"?>
<!DOCTYPE html>
<html xmlns="http://www.w3.org/1999/xhtml"
```

```
   xmlns:h="http://java.sun.com/jsf/html"
   xmlns:f="http://java.sun.com/jsf/core">
 <head>
    <title>TODO supply a title</title>
 </head>
 <body>
    <f:view>
       <h:form>
          <h:dataTable var="loc" value="#{listBean}">
           <h:column> <h:outputText value="#{loc}" />  </h:column>
          </h:dataTable>
          <h:outputText value="#{mapBean['Apple']}"/>
          <h:outputText value="#{mapBean['Google']}"/>
          <h:outputText value="#{mapBean['Reliance']}"/>
       </h:form>
    </f:view>
 </body>
</html>
```

程序说明：从上面的代码中可以看出，访问 List 和 Map 与访问其他 Managed Bean 的语法一样，没有什么不同。只是在 EL 中可采用“[]”访问其中的元素。

运行程序 3-34，将得到如图 3-18 所示的运行结果页面。

图 3-18　在视图中访问作为 Managed Bean 的 List 和 Map

3.7.2　生命周期范围

Managed Bean 的生命周期由框架来管理，开发人员在声明 Managed Bean 时，仍然要告诉 JSF 框架它的生命周期范围。对于 Managed Bean 来说，它的有效生命周期范围属性及其对应的注解如表 3-7 所示。

表 3-7　Managed Bean 的生命周期范围

生命周期范围	对应注解	作 用 域
Application	@ApplicationScoped	整个应用
Session	@SessionScoped	整个对话
View	@ViewScoped	整个视图。主要用在 Ajax 应用中
Request	@RequestScoped	整个请求
None		临时
Custom	@CustomScoped	用户自定义

Request：代表客户端发出的一次请求，当服务器生成响应并返回客户端，则请求结束。

Session：一个客户端对服务器发出的多个请求，若客户端超过一定时间没有发出新的请求，则 Session 结束。

Application：代表整个应用，它可以包含多个客户端请求的 Session。

Custom：代表用户自定义的生命周期范围。它是 JSF 2.0 新增加的功能特性。

Managed Bean 有一个特别的生命周期 View，它代表当前视图，此时，Managed Bean 将作为当前视图的一个属性。当视图被创建或恢复时，Managed Bean 也会随着创建或恢复，并被放入请求中，即只要当前视图不变（其间有可能经历多个 Request），Managed Bean 就有效。View 是一个专门为 Ajax 设计的生命周期范围。关于 JSF 对 Ajax 的支持，将在本章 3.12 节详细讲述。

这里还要特别说一下生命周期范围为 None 的 Managed Bean。这类 Managed Bean 不能作为一个单独存在的实体，通常作为属性寄存在其他 Managed Bean 中，拥有与宿主 Managed Bean 同样的生命周期。当宿主 Managed Bean 创建时，它将被创建；当宿主 Managed Bean 销毁时，它也一同被销毁。

> **对经验开发者而言**，与 JSP 中的 JavaBean 不同，Managed Bean 没有 Page 这一生命周期范围，因为在 JSF 框架下，视图是被编译为一棵组件树，而不是用来向客户端输出响应的 Servlet。这棵组件树可能作为一个单独的页面渲染，也可能被嵌入到其他复合组件中，因此，对 JSF 视图来说，是没有 Page 这一概念的。

除了 Request 范围的 Managed Bean 外，其他 Managed Bean 都需要实现序列化接口。另外只有 Request 生命范围的 Managed Bean 是线程安全的，对于 Session 范围的 Managed Bean，未必是线程安全的，因为用户可能提交多个请求，都会更新到同一个 Managed Bean 中。

当 JSF 框架在生成视图时，发现对 Mannaged Bean 的引用，而在 Bean 声明的生命周期范围内又没有 Bean 的实例时，则会调用 Managed Bean 的无参数的构造函数来创建一个 Bean 的实例，并根据表达式的内容，调用 Bean 属性的 getter 方法或 setter 方法，或者其他事件处理方法。当超出 Bean 的生命周期时，JSF 框架将自动对其进行销毁。

还记得在 3.3.5 节中，当多次单击【Change】按钮，而视图中显示的文字却没有变化吗？这是由于 Managed Bean 的生命周期多导致的。因为在程序 3-1 中，并没有特意通过注解来声明 Managed Bean 的生命周期，因此 Managed Bean 的生命周期默认为 request。当用户单击【Change】按钮，则代表完成一次视图导航，原来的 Managed Bean 将结束生命周期被销毁，JSF 会重新创建一个新的 Managed Bean，属性 i 被重新初始化为 0，在 change 方法中变为 1。这就是为什么多次单击按钮却只能显示文本数组中第二条提示文本的原因。利用@SessionScoped 来声明组件的生命周期范围，再重新运行程序 3-2 看看会有什么结果。

Applicaton 范围的 Bean 也是在第一次请求时被创建。若想在应用一启动便创建，可在注解 @ManagedBean 中增加一个 eager 属性，如下所示：

@ManagedBean(eager=true)

下面设计一个脑筋急转弯的游戏来演示 Managed Bean 的生命周期范围。

首先创建一个代表问题的 JavaBean，完整代码如程序 3-35 所示。

程序 3-35：ProblemBean.java

```
package com.demo.jsf;
import java.io.Serializable;
public class ProblemBean implements Serializable {
   private String question;
   private String answer;
    public String getAnswer() {
        return answer;
    }
    public void setAnswer(String answer) {
        this.answer = answer;
    }
```

```
    public String getQuestion() {
       return question;
    }
    public void setQuestion(String question) {
       this.question = question;
    }
    public ProblemBean() {}
   public ProblemBean(String q, String a) {
     this.question=q;
     this.answer=a;
   }
}
```

程序说明：这是一个普通的 JavaBean，它代表一道脑筋急转弯题，由问题和答案两部分组成。下面创建 Managed Bean 来实现业务逻辑，代码如程序 3-36 所示。

程序 3-36：QuizBean

```
package com.demo.jsf;
import java.io.Serializable;
import java.util.ArrayList;
import javax.faces.bean.ManagedBean;
import javax.faces.bean.SessionScoped;
@ManagedBean
@SessionScoped
public class QuizBean  implements Serializable {
   private ArrayList<ProblemBean> problems = new ArrayList<ProblemBean>();
   private int currentIndex;
   private int score;
   public QuizBean() {
      problems.add(
      new ProblemBean("制造日期与有效日期是同一天的产品是什么？" ,"报纸" ));
      problems.add(
         new ProblemBean("什么东西肥得快，瘦得更快 ？" ,"气球" ));
      problems.add(
        new ProblemBean("放一支铅笔在地上,要使任何人都无法跨过,怎么做?" ,"放在墙边" ));
      problems.add(
         new ProblemBean("青蛙为什么能跳得比树高？" ,"树不会跳" ));
      problems.add(
        new ProblemBean("最不听话的是谁？" ,"聋子" ));
   }
   public void setProblems(ArrayList<ProblemBean> newValue) {
      problems = newValue;
      currentIndex = 0;
      score = 0;
   }
   public int getScore() { return score; }
   public ProblemBean getCurrent() { return problems.get(currentIndex); }
   public String getAnswer() { return ""; }
   public void setAnswer(String newValue) {
      try {
        if (getCurrent().getAnswer().equals(newValue) ) score++;
         currentIndex = (currentIndex + 1) % problems.size();
      }
      catch (Exception ex) {
          System.out.printf(ex.toString());
      }
   }
}
```

程序说明：除了一些 getter 和 setter 方法，主要业务逻辑都封装在此 Managed Bean 的方法 setAnswer 中。注意代码中利用注解@SessionScoped 声明 Bean 的生命周期范围为 Session。

下面创建应用的视图，代码如程序 3-37 所示。

程序 3-37：clever.html

```
<?xml version="1.0" encoding="UTF-8"?>
<!DOCTYPE html>
<html xmlns="http://www.w3.org/1999/xhtml"
      xmlns:f="http://java.sun.com/jsf/core"
      xmlns:h="http://java.sun.com/jsf/html">
   <h:head>
      <title>Managed Bean 生命周期范围</title>
   </h:head>
   <h:body>
      <h:form>
         <h3>脑筋急转弯</h3>
         <p>
             您答对了#{quizBean.score}题
         </p>
         <p>#{quizBean.current.question}</p>
         <p>
          <h:inputText value="#{quizBean.answer}"/>
         </p>
         <p><h:commandButton value="提交"/></p>
      </h:form>
   </h:body>
</html>
```

程序说明：在上面的代码中，对于 EL 表达式 quizBean.answer，将调用 Managed Bean 的 setAnswer 方法，即使 Bean 不存在属性 Answer 也没关系。

运行程序 3-37，将得到如图 3-19 所示的运行画面。

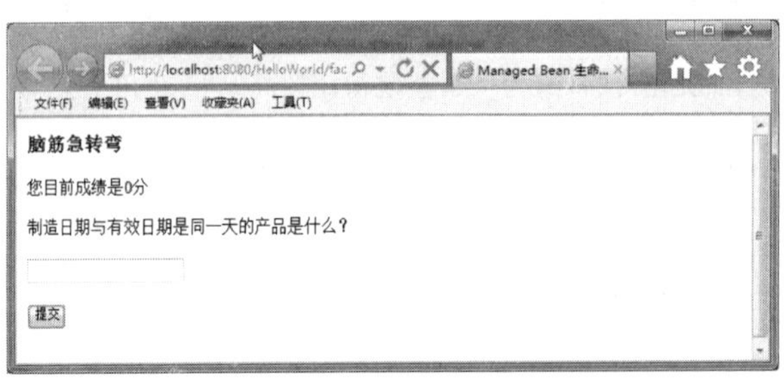

图 3-19　程序 3-37 运行结果

输入答案并单击【提交】按钮，应用将在页面中更新成绩并显示下一道题。

修改 Managed Bean 的生命周期范围为 View，看看还能否实现上述功能。由于在视图中单击【提交】按钮，刷新的仍然是当前视图，View 范围的 Managed Bean 仍然有效，因此，程序依然正常运行。

注：开发人员在实际应用中，应根据业务应用需求来为 Managed Bean 声明合适的生命周期。

3.7.3　Bean 之间的依赖

在之前的示例中，Managed bean 的属性都是基本类型。但是在实际应用中，情况可能要复杂得多，比如代表用户信息的 Managed Bean 中可能包含一个代表用户地址信息的 Managed Bean。那么 JSF 是否支持 Managed Bean 间的这种依赖呢？答案是肯定的。只需要利用注解@ManagedProperty 对属性进行标注，那么 JSF 框架在创建此 Managed Bean 时，将自动创建另外一个指定类型的 Managed Bean 来作为父 Managed Bean 的属性。以程序 3-38 的代码为例。

程序 3-38：MessageBean.java

```
package com.demo.jsf.bean;
import java.io.Serializable;
import javax.faces.bean.ManagedBean;
import javax.faces.bean.SessionScoped;
@ManagedBean(name="message")
@SessionScoped
public class MessageBean implements Serializable
 {
    private String message="test bean dependence";
    public String getMessage() {
        return message;
    }
    public void setMessage(String message) {
        this.message = message;
    }
 }
```

程序说明：这只是一个简单的 Managed Bean，用来封装一条消息。

程序 3-39：HelloBean.java

```
package com.demo.jsf.bean;
import java.io.Serializable;
import javax.faces.bean.ManagedBean;
import javax.faces.bean.ManagedProperty;
import javax.faces.bean.SessionScoped;
@ManagedBean
@SessionScoped
public class HelloBean implements Serializable {
 @ManagedProperty(value="#{message}")
private MessageBean messageBean;
    public MessageBean getMessageBean() {
        return messageBean;
    }
    public void setMessageBean(MessageBean messageBean) {
        this.messageBean = messageBean;
    }
 }
```

程序说明：在上面的代码中，注意属性 messageBean，它是前面定义的 MessageBean 的实例，并且通过注解@ManagedProperty(value="#{message}")来进行标注，注意注解@ManagedProperty 的属性 value 的值必须与之前声明的 MessageBean 的名称相对应。另外，对于 Managed Bean 类型的属性，也要声明对应的 getter 和 setter 方法。因此，当 JSF 框架创建 HelloBean 的实例时，将自动利用 MessageBean 的实例 message 来作为 HelloBean 的实例的 messageBean 属性的值。下面创建一个页面对 Managed Bean 进行测试，代码如程序 3-40 所示。

程序 3-40：testbean.xhtml

```
<?xml version="1.0" encoding="UTF-8"?>
<!DOCTYPE html>
<html xmlns="http://www.w3.org/1999/xhtml">
    <head>
        <title>test bean </title>
    </head>
    <body>
        <div>#{helloBean.messageBean.message}</div>
    </body>
</html>
```

程序说明：对于 Managed Bean 类型的属性，在视图中可使用多级的点操作符来访问它。

在使用 Managed Bean 之间的依赖时，有下面几点需要注意。

- 作为属性的 Managed Bean 的生命周期必须大于引用它的 Managed bean 的生命周期。这是很显然的。如果作为属性的 Managed Bean 的生命周期小于引用它的 Managed Bean 的生命周期，则将出现作为属性的 Managed Bean 已经被 JSF 框架回收，引用它的 Managed bean 的对应属性则为 null，导致意外抛出。前面已经说明，生命周期范围为 None 的 Managed Bean 拥有与宿主 Bean 同样的生命周期范围，因此可以作为任何 Managed Bean 的属性。
- 作为属性的 Managed Bean 与引用它的 Managed Bean 之间不能出现循环引用。

3.7.4 生命周期回调方法

由于 Managed Bean 是由 JSF 框架管理其生命周期，但是开发人员可以声明一些特定的生命周期回调方法，当 Bean 被创建或销毁时，通过调用这些特定的方法来完成一些特殊操作。Managed Bean 支持用于生命周期回调的注解@PostConstruct 和@PreDestroy，并且要求回调方法不带任何参数且不返回任何值。

例如在创建 Bean 时执行特殊的初始化，修改程序 3-38 来定制初始化，代码如程序 3-41 所示。

程序 3-41：messageBean.java

```
package com.demo.jsf.bean;
......
@ManagedBean(name = "message")
@SessionScoped
public class MessageBean implements Serializable {
    private String message = "test bean dependence";
    public String getMessage() {
        return message;
    }
    public void setMessage(String message) {
        this.message = message;
    }
    @PostConstruct
    public void create() {
        String[] weekDays = {"星期日", "星期一", "星期二", "星期三", "星期四", "星期五",
"星期六"};
        Calendar cal = Calendar.getInstance();
        Date dt = new Date();
        cal.setTime(dt);
        int w = cal.get(Calendar.DAY_OF_WEEK) - 1;
```

```
            if (w < 0) {
                w = 0;
            }
            message = "您好，今天是"+weekDays[w];
        }
    }
```

图 3-20　通过回调方法定制 Bean 初始化

程序说明：相比程序 3-38，通过注解@PostConstruct 声明了方法 create，当 bean 被创建完毕后，create 方法将立即被调用，用来动态修改变量 message 的值。

重新运行程序 3-40，将得到如图 3-20 所示的运行画面。

由运行结果可以看出，生命周期回调方法已经被成功调用。

3.8　使用 EL 访问服务器端数据

JSF 组件的强大之处在于可以使用表达式语言（Expression Language，EL）直接访问服务器端的数据和方法。在前面的学习中我们对 EL 已经有了初步了解，本节将系统讲述 EL 的相关内容。

注： 本节的示例代码保存在 chapt3/JSFDemo 下。

3.8.1　范围

所有位于#号之后的一对花括号之中的字符串（形如"#{...}"）都是 EL。EL 既可以位于标记的内容中，也可以位于标记的属性值中。例如：

```
<h1 style=#{login.usertype}>#{login.username }</h1>
```

注： 组件的 id 和 var 属性不支持 EL。

3.8.2　访问对象

使用 EL 能够访问服务器端的哪些数据呢？首先便是 ManagedBean，这一点在前面的示例中已经演示。另外，EL 还支持一些隐含对象（如表 3-8 所示），这些隐含对象代表客户端请求的头部信息、cookie 和应用上下文等。通过访问这些隐含对象，组件可以完成一些复杂的操作。

表 3-8　JSF 隐含变量

隐含变量	说　明	实　例
applicationScope	应用作用域变量的 Map，以名称作为关键字	#{application-Scope.myVariable}
cookie	当前请求的 cookie 值的 Map，以 cookie 名称作为关键字	#{cookie.myCookie}
facesContext	当前请求的 FacesContext 实例	#{facesContext}
header	当前请求的 HTTP 首部值的 Map，以 header 名称作为关键字。如果给定的 header 名称有多个值，仅返回第 1 个值	#{header['User-Agent']}
headerValues	当前请求的 HTTP 首部值的 Map，以 header 名称作为关键字。对每个关键字，返回一个 String 数组（以便所有的值都能访问）	#{headerValues ['Accept-Encoding'][3]}
initParam	应用初始化参数的 Map，以参数名称为关键字。（也称为 Servlet 上下文初始化参数，在部署描述符中设置）	#{initParam.adminEmail}
param	请求参数的 Map，以 header 名称作为关键字。如果对给定的参数名称有多个值，仅返回第 1 个值	#{param.address}

续表

隐含变量	说　明	实　例
paramValues	请求参数的 Map，以 header 名称作为关键字。对每个关键字，返回一个 String 数组（以便可以访问所有的值）	#{param.address[2]}
requestScope	请求范围内的变量的 Map，以名称作为关键字	#{requestScope.user-Preferences}
sessionScope	会话范围内的变量的 Map，以名称作为关键字	#{sessionScope['user']}
view	当前视图	#{view.locale}

3.8.3 值表达式和方法表达式

从形式上，EL 可以分为值表达式和方法表达式两类。值表达式用来获取或设置服务器上的一个变量或 Managed Bean 的属性。注意，值表达式的作用方向是双向的。如下所示：

```
<h:inputText value="#{user.name}"/>
```

在视图显示阶段，将读取 user 的属性 name，在视图提交处理时，又会将 inputtext 组件的值赋给属性 name。

值得一提的是，对于 Map，EL 可以把 Key 作为一个属性来读取，因此对 map 的访问可以写为：#{bean.map.key}。但在一些极端情况下，例如 map 中的 key 是一个包含了空格或特殊字符的 String，那么运行时将有意外抛出，因此推荐采用如下方式：

```
#{bean.map['key']}
```

隐式对象 requestScope、sessionScope 都是基于 Map 实现的，因此，EL 中的访问方法也是：#{sessionScope['key']}。

在值表达式中可以直接执行一些算术运算、逻辑运算和关系运算，就像在 Java 语言中一样。

算术运算符有：加法（+）、减法（–）、乘法（*）、除法（/ or div）与余除（% or mod）。

例如表达式 #{1.2 + 2.3}，将返回值为 3.5

逻辑运算有：and(或&&)、or(或!!)、not(或!)。

关系运算有：小于（< 或 lt）、大于（> 或 gt）、小于或等于（<= 或 le）、大于或等于（>= 或 ge）、等于（==或 eq）、不等于（!= 或 ne）。

例如#{4 <= 3}，其返回值应该为 false

最后需要注意的是，在 JSF EL 中存在下面的保留关键字，不能用这些关键字作为 bean 的名字或者属性：

and	false	Le	not
div	ge	Lt	Null
empty	gt	mod	or
eq	instanceof	Ne	true

方法表达式用于调用服务器上的方法并返回一个值。如下所示：

```
<h:commandButton action="#{tablemodel.update}"/>
```

注意方法表达式只能用在标记的属性中，不能像值表达式一样直接输出到视图。而且并不是所有的标记属性都支持方法表达式。支持方法表达式的属性如表 3-9 所示。

从表 3-9 中可以看出，方法表达式主要用来处理组件事件。关于组件的事件处理将在本书 4.3 节详细论述。

表 3-9　支持方法表达式的属性

标　记	属　性	表达式类型
h:commandButton	action	String　action
h:commandLink	actionlistener	void listner(actionEvent)
h:inputtext	valueChangeListener	void listener(ValueChangeEvent)
h:inputtextArea h:inputSecrect h:selectBooleanCheckbox h:selectManyCheckbox h:selectOneRadio h:selectOneListbox h:selectManyListbox h:selectOneMenu h:selectManyMenu	validator	validator void validator(FacesContext, UIComponent, Object)
f:event	listener	void listener(ComponentSystemEvent)
f:ajax	listener	void listener(AjaxBehaviorEvent)

方法表达式中还支持参数传递，例如在下面的按钮的 action 属性中：

```
<h:commandButton action="#{tablemodel.update ('full') }"/>
```

3.8.4　延迟计算

JSF EL 最大的特性就是延迟计算，即在视图被编译时，表达式不是马上被计算的，而是运行到特定阶段，才进行表达式计算并返回结果。正是这种延迟计算的特性，才使得值表达式既能够显示数据，又能够设置数据。这一点在方法表达式上更是体现的充分，方法表达式只有在用户触发时，才被调用执行，从而实现事件处理。

对经验开发者而言，与 JSP 支持的 EL 相比，JSF 的 EL 有以下不同。

- 使用的分隔符不同。JSF 的 EL 使用（#）来标记表达式的开始，而 JSP 的 EL 使用（$）。
- 作用方向不同。JSP 只是访问并输出变量和 Bean 的值，JSF 可以访问输出 Managed Bean 的属性，还可以更新 Managed Bean 的属性。
- JSF 与 JSP 中的内置对象不同。JSF 所提供的隐含对象，大致上对应于 JSP 隐藏对象，不过 JSF 隐含对象移除了 pageScope 和 pageContext，增加了 facesContext 和 view。FacesContext 实例代表当前正在处理的请求的上下文环境。它包含对当前应用消息栈、当前渲染包和其他一些有用对象的引用。View 代表当前视图，因为 JSF 中没有 Page 的概念，View 以组件树的形式一直保存在内存中。

3.9　实现灵活的导航控制

企业级 Web 应用通常由多个视图组成，在 Web 应用运行过程中，根据业务逻辑往往需要在视图之间实现导航。因此，如何实现视图间的导航是开发 Web 应用中首先要解决的问题。

注：本节的示例代码保存在 chapt3/JSFDemo 下。

3.9.1　视图 ID

为准确实现导航定位，首先要为 Web 应用中的每个视图定义一个唯一的标识，称为视图 ID。JSF

默认以视图完整文件名（包括路径）作为每个视图的视图 ID。例如，视图 reg1.xhtml 直接位于 web 应用根目录下，因此它的视图 ID 为“/reg1.xhtml”。视图 vip.xhtml 位于 web 应用的 special 路径下，则对应的视图 ID 为“/special/reg1.xhtml”。

3.9.2 利用 Post 请求实现导航

JSF 组件是运行在服务器端的组件，因此在运行过程中，客户端经常需要向服务器端提交信息。h:commandButton 和 h:commandLink 是两个最常用的导航组件，在使用中它们通常被包含在 h:form 标记中。当导航组件被用户单击时，它将以 Post 的方式将表单中的所有信息发送到服务器。其中，h:commandButton 和 h:commandLink 都有一个名为 action 的属性，它决定了当按钮或链接被用户单击时，JSF 将导航到哪一个结果视图。

如果 action 属性的值是一个固定值，当按钮或链接被用户单击时，则 JSF 将导航到以 action 属性值为视图 ID 的视图，这种导航被称为静态导航。如果 action 属性的值是一个 EL 方法表达式，则 JSF 将以 EL 表达式的返回值作为结果视图的视图 ID，这种导航被称为动态导航。

下面以用户注册的场景为例，演示如何利用 h:commandButton 实现导航控制。首先创建用户注册信息提交视图 reg1.xhtml，代码如程序 3-42 所示。

程序 3-42：reg1.xhtml

```
<!DOCTYPE html PUBLIC "-//W3C//DTD XHTML 1.0 Transitional//EN" "http://www.w3.org
/TR/xhtml1/DTD/xhtml1-transitional.dtd">
<html xmlns="http://www.w3.org/1999/xhtml"
      xmlns:h="http://java.sun.com/jsf/html"
      xmlns:f="http://java.sun.com/jsf/core"
      >
    <h:head>
        <title>注册</title>
    </h:head>
    <h:body>
        <h:form>
            <h2>用户注册</h2>
            <h4>请提交注册信息</h4>
            <table>
                <tr>
                    <td>姓:</td>
                    <td>
                        <h:inputText label="First Name"
                                     id="fname" value="#{userBean.firstName}"
                                     required="true">
                        </h:inputText>
                        <h:message for="fname" />
                    </td>
                </tr>
                <tr>
                    <td>名:</td>
                    <td>
                        <h:inputText label="Last Name"
                                     id="lname" value="#{userBean.lastName}"
                                     required="true"/>
                        <h:message for="lname" />
                    </td>
```

```
                </tr>
                <tr>
                    <td>性别:</td>
                    <td>
                        <h:selectOneRadio label="Sex"
                                       id="sex" value="#{userBean.sex}" required="true">
                            <f:selectItem itemLabel="男" itemValue="男" />
                            <f:selectItem itemLabel="女" itemValue="女" />
                        </h:selectOneRadio>
                        <h:message for="sex" />
                    </td>
                </tr>
                <tr>
                    <td>出生日期:</td>
                    <td>
                        <h:inputText label="Date of Birth"
                                  id="dob" value="#{userBean.dob}" required="true">
                            <f:convertDateTime pattern="MM-dd-yy" />
                        </h:inputText> (mm-dd-yy)
                        <h:message for="dob" />
                    </td>
                </tr>
                <tr>
                    <td>邮箱地址:</td>
                    <td>
                        <h:inputText label="Email Address"
                                  id="email" value="#{userBean.email}" required="true"
                                  />
                        <h:message for="email" />
                    </td>
                </tr>
            </table>
            <p><h:commandButton value="注册" action="done" />
            </p>
        </h:form>
    </h:body>
</html>
```

程序说明：在上面的代码中使用的是静态导航模式， h:commandButton 组件用来提交注册信息，action 的属性为静态字符串 done，单击导航按钮后将导航到一个名为 done.xhtml 的视图中。注意，h:commandButton 组件一定要包含在 h:form 组件中。

下面创建用户注册信息确认界面，代码如程序 3-43 所示。

程序 3-43：done.xhtml

```
<!DOCTYPE html PUBLIC "-//W3C//DTD XHTML 1.0 Transitional//EN" "http://www.w3.
org/TR/xhtml1/DTD/xhtml1-transitional.dtd">
<html xmlns="http://www.w3.org/1999/xhtml"
     xmlns:h="http://java.sun.com/jsf/html"
     xmlns:f="http://java.sun.com/jsf/core">
<h:head>
  <title>注册</title>
</h:head>
<h:body>
```

```
    <h:form>
      <h2>用户注册</h2>
      <h4>注册信息</h4>
      <h:messages />
      <table>
        <tr>
          <td>姓:</td>
          <td>
            <h:outputText value="#{userBean.firstName}" />
          </td>
        </tr>
        <tr>
          <td>名:</td>
          <td>
            <h:outputText value="#{userBean.lastName}"/>
          </td>
        </tr>
        <tr>
          <td>性别:</td>
          <td>
            <h:outputText value="#{userBean.sex}" />
          </td>
        </tr>
        <tr>
          <td>出生日期:</td>
          <td>
            <h:outputText value="#{userBean.dob}" />
          </td>
        </tr>
        <tr>
          <td>邮箱地址:</td>
          <td>
            <h:outputText value="#{userBean.email}" />
          </td>
        </tr>
      </table>
    </h:form>
  </h:body>
  </html>
```

程序说明：在上面的代码中，用来显示用户提交的注册信息。

下面创建代表用户信息的 Managed Bean，代码如程序 3-44 所示。

程序 3-44：UserBean.java

```
package com.demo.jsf;
import java.util.Date;
import java.util.Random;
import javax.faces.bean.ManagedBean;
import javax.faces.bean.RequestScoped;
import javax.faces.event.ActionEvent;
@ManagedBean
@RequestScoped
public class UserBean {
   protected String firstName;
```

```
    protected String lastName;
    protected Date dob;
    protected String sex;
    protected String email;
    //省略 getter 和 setter
......
}
```

程序说明：作为服务器端的 Managed Bean，保存提交的用户注册信息。

运行程序 3-43，单击【注册】按钮，看看是否能够成功导航到视图 done.xhtml。

上面的示例演示了静态导航。但在实际开发中，往往需要更加灵活的导航控制。在本例中，我们希望根据用户提交的注册信息进行注册操作，根据操作结果成功与否分别导航到两个不同的视图。

首先修改程序 3-42 中导航按钮的 action 属性。此时 action 的属性将不再是固定的字符串，而是一个 EL 方法表达式。

修改后的代码如程序 3-45 所示。

程序 3-45：reg1.xhtml

```
<html xmlns="http://www.w3.org/1999/xhtml"
      xmlns:h="http://java.sun.com/jsf/html"
      xmlns:f="http://java.sun.com/jsf/core">
<h:head>
  <title>注册</title>
</h:head>
<h:body>
  <h:form>
    <h2>用户注册</h2>
    <h4>注册信息</h4>
    <h:messages />
    <table>
    ......
    <tr><h:commandButton value="确认" action="#{userBean.addUser}" /></tr>
    </table>
  </h:form>
</h:body>
</html>
```

下面还要在 Managed Bean 中增加一个 action 方法。修改后的代码如程序 3-46 所示。

程序 3-46：UserBean.java

```
package com.demo.jsf;
import java.util.Date;
import java.util.Random;
import javax.faces.bean.ManagedBean;
import javax.faces.bean.SessionScoped;
@ManagedBean
@SessionScoped
public class UserBean {
......
    public String addUser() {
        boolean added = true;
        //生成随机数
        Random randomGR = new Random();
        int randomInt = new Integer(randomGR.nextInt(10));
```

```
            if(randomInt<5)added=false;
            else
                added=true;
            String outcome = null;
             if (added) {
                outcome = "regsuccess";
            } else {
                outcome = "regfail";
            }
            return outcome;
        }
    }
```

程序说明：与程序 3-44 相比，主要多了 action 方法 addUser()，它将返回一个字符串。这也是 JSF 对 action 方法的唯一要求。action 方法的返回值代表目标视图的视图 ID。 JSF 将根据此字符串决定如何进行导航。

最后还要创建两个代表注册结果的视图 regsuccess.xhtml 和 regfail.xhtml，代码分别如程序 3-47 和程序 3-48 所示。

程序 3-47：regsuccess.xhtml

```
    <?xml version='1.0' encoding='UTF-8' ?>
    <!DOCTYPE html PUBLIC "-//W3C//DTD XHTML 1.0 Transitional//EN" "http://www.w3.
org/TR/xhtml1/DTD/xhtml1-transitional.dtd">
    <html xmlns="http://www.w3.org/1999/xhtml"
          xmlns:h="http://java.sun.com/jsf/html">
        <h:head>
            <title>注册成功</title>
        </h:head>
        <h:body>
            用户#{userBean.firstName}#{userBean.lastName}注册成功!
        </h:body>
    </html>
```

程序 3-48：regfail.xhtml

```
    <?xml version='1.0' encoding='UTF-8' ?>
    <!DOCTYPE html PUBLIC "-//W3C//DTD XHTML 1.0 Transitional//EN" "http://www.w3.
org/TR/xhtml1/DTD/xhtml1-transitional.dtd">
    <html xmlns="http://www.w3.org/1999/xhtml"
          xmlns:h="http://java.sun.com/jsf/html">
        <h:head>
            <title>注册失败</title>
        </h:head>
        <h:body>
            用户注册失败!
        </h:body>
    </html>
```

运行程序 3-45，单击【注册】按钮，看看每次得到的结果视图是否相同。

3.9.3 导航约定

前面已经说过，视图 ID 为视图文件的完整路径名。而在程序 3-46 中，方法 addUser 返回的并不是完整的视图 ID，但是 JSF 却仍旧实现了正确导航，这是怎么回事呢？

在 Java EE 6 规范中，有一种指导性的理念是：配置优于约定，或者称为约定之上的配置。即对于某一选项，如果存在对应的配置信息，则使用配置信息，如果没有对应的配置信息，则按照 Java EE 规范的默认约定。因此，开发人员如果熟悉 JSF 的约定，可以按照约定进行程序开发，这样就省去了编写配置文件的麻烦。而在上面的示例中，正是按照 JSF 的导航约定来进行代码编写的。

根据 JSF 的导航约定：JSF 将.xhtml 添加到 action 方法的返回值，并在当前视图路径下加载目标文件。addUser 方法返回 regsuccess，则 JSF 将在 reg1.xhtml 相同的路径下寻找视图 regsuccess.xhtml。

注意，对于下面的代码：

```
<h:commandButton value="注册" action="/done" />
```

JSF 会认为这是一个绝对路径，将在 Web 应用的根目录下加载 done.xhtml。

现在更深一步研究一下，如果 action 方法返回的 string 为 null，则 JSF 将会导向哪里？

修改程序 3-46 中的 addUser 方法，修改后的代码片段如下：

```
public String addUser() {
        String outcome = null;
            return outcome;
    }
```

重新运行程序 3-45，可以看到，如果 action 返回为 null，则 JSF 默认仍旧返回提交当前视图。

需要注意的是：在上面的示例中，action 方法返回值为 null 和 reg1 时，都将显示用户注册信息提交视图，但二者的性质是不一样的。action 方法返回值为 null 时，Web 应用仍保持提交导航请求时的视图，相当于没有进行导航，对于 ViewScope 范围的 Bean，仍在其有效生命周期范围内。当返回值为 reg1 时，虽然目标视图与提交请求的视图是同一个视图，但是已经进行了导航，ViewScope 范围的 Bean 将被销毁重建。

因此，如果将 userbean 的生命周期范围改为 View，并让 addUser 方法返回 reg1，运行程序 3-45，看看会得到什么结果？是不是虽然视图没有变化，但是之前输入的信息全都不见了呢？

3.9.4　导航规则

上面的示例代码演示了 JSF 下的导航实现，但是还不够完美，主要存在两个问题：一是将导航逻辑放在了 Managed Bean 的方法实现中。更好的解决方案是将导航逻辑单独保存到配置文件中，一是方便修改，二是保持业务逻辑的独立性。因为 Managed Bean 是封装业务逻辑的，它只要返回业务处理的结果即可，至于根据处理结果具体返回哪个结果视图应该是 Managed Bean 职责之外的事情。二是在 action 方法中使用到了视图文件的物理名称，如果视图文件的名称发生改变，则必须修改代码，将给程序的维护带来麻烦。

那么关于导航逻辑应该放在哪里呢？没错，就是 faces-config.xml。开发人员应当牢记，任何与 JSF 框架的交互几乎都是通过这个配置文件来实现的。

开发人员可以在 faces-config.xml 中通过定义<navigation-rule>来声明导航规则。导航规则的定义很简单。它分为两部分：从哪个页面出发；在什么条件下要跳转到哪里。JSF 框架正是根据 faces-config.xml 中<navigation-rule>的内容，来决定在符合的条件成立时，应该导航至哪一个页面。

本示例中对应的导航规则可配置如下所示。

```
....
    <navigation-rule>
        <from-view-id>/reg1.xhtml</from-view-id>
        <navigation-case>
            <from-outcome>success</from-outcome>
```

```
            <to-view-id>/regsuccess.xhtml</to-view-id>
        </navigation-case>
        <navigation-case>
            <from-outcome>failure</from-outcome>
            <to-view-id>/regfail.xhtml </to-view-id>
        </navigation-case>
    </navigation-rule>
 ....
```

在<navigation-rule>中的<from-view-id>是个选择性的定义，它规定了导航规则的来源页面，它可以支持通配符*。如果不定义此节点，则说明此导航规则适应所有的来源页面。<navigation-case>中定义各种导航条件，其中<from-outcome>定义此导航规则匹配的 action 方法返回值，而对应的导航页面是在<to-view-id>中定义。

由于配置了导航规则，在 Managed Bean 中就不需要对 action 方法返回值硬编码，只需要返回一个代表结果的逻辑名称，此时程序 3-46 的 addUser 方法改为如下的代码。

```
public String addUser() {
        boolean added = true;
        //生成随机数
        Random randomGR = new Random();
        int randomInt = new Integer(randomGR.nextInt(10));
        if(randomInt<5)added=false;
        else
            added=true;
        String outcome = null;
        if (added) {
            outcome = "success";
        } else {
            outcome = "failure";
        }
        return outcome;
    }
```

一切看起来很完美。但是新的问题又来了。如果一个页面中有多个动作按钮，不同动作按钮的 action 方法也有可能返回同样的值，那怎么办呢？没关系，开发人员还可以在<navigation-case>中加入<from-action>，进一步定义 action 返回值来自哪一个 action 方法。这里假设页面中还存在一个按钮，它对应的 action 方法为 editUser，则对应的导航配置信息如下所示。

```
....
    <navigation-rule>
        <from-view-id>/reg1.xhml</from-view-id>
        <navigation-case>
            <from-action>#{userBean.addUser}</from-action>
            <from-outcome>success</from-outcome>
            <to-view-id>/regsuccess.xhtml</to-view-id>
        </navigation-case>
<navigation-case>
            <from-action>#{userBean.editUser}</from-action>
            <from-outcome>success</from-outcome>
            <to-view-id>/prework.xhtml</to-view-id>
        </navigation-case>
        ....
    </navigation-rule>
```

```
....
```

事情还没有结束。有时候需要根据用户的类别等进行不同的导航。例如，对于一般用户，导向的视图为 common.xhtml，但对于 VIP 用户，导向的视图为 vip.xhtml，那么如何来定义导航规则呢？在 JSF 2.0 以后，支持在导航配置中利用<if>节点实现条件导航。代码如下所示。

```
<navigation-rule>
        <from-view-id>/pages/index.jsp</from-view-id>
        <navigation-case>
            <from-action>#{userBean.addUser}</from-action>
            <from-outcome>success</from-outcome>
            <if>#{userBean.style =='common'}</if>
            <to-view-id>/common.xhtml</to-view-id>
        </navigation-case>
        <navigation-case>
            <from-action>#{userBean.addUser}</from-action>
            <from-outcome>success</from-outcome>
            <if>#{userBean.style =='VIP'}</if>
            <to-view-id>/vip.xhtml</to-view-id>
        </navigation-case>
    </navigation-rule> ....
```

可以看到，JSF 提供了强大的导航配置功能，通过它，可将业务逻辑与导航控制完美地分离，提高组件的重用性。

3.9.5 重定向

JSF 应用在使用 Post 请求实现导航时，默认都是使用 forward 方式，JSF 应用运行时，浏览器的地址栏一直没有变化可以证实这一点。开发人员可以让 JSF 发出让浏览器重新导向（redirect）的 header，让浏览器向目标视图发出一个新的请求，这种导航方式成为重定向。

下面修改程序 3-45，单击按钮时让其重定向到 done.xhtml，你码如下所示：

```
....
  <h:commandButton value="注册" action="done?faces-redirect=true"  /> ....
```

说明：也可以修改导航配置信息，在<navigation-case>节点中增加一个<redirect>节点。

重新发布并运行程序 3-45，却得到如图 3-21 所示的运行结果。

图 3-21　使用重定向导致请求信息丢失

在浏览器的地址栏中可以看到，页面应重定向到 done.xhtml，但是用户提交的注册信息却没有显示出来。仔细思考一下便知道原因所在了。Managed Bean 的生命周期范围为 Request，而在导航中却使用了 redirect 方式，则相当于之前的请求已经结束，对视图 done.xhtml 发出的是一个新的请求，那么当然不存在之前用户提交的信息了。要想解决这一问题，很简单，利用注解@SessionScoped 将 Managed Bean 的生命周期范围声明为 Session 即可。实验一下，看看是否如此。

但是将所有信息放入 Session 并不是一个理想的解决办法。JSF 框架已经为开发人员想到了这一点，它提供了一个 Flash 对象，它的生命周期范围可以跨越相邻的两个 Request。

下面利用 Flash 对象来改造上面的代码。首先修改程序 3-46 中的 addUser 方法，将 Bean 自身的引用添加到 Flash 中，代码片段如下所示。

```
public String addUser() {
        boolean added = true; // actual application may fail to add user
        //生成随机数
        Random randomGR = new Random();
        int randomInt = new Integer(randomGR.nextInt(10));
        if(randomInt<5)added=false;
        else
            added=true;
        String outcome = null;
        if (added) {
            outcome = "success";
        } else {
            outcome = "failure";
        }
      //将 Bean 装入 Flash
        FacesContext.getCurrentInstance().getExternalContext().getFlash().put
("userBean", this);
        return outcome;
    }
}
```

这里注意如何获取 Flash 对象。首先获取当前 FaceContext 实例，它代表当前请求的相关上下文，然后调用 getExternalContext()获取 ExternalContext 对象，它代表 JSF 框架的上下文，Flash 对象就保存在上下文中，它其实是个 Map 对象，因此，调用它的 put 方法将当前实例加进去。

下面修改程序 3-43。由于不是直接从 Managed Bean 中读取信息，而是从 Flash 中读取暂存的 Bean，代码如程序 3-49 所示。

程序 3-49：done.xhtml

```
<!DOCTYPE html PUBLIC "-//W3C//DTD XHTML 1.0 Transitional//EN" "http://www.w3.
org/TR/xhtml1/DTD/xhtml1-transitional.dtd">
<html xmlns="http://www.w3.org/1999/xhtml"
      xmlns:h="http://java.sun.com/jsf/html"
      xmlns:f="http://java.sun.com/jsf/core">
<h:head>
  <title>注册</title>
</h:head>
<h:body>
  <h:form>
    <h2>用户注册</h2>
    <h4>注册信息</h4>
    <h:messages />
    <table>
      <tr>
```

```
        <td>姓:</td>
        <td>
          <h:outputText value="#{flash.userBean.firstName}" />
        </td>
      </tr>
      <tr>
        <td>名:</td>
        <td>
          <h:outputText value="#{flash.userBean.lastName}"/>
        </td>
      </tr>
      <tr>
        <td>性别:</td>
        <td>
          <h:outputText value="#{flash.userBean.sex}" />
        </td>
      </tr>
      <tr>
        <td>出生日期:</td>
        <td>
          <h:outputText value="#{flash.userBean.dob}" />
        </td>
      </tr>
      <tr>
        <td>邮箱地址:</td>
        <td>
          <h:outputText value="#{flash.userBean.email}" />
        </td>
      </tr>
     </table>
   </h:form>
 </h:body>
 </html>
```

重新运行程序 reg2.xhtml，看看会得到什么样的运行结果。

3.9.6 利用 Get 请求实现导航

下面希望实现一个用户登录的应用，并将它与之前创建的用户注册的应用集成到一起。

用户登录的应用由两个视图和一个 Managed Bean 组成，分别如程序 3-50、程序 3-51 和程序 3-52 所示。

程序 3-50：login.xhtml

```
<?xml version="1.0" encoding="UTF-8"?>
<!DOCTYPE html PUBLIC "-//W3C//DTD XHTML 1.0 Transitional//EN"
"http://www.w3.org/TR/xhtml1/DTD/xhtml1-transitional.dtd">
<html xmlns="http://www.w3.org/1999/xhtml"
      xmlns:h="http://java.sun.com/jsf/html">
   <h:head>
      <title>Welcome</title>
   </h:head>
   <h:body>
      <h:form>
```

```
            <h3>Please enter your name and password.</h3>
            <table>
               <tr>
                  <td>Name:</td>
                  <td><h:inputText value="#{login.name}"/></td>
               </tr>
               <tr>
                  <td>Password:</td>
                  <td><h:inputSecret value="#{login.password}"/></td>
               </tr>
            </table>
            <p><h:commandButton value="Login" action="welcome"/></p>
         </h:form>
      </h:body>
   </html>
```

程序 3-51：welcome.xhtml

```
<?xml version="1.0" encoding="UTF-8"?>
<!DOCTYPE html PUBLIC "-//W3C//DTD XHTML 1.0 Transitional//EN"
"http://www.w3.org/TR/xhtml1/DTD/xhtml1-transitional.dtd">
<html xmlns="http://www.w3.org/1999/xhtml"
      xmlns:h="http://java.sun.com/jsf/html">
   <h:head>
      <title>Welcome</title>
   </h:head>
   <h:body>
      <h3>Welcome, #{login.name}!</h3>
   </h:body>
</html>
```

程序 3-52：Login.java

```
package com.demo.jsf.bean;
import java.io.Serializable;
import javax.enterprise.context.SessionScoped;
import javax.inject.Named;
@Named("login") //
@SessionScoped
public class Login implements Serializable {
   private String name;
   private String password;
   ......
}
```

发布应用并运行程序 3-50，看是否能够正常运行。

下面在程序 3-45 中增加一个按钮，单击时链接到登录视图 login.xhtml。修改后的代码如程序 3-53 所示。

程序 3-53：reg2.xhtml

```
    <!DOCTYPE html PUBLIC "-//W3C//DTD XHTML 1.0 Transitional//EN" "http://www.w3.org
/TR/xhtml1/DTD/xhtml1-transitional.dtd">
    <html xmlns="http://www.w3.org/1999/xhtml"
          xmlns:h="http://java.sun.com/jsf/html"
          xmlns:f="http://java.sun.com/jsf/core" >
```

```
        <h:head>
            <title>注册</title>
        </h:head>
        <h:body>
            <h:form>
                <h2>用户注册</h2>
                <h4>请提交注册信息</h4>
                <table>
                  ......
                </table>
                <p><h:commandButton value="注册" action="#{userBean.addUser}"  />
                <h:commandButton value="登录" action="login"  />
                </p>
            </h:form>
        </h:body>
    </html>
```

重新运行程序 3-53，得到如图 3-22 所示的运行页面。

图 3-22　集成登录功能后的注册页面

可以看到页面底部增加了一个名为【登录】的按钮。单击【登录】按钮，将得到如图 3-23 的运行结果。

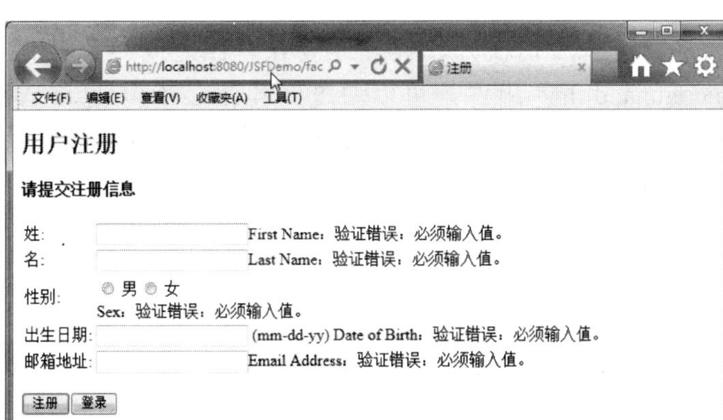

图 3-23　从注册界面链接到登录界面出现的错误提示信息

可以看到界面出现一大堆验证错误提示。原来，JSF 按钮的 action 属性总是通过 Post 方式来提交请求实现导航。

如何解决这一问题呢？JSF 2.0 新引入了 h:button 和 h:link 组件。这些组件也会呈现与 h:commandButton 和 h:commandLink 同样的外观，但是单击它们将会发出一个 Get 请求，因此将不会触发 Action 事件。

将程序 3-53 中【登录】按钮的相关代码改为如下所示：

```
<h:button value="登录" outcome="login"/>
```

重新运行程序 3-53，看看会得到什么样的结果。

将上面这行代码放到 h:form 标记外，看看是否还能够正常执行。

说明：通过设置 h:commandButton 的 immediate 属性为 true 可以让 JSF 框架跳过其他请求处理阶段直接进行 action 事件处理，但是 h:button 和 h:link 激活时发出的是 Get 请求，因此响应页面可以被收藏和缓冲，在一些场景下能够提高应用的性能。另外一点需要强调的是，outcome 属性在页面显示前将被计算，而不像 action 属性，只有当用户单击时才会调用 action 方法执行。所以 h:button 和 h:link 的 outcome 属性是不支持方法表达式的。

3.9.7 JSF 框架外导航

h:commandButton 和 h:commandLink，以及 h:button 和 h:link 触发时都是发出的 JSF 请求，都由 FaceServlet 来处理，不同之处是，前者是以 Post 的形式，而后者是以 Get 的形式。

其实如果明确知道要链接到哪个视图，还有一个更方便的方法，就是 h:outputLink 标记。

h:outputLink 标记生成一个 HTML anchor 元素，它指向一个资源，例如图像或网页。单击生成的链接，将跳转到指定的资源而不需要涉及 JSF 框架。

下面通过在程序 3-53 中增加下面一行来链接到登录界面：

```
<h:outputLink value="login.xhtml" >登录一下</h:outputLink>
```

注：如果 value 的值前面加“/”代表绝对路径，则 value 值必须包含 web 应用的上下文路径和视图的绝对路径。

如果想导航到 Web 应用之外的地址如 google，则需要在地址前面加上“http:”，如下所示：

```
<h:outputLink value="http://www.google.com.hk" >搜索一下</h:outputLink>
```

3.9.8 导航中的参数传递

在导航过程中，除了实现视图切换外，往往还要在视图之间传递其他一些参数信息。对于 h:commandButton 和 h:commandLink 组件，可以通过嵌套标记 f:attribute 来传递属性信息。组件 h:commandButton 和 h:button 被单击时，将会触发 Action 事件，开发人员可通过 ActionListener 来响应 Action 事件以获取传递来的属性信息。

注：关于 Action 事件，将在 4.3 节中详细讲解。

为演示参数传递，程序 3-53 修改后的代码如程序 3-54 所示。

程序 3-54：reg2.xhtml

```
<!DOCTYPE html PUBLIC "-//W3C//DTD XHTML 1.0 Transitional//EN" "http://www.w3.
org/TR/xhtml1/DTD/xhtml1-transitional.dtd">
<html xmlns="http://www.w3.org/1999/xhtml"
     xmlns:h="http://java.sun.com/jsf/html"
     xmlns:f="http://java.sun.com/jsf/core"  >
   <h:head>
```

```
            <title>注册</title>
        </h:head>
        <h:body>
            <h:form>
                <h2>用户注册</h2>
                <h4>请提交注册信息</h4>
                <table>
                  ……
                </table>
                 <p><h:commandButton  value=" 注 册 "  action="#{userBean.addUser}"
actionListener="#{userBean.addUserListener}"  >
                    <f:attribute name="userId" value="123"/>
                    </h:commandButton>
                   <h:link value="登录" outcome="login"  />
                </p>        </h:form>
        </h:body>
    </html>
```

程序说明：可以看到，在 h:commandButton 标记，多了属性 actionlistener，它的值为 Action 事件的监听器方法，当 Action 事件被触发后，监听器方法将首先被执行，然后 action 方法才被执行。

下面在 UserBean 中增加一个 addUserListener 方法。在方法中可以方便地获取页面传递来的属性值。代码片段如下所示：

```
    public void addUserListener(ActionEvent actionEvent) {
       //获取传递进来的属性
      String userIdString = (String) actionEvent.getComponent().getAttributes().get
("userId");
      System.out.print(userIdString);
    }
```

重新运行程序 3-54，在 NetBeans【输出】窗口的【GlassFish Server】视图，可看到如 3-24 所示的信息输出。

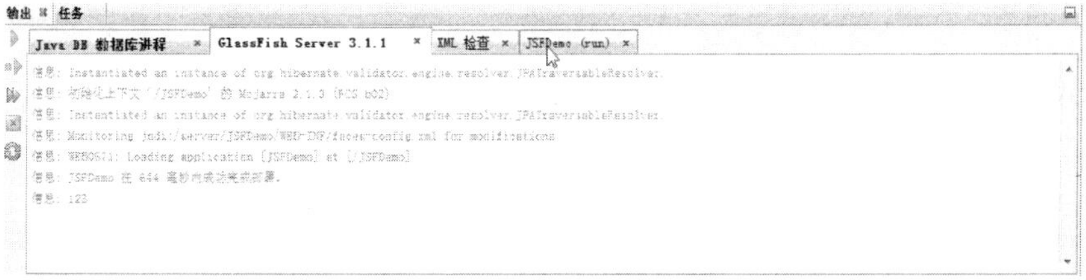

图 3-24　在 ActionListener 中获取传递的属性信息

说明： 由于 actionlistener 在 action 方法之前被执行，因此，action 方法中也可以利用传递来的参数值进行业务逻辑处理。

需要特别强调的是，ActionListener 方法用来实现 ActionEvent 的处理，而 action 方法用来实现导航逻辑，一定注意不要将二者混淆。

对于 h:button 和 h:outputlink，由于它们是利用 Get 请求来实现导航，因此，可以利用 f:parameter 以请求参数的形式来传递信息。

修改后的程序 3-54 的代码如程序 3-55 所示。

程序 3-55：reg2.xhtml

```
<!DOCTYPE html PUBLIC "-//W3C//DTD XHTML 1.0 Transitional//EN" "http://www.w3.
```

```
org/TR/xhtml1/DTD/xhtml1-transitional.dtd">
    <html xmlns="http://www.w3.org/1999/xhtml"
         xmlns:h="http://java.sun.com/jsf/html"
         xmlns:f="http://java.sun.com/jsf/core"
         >
       <h:head>
          <title>注册</title>
       </h:head>
       <h:body>
          <h:form>
          ……
             <h:link value="登录" outcome="login"   >
                   <f:param name="name" value="hyl"/>
             </h:link>
             </p>       </h:form>
       </h:body>
    </html>
```

为了在结果视图中获取以参数形式传递的信息，需要在结果视图 login.xhtml 增加一个<f:viewParam>。修改后的代码如程序 3-56 所示。

程序 3-56：login.xhtml

```
<?xml version="1.0" encoding="UTF-8"?>
<!DOCTYPE html PUBLIC "-//W3C//DTD XHTML 1.0 Transitional//EN"
"http://www.w3.org/TR/xhtml1/DTD/xhtml1-transitional.dtd">
<html xmlns="http://www.w3.org/1999/xhtml"
     xmlns:h="http://java.sun.com/jsf/html"
     xmlns:f="http://java.sun.com/jsf/core">
  <h:head>
     <title>Welcome</title>
     <f:metadata>
     <f:viewParam name="name" value="#{login.name}" ></f:viewParam>
</f:metadata>
  </h:head>
  <h:body>
     <h:form>
        <h3>Please enter your name and password.</h3>
        <table>
           <tr>
              <td>Name:</td>
              <td><h:inputText  value="#{login.name}"/></td>
           </tr>
           <tr>
              <td>Password:</td>
              <td><h:inputSecret value="#{login.password}"/></td>
           </tr>

        </table>
        <p><h:commandButton value="Login" action="welcome"/></p>
     </h:form>
  </h:body>
 </html>
```

程序说明：在上面的代码中，利用标记 f:metadata、f:viewParam 来获取请求参数，并用来初始化文本输入框的值。

运行程序 3-55，并单击【登录】按钮，得到的运行结果如图 3-25 所示。可以看到参数信息已经传递到结果视图中。

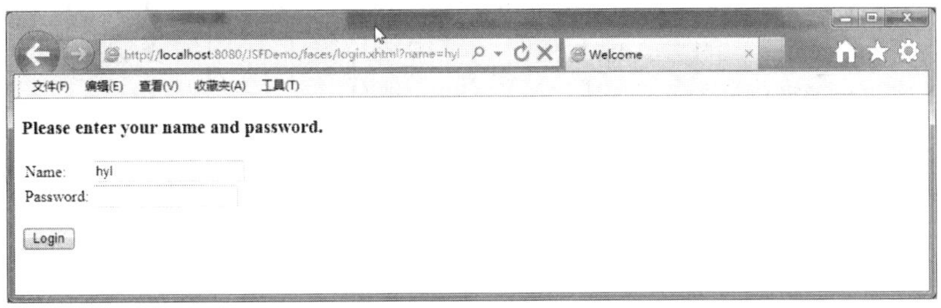

图 3-25　在登录页面获取传递来的参数信息

3.9.9　导航总结

JSF 框架提供了两种类型的导航组件：按钮和链接。对应这些导航组件的 JSF 标记有以下几个。

- 按钮标记：h:commandButton、h:button
- 链接标记：h:commandLink、h:link、h:outputLink

其中 h:commandButton 和 h:commandLink 利用 Post 请求实现导航，因此必须嵌套在 h:form 中，可以通过标记 f:attribute 来传递属性信息；而 h:button 和 h:link 利用 Get 请求，因此不必嵌套在 h:form 中，可以利用 f:parameter 以请求参数的形式来传递信息，但结果视图中必须利用标记 f:metadata 或 f:viewParam 来获取请求参数。而 h:outputLink 将直接生成一个非 JSF 请求的链接，它也是希望导航到 JSF 应用之外的唯一方式。

3.10　实现国际化支持

在世界经济日益全球化的今天，企业级 Web 应用的客户已经不是局限在某个特定的国家和地区，而可能是世界上的任意国家或地区。要满足这些处于不同国家或地区的客户的需求，需要解决的首要问题就是 Web 应用的国际化和本地化的问题。因为处于不同国家或地区的客户使用的语言是不一样的，对某些特定信息如日期时间、货币等信息的表述方式也不一样。所谓的国际化，就是将应用程序中依赖语言和地区的代码和与语言无关的代码区分开来的过程。而所谓的本地化就是将应用程序中依赖于语言和地区的代码适用于特定的文化语言的国家或者地区的过程。因此，国际化和本地化其实是一个问题的两个方面，只有实现了国际化，将依赖语言和地区的代码与其他代码分开，才能很方便地将应用程序适用于当前的地区和语言，从而实现本地化。

注：本节的示例代码保存在 chapt3/I18n 下。

3.10.1　准备资源包

开发人员在此之前要将所有的本地化资源信息保存在指定的资源属性文件中，属性文件的命名规则有如下几个形式：

```
basename+"_"+language+"_"+country+"_"+variant+".properties"
basename+"_"+language+"_"+country+".properties"
basename+"_"+language+".properties"
basename+".properties" //默认情况
```

其中 basename 为资源属性文件的基础文件名，由用户自由定义，Web 应用就是通过 basename 来对资源文件进行调用和加载；language 为语言名称，使用两个小写字母表示，如"en"表示英语，"zh"表示中文；country 为国家名称，使用两个大写字母表示，如"US"表示美国，"CN"表示中国；variant 代表特定的开发商或者浏览器，如 WIN 代表 Windows，MAC 代表 Macintosh，POSIX 代表 POSIX 等。

属性文件中以“key=value”的形式保存信息，其中 key 为程序中的资源标识符，value 为此资源对应的特定地区或语言的资源。如下所示：

```
currentScore=your current socre is:
guessNext=Guess the next number in the sequence!
```

文件存放位置可以任意指定，推荐使用类似 java 包名的结构目录。

特别需要说明的是，Java 语言使用的内部编码集是 Unicode，因此，存储在资源属性文件中的 Value 信息必须转换为对应的 unicode 编码的形式，对于中文信息，尤其要注意这点。

下面在左上角的项目视图中，选中包“com.demo.jsf”，新建一个 Java 属性文件 message，完整代码如程序 3-57 所示。

程序 3-57：message.properties

```
Title=欢迎
promote=清输入用户名和密码
name=用户名：
password=密码：
login=登录
```

程序说明：在上面针对中文的资源属性文件中看到的仍是中文字符，其实，NetBeans 在底层保存时已经帮助开发人员完成了转换。利用资源管理器到项目文件夹下找到 Message.properties，并用记事本打开，将得到如下内容：

```
Title=\u6b22\u8fce
promote=\u6e05\u8f93\u5165\u7528\u6237\u540d\u548c\u5bc6\u7801
name=\u7528\u6237\u540d\uff1a
password=\u5bc6\u7801\uff1a
login=\u767b\u5f55
```

图 3-26　为资源文件新建语言环境

下面为属性文件添加其他语言环境。在左上角的项目视图中，选中之前创建的属性文件 message.properties，单击右键，在弹出的快捷菜单中选中【添加】→【语言环境】，弹出如图 3-26 所示的窗口。

在窗口下面【预定义的语言环境】下拉列表中，选中【en_US-英文/美国】选项，单击【确定】按钮，英文环境的属性文件添加完毕。利用资源管理器到项目文件夹下查看，可以看到多了一个名为 message_en_US.properties 的文件。打开文件，可以看到 NetBeans 已经自动把属性文件中的内容复制过来，开发人员只需要修改对应的资源条目信息即可。修改后的资源文件如程序 3-58 所示。

程序 3-58：message_en_US.properties

```
Title=Welcome
promote=Please enter your name and password.
name=Name:
password=Password:
login=Login
```

3.10.2　配置资源包

国际化资源包已经准备好，那么如何让 JSF 框架知道这一点呢？其实有两种办法，第一种方法：开发人员可以在配置文件 face-config.xml 中增加一个< application >节点来声明一个资源包。在本示例中，完成配置后的完整代码如程序 3-59 所示。

程序 3-59：face-config.xml

```
<?xml version='1.0' encoding='UTF-8'?>
<faces-config version="2.0"
   xmlns="http://java.sun.com/xml/ns/javaee"
   xmlns:xsi="http://www.w3.org/2001/XMLSchema-instance"
   xsi:schemaLocation="http://java.sun.com/xml/ns/javaee http://java.sun.com/
xml/ns/javaee/web-facesconfig_2_0.xsd">
<application>
      <resource-bundle>
         <base-name>com.demo.jsf.message</base-name>
         <var>msgs</var>
      </resource-bundle>
   </application>
</faces-config>
```

程序说明：在上面的代码中，通过在 application 节点下添加一个 resource-bundle 节点来实现资源包的声明。JSF 框架将资源加载并映射到变量 msgs。

第二种方法：在页面中使用<f:loadBundle>标记：

```
<f:loadBundle basename=" com.demo.jsf.message " var=" msgs "/>
```

该标记会自动装载（该资源文件是由类加载器加载）对应 local 下的资源包文件，加载的资源被映射到由 var 属性指定的 mags 变量中，保存在请求范围内。

说明：通过配置节点< application >、比使用<f:loadBundle>标记更加高效。因为 JSF 配置文件影响整个应用，而标记<f:loadBundle>只影响当前视图。因此本示例采用第一种方法。

3.10.3　在 JSF 视图中使用资源

在 JSF 视图中，可直接使用声明资源包时对应的变量。使用资源包后的视图完整代码分别如程序 3-60 和程序 3-61 所示。

程序 3-60：login.xhtml

```
?xml version="1.0" encoding="UTF-8"?>
<!DOCTYPE html PUBLIC "-//W3C//DTD XHTML 1.0 Transitional//EN"
"http://www.w3.org/TR/xhtml1/DTD/xhtml1-transitional.dtd">
<html xmlns="http://www.w3.org/1999/xhtml"
    xmlns:h="http://java.sun.com/jsf/html"
    xmlns:f="http://java.sun.com/jsf/core">
  <h:head>
     <title>#{msgs.Title}</title>
  </h:head>
  <h:body>
    <h:form>
       <h3>#{msgs.promote}</h3>
      <table>
         <tr>
```

```
                <td>#{msgs.name}</td>
               <td><h:inputText   value="#{login.name}"/></td>
            </tr>
            <tr>
                <td>#{msgs.password}</td>
               <td><h:inputSecret value="#{login.password}"/></td>
            </tr>
        </table>
         <p><h:commandButton value="#{msgs.login}" action="welcome"/></p>
      </h:form>
   </h:body>
</html>
```

程序 3-61：welcome.xhtml

```
<?xml version="1.0" encoding="UTF-8"?>
<!DOCTYPE html PUBLIC "-//W3C//DTD XHTML 1.0 Transitional//EN"
"http://www.w3.org/TR/xhtml1/DTD/xhtml1-transitional.dtd">
<html xmlns="http://www.w3.org/1999/xhtml"
     xmlns:h="http://java.sun.com/jsf/html">
   <h:head>
      <title>#{msgs.Title}</title>
   </h:head>
   <h:body>
      <h3>#{msgs.Title}, #{login.name}!</h3>
   </h:body>
</html>
```

运行程序 3-60，将得到如图 3-27 所示的运行结果。

图 3-27　实现本地化后的应用界面

3.10.4　设置应用程序本地属性

由于当前环境下的浏览器本地语言选项为简体中文-中国，因此得到如图 3-27 所示的运行结果页面。那么在英文环境下视图会呈现什么样的页面呢？

为了观察视图在英文环境下的绘制页面，有以下三种办法。

一是在配置文件中< application >节点下增加一个<locale-config>节点来声明当前应用的配置选项。代码片段如下所示。

```
<application>
   <resource-bundle>
      <base-name>com.demo.jsf.message</base-name>
      <var>msgs</var>
   </resource-bundle>
   <locale-config>
```

```
            <default-locale>en</default-locale>
            <supported-locale>zh</supported-locale>
        </locale-config>
    </application>
```

第二种方法是在视图中利用<f:view locale="en">或者通过 EL 动态设置<f:view locale="#{user.locale}"/>。

说明：<f:view>的 locale 属性优先 faces-config.xml 中<locale-config>配置信息。

第三种方法是在程序代码中进行动态设置：

```
UIViewRoot viewRoot = FacesContext.getCurrentInstance().getViewRoot();
viewRoot.setLocale(new Locale("en"));
```

注意，后两种方法只对当前视图有效，而第一种方法对整个应用有效。

3.11　使用 Ajax 获得更好的用户体验

注：本节的示例代码保存在 chapt3/JSFDemo 下。

Ajax 是 Asynchronous JavaScript and XML（以及 DHTML 等）的缩写。它是一种新的 Web 工作模型。传统 Web 工作模型实际上是一种请求—响应模型，即用户提交请求并等待服务器返回响应后更新页面。这是一种典型的同步通信方式。这种工作模型使得用户被迫中断工作来等待页面的重装。

作为一种 Web 应用程序开发的新手段，Ajax 采用客户端脚本与 Web 服务器交换数据。在 Ajax 模式下，数据交换是经由特定的浏览器对象 XMLHttpRequest 实现的，再由适当的逻辑来处理每个数据请求的结果，最后是更新页面的特定区域而不是完整的页面被更新。

通过引入 Ajax 技术，一个客户端脚本能够异步地与服务器通话，而同时能够保持与用户的交互。由于它是一种异步通信模式，客户端不需要等待服务器的响应，因此不必采用导致中断交互的完整页面刷新，就可以动态地更新 Web 页面。使用 Ajax，可以创建更加丰富、更加动态的 Web 应用程序用户界面，其即时性和可用性甚至能够接近本机桌面应用程序。可以毫不夸张地说，Ajax 的产生，给 Web 应用的用户体验带来一次巨大的革命。因此，对 Ajax 技术的支持也逐渐成为 Web 开发新技术的内在要求。

JSF 2.0 吸取了众多开源框架的优点，提供了对 Ajax 技术的完美支持。将 Ajax 浑然一体的植入了规范中，并且借助 Facelets 的界面组件，将 Ajax 的开发完全简化了。大多数的 Ajax 交互甚至不用在页面中加入任何 JavaScript 代码。JSF 中视图是一个组件树的形式，由一层层节点嵌套而成。因此，JSF 框架首先判断是否为 Ajax 请求，然后根据 Ajax 请求信息，决定刷新组件树中哪些节点的状态以及更新哪些节点的输出。因此，JSF 对 Ajax 的支持是一种从底层机制上的深层次整合。

f:ajax 作为 JSF core 标记，它可以很方便地为其他 UI 组件添加 Ajax 功能。f:ajax 标记可以被放置在任何 HTML 组件或用户组件中，这样就将这个组件和 Ajax 动作关联起来。

f:ajax 标记有以下几个重要属性。

- render：以空格分隔的组件 ID 列表，这些组件会被 Ajax 调用的结果修改。
- execute：以空格分隔的组件 ID 列表，这些组件会被发送到服务器端执行。
- event：Ajax 负责响应的事件的类型（也就是哪些事件会触发 Ajax）。事件的值和 Javascript 中事件一样，只是没有 on 前缀。
- onevent：处理 Ajax 事件的 JavaScript 函数。
- listerner：处理 Ajax 的 Managed Bean 的方法。

为了适应 Ajax，在 JSF 2.0 中引入了一个全新的 ManageBean 的作用范围 View，此作用范围是在当前视图存在时有用，当导航到新的视图时失效，正暗合了 Ajax 页面局部更新的原理。

下面通过一个示例演示如何在视图中应用 Ajax。我们将创建一个视图，允许用户输入信息，并且动态反馈用户输入信息的长度和总的次数。视图代码如程序 3-62 所示。

程序 3-62：ajax.xhtml

```
<?xml version='1.0' encoding='UTF-8' ?>
    <!DOCTYPE html PUBLIC "-//W3C//DTD XHTML 1.0 Transitional//EN" "http://www.w3.
org/TR/xhtml1/DTD/xhtml1-transitional.dtd">
    <html xmlns="http://www.w3.org/1999/xhtml"
          xmlns:h="http://java.sun.com/jsf/html"
          xmlns:f="http://java.sun.com/jsf/core">
        <h:head><title>Ajax Tag Event and Listener Demo</title></h:head>
        <h:body>
            <h:form id="form">
                <br/>
                输入信息：<h:outputText id="out" value="#{listenBean.message}"/>
                <br/>
                输入信息长度：<h:outputText id="count" value="#{listenBean.length}"/>
                <br/>
                <h:inputText id="in" value="#{listenBean.message}" autocomplete="off">
                    <f:ajax event="keyup" render="out count eventcount" listener="#
{listenBean.update}"/>
                </h:inputText>
                <br/>
                输入次数：<h:outputText id="eventcount" value="#{listenBean.event
Count}"/>
            </h:form>
        </h:body>
</html>
```

程序说明：在上面的代码中，利用标记 f:ajax 为 id 为 in 的 inputtext 组件增加 Ajax 功能，它将监听 keyup 事件，事件由 listenBean 的 update 方法处理，处理完成后将更新 id 为 out、count 和 eventcount 的组件。

Managed bean 的代码如程序 3-63 所示。

程序 3-63：ListenBean.java

```
package com.demo.jsf;
import javax.faces.bean.ManagedBean;
import javax.faces.bean.ViewScoped;
import javax.faces.event.AjaxBehaviorEvent;
@ManagedBean(name = "listenBean")
@ViewScoped
public class ListenBean {
    public ListenBean() {
    }
    private String message = "Hello";
    private int length = message.length();
    private int eventCount = 0;
    public String getMessage() {
        return message;
    }
```

```
    public void setMessage(String message) {
        this.message = message;
    }
    public int getLength() {
        return length;
    }
    public int getEventCount() {
        return eventCount;
    }
    public void update(AjaxBehaviorEvent event) {
        length = message.length();
        eventCount++;
    }
}
```

程序说明：注意，这里使用了专为 Ajax 的 Bean ViewScoped。方法 update 的事件类型 AjaxBehaviorEvent。

运行程序 3-62，得到如图 3-28 所示的界面。在文本输入框中输入任意信息，观察界面中显示的输入信息长度、输出信息长度和输入次数的变化，同时可注意整个界面是否发生刷新。

图 3-28　利用 Ajax 动态刷新界面

3.12　小结

JSF 是 Java EE 规范推荐的 Web 层框架，它继承了 MVC 的架构理念，它将 Web 应用分成三个独立的部分：模型部分由 Managed Bean 组件承担，实现具体的业务逻辑。它的生命周期由 JSF 框架控制，根据业务需要，可声明不同范围的生命周期。视图由 XHTML 页面承担。视图通过由不同命名空间的互相嵌套的组件标记组成，视图引用的图像、样式表和 Javascript 等资源由 JSF 框架统一管理，并且支持页面模板来实现统一布局和页面主题。在视图中可通过表达式语言引用 Managed Bean 中的属性和方法。另外，视图还提供了对国际化和 Ajax 的强大支持。控制部分由 JSF 框架自身承担，开发人员可通过配置文件 face-config 来定制 JSF 框架的行为，如定制导航规则等。

第 4 章　扩展 JSF

4.1　引言

在对第 3 章的学习中，我们已经掌握了如何设计 JSF 视图、如何利用 Managed Bean 来封装业务逻辑，以及如何实现导航控制等。JSF 框架确实大大减轻了开发人员的负担，提高了开发效率。但企业应用需求是复杂多样的，作为表现逻辑层框架标准的 JSF 不可能面面俱到。不过没关系，JSF 提供了全面的扩展性，它允许开发者对框架进行灵活的定制和扩展。本章将带你一起学习如何扩展 JSF，以满足各种特殊的应用需求。

4.2　JSF 请求处理过程

注：本节的示例代码保存在 chapt4/ProcessFlow 下。

在动手扩展 JSF 框架之前，我们必须首先要了解 JSF 框架是如何完成请求处理的。Web 应用的核心就是客户端与服务器之间的请求响应过程。客户端向服务器发出请求，服务器根据客户端的请求进行适当的处理，向客户端返回一个响应。在传统的 Java EE 应用中，服务器端的处理由 Servlet 来完成。在 JSF 应用中，当接收到客户端的 JSF 请求后，同样也是由 JSF 框架中的核心控制组件 FaceServlet 对请求进行统一处理。不同之处在于，JSF 框架对请求处理过程定义了一整套标准化的处理流程，它帮助开发人员完成了诸如输入校验、类型转换和导航控制等功能，使得开发人员可以专注于业务逻辑的实现。那么 JSF 是如何实现对 Web 请求的标准化处理的呢？

4.2.1　常规流程

JSF 对请求的处理可以分为以下 6 个阶段：恢复视图、应用请求值、处理检验、更新模型值、调用应用程序和显示响应。

1．恢复视图

每个 JSF 请求都对应一个 JSF 视图。JSF 框架的 FaceServlet 负责定位这一视图。FaceServlet 由 JSF 框架自身实现，开发人员几乎可以忽略它的存在。由于视图采用 XHTML 的形式，视图中的标记之间存在严格的嵌套关系，整个视图便构成 UI 组件树。如果是第一次请求此视图，JSF 框架将创建此视图组件，并将其保存在一个名为 FaceContext 的容器中。保存完成后将立即进入显示响应阶段；如果是用户请求回传（Request PostBack），则 FaceContext 中已经存在此视图组件，JSF 将重新恢复此视图组件，并进入应用请求值阶段。

说明：对于每一个 JSF 请求，JSF 框架都会创建一个名为 FaceContext 的容器，它保存了关于此次 JSF 请求的所有相关信息。JSF 请求处理过程中可以引用 FaceContext 中的信息，也可以将信息保存在 FaceContext 中。对于 FaceContext 在后面还要反复提及。

注：JSF 组件是线程安全的。

2．应用请求值

本阶段的目标是获取每个组件的当前状态。JSF 的 UI 组件可以分为两类，一类是允许用户输入信息的组件，如文本框、检查框等。对于这类组件，请求中的信息将更新到组件树中的对应组件。注意，这里只是更新到组件树中，并没有更新到 Managed Bean 中。还有一类组件是表示用户交互动作的，如按钮等，它所代表的事件信息，在此阶段将被添加到 FaceContext 中的事件消息队列中，但这些消息通常情况下不会马上被处理，而是要等到调用应用程序阶段才被响应。

3．处理校验

本阶段的目标是校验每个组件的当前状态是否合法。对于组件树中的每个 UI 组件，JSF 框架都会调用它的 processValidator 方法来完成请求值的校验工作。这部分工作其实分为两步：首先进行类型转换，然后再进行输入校验。如果任何一步发生错误，都会产生一个错误消息并被保存在 FaceContext 的错误消息队列中，此时组件的 validate 属性将被标记为 false。但校验处理过程并不会就此终止，而是继续对组件树中的下一个组件进行同样的操作。

当整个组件树中的组件全部校验完成后，JSF 框架会检查 FaceContext 中的错误消息队列是否为空，只有为空的情况下才会进入更新模型值阶段，否则，将直接跳到显示响应阶段，将错误信息返回给用户。

4．更新模型值

本阶段的目标是将 UI 组件的状态与业务逻辑组件 Managed Bean 的状态进行同步。经过校验处理后，已经确保组件的状态是合法的，JSF 框架负责将组件树中的值更新到 Managed Bean 中。本质上是 JSF 框架调用每个组件的 processUpdate 方法。这里需要特别注意本阶段操作与应用请求值阶段操作的区别。应用请求值阶段的操作是将客户请求中的值更新到 UI 组件树中。本阶段的操作是将 UI 组件的值（已经过类型转换和校验）更新到 Managed Bean 中，这就避免了非法数据对后台业务逻辑处理的负面影响。

5．调用应用程序

本阶段的主要目标是进行消息事件处理。FaceContext 中的事件消息队列在应用请求值阶段已经被填充，但直到本阶段才被执行。

6．显示响应

本阶段的目标包含两个：绘制结果视图的组件树并输出到客户端（本质是调用每个组件的 encode 方法），并将当前组件树的状态进行保存，以便响应之后的请求。

这样做的目的是当对此结果视图的请求回传到来时，在请求处理的恢复视图阶段可直接恢复视图组件树的状态，然后更新，将有效提升应用性能。

4.2.2　示例分析

下面结合一个用户注册的具体示例来对 JSF 请求处理流程进行演示分析。示例中包含两个视图，reg1.xhtml 用来提交用户注册信息，done.xhtml 用来显示用户提交的注册信息，分别如程序 4-1 和程序 4-2 所示。

程序 4-1：reg1.xhtml

```
<!DOCTYPE html PUBLIC "-//W3C//DTD XHTML 1.0 Transitional//EN" "http://www.w3.org/TR/xhtml1/DTD/xhtml1-transitional.dtd">
<html xmlns="http://www.w3.org/1999/xhtml"
    xmlns:h="http://java.sun.com/jsf/html"
    xmlns:f="http://java.sun.com/jsf/core"
    >
  <h:head>
```

```
        <title>注册</title>
    </h:head>
    <h:body>
        <h:form>
            <h2>用户注册</h2>
            <h4>请提交注册信息</h4>
            <table>
                <tr>
                    <td>姓:</td>
                    <td>
                        <h:inputText label="First Name"
                                    id="fname" value="#{userBean.firstName}"
                                    required="true">
                        </h:inputText>
                        <h:message for="fname" />
                    </td>
                </tr>
                <tr>
                    <td>名:</td>
                    <td>
                        <h:inputText label="Last Name"
                                    id="lname" value="#{userBean.lastName}"
                                    required="true"/>
                        <h:message for="lname" />
                    </td>
                </tr>
                <tr>
                    <td>性别:</td>
                    <td>
                        <h:selectOneRadio label="Sex"
                          id="sex" value="#{userBean.sex}" required="true">
                            <f:selectItem itemLabel="男" itemValue="男" />
                            <f:selectItem itemLabel="女" itemValue="女" />
                        </h:selectOneRadio>
                        <h:message for="sex" />
                    </td>
                </tr>
                <tr>
                    <td>出生日期:</td>
                    <td>
                        <h:inputText label="Date of Birth"
                     id="dob" value="#{userBean.dob}" required="true">
                         <f:convertDateTime pattern="MM-dd-yy" />
                         </h:inputText> (mm-dd-yy)
                        <h:message for="dob" />
                    </td>
                </tr>
                <tr>
                    <td>邮箱地址:</td>
                    <td>
                        <h:inputText label="Email Address"
                        id="email" value="#{userBean.email}" required="true"
                                    />
                        <h:message for="email" />
```

```
                </td>
              </tr>
            </table>
            <p><h:commandButton value="注册" action="done" />
            </p>
        </h:form>
    </h:body>
</html>
```

程序 4-2：done.xhtml

```
<!DOCTYPE html PUBLIC "-//W3C//DTD XHTML 1.0 Transitional//EN" "http://www.w3.
org/TR/xhtml1/DTD/xhtml1-transitional.dtd">
<html xmlns="http://www.w3.org/1999/xhtml"
     xmlns:h="http://java.sun.com/jsf/html"
     xmlns:f="http://java.sun.com/jsf/core">
<h:head>
  <title>注册</title>
</h:head>
<h:body>
  <h:form>
    <h2>用户注册</h2>
    <h4>注册信息</h4>
    <h:messages />
    <table>
      <tr>
        <td>姓:</td>
        <td>
          <h:outputText value="#{userBean.firstName}" />
        </td>
      </tr>
      <tr>
        <td>名:</td>
       <td>
          <h:outputText value="#{userBean.lastName}"/>
        </td>
      </tr>
      <tr>
        <td>性别:</td>
        <td>
          <h:outputText value="#{userBean.sex}" />
        </td>
      </tr>
      <tr>
        <td>出生日期:</td>
        <td>
          <h:outputText value="#{userBean.dob}" />
        </td>
      </tr>
      <tr>
        <td>邮箱地址:</td>
        <td>
          <h:outputText value="#{userBean.email}" />
        </td>
      </tr>
```

```
    </table>
   </h:form>
  </h:body>
  </html>
```

用来代表用户信息的 Managed Bean UserBean 的主要代码如程序 4-3 所示。

程序 4-3：UserBean.java

```
package com.demo.jsf;
import java.util.Date;
import javax.faces.bean.ManagedBean;
import javax.faces.bean.RequestScoped;
@ManagedBean
@RequestScoped
public class UserBean {
    protected String firstName;
    protected String lastName;
    protected Date dob;
    protected String sex;
    protected String email;
  //getter 和 setter 方法
    ……
}
```

发布并运行程序 4-1，JSF 框架将进入恢复视图阶段，由于视图是第一次被请求，因此将创建视图的组件树。由于组件引用了 Managed Bean 的属性，但在会话范围内并没有 Bean 的实例，所以 JSF 框架还将创建 Bean 的实例，然后将直接进入显示响应阶段，调用组件树中每个组件的绘制方法，将视图输出到客户端，同时将组件树的状态进行保存。

当用户输入信息并提交后，还是首先进入恢复视图阶段，由于此次是请求回传，因此 JSF 框架首先从 FaceContext 中恢复组件树，然后进入应用请求值阶段，将用户提交的请求参数更新为组件树，随后进入处理校验阶段，校验无误后，进入更新模型值阶段，将 UserBean 中的属性值进行更新，之后进入调用应用程序阶段，此时 FaceContext 中只有一个事件，就是单击注册按钮产生的 Action 事件，它决定了 JSF 最终将显示哪个视图，最后进入显示响应阶段，视图 done.xhtml 被输出到浏览器。

4.2.3 特殊流程

值得一提的是，JSF 的请求处理过程并非是一成不变的，而且在特定情形下还必须要进行调整。

还是以 4.2.2 节的示例为例，现在要给注册页面 reg1.xhtml 添加一个执行取消操作的按钮，单击它时将跳转到一个告别页面。告别页面代码如程序 4-4 所示。

程序 4-4：goodbye.xhtml

```
<?xml version="1.0" encoding="UTF-8"?>
<!DOCTYPE html>
<html xmlns="http://www.w3.org/1999/xhtml"
      xmlns:h="http://java.sun.com/jsf/html" >
<h:head>
  <title>注册</title>
</h:head>
    <body>
      <p> 再见！</p>
      等等，我还是 <h:link outcome="reg1">单击注册</h:link>吧
```

```
    </body>
</html>
```

修改后的视图 reg1.xhtml 的代码如程序 4-5 所示。

程序 4-5：reg1.xhtml

```
<!DOCTYPE html PUBLIC "-//W3C//DTD XHTML 1.0 Transitional//EN" "http://www.w3.org/TR/xhtml1/DTD/xhtml1-transitional.dtd">
<html xmlns="http://www.w3.org/1999/xhtml"
      xmlns:h="http://java.sun.com/jsf/html"
      xmlns:f="http://java.sun.com/jsf/core">
<h:head>
  <title>注册</title>
</h:head>
<h:body>
  <h:form>
   ……
   <p><h:commandButton value="注册" action="confirm" />
   <h:commandButton value="取消" action="goodbye"/></p>
    </h:form>
</h:body>
</html>
```

运行程序 4-5，当单击【取消】按钮时将会意外发现，总是不能像期望的那样跳转到告别页面。其实这并不奇怪，根据 JSF 常规的请求处理流程，总是要先经历处理校验阶段才能进入处理按钮事件的调用应用程序阶段。由于没有输入注册必要的信息，请求无法通过处理校验阶段，自然也就无法处理按钮事件。

那怎么办呢？其实很简单，给取消按钮增加一个 immediate 属性，将其值设为 true，以此来通知 JSF，对于此按钮的事件将跳过应用请求值、校验处理、更新模型等阶段而立即进行处理。

其实不仅是按钮控件，一些输入框控件也有此需求。例如有两个下拉列表，其中一个下拉列表的选择将影响到另外一个下拉列表的选项，则第一个下拉列表的值改变事件也需要 JSF 框架进行立即处理，同样也可以通过 immediate 属性来实现。

4.2.4 异常处理

在 JSF 的请求处理过程中，也可能会发生一些异常。JSF 框架定义了统一的异常处理机制，它允许用户定制自己的异常处理组件。首先在框架的配置文件 face-config.xml 中声明异常处理工厂类。代码如程序 4-6 所示。

程序 4-6：face-config.xml

```
<?xml version='1.0' encoding='UTF-8'?>
<faces-config version="2.0"
           xmlns="http://java.sun.com/xml/ns/javaee"
           xmlns:xsi="http://www.w3.org/2001/XMLSchema-instance"
           xsi:schemaLocation="http://java.sun.com/xml/ns/javaee http://java.sun.com/xml/ns/javaee/web-facesconfig_2_0.xsd">
    <factory>
        <exception-handler-factory>
            com.demo.jsf.CustomExceptionHandlerFactory
        </exception-handler-factory>
    </factory>
</faces-config>
```

然后创建相应的异常处理类和异常处理工厂，主要代码分别如程序 4-7 和程序 4-8 所示。

程序 4-7：CustomExceptionHandler.java

```
package com.demo.jsf;
……
public class CustomExceptionHandler extends ExceptionHandler {
    private LinkedList<ExceptionQueuedEvent> unhandledExceptions;
    private LinkedList<ExceptionQueuedEvent> handledExceptions;
    private ExceptionQueuedEvent handled;
    private boolean errorPagePresent;
    public CustomExceptionHandler() {
        this.errorPagePresent = true;
    }
    public CustomExceptionHandler(boolean errorPagePresent) {
        this.errorPagePresent = errorPagePresent;
    }
    @Override
    public ExceptionQueuedEvent getHandledExceptionQueuedEvent() {
        return handled;
    }
    @Override
    public Iterable<ExceptionQueuedEvent> getHandledExceptionQueuedEvents() {
        return ((handledExceptions != null)
                ? handledExceptions
                : Collections.<ExceptionQueuedEvent>emptyList());
    }
    @Override
    public Throwable getRootCause(Throwable t) {
        if (t == null) {
            return null;
        }
        if (shouldUnwrap(t.getClass())) {
            Throwable root = t.getCause();
            if (root != null) {
                Throwable tmp = getRootCause(root);
                if (tmp == null) {
                    return root;
                } else {
                    return tmp;
                }
            } else {
                return t;
            }
        }
        return t;
    }
    @Override
    public Iterable<ExceptionQueuedEvent> getUnhandledExceptionQueuedEvents() {
        return ((unhandledExceptions != null)
                ? unhandledExceptions
                : Collections.<ExceptionQueuedEvent>emptyList());
    }
    @Override
    public void handle() throws FacesException {
```

```
        for (Iterator<ExceptionQueuedEvent> i = getUnhandledExceptionQueuedEvents().
iterator(); i.hasNext();) {
                ExceptionQueuedEvent event = i.next();
            ExceptionQueuedEventContext context = (ExceptionQueuedEventContext) event.
getSource();
                Throwable t = context.getException();
                if (t instanceof RuntimeException) {
                    FacesContext fc = FacesContext.getCurrentInstance();
                    try {
                        NavigationHandler nav =
                                fc.getApplication().getNavigationHandler();
                        nav.handleNavigation(fc, null, "error");
                        fc.renderResponse();
                    } finally {
                        i.remove();
                    }
                }
            }
        }
        @Override
        public boolean isListenerForSource(Object source) {
            return (source instanceof ExceptionQueuedEventContext);
        }
        private boolean isRethrown(Throwable t) {
            return (!(t instanceof AbortProcessingException));
        }
        private boolean shouldUnwrap(Class<? extends Throwable> c) {
            return (FacesException.class.equals(c) || ELException.class.equals(c));
        }
        @Override
        public void processEvent(SystemEvent event) throws AbortProcessingException {
            if (event != null) {
                if (unhandledExceptions == null) {
                    unhandledExceptions = new LinkedList<ExceptionQueuedEvent>();
                }
                unhandledExceptions.add((ExceptionQueuedEvent) event);
            }
        }
    }
```

程序说明：代码扩展了 ExceptionHandler，在重载的所有方法中，最重要的是 handle()。在本例中，对未处理的异常进行了遍历，如发现 RuntimeException，则导航到定制的名为 error 的视图中。当然也可以根据错误类型进行更加细致的处理。关于定制的错误信息视图 error.xhtml 请详见附赠的代码。

程序 4-8：CustomExceptionHandlerFactory.java

```
package com.demo.jsf;
......
public class CustomExceptionHandlerFactory extends ExceptionHandlerFactory {
    private ApplicationAssociate associate;
      public ExceptionHandler getExceptionHandler() {
          FacesContext fc = FacesContext.getCurrentInstance();
          if(fc.getPartialViewContext().isAjaxRequest()) {
      return new AjaxExceptionHandlerImpl(new ExceptionHandlerImpl(Boolean.TRUE));
```

```
                }
                ApplicationAssociate associate = getAssociate(fc);
                 //这是一个工厂方法用来创建 CustomExceptionHandler
            return  new  CustomExceptionHandler(((associate  !=  null)  ?  associate.
    isErrorPagePresent() : Boolean.TRUE));
            }
            private ApplicationAssociate getAssociate(FacesContext ctx) {
                if (associate == null) {
                    associate = ApplicationAssociate.getCurrentInstance();
                    if (associate == null) {
                 associate = ApplicationAssociate.getInstance(ctx.getExternalContext());
                    }
                }
                return associate;
            }
        }
```

程序说明：在代码中，最重要的是 getExceptionHandler()方法，它将返回前面定制的意外处理类 CustomExceptionHandler 的一个实例。

4.2.5 总结思考

JSF 对 Web 应用请求的处理进行了标准化，将处理过程分为恢复视图、应用请求值、处理检验、更新模型值、调用应用程序、显示响应 6 个阶段。但为了灵活处理导航和提前验证等特殊需求，还提供了立即事件类型。立即事件类型通过设置组件的 immediate 属性来设置，它将会提前进行事件处理操作而无需等到调用应用程序阶段。整个请求处理流程可以归纳为如图 4-1 所示。

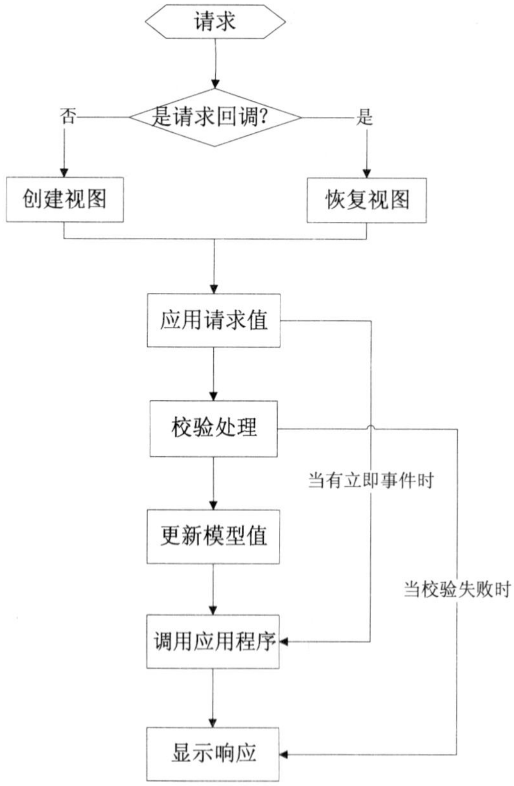

图 4-1　JSF 请求处理过程

JSF 请求处理的基础是 JSF 组件模型。JSF 视图实质上就是一棵组件树，在每一阶段都将递归调用组件树中每个组件的特殊方法，如 processdecode、processValidator 等。

还需要记住的是，JSF 框架对每个请求，都会创建一个 FaceContext 对象，它是整个请求处理过程的容器。它负责维护两个队列：一个是错误消息队列，另一个是事件队列。

4.3 利用监听器实现事件处理

注：本节的示例代码保存在 chapt4/event 下。

JSF 框架的最大魅力在于实现了基于事件的开发。它将前端用户操作事件与后台代码有机地结合起来，极大地提高了软件开发效率，在开发体验上也更接近“所见及所得”桌面应用开发。

JSF 框架支持以下四种事件类型。

- Value Change 事件：输入值变更事件，在更新模型值阶段被触发，但在调用应用程序阶段才被处理。
- Action 事件：按钮事件，由用户触发，在调用应用程序阶段才被处理。
- Phase 事件：JSF 请求处理阶段事件，由 JSF 框架触发，触发后立即执行。
- System 事件 ：JSF 应用系统事件，由 JSF 框架触发，触发后立即执行。

JSF 框架中的事件处理，都是通过监听器的方式来实现的。监听器处理的结果有以下三种。

- 正常执行：依照 JSF 请求处理顺序正常执行。
- 显示响应：跳过其他阶段，直接进入显示响应阶段。
- 完成响应：结束此次请求处理过程，并且没有返回响应给客户端。

需要说明的是，事件处理都是由 JSF 框架在服务器端实现的。但是 JavaScript 同样可以处理客户端事件，如进行客户端校验等。

4.3.1 Value Change 事件

能够接收用户输入的组件如 inputText、selectOneRadio 和 selectManyMenu 等在用户输入值发生变化时，将会触发 Value Change 事件。下面创建一个登录界面并增加一个下拉列表来演示 Value Change 事件的处理。代码如程序 4-9 所示。

程序 4-9：login.xhtml

```
<?xml version="1.0" encoding="UTF-8"?>
<!DOCTYPE html PUBLIC "-//W3C//DTD XHTML 1.0 Transitional//EN"
"http://www.w3.org/TR/xhtml1/DTD/xhtml1-transitional.dtd">
<html xmlns="http://www.w3.org/1999/xhtml"
     xmlns:h="http://java.sun.com/jsf/html"
     xmlns:f="http://java.sun.com/jsf/core">
    <h:head>
      <title>#{msgs.Title}</title>
   </h:head>
   <h:body>
      <h:form>
         <h3>
            <h:selectOneMenu value="#{login.country}" onchange="submit()"
                         valueChangeListener="#{login.countryChanged}" >
             <f:selectItems value="#{login.countries}" var="loc"
                itemLabel="#{loc.displayCountry}" itemValue="#{loc.country}"/>
           </h:selectOneMenu>
         </h3>
```

```
            <h3>#{msgs.promote}</h3>
          <table>
            <tr>
               <td>#{msgs.name}</td>
               <td><h:inputText   value="#{login.name}" required="true" >
                 </h:inputText>
               </td>
            </tr>
            <tr>
               <td>#{msgs.password}</td>
              <td><h:inputSecret value="#{login.password}"/></td>
            </tr>
             </table>
          <p><h:commandButton value="#{msgs.login}" action="welcome"/></p>
       </h:form>
    </h:body>
  </html>
```

程序说明：在程序 4-9 所示的代码中，引入了一个<h:selectOneMenu>标记，并通过 valueChangeListener 属性注册了 Value Change 事件的监听器。这里需要强调的是，尽管注册了监听器，但是由于所有的事件处理都是在应用服务器上完成的，为了实现 Value Change 事件处理，必须设置标记<h:selectOneMenu>的 onchange 属性的值为 JavaScript 语句“submit()”。实现当输入值变更时自动提交表单的效果。

创建一个管理用户登录的 Managed Bean，代码 4-10 所示。

程序 4-10：Login.java

```
package com.demo.jsf;
......
@ManagedBean
@SessionScoped
   public class Login implements Serializable {
   private String name;
   private String password;
   private String country;
   private static final Locale[] countries = { Locale.CHINA,Locale.US  };
   public Locale[] getCountries() { return countries; }
    public   Login(){
    }
 public void countryChanged(ValueChangeEvent event) {
      for (Locale loc : countries)
         if (loc.getCountry().equals(event.getNewValue()))
            FacesContext.getCurrentInstance().getViewRoot().setLocale(loc);
         }
}
```

程序说明：代码包含一监听器方法 countryChanged。它的唯一一个参数就是 ValueChangeEvent，通过调用 getNewValue()来获取触发事件的组件的最新值，然后以此为参数调用 FaceContext 的相应方法，最终实现视图 local 属性的更新。

运行程序 4-9，将得到如图 4-2 所示的运行界面。

选择下拉菜单组件来更新视图 local 属性，将得到如图 4-3 所示的运行界面。

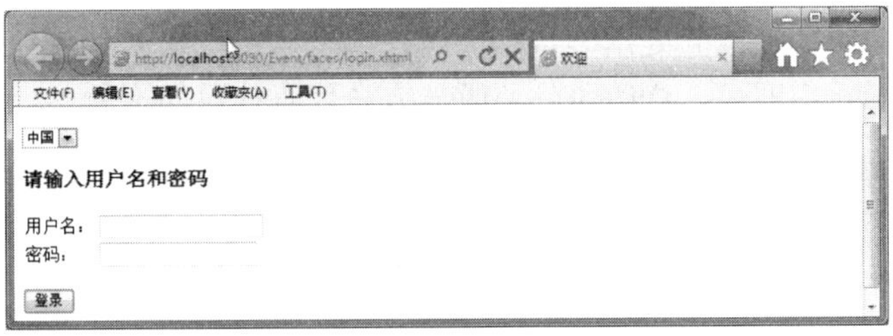

图 4-2 包含下拉列表的登录界面

图 4-3 改变下拉列表值时显示的错误信息

从图 4-3 中可以看出，尽管界面已经切换到英文，但是出现了两个新情况：一个是下拉菜单的内容没有实现本地化，还是中文；二是出现一条验证错误提示，而且提示是中文的。

现在冷静下来仔细分析原因。对于下拉菜单来说，它是由 Managed Bean login 的 String 数组来填充的。而 Managed Bean 初始化时 local 为中文，String 数组 countries 的内容自然也为中文。由于 Managed Bean 的生命周期是 Session，它创建完成后在会话期间将一直存在，因此下拉菜单将不会实现本地化。

再分析第二个问题。下拉菜单的值改变，触发 JavaScript 提交整个表单，从而开始一次请求处理过程。根据 4.2 节的内容，先进行校验处理，然后进行调用应用。在进行校验处理时，视图的 local 属性仍然是中文，因此，放入 FaceContext 中的错误提示信息也是中文的。在调用应用程序阶段，视图的 local 变更为英文，然后进行显示响应，界面中显示的信息也相应的变为英文，但是之前存放在 FaceContext 中的错误提示信息将不会改变。因此，就出现了如图 4-3 所示的结果。

下面来动手解决这个问题。前面知道当组件的 immediate 属性为 true 时，将立即进行事件处理。因此，在程序 4-9 中将 name 组件的 imedate 属性改为 true。同时修改事件监听器方法 countryChanged 来重新设置数组 countries 的内容，代码片段如下所示。

```
public void countryChanged(ValueChangeEvent event) {
   for (Locale loc : countries)
     if (loc.getCountry().equals(event.getNewValue())){
       FacesContext.getCurrentInstance().getViewRoot().setLocale(loc);
   Locale.setDefault(loc);
   countries[0]= Locale.CHINA;
   countries[1]= Locale.US;
     }
  }
```

注意：在上面的代码中，调用了 FacesContext 的 renderResponse 来使请求处理过程直接进入显示响应阶段。

重新运行程序 4-9，将得到如图 4-4 所示的运行结果。

可以看到界面全部切换为英文显示。但是讨厌的校验信息依然存在。因为组件的 immediate 属性只是使得在请求处理过程中直接进入调用应用阶段进行消息事件处理，在处理完 Value Changed 事件后，默认还会进行应用请求值、校验处理等过程。解决起来其实也很简单，在 Value Changed 事件处理完成后，立即进行显示响应即可。修改事件监听器方法代码片段如下所示。

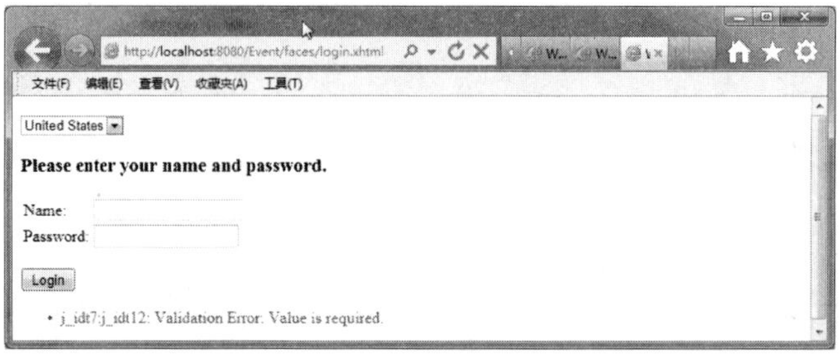

图 4-4　修改程序 4-9 后重新运行结果

```
public void countryChanged(ValueChangeEvent event) {
     for (Locale loc : countries)
       if (loc.getCountry().equals(event.getNewValue())){
         FacesContext.getCurrentInstance().getViewRoot().setLocale(loc);
     Locale.setDefault(loc);
     countries[0]= Locale.CHINA;
     countries[1]= Locale.US;
       }
     FacesContext.getCurrentInstance().renderResponse();
  }
```

重新运行程序 4-9，看看是否还会出现验证错误提示信息。

4.3.2　Action 事件

在 3.9 节中对 Action 事件有过了解。commandButton 和 commandLink 被用户单击时，将生成一个 Action 事件，JSF 框架可以通过 ActionListener 对此事件进行监听，同时 JSF 框架将根据 Action 属性调用对应的 action 方法，并根据其返回结果决定导航到哪个视图。这里要特别注意区分 action 方法与 ActionListener 之间的区别。

action 方法实现导航逻辑，决定视图间导航，其响应方法可以有返回值，也可以无返回值。若有返回值其类型必须为 String，可以通过返回值控制页面导航。无返回值时，仍旧返回当前视图。注意 action 方法的参数列表为空，即不允许有参数。

ActionListener 通常用来实现用户界面更新等，其响应方法可以有返回值，也可以无返回值。有返回值时，不能通过返回值控制页面的跳转，页面始终在当前视图。方法的参数必须为 javax.faces.event.ActionEvent 类型。ActionListener 的调用将在 action 方法之前。

说明： commandButton 和 commandLink 被用户单击时，将导致整个界面被提交，因此，不像 ValueChange 事件一样，需要 Javascript 的帮助。

下面在程序 4-9 中增加一个按钮来清空界面中已经输入的信息。修改后的代码如程序 4-11 所示。

程序 4-11：login.xhtml

```
<?xml version="1.0" encoding="UTF-8"?>
<!DOCTYPE html PUBLIC "-//W3C//DTD XHTML 1.0 Transitional//EN"
   "http://www.w3.org/TR/xhtml1/DTD/xhtml1-transitional.dtd">
<html xmlns="http://www.w3.org/1999/xhtml"
     xmlns:h="http://java.sun.com/jsf/html"
     xmlns:f="http://java.sun.com/jsf/core">
```

```
    <h:head>
        <title>#{msgs.Title}</title>
    </h:head>
    <h:body>
        <h:form>
            <h3>
            <h:selectOneMenu value="#{login.country}" onchange="submit()"
                    valueChangeListener="#{login.countryChanged}" immediate="true">
          <f:selectItems value="#{login.countries}" var="loc"
                itemLabel="#{loc.displayCountry}" itemValue="#{loc.country}"/>
                </h:selectOneMenu>
            </h3>
            <h3>#{msgs.promote}</h3>
            <table>
                <tr>
                    <td>#{msgs.name}</td>
             <td><h:inputText   value="#{login.name}" required="true"  id="name">
                        </h:inputText>
                    </td>
                </tr>
                <tr>
                    <td>#{msgs.password}</td>
                    <td><h:inputSecret value="#{login.password}" id="password"/></td>
                </tr>
            </table>
            <p><h:commandButton value="#{msgs.login}" action="welcome"/>
          <h:commandButton value="#{msgs.reset}" actionListener="#{login.reset}"
/></p>
        </h:form>
    </h:body>
</html>
```

程序说明：在上面的代码中，给需要控制的组件增加 id 属性，以便在事件处理代码中定位组件。另外，增加一个 commandbutton，并为其设置 actionListener 属性，指向 Managed Bean 中的 ActionListener 方法。

下面在程序 4-10 中增加方法 reset，代码片段如下所示。

```
public void reset(ActionEvent e) {
       UIComponent source = e.getComponent();
      // UIInput r1 = (UIInput) source.findComponent("randomcheck");
       UIInput r2 = (UIInput) source.findComponent("password");
       UIInput r3 = (UIInput) source.findComponent("name");
       r1.setValue("");
       r2.setValue("");
       r3.setValue("");
    }
```

程序说明：先调用 ActionEvent 的 getComponent()方法获得事件触发组件，然后调用 findComponent 方法来定位需要控制的 UI 组件，最后调用对应组件的 setValue 方法将组件的值清空。Actionlistener 执行完毕后，仍旧返回原来的视图。

运行程序 4-11，在文本输入框中随意输入信息，单击【reset】按钮看能否清空界面中的文本输入框。

4.3.3 Phase 事件

在 JSF 请求处理过程的各个阶段，JSF 框架都会发送特定的 Phase 事件。开发人员可以对这些 Phase 事件通过监听器进行捕捉来实现一些特定的操作。

说明： 与绑定到特定组件的 Value Change 事件和 Action 事件不同，Phase 是针对整个视图的。

为了更清楚地理解 JSF 的请求处理生命过程，下面开发一个针对所有 Phase 事件的监听器。监听器的代码如程序 4-12 所示。

程序 4-12：MyPhaseListener.java

```
package com.demo.jsf;
import java.util.logging.Logger;
import javax.faces.event.PhaseEvent;
import javax.faces.event.PhaseId;
import javax.faces.event.PhaseListener;
public class MyPhaseListener  implements PhaseListener {
private static final Logger logger = Logger.getLogger("com.demo.jsf.MyPhase
Listener");
    @Override
    public void afterPhase(PhaseEvent event) {
       logger.info("AFTER " + event.getPhaseId());
    }
    @Override
    public void beforePhase(PhaseEvent event) {
        logger.info("BEFORE " + event.getPhaseId());
    }
    @Override
    public PhaseId getPhaseId() {
        return PhaseId.ANY_PHASE;
    }
}
```

程序说明：Phase 事件的监听器需要实现 PhaseListener 接口，主要包括三个方法，beforePhase 方法用来在阶段处理过程之前调用，afterPhase 方法用来在阶段处理过程之后调用，而 getPhaseId()传回一个 PhaseId 对象，代表 Listener 想要被通知的时机，可以设定的时机如下。

- PhaseId.RESTORE_VIEW
- PhaseId.APPLY_REQUEST_VALUES
- PhaseId.PROCESS_VALIDATIONS
- PhaseId.UPDATE_MODEL_VALUES
- PhaseId.INVOKE_APPLICATION
- PhaseId.RENDER_RESPONSE
- PhaseId.ANY_PHASE

监听器创建完毕后，必须注册到 JSF 框架中才起作用。一种是在 JSF 视图中使用标记 f:phaseListener。这种注册方式只对当前视图有效。另外一种方法是在 face-config.xml 中添加一个节点 <lifecycle>来声明监听器，这种监听器属于全局监听器，在整个 JSF 应用范围内有效。本示例中采用第二种方式。

运行程序 4-12，在 NetBean 右下角的【输出】窗口内的【Glass Fish server 3.1.1】视图内，将看到如图 4-5 所示的内容输出。

可以看到在第一次请求页面时，只经历了 restore view 和 render response 两个阶段。在下拉菜单中切换 local 选项，在【Glass Fish server 3.1.1】输出视图内，将看到如图 4-6 所示的内容输出。

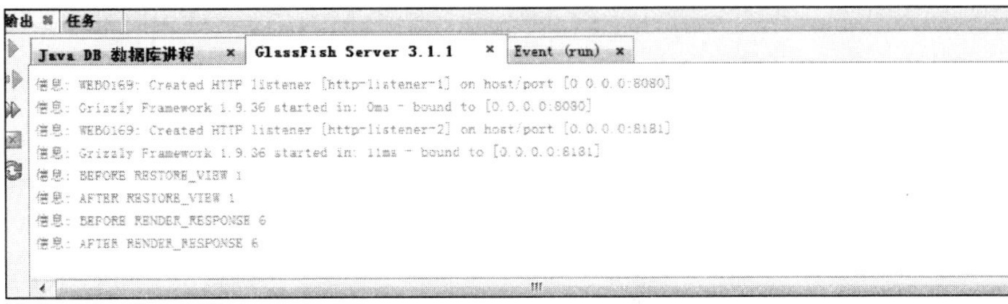

图 4-5　第一次请求页面时的 PhaseEvent 监听输出

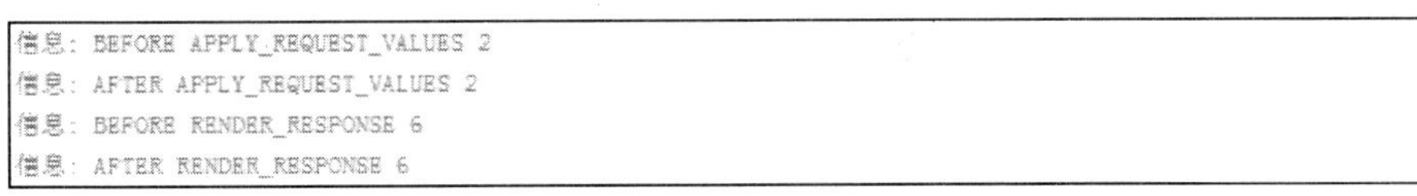

图 4-6　切换下拉菜单时的 PhaseEvent 监听输出

可以看到第二次请求页面时，由于设置了组件的 immediate 属性为 true，因此，将立即进入应用请求值阶段，并触发 Value Change 事件处理。由于 Value Change 事件处理方法的结果为显示响应，因此，请求处理过程直接进入显示响应阶段。

4.3.4　System 事件

在 JSF 2.0 版本后，允许对应用创建销毁、视图创建销毁、添加删除组件等 System 级别的事件进行捕捉，以完成更加复杂的操作。JSF 2.0 支持的 System 事件如表 4-1 所示。

表 4-1　JSF 2.0 支持的 System 事件

事 件 类	触发条件	源 类 型
PostConstructApplicationEvent PreDestroyApplicationEvent	应用程序启动之后； 应用程序关闭之前	Application
PostAddToViewEvent PreRemoveFromViewEvent	组件被添加到视图树之后； 组件从视图被移除之前	UIComponent
PostRestoreStateEvent	组件状态还原之后	UIComponent
PreValidateEvent PostValidateEvent	在验证组件之前 在验证组件之后	UIComponent
PreRenderViewEvent	在呈现视图根之前	UIViewRoot
PreRenderComponentEvent	在呈现组件之前	UIComponent
PostConstructViewMapEvent PreDestroyViewMapEvent	在根组件创建视图作用域映射之后； 当视图映射被清除之前	UIViewRoot
PostConstructCustomScopeEvent PreDestroyCustomScopeEvent	在自定义作用域创建之后； 在自定义作用域被破坏之前	ScopeContext
ExceptionQueuedEvent	在异常入队后	ExceptionQueuedEventContext

要实现对 System 事件的捕捉处理，只需要将核心标记<f:event>嵌套在对应的 UI 标记中即可。

在程序 4-11 所示的登录界面中，为了防止暴力破解，往往需要输入验证码信息。增加了验证码输入项的登录页面，代码如程序 4-13 所示。

程序 4-13：login.xhtml

```
<?xml version="1.0" encoding="UTF-8"?>
<!DOCTYPE html PUBLIC "-//W3C//DTD XHTML 1.0 Transitional//EN"
   "http://www.w3.org/TR/xhtml1/DTD/xhtml1-transitional.dtd">
<html xmlns="http://www.w3.org/1999/xhtml"
     xmlns:h="http://java.sun.com/jsf/html"
     xmlns:f="http://java.sun.com/jsf/core">
   ......
   <h:body>
      <h:form>
         ......
            <tr>
               <td>#{msgs.password}</td>
               <td><h:inputSecret value="#{login.password}"/></td>
            </tr>
            <tr>
               <td>#{msgs.random}</td>
               <td><h:inputText value="#{login.randomcheck}" id="randomcheck"/>
                  <h:inputText value="${login.random}" id="random2" /></td>
            </tr>
         </table>
         <p><h:commandButton value="#{msgs.login}" action="welcome"/></p>
         <f:event type="postValidate" listener="#{login.check}"/>
      </h:form>
   </h:body>
</html>
```

程序说明：利用标记<f:event>增加了一个 postValidate 类型的 System 事件，它对应的监听器为 login 的方法 check。注意标记<f:event>添加的位置，它相当于对<h:form>组件添加了一个系统事件监听。

下面修改程序 4-10，增加 System 事件处理方法以及验证码属性相关代码，修改后的代码如程序 4-14 所示。

程序 4-14：login.java

```
package com.demo.jsf;
......
@ManagedBean
@SessionScoped
public class Login implements Serializable {
   private String name;
   private String password;
   private String random;
   private String randomcheck;
   public String getRandom() {
      Random randomGR = new Random();
      int temp = randomGR.nextInt(10000);
      return String.valueOf(temp);
   }
   public void setRandom(String random) {
      this.random = random;
   }
  ......
   public Login() {
   }
```

```
    public void check(ComponentSystemEvent event) {
        System.out.println("i am here");
        UIComponent source = event.getComponent();
        UIInput r1 = (UIInput) source.findComponent("randomcheck");
        UIInput r2 = (UIInput) source.findComponent("random2");
        String t1 = r1.getLocalValue().toString();
          System.out.println(t1);
        String t2 = r2.getLocalValue().toString();
          System.out.println(t2);
        if (!t1.equals(t2)) {
            FacesContext context = FacesContext.getCurrentInstance();
            FacesMessage message = new FacesMessage(
                    "invalid check number", "invalid check number");
            message.setSeverity(FacesMessage.SEVERITY_ERROR);
            // FacesContext context = FacesContext.getCurrentInstance();
            context.addMessage(r1.getClientId(), message);
            context.renderResponse();
        }
    }
......
}
```

程序说明：监听器方法 check 首先获取对应组件的本地值，然后进行比对，如果二者不一致，说明输入了错误的验证码，则添加错误信息到 FaceContext 中，并调用 FacesContext 的 renderResponse 方法立即进行响应绘制。

部署并运行程序 4-13，在文本输入框【验证码】中故意输入错误的信息，单击【登录】按钮，看看是否能得到如图 4-7 所示的错误提示信息。

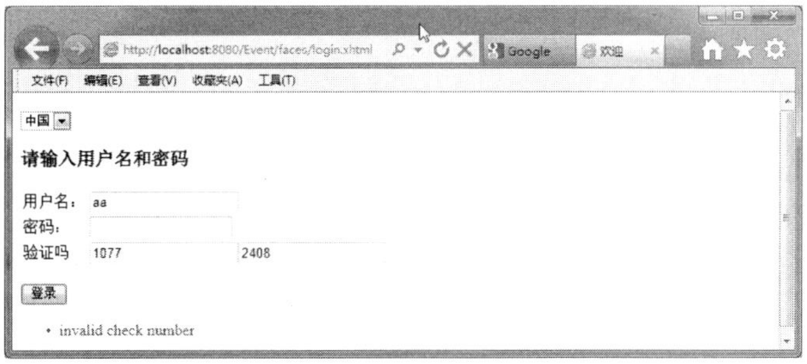

图 4-7　System 事件处理中显示的错误信息

说明：与 Phase 事件针对整个视图不同，System 事件既可以针对单个视图，也可针对整个 JSF 应用，或者视图中的具体组件。因此，相比 Phase 事件，System 事件允许开发人员实现更加灵活的响应。

4.4　自定义类型转换

注：本节的示例代码保存在 chapt4/JSFDemo 下。

Web 应用程序与浏览器之间使用 HTTP 通信，由于 HTTP 仅能够传输二进制文本，客户端提交的各种参数需要转换成 Java 对象，同样，服务器端产生的动态响应信息又必须先转换为文本的形式，并通过 HTTP 传输到客户端。

在 JSF 请求的处理校验阶段，JSF 负责将请求中的参数转换为 Java 对象，在显示响应阶段，又负责将 Java 对象转换为文本输出。

4.4.1 标准转换器

为了解决类型转换问题，JSF 定义了一系列标准转换器（Converter）组件，实现了对基本数据类型及其包装类的自动类型转换。这些基本数据类型包括 Boolean、Byte、Character、Double、Enum、Float、Integer、LongConverter、Short、BigDecimal 和 BigInteger。这些标准转换器组件都包含在 javax.faces.convert 包中。

对于 DateTime、Number 等常见数据类型，JSF 框架同样也提供了标准类型转换器。开发人员可以使用 f:convertDateTime、f:convertNumber 等标记引用这些转换器。它们各自提供一些简单的属性，可以让开发人员在转换时指定转换的一些格式细节。

每个标准转换器都关联着一条标准的错误提示信息。当类型转换发生错误时，错误信息将被存储到 FaceContext 的错误信息列表中。在 JSF 视图中可以通过标记<h:message>显示这些错误信息，其中<h:message>的属性 for 代表相关联的组件的名称，经常被用来对要显示的错误消息进行过滤。

JSF 框架依靠这些标准转换器实现了请求参数与 Managed Bean 的属性之间的自动转换，大大减轻了开发人员的工作量。在使用时只需要将转换器嵌入到 UI 组件中即可实现输入信息类型的自动转换。

在程序 4-3 中，UserBean 的属性 dob 代表注册用户的生日，它只能接受 Date 类型的参数。因此这是利用了 JSF 框架的标准转换器来协助开发人员轻松完成这项工作。相关的代码片段如下所示。

```
        ………
    <tr>
        <td>出生日期:</td>
        <td>
          <h:inputText label="Date of Birth"
                id="dob" value="#{userBean.dob}" required="true">
            <f:convertDateTime pattern="MM-dd-yyyy" />
          </h:inputText> (mm-dd-yy)
          <h:message for="dob" />
        </td>
      </tr>
```

可以看到，在<h:inputText>内部嵌套了一个<f:convertDateTime>，并通过属性 pattern 指定日期的样式为 MM-dd-yyyy，即「月/日/年」格式。在<h:inputText>外部紧跟一个<h:message>标记。如果转换错误，则<h:message>可以显示错误信息，for 属性引用<h:inputText> 的 id 属性，表示将有关 dateField 的错误信息显示出来。

注：如果要转换的输入参数为 NULL，则标准转换器默认行为是转换通过，并无异常抛出。

4.4.2 自定义转换器

在有些情况下，特别是 Managed Bean 包含的属性不是基本类型，而是用户自定义 Bean 时，JSF 无法提供自动的格式转换，因此，开发人员只能定制自己的转换器。下面假设注册信息中包含一个电话号码选项，它由区号、总机号和分机号几部分组成。代表电话号码信息的 Managed Bean 的代码如程序 4-15 所示。

程序 4-15：PhoneNumber.java

```
package com.demo.jsf;
import java.io.Serializable;
public class PhoneNumber implements Serializable
{   private int areaCode;
    private long number;
```

```
        private int  extension=-1;
        public PhoneNumber()
        {
        }
        public PhoneNumber(int extension, int areaCode, long number)
        {
            this.setExtension(extension);
            this.setAreaCode(areaCode);
            this.setNumber(number);
    }
    ......
    }
```

下面在程序 4-3 中增加一个属性 PhoneNumber，代码如程序 4-16 所示。

程序 4-16：UserBean.java

```
package com.demo.jsf;
......
@ManagedBean
@SessionScoped
public class UserBean {
   ......
    protected PhoneNumber pnumber;
    public PhoneNumber getPnumber() {
        return pnumber;
    }
    public void setPnumber(PhoneNumber pnumber) {
        this.pnumber = pnumber;
    }
   .........
}
```

下面开始自定义转换器。自定义转换器也是 JSF 组件的一种，只不过它不像 UI 组件一样是可视的，而且它通常协助 UI 组件完成交互工作。所有的转换器必须实现 Converter 接口，同时必须重写 getAsObject()和 getAsString()方法。getAsObject()方法在用户输入了合法数据并按下提交按钮后触发，主要用于将用户提交的数据转换为 Java 对象。getAsString()在显示响应阶段触发，主要用于向客户显示数据信息。

自定义转换器的代码如程序 4-17 所示。

程序 4-17：PhoneNumberConverter.java

```
package com.demo.jsf.converter;
......
public class PhoneNumberConverter  implements Converter
{
    public PhoneNumberConverter()
    {
    }
    @Override
    public Object getAsObject(FacesContext context, UIComponent component, String
value)
    {
        if (value == null || (value.trim().length() == 0))
        {
```

```
            return value;
        }
        PhoneNumber phoneNumber = new PhoneNumber();
        boolean conversionError = false;
        int hyphenCount = 0;
        StringTokenizer hyphenTokenizer = new StringTokenizer(value, "-");
        while (hyphenTokenizer.hasMoreTokens())
        {
            String token = hyphenTokenizer.nextToken();
            try
            {
                if (hyphenCount == 0)
                {
                    phoneNumber.setAreaCode(Integer.parseInt(token));
                }
                if (hyphenCount == 1)
                {
                    phoneNumber.setNumber(Long.parseLong(token));
                }
                if (hyphenCount == 2)
                {
                    phoneNumber.setExtension(Integer.parseInt(token));
                }
                hyphenCount ++;
            }
            catch (Exception exception)
            {
                conversionError = true;
            }
        }
        if (conversionError || (hyphenCount <2))//分机号码可以不存在
        {
            throw new ConverterException();
        }
        return phoneNumber;
    }
    @Override
    public String getAsString(FacesContext context, UIComponent component, Object
value)
    {
        PhoneNumber phoneNumber = null;
        if (value instanceof PhoneNumber)
        {
            phoneNumber = (PhoneNumber)value;
            StringBuilder phoneNumberAsString = new StringBuilder();
            phoneNumberAsString.append(phoneNumber.getAreaCode() + "-");
            phoneNumberAsString.append(phoneNumber.getNumber());
            if(phoneNumber.getExtension()!=-1)
            phoneNumberAsString.append( "-"+phoneNumber.getExtension());
            return phoneNumberAsString.toString();
        }
        return "";
    }
}
```

程序说明：注解@FacesConverter 用来通知 JSF 这是一个自定义转换器，属性 name 为转换器的名称。转换器需要实现 Converter 接口，重点是实现方法 getAsObject 和方法 getAsString。其中方法 getAsObject 在校验处理阶段时被调用，用来将请求参数转换为 Java 对象；方法 getAsString 在显示响应阶段被调用，用来将 Java 对象输出为文本信息。

为演示转换器，下面修改程序 4-5，增加如下代码片段。

```
......
<tr>
        <td>办公电话:</td>
        <td>
          <h:inputText label="办公电话"
                       id="pnumber" value="#{userBean.pnumber}" required="true">
            <f:converter converterId="PhoneNumberConverter"></f:converter>
          </h:inputText> (区号-主机号-分机号)
          <h:message for="pnumber" />
        </td>
      </tr>
.......
```

程序说明：为了使转换器发挥作用，需要将<f:converter>标记嵌入到要转换的组件中，在本例中为<h:inputText>，它的属性 converterId 为转换器的名称。

运行程序 4-5，在文本输入框【办公电话】中输入任意的数字，单击【注册】按钮，将得到如图 4-8 所示的运行界面，可以看到自定义转换器已经发挥作用。

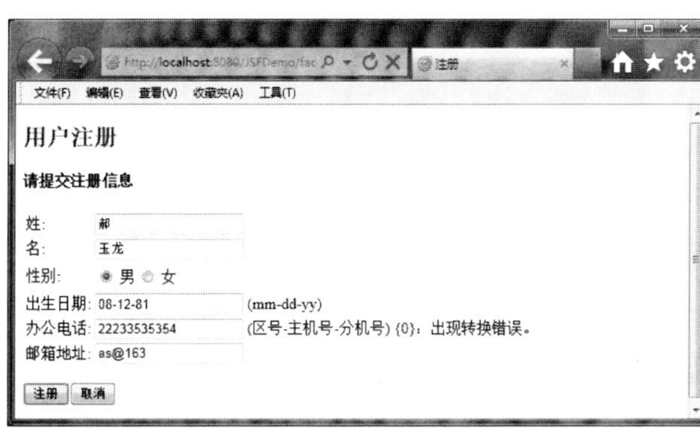

图 4-8　自定义转换器显示的错误信息

4.5　自定义输入校验

注： 本节的示例代码保存在 chapt4/JSFDemo 下。

为确保 Web 程序的安全，开发人员应该本着最“敌意”的态度来对待客户端提交的请求数据，即对待客户输入的任何信息都要进行输入校验，通过校验后才能传递到后台组件进行业务逻辑的处理。因此，从这个角度来说，输入校验就好比是人体的免疫系统一样，成为企业 Web 应用中重要且不可或缺的部分。

4.5.1　标准校验器

当应用程序要求使用者输入数据时，必须对输入信息进行校验。与类型转换一样，JSF 框架针对常见的校验任务，同样也提供了一系列内置的标准校验器，如表 4-2 所示。与转换器的使用方式一样，校验器也必须嵌套在其他标记内使用。

表 4-2　JSF 内置校验器

验证器类	标　记	作　用
BeanValidator	f:validateBean	为组件注册一个 Bean 验证器
DoubleRangeValidator	f:validateDoubleRange	验证组件的 double 类型的本地值是否在特定的范围内
LengthValidator	f:validateLength	验证组件的 string 类型的本地值的长度是否在特定的范围内
LongRangeValidator	f:validateLongRange	验证组件的 long 类型的本地值是否在特定的范围内
RegexValidator	f:validateRegEx	验证组件的本地值是否符合特定的正则表达式
RequiredValidator	f:validateRequired	验证组件的本地值是否为空

注：所谓本地值即用户输入的尚没有更新到 Managed Bean 的值。

例如在程序 4-1 中，为 firstname 增加输入验证，修改后的代码片段如下所示。

```
......
<tr>
        <td>姓:</td>
        <td>
          <h:inputText label="First Name"
                    id="fname" value="#{userBean.firstName}"
                    required="true">
              <f:validateLength maximum="4"/>
          </h:inputText>
          <h:message for="fname" />
        </td>
      </tr>
.....
```

程序说明：在<h:inputText>中，设定了 required 属性为 true，表示这个栏目一定要输入值，并且标记内部嵌套了标准校验器标记<f: validateLength>，并设定其 minimum 属性为 4，表示这个栏目最少需要 4 个字符。

4.5.2　自定义校验器

标准校验器可以完成一些常规的校验任务。但是如果校验逻辑相对复杂一些，可能就无能为力了。还是以 4.2.2 节的示例为例，假设需要限制输入的内容只能为中文字符，那么该怎么办呢？这里就需要开发自己的校验器。自定义校验器必须实现 javax.faces.validator.Validator 接口。下面实现一个关于文本输入的校验器，代码如程序 4-18 所示。

程序 4-18：NameValidator.java

```
package com.demo.jsf.validator;
......
@FacesValidator(value = "NameValidator")
public class NameValidator implements Validator {
public void validate(FacesContext context, UIComponent component, Object obj)
throws ValidatorException {
String password = (String) obj;
if (!password.matches("[\u4e00-\u9fa5]")) {
FacesMessage message = new FacesMessage(
FacesMessage.SEVERITY_ERROR, "姓名只能包含中文字符", "姓名只能包含中文字符");
throw new ValidatorException(message);
```

```
}
}
}
```

程序说明：自定义校验器需要实现Validator接口，重点是实现接口中的validate()方法，方法的参数obj代表被校验的对象。如果验证错误，则丢出一个ValidatorException，它接受一个FacesMessage对象，FacesMessage对象的构造函数包含三个参数，分别表示信息的严重程度（允许值为INFO、WARN、ERROR、FATAL）、信息概述与详细信息内容。这些信息将可以通过<h:messages>或<h: message>标记显示在页面上。

最后修改程序4-5，为文本输入框fname增加自定义校验器，修改后的代码片段如下所示。

```
……..
<tr>
        <td>姓:</td>
        <td>
          <h:inputText label="First Name"
                      id="fname" value="#{userBean.firstName}"
                      required="true">
              <f:validateLength maximum="4"/>
              <f:validator  validatorId="NameValidator"/>
          </h:inputText>
          <h:message for="fname" />
        </td>
      </tr>
……………..
```

程序说明：从上面的代码中可以看出，利用标记<f:validator>即可引用自定义校验器，注意标记的属性validatorId的值是配置文件中声明的验证器的id。

重新运行程序4-5，在【姓】文本输入框中输入英文字符，提交注册信息，看是否有错误信息显示。

4.5.3　Bean方法校验

值得一提的是，开发人员也可以让Bean自行负责验证的工作，可以在Bean上提供一个验证方法，这个方法没有返回值，并且可以接收FacesContext、UIComponent和Object三个参数，其中Object为被校验的组件的本地值。下面在程序4-3中的UserBean中通过定义一个方法validateEmail来验证E-mail信息输入的正确性，方法的代码片段如下所示。

```
……
public void validateEmail(FacesContext context, UIComponent toValidate,
            Object value) throws ValidatorException {
        String emailStr = (String) value;
        if (-1 == emailStr.indexOf("@")) {
            FacesMessage message = new FacesMessage("Invalid email address");
            throw new ValidatorException(message);
        }
}
…….
```

程序说明：在Bean的校验方法中，根据Object的值进行校验处理，如果发生错误，则将校验错误信息添加到FaceContext中，并抛出ValidatorException。

在视图组件中，只要利用EL表达式将Bean的校验方法设置为组件的validator属性即可。

```
<h:inputText label="Email Address"  id="email" value="#{userBean.email}"
          required="true" validator="#{userBean.validateEmail}"/>
```

重新部署并运行程序 4-5，输入 E-mail 信息，看看自定义校验器是否正常工作。

4.5.4 异常信息本地化

JSF 在转换和验证时都有可能会产生错误信息。在使用标准转换器或验证器时，当发生错误时，会有一些预定义的错误信息显示，这些信息可以使用<h:messages>或<h:message>标记显示出来，而这些预定义的错误信息有时是没有本地化的。通过标记的 converterMessage、validatorMessage 和 requiredMessage 属性，可以覆盖框架默认的错误消息。开发者只要将上述属性指向本地化资源即可。例如，将程序 4-5 中文本输入框 name 一行的代码改为如下所示：

```
    <h:inputText  value="#{login.name}"  required="true"  requiredMessage ="#{msgs.
REQUIRED}"/>
```

只需要在资源文件中增加：

```
REQUIRED=输入项不能为空
```

重新运行程序 4-5，在文本输入框【用户名】中不输入任何信息而直接单击【登录】按钮，将得到如图 4-9 所示的运行提示信息，可以看到校验错误信息已经实现了本地化。

图 4-9　输入校验异常信息本地化

4.6 自定义复合组件

注：本节的示例代码保存在 chapt4/composite 下。

JSF 是一个基于组件的框架，但是无论使用何种 JSF 实现，总会遇到没有能够满足当前应用需求的组件的状况，这就需要开发人员自定义组件了。JSF 2.0 提供了一个复合组件机制，允许基于现有组件来构建更复杂的组件，就象搭积木一般。

4.6.1 复合组件标记库

为支持复合组件，JSF 提供了一个专门的标记库，详细内容如表 4-3 所示。

表 4-3　主要复合组件标记

标　记	说　明
composite:interface	声明复合组件的使用协议。复合组件可作为一个组件使用，它的功能由使用协议来定义
composite:implementation	定义一个复合组件实现。如果存在 composite:interface 标记，必须存在一个对应的 composite:implementation 标记。
composite:attribute	声明复合组件的属性
composite:insertChildren	利用此标记将子组件或模板文本添加到复合组件中

续表

标　记	说　明
composite:valueHolder	组件实现 ValueHolder 接口，包含一个 value 属性
composite:editableValueHolder	组件实现 EditableValueHolder 接口，包含一个可编辑的 value 属性
composite:actionSource	组件实现 ActionSource2 接口，允许触发 Action 事件

为了使用上述标记来创建复合组件，需要在 xhtml 中声明复合组件标记的命名空间，如下代码片段所示。

```
<html xmlns="http://www.w3.org/1999/xhtml"...
xmlns:composite="http://java.sun.com/jsf/composite">
...
</html>
```

4.6.2　定制简单的复合组件

下面通过示例来演示如何自定义一个复合组件。选择【新建文件】，弹出如图 4-10 所示的“新建文件”对话框。在【类别】列表中选中“JavaServer Faces”，在【文件类型】列表中选中“JSF 复合组件”，单击【下一步】按钮，进入如图 4-11 所示的窗口。

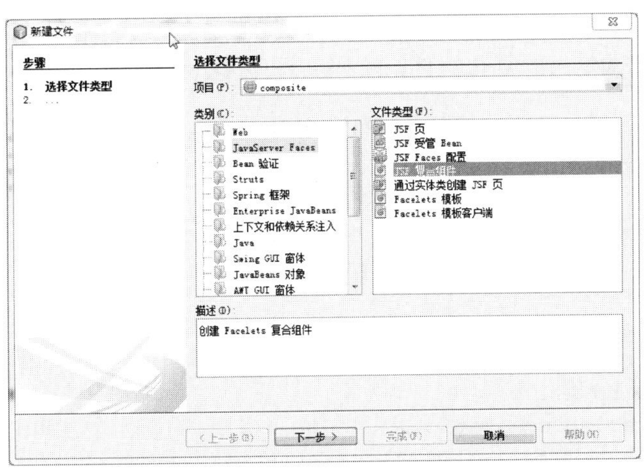

图 4-10　“新建文件”对话框

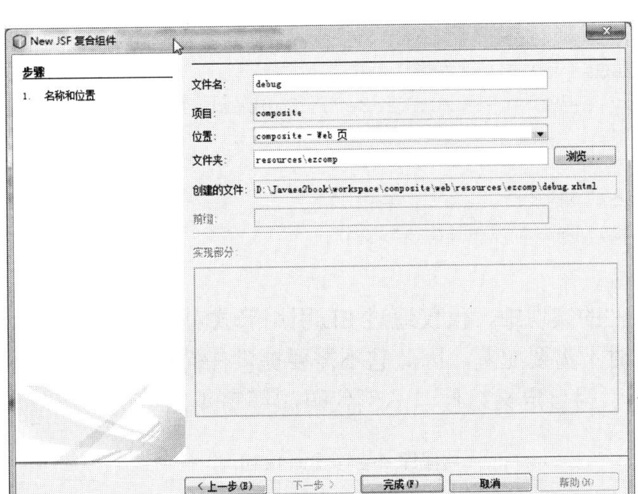

图 4-11　新建复合组件选项

在文本输入框【文件名】中输入复合组件的名称“debug”，单击【完成】按钮，复合组件创建完毕。可以看到，Netbeans 默认将复合组件视为资源，放在 resource 目录的/ezcomp 下。

最初得到的框架代码如程序 4-19 所示。

程序 4-19：debug.xml

```
<?xml version='1.0' encoding='UTF-8' ?>
<!DOCTYPE html PUBLIC "-//W3C//DTD XHTML 1.0 Transitional//EN" "http://www.w3.org/TR/xhtml1/DTD/xhtml1-transitional.dtd">
<html xmlns="http://www.w3.org/1999/xhtml"
      xmlns:cc="http://java.sun.com/jsf/composite">
    <!-- INTERFACE -->
    <cc:interface>
    </cc:interface>
    <!-- IMPLEMENTATION -->
    <cc:implementation>
    </cc:implementation>
</html>
```

程序说明：从上面的代码可以看出，复合组件也是一个视图文件，复合组件标记的命名空间已经被自动添加到视图的命名空间。复合组件标记将视图分为两部分，cc:interface 标记内定义组件的接口部分，cc:implementation 标记定义组件的实现部分。

下面实现一个显示调试信息的复合组件，代码如程序 4-20 所示。

程序 4-20：debug.xhtml

```
<!DOCTYPE html PUBLIC "-//W3C//DTD XHTML 1.0 Transitional//EN" "http://www.w3.org/TR/xhtml1/DTD/xhtml1-transitional.dtd">
<html xmlns="http://www.w3.org/1999/xhtml"
      xmlns: composite="http://java.sun.com/jsf/composite">
    <!-- INTERFACE -->
    < composite:interface>
    </ composite:interface>
    <!-- IMPLEMENTATION -->
    < composite:implementation>
        <div style="font-size: 1.2em; font-style: italic">
            请求头部:
        </div>
        <p>#{header}</p>
        <p>#{headerValues}</p>
        <div style="font-size: 1.2em; font-style: italic">
            Cookie:
        </div>
        <p>#{cookie}</p>
        </ composite:implementation>
</html>
```

程序说明：在复合组件的实现中，仅仅通过 EL 引用隐式对象来显示请求信息的头部和请求参数信息。由于这个组件在使用时不需要配置，因此它不需要提供任何接口，所以它的 interface 部分是空的。

下面看如何在视图中引用自定义组件，示例代码如程序 4-21 所示。

程序 4-21：index.html

```
<?xml version='1.0' encoding='UTF-8' ?>
<!DOCTYPE html PUBLIC "-//W3C//DTD XHTML 1.0 Transitional//EN" "http://www.w3.
```

```
org/TR/xhtml1/DTD/xhtml1-transitional.dtd">
    <html xmlns="http://www.w3.org/1999/xhtml"
         xmlns:h="http://java.sun.com/jsf/html"
         xmlns:util="http://java.sun.com/jsf/composite/ezcomp"
         >
       <h:head>
          <title>Facelet Title</title>
       </h:head>
       <h:body>
          Hello from Facelets
       </h:body>
       <util:debug/>
    </html>
```

程序说明：要使用复合组件，首先必须引用复合组件的命名空间，注意这个命名空间的值，它必须以 http://java.sun.com/jsf/composite/为前缀，并且命名空间的剩余部分指向复合组件的实际位置。由于在本例中，复合组件 debug 位于 resource 的 ezcomp 路径下，因此，自定义复合组件最终的命名空间为 http://java.sun.com/jsf/composite/ezcomp。复合组件对应的标记名称，按照默认约定应为组件文件的名称，因此，debug 组件对应的标记为 util:debug。

运行程序 4-21，将得到如图 4-12 所示的运行界面，可以看到自定义复合组件 debug 输出的调试信息。

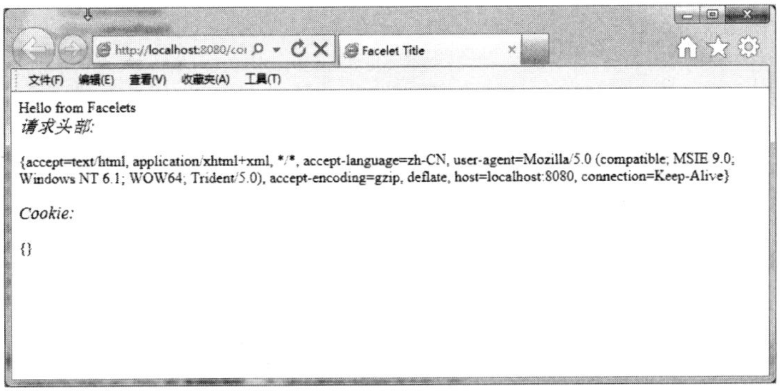

图 4-12　自定义复合组件输出的调试信息

4.6.3　开发复杂的复合组件

组件的最大特点在于能够灵活配置，适应各种应用需求。可以通过在组件的 interface 部分声明一些属性，来允许用户定制复合组件的行为。在上面的自定义复合组件 debug 中，仅仅输出信息，并没有与引用它的视图进行交互。

1. 通过属性定制组件行为

下面创建一个能够实现用户登录的复合组件 login，看如何开发相对复杂的复合组件，代码如程序 4-22 所示。

程序 4-22：login.xhtml

```
<?xml version="1.0" encoding="UTF-8"?>
<!DOCTYPE html PUBLIC "-//W3C//DTD XHTML 1.0 Transitional//EN"
   "http://www.w3.org/TR/xhtml1/DTD/xhtml1-transitional.dtd">
<html xmlns="http://www.w3.org/1999/xhtml"
     xmlns:h="http://java.sun.com/jsf/html"
     xmlns:composite="http://java.sun.com/jsf/composite">
```

```
        <composite:interface>
            <composite:attribute name="name"/>
            <composite:attribute name="password"/>
            <composite:attribute name="namePrompt"/>
            <composite:attribute name="passwordPrompt"/>
            <composite:attribute name="loginButtonText" default="submit"/>
        <composite:attribute name="loginAction"
             method-signature="java.lang.String action()"/>
        </composite:interface>
        <composite:implementation>
             <h:form id="form">
        <h:panelGrid columns="2">
                #{cc.attrs.namePrompt}
                <h:panelGroup>
                    <h:inputText id="name" value="#{cc.attrs.name}"/>
                    <h:message for="name"/>
                </h:panelGroup>
                #{cc.attrs.passwordPrompt}
                <h:panelGroup>
                    <h:inputSecret id="password" value="#{cc.attrs.password}" size="8"/>
                    <h:message for="password"/>
                </h:panelGroup>
            </h:panelGrid>
            <p>
                <h:commandButton id="loginButton"
                             value="#{cc.attrs.loginButtonText}"
              action="#{cc.attrs.loginAction}"  />
            </p>
    </h:form>
        </composite:implementation>
    </html>
```

程序说明：与程序 4-20 不同，在组件的接口部分，利用<composite:attribute>标记来声明复合组件的属性，允许其他组件通过这些属性来定制组件的行为和外观。在组件的实现部分，隐式变量 cc 代表复合组件本身，cc.attribute 代表组件的属性集合，通过引用隐式变量来引用属性信息。

注意属性 loginaction，复合组件的属性默认为 object 类型，由于本例中 commandbutton 的 action 属性是一个方法表达式，因此必须通过<composite:attribute>标记的 method-signature 属性来注明。

下面创建一个视图来引用自定义复合组件，代码如程序 4-23 所示。

程序 4-23：index.html

```
    <?xml version='1.0' encoding='UTF-8' ?>
    <!DOCTYPE html PUBLIC "-//W3C//DTD XHTML 1.0 Transitional//EN" "http://www.w3.
org/TR/xhtml1/DTD/xhtml1-transitional.dtd">
    <html xmlns="http://www.w3.org/1999/xhtml"
         xmlns:h="http://java.sun.com/jsf/html"
         xmlns:util="http://java.sun.com/jsf/composite/ezcomp"
         >
        <h:head>
            <title>Facelet Title</title>
        </h:head>
        <h:body>
            <util:login namePrompt="姓名" passwordPrompt="密码"></util:login>
        </h:body>
```

```
</html>
```

运行程序 4-23，结果如图 4-13 所示。

图 4-13　自定义复合组件 login

2. 国际化

组件中经常需要显示一些信息，如文本标签等。但组件应用的环境可能是多样的，如何实现组件的国际化来支持不同语言和地区属性的视图呢？解决方法很简单，首先在复合组件实现路径下增加一个对应的属性文件，属性文件的命名规则可参见 3.10 节中的内容。在本例中的两个属性文件分别如程序 4-24 和程序 4-25 所示。

程序 4-24：login.properties

```
title=欢迎登录系统
```

为属性文件增加一个美国的英文环境。

程序 4-25：login_en_US.properties

```
title= Welcome to log in
```

创建好属性文件后，对于组件中显示的信息，可通过#{cc.resourceBundleMap.key}来访问，其中 cc.resourceBundleMap 代表复合组件的资源包，key 代表资源包中的关键字。在本例中，对应的代码片段为

```
……
#{cc.resourceBundleMap.title}
……
```

3. 暴露内部组件

将复合组件作为一个黑箱供视图引用固然很方便，但是在某些情况下，又需要将复合组件的内部状态暴露出来。例如，如果还需为 login 组件增加校验，来验证复合组件中 name 和 password 的输入信息，那么在视图中，如何获取复合组件的内部状态呢？可通过复合组件标记的 editableValueHolder、valueHolder 和 actionSource，修改程序 4-22，修改后的代码如程序 4-26 所示。

程序 4-26：login.xhtml

```
<?xml version="1.0" encoding="UTF-8"?>
<!DOCTYPE html PUBLIC "-//W3C//DTD XHTML 1.0 Transitional//EN"
   "http://www.w3.org/TR/xhtml1/DTD/xhtml1-transitional.dtd">
<html xmlns="http://www.w3.org/1999/xhtml"
      xmlns:h="http://java.sun.com/jsf/html"
      xmlns:composite="http://java.sun.com/jsf/composite">

   <composite:interface>
      <composite:attribute name="name"/>
      <composite:attribute name="password"/>
      <composite:attribute name="namePrompt"/>
      <composite:attribute name="passwordPrompt"/>
      <composite:attribute name="loginButtonText" default="submit"/>
     <composite:actionSource name="loginButton" targets="form:loginButton"/>
      <composite:editableValueHolder name="nameInput" targets="form:name"/>
      <composite:editableValueHolder name="passwordInput" targets="torm:
password"/>
      <composite:editableValueHolder name="inputs" targets="form:name form:password"/>
```

```
    </composite:interface>
    <composite:implementation>
        <h:outputScript library="ezcomp" name="login.js" target="head"/>
      <h:form id="form" onsubmit="return checkForm(this, '#{cc.clientId}')">
            <composite:renderFacet name="header"/>
            <p>#{cc.resourceBundleMap.title}</p>
            <h:panelGrid columns="2">
                #{cc.attrs.namePrompt}
                <h:panelGroup>
                    <h:inputText id="name" value="#{cc.attrs.name}"/>
                    <h:message for="name"/>
                </h:panelGroup>
                #{cc.attrs.passwordPrompt}
                <h:panelGroup>
                    <h:inputSecret id="password" value="#{cc.attrs.password}" size="8"/>
                    <h:message for="password"/>
                </h:panelGroup>
            </h:panelGrid>
            <p>
                <h:commandButton id="loginButton"
                                 value="#{cc.attrs.loginButtonText}"
                                 />           </p>
                </h:form>
    </composite:implementation>
</html>
```

程序说明：在组件的接口部分，增加了 composite:editableValueHolder 标记，用来将 inputtext 组件的 value 属性暴露给视图，同样，composite:actionSource 标记输出 commandButton 组件的事件信息。其中 target 为复合组件中需要暴露的组件的 id。由于在本例中这些组件都包含在一个 id 为 form 的 form 组件中，因此对应组件的 id 即为“formid：组件 id”的形式。name 属性为暴露的组件的别名，其他组件将使用这一别名来操作这一组件。

引用组件的代码如程序 4-27 所示。

程序 4-27：index.xhtml

```
<html xmlns="http://www.w3.org/1999/xhtml"
      xmlns:h="http://java.sun.com/jsf/html"
      xmlns:util="http://java.sun.com/jsf/composite/ezcomp"
      xmlns:f="http://java.sun.com/jsf/core"
      xmlns:ui="http://java.sun.com/jsf/facelets">
    <h:head>
        <title>Facelet Title</title>
    </h:head>
    <h:body>
        <util:login namePrompt="姓名" passwordPrompt="密码"   >
                <f:validateLength maximum="10" for="inputs"/>
               <f:validateLength minimum="4" for="nameInput"/>
               <f:actionListener   for="loginButton"   type="com.demo.LoginButton
Listener"/>
                </util:login>
          </h:body>
    <ui:debug/>
</html>
```

程序说明：在视图的复合组件的引用标记中，利用核心标记 f:validateLength 对复合组件暴露的组件进行校验。注意，属性 for 的值与程序 4-26 中复合组件接口中暴露组件内部状态标记的 name 属性的值要一致。

运行程序 4-27，单击【submit】按钮提交，看看是否会有校验错误信息显示。

4．增加子组件

复合组件中的内容默认是不处理的，但是如果希望复合组件中包含其他内容，可以在复合组件的实现部分通过 insertChildren 标记来为组件增加子组件，对应的代码片段如下所示。

```
<composite:implementation>
......
<p>
   <h:commandButton id="loginButton" value="#{cc.attrs.loginButtonText}" />
    </p>
<composite:insertChildren/>
</composite:implementation>
```

这样，在复合组件的引用中，可嵌入其他组件，如增加一个指向注册页面的链接，代码片段如下所示。

```
<util:login namePrompt="姓名" passwordPrompt="密码"   >
             <f:validateLength maximum="10" for="inputs"/>
            <f:validateLength minimum="4" for="nameInput"/>
            <f:actionListener for="loginButton" type="com.demo.LoginButton
Listener"/>

            <h:outputLink value="http://www.163.com">browse</h:outputLink>
          </util:login>
```

5．增加 facelet

组件中除了可以嵌套子组件，还可以嵌套 faclet。与子组件不同的是，facelet 由组件负责渲染，而子组件由自身负责渲染。

要嵌套 facelet，首先在复合组件的接口中利用标记 composite:facet 来声明，然后在组件实现部分利用 renderFacet 或 insertfacet 来渲染输出。修改后的复合组件的代码如程序 4-28 所示。

程序 4-28：login.xhtml

```
<?xml version="1.0" encoding="UTF-8"?>
<!DOCTYPE html PUBLIC "-//W3C//DTD XHTML 1.0 Transitional//EN"
   "http://www.w3.org/TR/xhtml1/DTD/xhtml1-transitional.dtd">
<html xmlns="http://www.w3.org/1999/xhtml"
     xmlns:h="http://java.sun.com/jsf/html"
     xmlns:composite="http://java.sun.com/jsf/composite">
<composite:interface>
     ......
      <composite:facet name="header"/>
   </composite:interface>
   <composite:implementation>
      <composite:renderFacet name="header"/>
......
</composite:implementation>
</html>
```

对应的引用代码如下所示。

```
……
<util:login namePrompt="姓名" passwordPrompt="密码"   >
             <f:validateLength maximum="10" for="inputs"/>
             <f:validateLength minimum="4" for="nameInput"/>
             <f:actionListener for="loginButton" type="com.demo.LoginButton
Listener"/>
             <f:facet name="header">
                Hello......
             </f:facet>
             <h:outputLink value="http://www.163.com">browse</h:outputLink>
  </util:login>
…..
```

6. 增加 JavaScript

在复合组件中也可以引用 Javascript 文件，注意将 js 文件与复合组件实现文件放在同一路径下。另外，在 js 中对组件 id 的引用要特别注意，毕竟 js 是运行在客户端的。下面创建一个 js 文件来实现客户端校验，代码如程序 4-29 所示。

程序 4-29：login.js

```
function checkForm(form, ccId) {
  var name = form[ccId + ':form:name'].value;
  var pwd = form[ccId + ':form:password'].value;
  if (name == "" || pwd == "") {
    alert("Please enter name and password.");
    return false;
  }
  return true;
}
```

运行程序 4-27，直接单击【sumbit】按钮，将得到如图 4-14 所示的提示窗口，可以证明 js 文件已经发挥作用。

4.7 自定义非 UI 组件

注：本节的示例代码保存在 chapt4/mycomponent 下。

复合组件为开发自定义组件提供了一种便捷的方法。但是在某些极端的情况下，仅靠现有的组件无法组合得到我们需要的组件类型，这时，开发人员就不得不自己动手开发组件了。在本节我们首先演示如何开发一个非 UI 组件。

图 4-14 复合组件中利用 js 实现客户端校验

在 4.5 节我们掌握了如何开发自定义校验器。假设现在应用提出了更高的要求，我们需要开发一个通用的校验器，允许用户设置校验条件和错误提示信息。我们首先实现校验器，代码如程序 4-30 所示。

程序 4-30：RegexValidatorExample.java

```
package com.demo;
import java.util.regex.Matcher;
import java.util.regex.Pattern;
import javax.faces.application.FacesMessage;
import javax.faces.component.StateHolder;
```

```
import javax.faces.component.UIComponent;
import javax.faces.context.FacesContext;
import javax.faces.validator.Validator;
import javax.faces.validator.ValidatorException;
public class RegexValidatorExample implements Validator, StateHolder {
    private boolean isTransient;
    private boolean transientValue;
            private String regex;
            private String errorMessage;
            public RegexValidatorExample() {
                    super();
            }
            public void validate(FacesContext context, UIComponent component,
Object value)
                    throws ValidatorException {
                    if ( null == regex || null == value) {
                            return;
                    }
                    String fieldValue= ((String)value);
                    Pattern p = Pattern.compile(getRegex());
                    if((fieldValue!=null)&&(fieldValue!="")){
                            Matcher matcher = p.matcher(fieldValue);
                            if(!matcher.matches()){
                                    FacesMessage msg = new FacesMessage();
                                    msg.setDetail(errorMessage);
                                    msg.setSummary(errorMessage);
                                    msg.setSeverity(FacesMessage.SEVERITY_
ERROR);

                                    throw new ValidatorException(msg);
                            }
                    }
            }
            public void restoreState(FacesContext context, Object state) {
                    Object values[] = (Object[]) state;
                    regex = (String) values[0];
                    errorMessage = (String) values[1];
            }
            public Object saveState(FacesContext arg0) {
                Object values[] = new Object[2];
                values[0] = regex;
                values[1] = errorMessage;
                return (values);
            }
            public boolean isTransient() {
                    return this.transientValue;
            }
            public void setTransient(boolean transientValue) {
                    this.transientValue = transientValue;
            }
            public String getErrorMessage() {
                    return errorMessage;
            }
            public void setErrorMessage(String errorMessage) {
                    this.errorMessage = errorMessage;
```

```
        }
        public String getRegex() {
                return regex;
        }
        public void setRegex(String regex) {
                this.regex = regex;
        }
}
```

程序说明：由于实现的是一个校验器组件，因此需要继承 Validator 接口，同时组件允许用户设置参数，因此还必须实现 StateHolder 接口。关于校验功能的实现主要在 Validate 接口方法中实现，同时为了保存组件的状态，组件还重载了 restoreState 和 saveState 接口方法。对于组件的两个参数，还必须遵照 JavaBean 规范提供对应的 getter 和 setter 方法。

组件要想作为校验器发挥作用，必须注册到 JSF 框架中，因此在 face-config 中增加如下配置信息。

```
……
<validator>
   <validator-id>exampleRegexValidator</validator-id>
   <validator-class>com.demo.RegexValidatorExample</validator-class>
  </validator>
……
```

为了在视图中引用组件，还必须为组件创建一个标记。新建标记库描述文件 mycomponets.taglib.xml，在其中声明自定义组件的标记，代码如程序 4-31 所示。

程序 4-31：mycomponets.taglib.xml

```
<facelet-taglib version="2.0"
             xmlns="http://java.sun.com/xml/ns/javaee"
             xmlns:xsi="http://www.w3.org/2001/XMLSchema-instance"
             xsi:schemaLocation="http://java.sun.com/xml/ns/javaee
  http://java.sun.com/xml/ns/javaee/web-facelettaglibary_2_0.xsd">
   <namespace>http://demo.com</namespace>
   <tag>
   <tag-name>regexValidator</tag-name>
      <validator>
         <validator-id>exampleRegexValidator</validator-id>
      </validator>
   </tag>
</facelet-taglib>
```

程序说明：namespace 为标记库的唯一标识，用来与其他标记库区分，在视图中需将它引入标记命名空间。一个标记对应一个 tag 节点。在这里我们声明了一个 regexValidator 标记，它对应一个 Validator。Validator 的 id 为之前我们注册到 JSF 框架的校验器的 id。当 JSF 遇到此标记，便会调用对应的校验器组件进行校验处理。

最后还要记住在 web.xml 中增加对 facelet 标记库的声明。

```
……
<context-param>
       <param-name>javax.faces.FACELETS_LIBRARIES</param-name>
       <param-value>/WEB-INF/mycomponets.taglib.xml</param-value>
</context-param>
……
```

下面创建一个视图来引用创建的自定义组件，代码如程序 4-32 所示。

程序 4-32：test2.xhtml

```
<?xml version='1.0' encoding='UTF-8' ?>
<!DOCTYPE html PUBLIC "-//W3C//DTD XHTML 1.0 Transitional//EN" "http://www.w3.
org/TR/xhtml1/DTD/xhtml1-transitional.dtd">
<html xmlns="http://www.w3.org/1999/xhtml"
     xmlns:h="http://java.sun.com/jsf/html"
     xmlns:hyl="http://demo.com">
   <h:head>
      <title>Facelet Title</title>
   </h:head>
   <h:body>
      <h:form  prependId="false">
         <h:inputText                  value="#{user.creditCardNumber}"
                    maxlength="20" size="20"
                    id="idCreditCardNumber">
           <hyl:regexValidator regex="([0-9 ]{0,20})"
                              errorMessage="The credit card number is invalid." />
           </h:inputText>
         <h:commandButton value="提交"/>
      </h:form>
   </h:body>
</html>
```

程序说明：在上面的代码中，首先引用自定义标记库的命名空间"http://demo.com"，然后就可在视图中引用自定义组件对应的标记 regexValidator 了。标记被嵌套在标记 h:inputText 中，用来对组件的输入值进行校验。标记支持两个属性 regex 和 errorMessage。

运行程序 4-32，在文本输入框内输入任意字符，单击【提交】按钮，将得到图 4-15 所示的运行结果页面。可以看到自定义校验器已经在发挥作用。

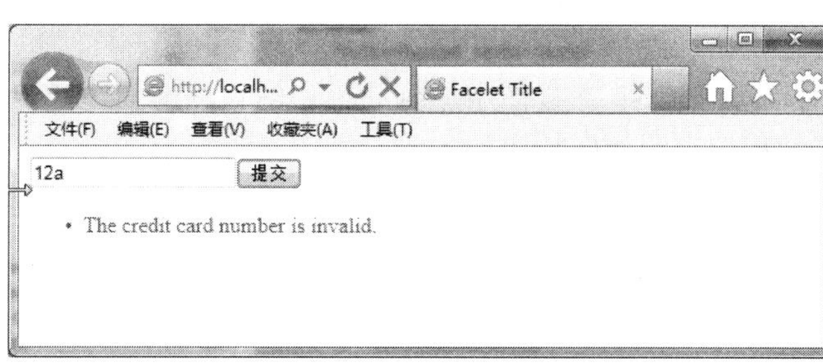

图 4-15　使用自定义校验器

4.8　自定义 UI 组件

在 4.7 节我们学习了如何开发一个非 UI 组件，在本节我们将学习如何开发一个 UI 组件。开发一个 UI 组件要复杂得多，因为 UI 组件必须自己负责实现与用户的交互以及组件的渲染绘制等工作。

注：本节的示例代码保存在 chapt4/mycomponent 下。

4.8.1　创建一个简单的 UI 组件

首先创建一个显示当前时刻的 UI 组件，代码如程序 4-33 所示。

程序 4-33：WhatTime.java

```
package com.demo;
import java.io.IOException;
import javax.faces.component.FacesComponent;
import javax.faces.component.UIComponentBase;
import javax.faces.context.FacesContext;
import javax.faces.context.ResponseWriter;
@FacesComponent(value="com.demo.WhatTime")
public class WhatTime extends UIComponentBase {
@Override
public String getFamily() {
return "whattime";
}
@Override
public void encodeAll(FacesContext context) throws IOException {
ResponseWriter writer = context.getResponseWriter();
writer.startElement("div", this);
writer.writeAttribute("style", "color : red", null );
writer.writeText("现在时间: " +
new java.util.Date(), null);
writer.endElement("div");
}
}
```

程序说明：自定义组件类必须扩展 UIComponentBase 类或者其他组件类，如 UIOutput 等。注解@FacesComponent 向 JSF 注册这是一个组件，注解的属性代表组件的类型。自定义组件类中覆盖了两个方法。getFamily()用来告诉 JSF 组件的类型，它将帮助 JSF 为组件选择渲染器。不过在本示例中组件类自己负责渲染。方法 encodeAll 实现组件自身渲染，它首先从 FaceContext 中获得 ResponseWriter，代表向客户端的输出，随后调用 ResponseWriter 的 startElement、writeAttribute、writeText 和 endElement 等方法输出 HTML 标记。

实现组件类后，如何让视图来使用这个组件类呢？与非 UI 组件一样，也是需要在 JSF 标记库描述文件中为组件声明一个标记。当 JSF 在视图中遇到此标记时，将会自动定位到我们开发的组件类。在本例中自定义组件对应的标记声明代码片段如下所示。

```
......
   <tag>
      <tag-name>whattime</tag-name>
      <component>
         <component-type>com.demo.WhatTime</component-type>
      </component>
   </tag>
......
```

与程序 4-31 不同的是，由于本例开发的是一个普通的 UI 组件，因此，tag 节点内包含的是一个 component 节点，而不是一个 validator 节点。

下面就可以在视图中使用自定义组件了，代码如程序 4-34 所示。

程序 4-34：test.xhtml

```
<?xml version='1.0' encoding='UTF-8' ?>
<!DOCTYPE html PUBLIC "-//W3C//DTD XHTML 1.0 Transitional//EN" "http://www.w3.
org/TR/xhtml1/DTD/xhtml1-transitional.dtd">
```

```
<html xmlns="http://www.w3.org/1999/xhtml"
     xmlns:h="http://java.sun.com/jsf/html"
     xmlns:hyl="http://demo.com">
   <h:head>
      <title>Facelet Title</title>
   </h:head>
   <h:body>
      <p><hyl:whattime/></p>
   </h:body>
</html>
```

程序说明：使用自定义组件与使用其他组件一样，首先在视图中引入自定义组件标记库的命名空间，然后使用标记将自定义组件引入到页面中即可。

运行程序 4-34，将得到如图 4-16 所示的运行界面。

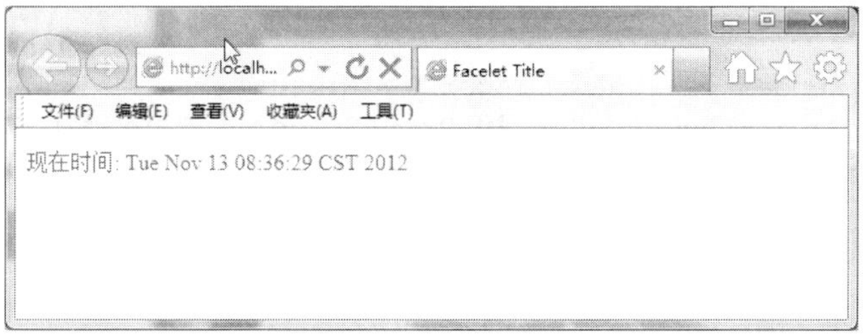

图 4-16　在页面中引用自定义 UI 组件

4.8.2　利用属性控制自定义组件行为

上面定义的自定义组件是不包含任何属性的。由于自定义组件扩展了 UIComponentBase，因此，组件自动继承了 id、rendered 等属性。我们可试着将程序 4-34 中引用自定义组件的那一行代码改为如下所示。

```
<p><hyl:whattime rendered="false"/></p>
```

重新运行程序 4-34，看看自定义组件是否还在视图中出现。

结果组件依然出现。这是因为自定义组件自己负责绘制，要想通过属性 rendered 来控制组件是否显示，还需要将方法 encodeAll 修改为如下代码。

```
public void encodeAll(FacesContext context) throws IOException {
ResponseWriter writer = context.getResponseWriter();
Boolean r=(Boolean) this.getAttributes().get("rendered");
if(!r)return;
writer.startElement("div", this);
writer.writeAttribute("style", "color : red", null );
writer.writeText("现在时间: " +
new java.util.Date(), null);
writer.endElement("div");
}
```

重新运行程序 4-34，看看会有什么结果？

自定义组件还可以灵活处理一些自定义属性。例如我们给组件增加一个 promote 属性，当它为真时，将提示上午好或下午好等问候信息。

首先修改自定义组件，让它获取属性信息并进行相应的操作，修改后的代码如程序 4-35 所示。

程序 4-35：WhatTime.java

```
……
@FacesComponent(value="com.demo.WhatTime")
public class WhatTime extends UIOutput {
@Override
public String getFamily() {
return "whattime";
}
@Override
public void encodeAll(FacesContext context) throws IOException {
ResponseWriter writer = context.getResponseWriter();
Boolean promote=false;
String temp=" ";
String tt=(String) this.getAttributes().get("promote");
if(tt.equals("true"))promote=true;
if(promote){
  GregorianCalendar ca = new GregorianCalendar();
  if( ca.get(GregorianCalendar.AM_PM)==GregorianCalendar.AM)
  temp="上午好!";
else
temp="下午好!";
}
writer.startElement("div", this);
writer.writeAttribute("style", "color : red", null );
writer.writeText(temp+" 现在时间: " +
new java.util.Date(), null);
writer.endElement("div");
}
}
```

程序说明：代码的改变主要在方法 encodeAll 中，组件的所有属性都包含在一个 Map 中，因此调用 getAttributes().get("promote")获得 promote 属性。由于客户端传递后服务器的属性信息都是 String 类型的，这里需要进行一个转换处理。最后根据 promote 属性的值，来定制输出到客户端的 HTML 标记。

修改程序 4-34，来为自定义组件增加属性信息，修改后的代码如程序 4-36 所示。

程序 4-36：test.xhtml

```
<?xml version='1.0' encoding='UTF-8' ?>
<!DOCTYPE html PUBLIC "-//W3C//DTD XHTML 1.0 Transitional//EN" "http://www.w3.
org/TR/xhtml1/DTD/xhtml1-transitional.dtd">
<html xmlns="http://www.w3.org/1999/xhtml"
      xmlns:h="http://java.sun.com/jsf/html"
      xmlns:hyl="http://demo.com">
    <h:head>
        <title>Facelet Title</title>
    </h:head>
    <h:body>
        <p><hyl:whattime rendered="false" promote="true"/></p>
    </h:body>
</html>
```

运行程序 4-36，将得到如图 4-17 所示的运行结果。

图 4-17　利用属性控制自定义组件行为

注：属性值默认支持 EL 表达式。

读者可给 User Bean 增加一个 promote 的属性，然后修改自定义组件引用标记如下所示。

```
<p><hyl:whattime rendered="false" promote="#{user.promote}"/></p>
```

运行程序 4-36，看看会得到什么运行结果。

4.8.3　使用单独的渲染器

上面开发的自定义组件的渲染绘制工作都是由组件自身负责完成的，如果组件自身的渲染绘制比较复杂，一个好的实践经验是将其委托给单独的渲染器，这样从设计角度而言会更加合理。例如如果需要将组件移植到手机等移动终端，只需要增加一个适应移动终端的渲染器即可，组件实现本身无需任何改动。下面演示如何使用单独的渲染器。

首先改造组件实现，代码如程序 4-37 所示。

程序 4-37：WhatTime2.java

```
package com.demo;

import javax.faces.component.FacesComponent;
import javax.faces.component.UIComponentBase;
@FacesComponent(value="com.demo.WhatTime2")
public class WhatTime2 extends UIComponentBase {
  @Override
  public String getFamily() {
    return "com.demo.WhatTime2";
  }
}
```

程序说明：由于本组件业务逻辑很简单，几乎不用做什么操作，因此在这里只是重载方法 getFamily，返回一个代表组件类型的字符串。这个字符串非常重要，JSF 将根据它为组件寻找渲染器。

下面来实现组件的渲染器，代码如程序 4-38 所示。

程序 4-38：WhatTimeRender.java

```
package com.demo;

import java.io.IOException;
import java.util.GregorianCalendar;
import javax.faces.component.UIComponent;
import javax.faces.context.FacesContext;
import javax.faces.context.ResponseWriter;
import javax.faces.render.FacesRenderer;
import javax.faces.render.Renderer;
@FacesRenderer(componentFamily="com.demo.WhatTime2",
   rendererType="com.demo.WhatTimeRender")
```

```
public class WhatTimeRender extends Renderer {
    @Override
    public void encodeBegin(FacesContext context, UIComponent component) throws IOException {
    }
    @Override
    public void encodeChildren(FacesContext context, UIComponent component) throws IOException {
    }
    @Override
    public void encodeEnd(FacesContext context, UIComponent component) throws IOException {
        ResponseWriter writer = context.getResponseWriter();
        Boolean promote = false;
        String temp = "下午好";
        String tt = (String) component.getAttributes().get("promote");
        if (tt.equals("true")) {
            promote = true;
        }
        if (promote) {
            GregorianCalendar ca = new GregorianCalendar();
            if (ca.get(GregorianCalendar.AM_PM) == GregorianCalendar.AM);
            temp = "上午好!";

        }
        writer.startElement("div", component);
        writer.writeAttribute("style", "color : green", null);
        writer.writeText(temp + " 现在时间: "
                + new java.util.Date(), null);
        writer.endElement("div");
    }
}
```

程序说明：渲染器仅仅完成了组件的绘制工作，在本示例中主要通过方法 encodeEnd 来实现。需要注意的是，在渲染器实现之前的注解 FacesRenderer，它用来声明这是一个渲染器组件，注解的属性 componentFamily 指定渲染器适应的组件类型，rendererType 指定渲染器的类型。

下面需要在标记库表述文件中声明组件的标记，对应的代码片段如下。

```
......


<tag>
    <tag-name>whattime2</tag-name>
    <component>
        <component-type>com.demo.WhatTime2</component-type>
        <renderer-type>com.demo.WhatTimeRender</renderer-type>
    </component>
</tag>
```

其中，组件对应的标记为 whattime2。注意 component 标记，它包含两个元素，component-type 和 renderer-type，分别用来指定组件类型和相关的渲染器类型。JSF 将根据这些配置信息来将组件与渲染器正确地关联起来。

在程序 4-36 中引用标记 whattime2，看能否正确运行。

4.8.4　获取用户输入信息

自定义组件不但可以获取标记的属性，还可以直接获取并处理用户的输入信息。

下面我们开发一个自定义的 Spinner 组件，代码如程序 4-39 所示。

程序 4-39：MySpinner.java

```
package com.demo;
import java.io.IOException;
import java.util.Map;
import javax.faces.component.FacesComponent;
import javax.faces.component.UIInput;
import javax.faces.component.UINamingContainer;
import javax.faces.context.FacesContext;
import javax.faces.context.ResponseWriter;
import javax.faces.convert.IntegerConverter;
@FacesComponent("com.demo.MySpinner")
public class MySpinner  extends UIInput {
   private static final String UP = "Up";
   private static final String DOWN = "Down";
    char sep ='.';
   public MySpinner() {
      setConverter(new IntegerConverter()); // s 设置转换器
      setRendererType(null); // 设置渲染器
   public void encodeBegin(FacesContext context) throws IOException {
      ResponseWriter writer = context.getResponseWriter();
      String clientId = getClientId(context);
      encodeInputField(writer, clientId);
      encodeDownButton(writer, clientId);
      encodeUpButton(writer, clientId);
   }

   public void decode(FacesContext context) {
      Map<String, String> requestMap
         = context.getExternalContext().getRequestParameterMap();
      String clientId = getClientId(context);
        sep = UINamingContainer.getSeparatorChar(context);
      int increment;
      if (requestMap.containsKey(clientId +sep+ UP)) increment = 1;
      else if (requestMap.containsKey(clientId +sep+ DOWN)) increment = -1;
      else increment = 0;
      try {
         int submittedValue
            = Integer.parseInt((String) requestMap.get(clientId));
         int newValue = getIncrementedValue(submittedValue, increment);
         setSubmittedValue("" + newValue);
      }
      catch(NumberFormatException ex) {
         setSubmittedValue((String) requestMap.get(clientId));
      }
   }
   private void encodeInputField(ResponseWriter writer, String clientId)
         throws IOException {
      writer.startElement("input", this);
```

```
        writer.writeAttribute("name", clientId, null);
        Object v = getValue();
        if (v != null) writer.writeAttribute("value", v, "value");
        Object size = getAttributes().get("size");
        if (size != null) writer.writeAttribute("size", size, "size");
        writer.endElement("input");
    }
    private void encodeDownButton(ResponseWriter writer, String clientId)
            throws IOException {
        writer.startElement("input", this);
        writer.writeAttribute("type", "submit", null);
        writer.writeAttribute("name", clientId +sep+ DOWN, null);
        writer.writeAttribute("value", "<", "value");
        writer.endElement("input");
    }
    private void encodeUpButton(ResponseWriter writer, String clientId)
            throws IOException {
        writer.startElement("input", this);
        writer.writeAttribute("type", "submit", null);
        writer.writeAttribute("name", clientId +sep+ UP, null);
        writer.writeAttribute("value", ">", "value");
        writer.endElement("input");
    }

    private int getIncrementedValue(int submittedValue, int increment) {
        Integer minimum = toInteger(getAttributes().get("minimum"));
        Integer maximum = toInteger(getAttributes().get("maximum"));
        int newValue = submittedValue + increment;
        if ((minimum == null || newValue >= minimum.intValue()) &&
            (maximum == null || newValue <= maximum.intValue()))
            return newValue;
        else
            return submittedValue;
    }

    private static Integer toInteger(Object value) {
        if (value == null) return null;
        if (value instanceof Number) return ((Number) value).intValue();
        if (value instanceof String) return Integer.parseInt((String) value);
        throw new IllegalArgumentException("Cannot convert " + value);
    }
}
```

程序说明：由于这个自定义组件要获取用户输入，因此我们在 UIInput 基类上扩展。注意在构造方法中，调用 setRendererType(null)来通知 JSF 将不使用 UIInput 组件默认的渲染器来绘制组件，而是由组件自己负责。

方法 encodeBegin 用来绘制组件，与之前创建的自定义组件的思路一致，这里不再赘述。重点看 decode 方法，它负责解析用户的请求信息。

decode 方法中首先调用 FaceContext 的 getExternalContext()获得请求的外部上下文环境，进而调用外部上下文对象的 getRequestParameterMap()获得请求参数映射，它包含了提交的所有的客户端组件的状态信息。但是不要忘了 JSF 是一种服务器端的组件，它输出到客户端的 HTML 标记的 id 是动态生成的，因此，这里要调用 getClientId 获得整个视图的客户端的 id，然后调用 UINamingContainer 的

getSeparatorChar(context)获得 JSF 引擎的分割符，最后组装得到组件的客户端 id，根据客户端的 id 便可从请求参数 Map 中获得输入的参数信息。

下面创建视图并引用组件，代码如程序 4-40 所示。

程序 4-40：test.xhtml

```
<?xml version='1.0' encoding='UTF-8' ?>
<!DOCTYPE html PUBLIC "-//W3C//DTD XHTML 1.0 Transitional//EN" "http://www.w3.org
/TR/xhtml1/DTD/xhtml1-transitional.dtd">
<html xmlns="http://www.w3.org/1999/xhtml"
     xmlns:h="http://java.sun.com/jsf/html"
     xmlns:hyl="http://demo.com">
   <h:head>
      <title>Facelet Title</title>
   </h:head>
   <h:body>
      <h:form >
         <p><hyl:whattime2 promote="true" /></p>
         <hyl:spinner/>
      </h:form>
   </h:body>
</html>
```

运行程序 4-40，将得到如图 4-18 所示的运行结果页面。

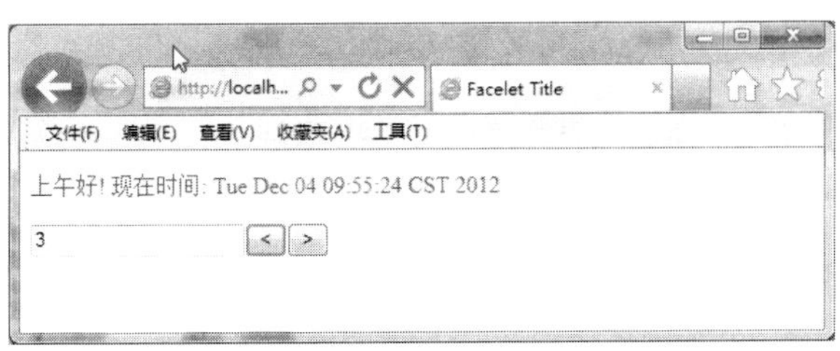

图 4-18 在自定义组件中接收用户输入

单击 Spinner 组件的左右按钮，可以看到关联的编辑框中的数值将随之变化。

4.8.5 保存组件状态

当引用组件的视图第一次显示时，JSF 将创建对象实例并关联到视图。当视图被重新请求时，JSF 将重新创建一个组件实例并加载，因此，对于自定义组件的内部变量，开发人员必须手工进行保存处理，才能确保在不同的请求间维持组件的状态。

现在为组件 WhatTime 创建一个内部变量 lastvisited，用来保存上次访问此组件的时间。组件必须将此变量信息保存，以便在下次组件显示时能够正确显示。修改后的组件代码如程序 4-41 所示。

程序 4-41：WhatTime.java

```
…..
@FacesComponent(value="com.demo.WhatTime")
public class WhatTime extends UIOutput {
String lastvisited=null;
……
@Override
   public Object saveState(FacesContext context) {
      Object[] values = new Object[2];
```

```
            values[0] = super.saveState(context);
            values[1] = lastvisited;
        System.out.println("saveState  current="+lastvisited);
            return (values);
        }

        @Override
        public void restoreState(
            FacesContext context,
            Object state) {
            Object[] values = (Object[]) state;
            super.restoreState(context, values[0]);
            lastvisited = (String) values[1];
              System.out.println("restoreState  current="+lastvisited);
    }
    …..
    }
```

程序说明：程序 4-41 中主要是增加了方法 saveState 和 restoreState，其中方法 saveState 在组件显示响应完成后调用，负责保存组件的状态变量。具体实现很简单，首先创建一个对象数组，然后调用超类的 saveState(context)来保存继承自父类的状态变量，之后将需要保存的变量依次存储到数组中。方法 restoreState 在恢复视图阶段被调用，它与 saveState 的操作正好相反，首先调用超类的 restoreState 方法读取继承自超类的状态变量，然后依次读取自定义的状态变量。如果有多个自定义变量的话，读取时要注意顺序。

修改程序 4-40，修改后的代码如程序 4-42 所示。

程序 4-42：test.xhtml

```
    <?xml version='1.0' encoding='UTF-8' ?>
    <!DOCTYPE html PUBLIC "-//W3C//DTD XHTML 1.0 Transitional//EN" "http://www.w3.org
/TR/xhtml1/DTD/xhtml1-transitional.dtd">
    <html xmlns="http://www.w3.org/1999/xhtml"
          xmlns:h="http://java.sun.com/jsf/html"
          xmlns:hyl="http://demo.com">
        <h:head>
            <title>Facelet Title</title>
        </h:head>
        <h:body>
            <h:form>
                <p><hyl:whattime  promote="true" /></p>
                <hyl:spinner />
            </h:form>
        </h:body>
    </html>
```

运行程序 4-42，得到如图 4-19 所示的运行结果。单击 Spinner 组件的左右按钮，看看自定义 WhatTime 组件显示的上次访问组件是否能够正常显示。

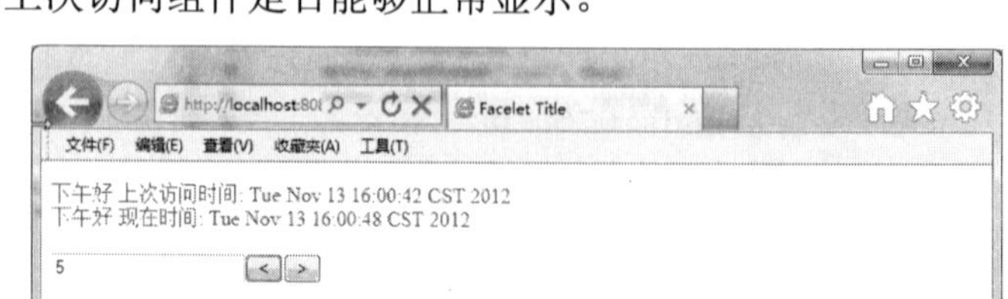

图 4-19　在自定义组件中保存状态变量

4.9 使用第三方组件

注：本节的示例代码保存在 chapt4/primefacedemo 下。

开发自定义组件是件辛苦的工作，其实有大量的第三方 JSF 组件库供开发人员选用，如 Primefaces、RichFaces 等，而且这些第三方组件库使用起来也非常简单。下面演示如何使用第三方组件库 Primefaces。

首先按照第 3 章 3.3 节的操作提示来创建一个 JSF 项目，当进行到新建 Web 应用程序向导中如图 4-20 所示界面时，在右下角选中【组件】视图，选中【Primefaces】检查框，单击【完成】按钮，可将第三方组件库 Primefaces 添加到 Web 工程中。

在项目的【库】节点下，可以看到增加了一个 Primefaces 的 jar，如图 4-21 所示。

图 4-20　为 Web 工程添加 Primefaces

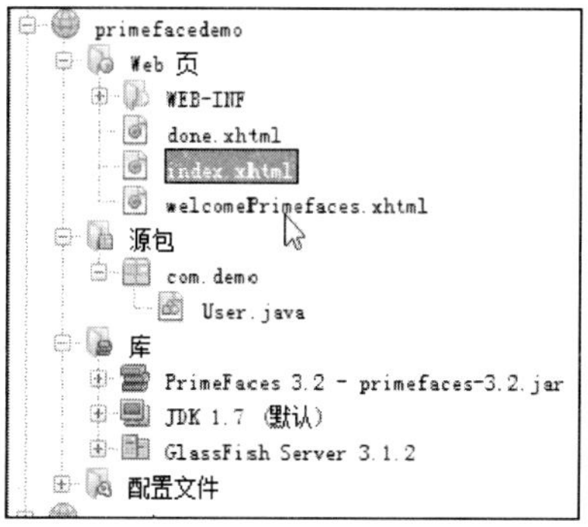

图 4-21　项目路径中的 Primefaces

下面创建一个视图来引用 Primefaces 提供的组件，代码如程序 4-43 所示。

程序 4-43：index.html

```
<?xml version='1.0' encoding='UTF-8' ?>
<!DOCTYPE html PUBLIC "-//W3C//DTD XHTML 1.0 Transitional//EN" "http://www.w3.org/TR/xhtml1/DTD/xhtml1-transitional.dtd">
<html xmlns="http://www.w3.org/1999/xhtml"
      xmlns:h="http://java.sun.com/jsf/html"
       xmlns:p="http://primefaces.org/ui">
    <h:head>
        <title>演示 Primeface 组件</title>
    </h:head>
    <h:body>

        <br />
        <h:form >
            <h:panelGrid columns="2">
            <h:outputLabel value="姓名"/>  <p:inputText  label="姓名" value="#{user.name}"/>
            <h:outputLabel value="出生日期"/>  <p:calendar  label="出生日期" value="#{user.birthday}"/>
            <h:outputLabel value="简历"/>  <p:editor  value="#{user.desc}"/>
            <p:commandButton action="done" value="提交"/></h:panelGrid>
```

```
        </h:form>
    </h:body>
</html>
```

程序说明：通过引用命名空间 http://primefaces.org/ui 来引入 Primefaces 的标记库。在示例中共应用了两个 primefaces 组件，一个是日历组件 calendar，另一个是复杂文本编辑器 editor。可以看到，第三方组件的使用没有什么特殊之处。程序 4-43 运行结果如图 4-22 所示。

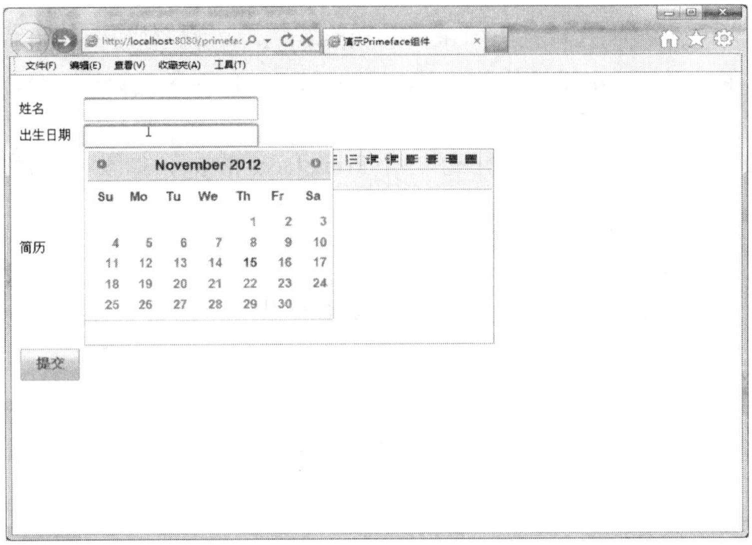

图 4-22 使用第三方组件

4.10 小结

完全的开放性是 JSF 框架最强大的武器。JSF 框架在实现对请求标准化的处理流程基础上，允许开发人员自定义校验器、转换器和监听器对框架进行功能扩展。JSF 2.0 提供了复合组件机制，允许开发人员基于现有组件来构建新的组件。开发人员也可以开发自定义组件，包括 UI 组件和非 UI 组件。其中 UI 组件的开发相对复杂，需要开发人员自己完成用户交互处理和组件渲染绘制。自定义组件开发完成后，还要在 JSF 标记表述库中声明对应的标记，JSF 视图将通过这些标记来引用自定义组件。另外，Primefaces 等第三方组件库提供了大量的免费组件，对开发人员来说也是不错的选择。

第 5 章　利用 Servlet 处理复杂 Web 请求

5.1　引言

通过对前面几章的学习，我们已经掌握了如何基于 JSF 框架来构建企业级 Web 应用。JSF 框架对 Web 请求处理过程进行了标准化，但是这种标准化处理流程仅适合基于标记文本的普通 Web 请求，对于文件上传、下载等复杂的请求将不再适用。本章将介绍一种新的 Web 组件类型 Servlet，它将辅助 JSF 框架完成复杂 Web 请求的处理。

5.2　Servlet 基础

5.2.1　什么是 Servlet

Servlet 是 Java EE 最早提出的 Web 组件模型。Servlet 只能运行在 Java EE 的 Web 容器中，它是基于客户 URL 请求模式，对服务器的功能进行扩展。当 Web 容器接收到客户端的请求时，将指派特定的 Servlet 来处理此请求，并将 Servlet 生成的响应返回给客户端。

5.2.2　Servlet 工作流程

1. 初始化

每个 Servlet 都对应一个 URL 地址。当 Web 容器接收到对 URL 地址的请求信息后，就根据 URL 地址与 Servlet 之间的映射关系将请求转发到指定的 Servlet 来处理。如果在 Web 容器中尚未存在此 Servlet 的实例，Web 容器将动态装入并实例化 Servlet。

2. 请求处理

针对客户端请求，Web 容器将产生一个新的线程来调用 Servlet 的 service()方法。service() 方法检查 HTTP 请求类型（GET、POST、PUT、DELETE 等），然后相应地调用 doGet()、doPost()、doPut()、doDelete() 等方法。最常见的请求类型是 GET 和 POST，二者的区别在于：如果以 GET 请求方式传输，请求参数附加在请求 URL 后直接传给服务器，并可从服务器端的环境变量 QUERY_STRING 中读取；如果以 POST 请求方式传输，则参数会被打包在数据包中传送给服务器。

值得一提的是，一个 Servlet 同一时刻只有一个实例，并且它在 Servlet 的使用期间将一直保留。当同时有多个请求发送到同一个 Servlet 时，服务器将会为每个请求创建一个新的线程来处理客户端的请求。

如图 5-1 所示，有两个客户端浏览器同时请求 Servlet 服务。服务器会根据 Servlet 实例对象为每个请求创建一个处理线程。每个线程都可以访问 Servlet 装入时的初始化变量。每个线程处理它自己的请求。Web 容器将不同的响应发送回各自的客户端。

上述说明意味着 Servlet 的 doGet()方法和 doPost()方法必须注意到共享数据和领域的同步访问问题，因为多个线程可能会同时尝试访问同一块数据或代码。如果想避免多线程的并发访问，可以允许 Servlet 实现 SingleThreadModel 接口，代码如下所示。

```
public class YourServlet extends HttpServlet  implements SingleThreadModel {
...
```

}

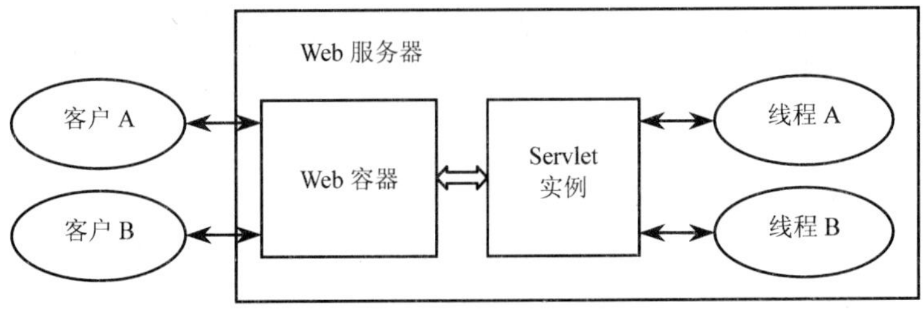

图 5-1 Servlet 对多个请求的处理

注：使用 SingleThreadModel 接口虽然避免了多请求条件下的线程同步问题，但是单线程模式将对应用的性能造成重大影响，因此在使用时要特别慎重。

Web 容器已经对客户端的请求信息进行了封装，Servlet 使用客户端请求中的信息以及服务器上的其他信息资源，如配置信息、会话属性等来构造动态响应，并将其返回到 Web 容器。由 Web 容器将响应返回客户端。

3．退出

当处理完客户端请求后，Servlet 的实例并不会立即被 Web 容器销毁。只有 Web 应用程序关闭或者 Servlet 已经空闲了很长时间，Web 容器才会将 Servlet 实例从内存移除。移除之前 Web 容器会调用 Servlet 的 destroy()方法。Servlet 可以使用这个方法关闭数据库连接、中断后台线程、向磁盘写入 Cookie 列表及执行其他清理动作。

注：当 Web 容器出现意外而被关闭，则无法保证 destory()方法被调用。

从上面 Servlet 工作的基本流程可以看出，客户端与 Servlet 间没有直接的交互，无论客户机对 Servlet 的请求还是 Servlet 对客户端的响应，都是通过 Web 容器来实现的，这就确保了 Servlet 组件的可移植性。

对于 Web 容器的职责，可以归纳为以下两点：一是管理 Servlet 组件的生命周期，负责 Servlet 组件的初始化、销毁等。二是将请求映射到对应的 Servlet，并将生成的响应返回给指定的客户端。

Servlet 的工作流程充分体现了 Java EE“组件-容器”的核心编程思想。

注：其实 JSF 也是在 Servlet 技术之上构建的 Web 框架，还记得 3.3.4 节中 JSF 项目的配置信息吗？其中很重要的一项内容就是 JSF 核心组件 FacesServlet 的配置，它负责处理所有 URL 模式为“/faces/*”的请求。正是以此 Servlet 为入口，来实现对客户端请求的标准化处理流程。

5.2.3 Servlet API

为规范 Web 容器和 Servlet 组件之间的交互，方便开发人员开发 Servlet 组件，Java EE 定义了一系列的接口规范，统称为 Servlet API，它主要包括以下内容。

- HttpServlet：基于 Web 的 Servlet 组件通常继承此接口，完成对客户端请求的处理。
- HttpServletRequest：代表发送到 Servlet 组件的请求。它包含关于客户机环境的信息和任何要从客户机发送到 Servlet 组件的数据。
- HttpServletResponse：代表从 Servlet 组件返回客户机的响应。它通常是根据 HttpServletRequest 和 Servlet 组件访问的其他来源中的数据动态创建生成的响应，如 HTML 页面。
- HttpSession：代表在 Web 应用运行过程中用来保存特定客户端状态信息的空间。因为 HTTP 协议是一种无状态的通信协议，HttpSession 可以帮助 Servlet 跨越多个请求页面来维持状态和识别用户。

- ServletContext：代表 Servlet 组件的运行环境信息。Servlet 组件通常作为 Web 应用的一部分运行在服务器上，在运行过程中往往需要与 Web 应用中的其他组件进行交互，ServletContext 是为 Web 应用中的所有组件的信息交换提供的一个公共空间。
- ServletConfig：代表 Servlet 组件的配置信息。Servlet 组件在发布到服务器上的时候，在 Web 应用配置文件中对应一段配置信息。Servlet 组件根据配置信息进行初始化。配置信息的好处在于在 Servlet 组件发布时可以通过配置信息灵活地调整 Servlet 组件而不需要重新改动、编译代码。
- ServletException：代表 Servlet 组件运行过程中抛出的意外对象。
- RequestDispatcher：请求转发器，可以将客户端请求从一个 Servlet 转发到另外其他的服务器资源如其他 Servlet、静态 HTML 页面等。

它们之间的关系如图 5-2 所示。

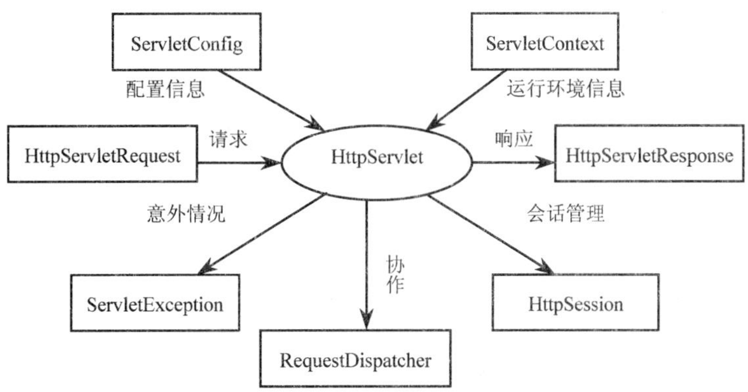

图 5-2　Servlet 编程相关接口示意图

注：在 3.7 节 Managed Bean 一节中，我们知道 Managed Bean 的生命周期范围有 request、session 和 application，其实上述三种生命周期范围分别对应 HttpServletRequest、HttpSession 和 ServletContext。只不过 JSF 框架对请求过程进行了包装，使得 Managed Bean 无需直接通过 Servlet API 来进行具体操作。

5.3　第一个 Servlet

注：本节的示例代码保存在 chapt5/ServletDemo 下。

在了解了 Servlet 的基础知识后，现在开始编写第一个 Servlet 组件。

编写响应 HTTP 请求的 Servlet 只需要两步。

（1）创建一个实现了 javax.servlet.http.HttpServlet 接口的类。

（2）重写 doGet()或 doPost()方法，实现对 HTTP 请求信息的动态响应。这些方法是 Servlet 实际完成工作的地方。HTTP 1.1 支持 7 种请求方法：GET、POST、HEAD、OPTIONS、PUT、DELETE 和 TRACE。GET 和 POST 是 Web 应用程序中最常用的两个方法，根据请求是通过 GET 还是 POST 发送，覆盖 doGet()、doPost()方法之一或全部。doGet()和 doPost()方法均包含两个参数，分别为 HttpServletRequest 接口和 HttpServletResponse 接口。HttpServletRequest 提供访问有关客户端请求信息的方法，包括表单数据、请求 Header 等等。HttpServletResponse 除了提供用于指定 HTTP 应答状态（200、404 等）、应答头部信息（Content-Type、Set-Cookie 等）的方法之外，最重要的是它提供了一个用于向客户端发送数据的输出流对象。这个输出流对象可以是字节流或二进制数据流。对于 Servlet 开发来说，它的大部分工作是操作此输出流并返回给客户端。

下面开始创建 Servlet。Servlet 作为一个 Web 组件必须包含在某个 Web 应用程序中，因此，首先创建一个名为 ServletDemo 的 Web 应用程序。

① 选择【文件】→【新建】，弹出“新建项目”对话框，如图 5-3 所示。

② 在【类别】列表中选中“Java Web”，在【项目】列表中选中“Web 应用程序”，单击【下一步】按钮，进入“新建 Web 应用程序”界面，如图 5-4 所示。

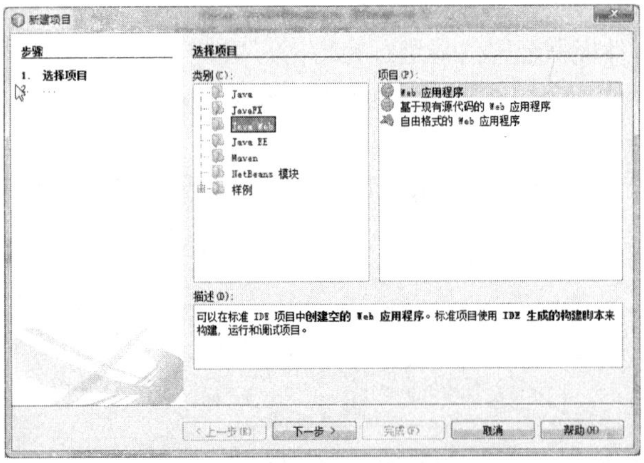

图 5-3 “新建项目”对话框

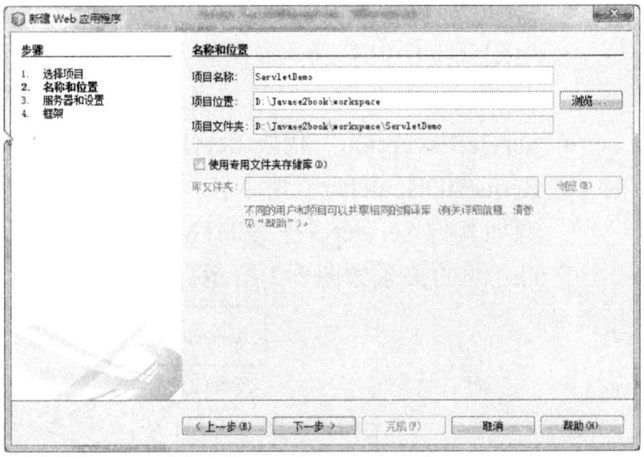

图 5-4 “新建 Web 应用程序”对话框

在文本输入框【项目名称】中输入“ServletDemo”，默认其他选项，单击【下一步】按钮，进入如图 5-5 所示的 Web 应用设置页面。

由于 Web 应用必须发布到 Java EE 服务器上才能运行，因此选择 Netbeans 内置的服务器 GlassFish Server 3.1.2。文本输入框【上下文路径】代表整个 Web 应用对应的 URL，Java EE 服务器正是根据上下文路径的值来将相应的请求转发给 Web 应用来处理。在本例中，默认为上下文路径是“ServletDemo”。

注：上下文路径的值是大小写敏感的。单击【完成】按钮，Web 应用创建完毕。

下面开始创建 Servlet 组件。我们的第一个 Servlet 组件非常简单，它只是向客户端返回一条静态文本信息。在【项目】视图中选中 Web 应用程序“ServletDemo”，单击右键，在弹出的快捷菜单中选择【新建】→【Servlet】，弹出如图 5-6 所示“New Servlet”对话框。

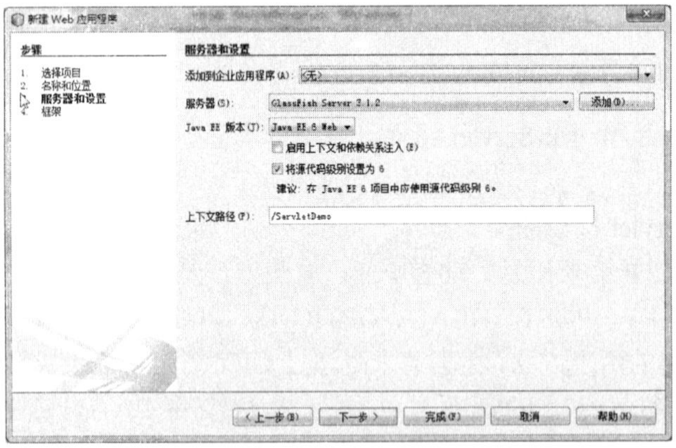

图 5-5 设置 Web 应用选项

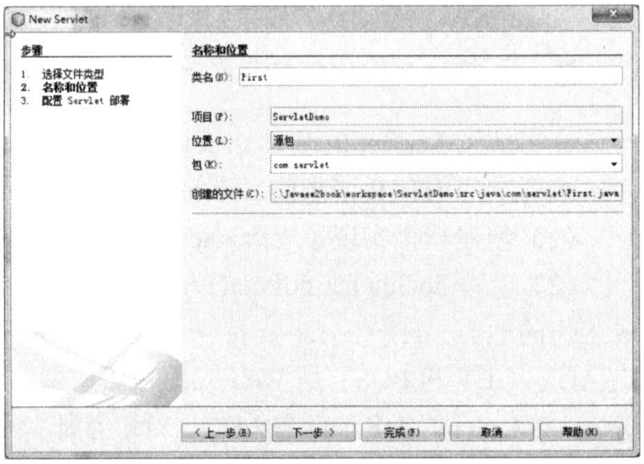

图 5-6 “New Servlet”对话框

③ 在【类名】文本框中输入“First”，在【包】文本框中输入 Servlet 组件所在的包名“com.servlet”，单击【下一步】按钮，进入下一页面，如图 5-7 所示。

这一步主要完成 Servlet 组件的部署信息配置，主要任务是设置 Servlet 的名称以及对应的 URL 模式名称。所谓的 URL 模式就是一个字符串，Web 应用总是将匹配此字符串内容的客户端请求转发到此 Servlet 组件来处理。【Servlet 名称】文本框中的内容为 Servlet 的显示名称，并不要求等于前面定义的类名。在【Servlet 名称】文本框中输入“First”。在【URL 模式】文本框输入 Servlet 所对应的请求 URL 模式 “/First”，选中检查框【将信息添加到部署描述符（web.xml）】，单击【完成】按钮。则一个名为“First”的 Servlet 组件创建完毕。NetBeans 将在编辑器中自动打开 Servlet 的源代码。完整代码如程序 5-1 所示。

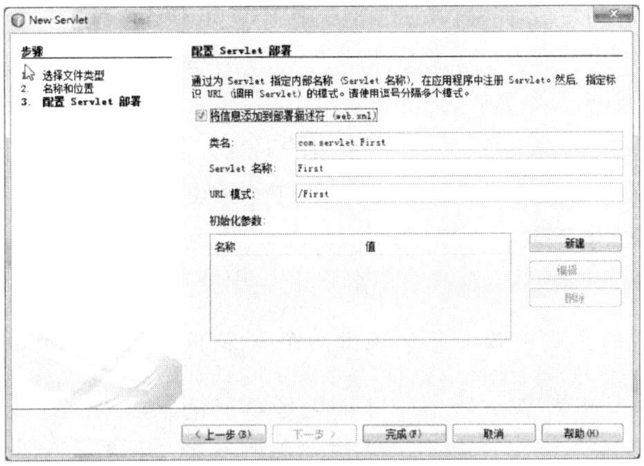

图 5-7　配置 Servlet 部署信息

程序 5-1：First.java

```
    package com.servlet;
    import java.io.*;
    import java.net.*;
    import javax.servlet.*;
    import javax.servlet.http.*;
    public class First extends HttpServlet {
    protected void processRequest(HttpServletRequest request, HttpServletResponse
response)
        throws ServletException, IOException {
            response.setContentType("text/html;charset=UTF-8");
            PrintWriter out = response.getWriter();
            try {
                out.println("<html>");
                out.println("<head>");
                out.println("<title>Servlet First</title>");
                out.println("</head>");
                out.println("<body>");
                out.println("<h1>Hello! this is my first Servlet</h1>");
                out.println("</body>");
                out.println("</html>");
            } finally {
                out.close();
            }
        }
        protected void doGet(HttpServletRequest request, HttpServletResponse response)
        throws ServletException, IOException {
            processRequest(request, response);
        }
        protected void doPost(HttpServletRequest request, HttpServletResponse response)
        throws ServletException, IOException {
            processRequest(request, response);
```

```
        }
        public String getServletInfo() {
            return "Short description";
        }
    }
```

程序说明：NetBeans 自动生成了 Servlet 的框架代码，其中 doGet()和 doPost()方法分别用来响应客户端发出的 GET 和 POST 请求，它们都默认调用方法 processRequest()，这是一个常用的开发技巧。方法 processRequest()有两个输入参数：request 是 HttpServletRequest 接口的对象，代表客户端发出的请求信息；response 是个 HttpServletResponse 接口的对象，代表 Servlet 返回客户端的响应。在方法 processRequest()中，首先调用 response 方法 setContentType("text/html;charset=UTF-8") 设置响应返回类型为 HTML 文件，编码类型为 UTF-8，然后调用 response 的 getWriter()方法获取响应相关的 PrintWriter 对象，最后利用 PrintWriter 对象的 out()方法在客户端输出文本提示信息。

注：doGet()、doPost()的声明中必须包含抛出两个异常 ServletException 和 IOException。

由于 Servlet 组件必须发布到 Web 容器中才能处理客户请求，因此在【项目】视图中选中 Web 应用程序【ServletDemo】，单击右键，在弹出的快捷菜单中选择【运行】，则 Java EE 服务器将被启动，Web 应用被自动打包，并发布到应用服务器上。

说明：如果应用服务器已经处于运行状态，则每次对 Servlet 组件的修改，都将自动发布到服务器上。

打开 IE 浏览器，在地址栏中输入"http://localhost:8080/ServletDemo/First"，程序运行结果如图 5-8 所示。

图 5-8　Servlet 运行结果页面

读到这里可能会产生疑问：Java EE 服务器是如何将浏览器中输入的请求地址"http://localhost:8080/ServletDemo/First"自动映射到 Servlet 组件 First 上的呢？

在创建 Web 应用的过程中已经说过，每个 Web 应用程序都对应一个称为上下文路径的字符串，表示此 Web 应用所对应的 URL 请求地址。本示例 Web 应用程序的上下文信息为"/ServletDemo"。另外，为描述 Web 应用内部信息，每个 Web 应用一般还包含一个配置文件 web.xml 来对自身包含的 Web 组件的信息进行说明。在项目节点的【配置文件】目录下可找到此文件。

web.xml 的详细内容如程序 3-3 所示，其中的<Servlet>节点指明 Servlet 名称与 Servlet 实现类之间的对应关系。<Servlet-mapping >节点指明 Servlet 名称与请求 URL 之间的对应关系。再回头看看在浏览器地址栏中输入的请求地址，地址最前面的部分"http://localhost:8080"将请求导向本机安装的 Java EE 服务器。其中"localhost"代表本机，"8080"代表 Java EE 服务器程序的端口号。那么对于请求地址剩余信息的解析就由 Java EE 服务器来接管。Java EE 服务器根据请求地址中的"/ServletDemo"和服务器上 Web 应用的上下文信息确定请求由 Web 应用 ServletDemo 处理响应。Java EE 服务器在 ServletDemo 应用的配置文件 Web.xml 中查找请求地址中的"/First"对应的 Servlet 映射信息，最终确定请求由名为"First"的 Servlet 处理响应，此 Servlet 对应的类文件就是刚才编写的 com.servlet.First，具体代码如程序 5-2 所示。

程序 5-2：web.xml

```
    <?xml version="1.0" encoding="UTF-8"?>
    <web-app version="3.0" xmlns=http://java.sun.com/xml/ns/javaee xmlns:xsi="http:
//www.w3.org/2001/XMLSchema-instance"
xsi:schemaLocation="http://java.sun.com/xml/ns/javaee  http://java.sun.com/xml/ns/
```

```
javaee/web-app_3_0.xsd">
        <servlet>
            <servlet-name>First</servlet-name>
            <servlet-class>com.servlet.First</servlet-class>
        </servlet>
        <servlet-mapping>
            <servlet-name>First</servlet-name>
            <url-pattern>/First</url-pattern>
        </servlet-mapping>
        <session-config>
            <session-timeout>
                30
            </session-timeout>
        </session-config>
    </web-app>
```

web.xml 对于一个 Web 应用是如此的重要，因此在这里不得不对它多说几句。web.xml 的作用就是作为 Web 容器与 Web 应用交互的途径，它一定位于应用的 WEB-INF 子目录下，它包含了 Web 应用的重要的描述信息，Web 容器正是根据它的内容来操作 Web 应用的。

可以将程序 5-2 中如下代码片段：

```
<servlet-mapping>
    <servlet-name>First</servlet-name>
    <url-pattern>/First</url-pattern>
</servlet-mapping>
```

改为：

```
<servlet-mapping>
   <servlet-name>First</servlet-name>
   <url-pattern>/FirstServlet</url-pattern>
</servlet-mapping>
```

将程序 5-2 保存，重新发布 Web 应用并启动浏览器，在地址栏中输入“http://localhost:8080/ServletDemo/First”，则将得到如图 5-9 所示的运行结果页面。

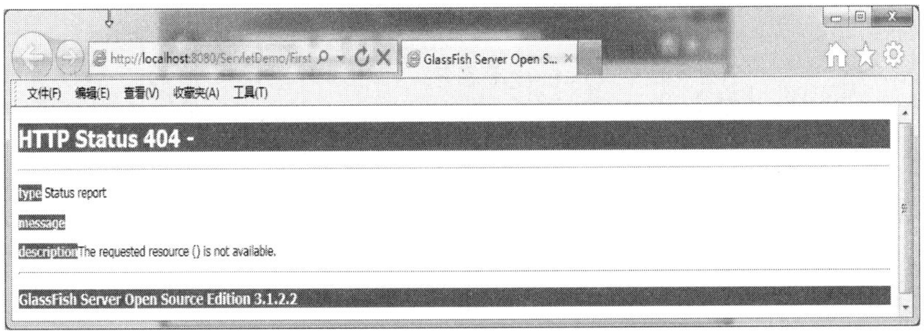

图 5-9　修改 Web 应用配置后的运行结果

404 错误代码表示文件无法定位的错误类型。产生错误的原因在于此时 Servlet 组件 First 对应的请求 URL 不再是“/First”，而是“/FirstServlet”。在地址栏中输入“http://localhost:8080/SimpleServlet/FirstServlet”，看看又会得到什么样的运行结果页面。

值得一提的是，自 Java EE 5 规范以后，推荐使用注解来代替编写复杂的配置文件。下面修改程序 5-1，代码如程序 5-3 所示。

程序 5-3：First.java

```
package com.servlet;
……
@WebServlet(name="First", urlPatterns={"/First"})
public class First extends HttpServlet {
protected void processRequest(HttpServletRequest request, HttpServletResponse
response)
        throws ServletException, IOException {
    response.setContentType("text/html;charset=UTF-8");
    PrintWriter out = response.getWriter();
    try {
    out.println("<html>");
    out.println("<head>");
    out.println("<title>Servlet First</title>");
    out.println("</head>");
    out.println("<body>");
    out.println("<h1>Hello! this is my first Servlet</h1>");
    out.println("</body>");
    out.println("</html>");
    out.close();
    } finally {
       out.close();
    }
  }
  ……
}
```

程序说明：与程序 5-1 相比，在类的定义前添加了一个注解@WebServlet，它包含两个属性 name 和 urlPatterns，分别用来定义 Servlet 组件的名称和 URL 模式。当部署此组件时，Web 容器将根据此注解自动完成对此 Servlet 组件的部署配置。另外需要注意的是，因为使用了注解@WebServlet，因此要在代码中添加对 javax.servlet.annotation.WebServlet 的引用。

在【项目】视图的【配置文件】节点下删除 web.xml，重新发布应用，打开浏览器重新请求地址“http://localhost:8080/SimpleServlet/First”，看看会不会得到如图 5-9 所示的运行结果。

说明：由于新的 Java EE 规范推荐采用注解的方式，因此在以后的示例中，本书将尽可能采用注解的方式来部署 Web 组件。但配置文件 web.xml 在有些情况下还是必须的，如设置 Web 应用的安全属性等，因此，注解并不能完全取代 web.xml，它只是使得 web.xml 更加简洁。

5.4 处理请求

注：本节的示例代码保存在 chapt5/ServletDemo 下。

Servlet 编程的核心工作是处理客户端提交的请求信息，生成动态响应信息返回到客户端。在 Web 程序设计中，客户端以表单方式向服务器提交数据是最常见的方法。表单数据的提交方法有两种：Post 方法和 Get 方法。Post 方法一般用于更新服务器上的资源，当使用 Post 方法时，提交的数据包含在 HTTP 实体数据内。而 Get 方法一般用于查询服务器上的数据，当使用 Get 方法时，提交的数据附加在请求地址的后面，在浏览器的地址栏中可以看到。Servlet 会自动将以上两种方法得到的数据进行处理，对于 Post 方法或 Get 方法提交的数据，Servlet 的处理方法是一样的，用户只要简单地调用 HttpServletRequest 的 getParameter()方法，给出变量名称即可取得该变量的值。需要注意的是，变量的名称是大小写敏感的。当请求的变量不存在时，将会返回一个空字符串。

下面演示 Servlet 如何处理客户端提交的信息。首先生成提交客户端信息的页面。在【项目】视图中选中 Web 应用程序【ServletDemo】，单击右键，在弹出的快捷菜单中选择【新建】→【HTML】来生成提交数据的 HTML 页面 reg.html。页面模拟一个调查问卷页面，用户信息通过表单提交到后台的 Servlet 处理，页面代码如程序 5-4 所示。保存并重新发布 Web 应用，打开 IE 浏览器，在地址栏中输入 “http://localhost:8080/ServletDemo/reg.html”，页面显示如图 5-10 所示。

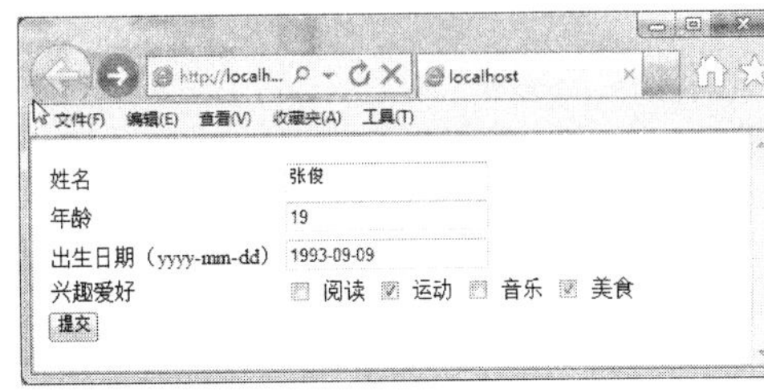

图 5-10　提交表单数据的页面

程序 5-4：reg.html

```
<!DOCTYPE html>
<html>
    <head>
        <title></title>
        <meta http-equiv="Content-Type" content="text/html; charset=UTF-8">
    </head>
    <body>
        <form name="form1" method="post" action="GetInfo">
            <table>
                <tr><td>姓名</td><td><input type="text" name="name"></td></tr>
                <tr><td>年龄</td><td><input type="text" name="age"></td></tr>
                <tr><td>出生日期（yyyy-mm-dd）</td>
                    <td><input type="text" name="birthday"></td></tr>
                <tr><td>兴趣爱好</td><td><input type="checkbox" name="checkbox1"
value="阅读">
                        阅读
                        <input type="checkbox" name="checkbox1" value="运动">
                        运动
                        <input type="checkbox" name="checkbox1" value="音乐">
                        音乐
                        <input type="checkbox" name="checkbox1" value="美食">
                        美食</td></tr>
            </table>
            <input type="submit" name="Submit" value="提交">
        </form>
    </body>
</html>
```

下面在包 “com.servlet” 中创建一个名为 “GetInfo” 的 Servlet，来处理客户端请求。Servlet 的 URL 为 “/GetInfo”。注意，URL 必须和 reg.html 页面中 form 对象的 action 的属性值一致，表单提交的信息才能发送到 Servlet 来处理。

下面要做的是为 Servlet 添加处理表单提交信息的代码。代码如程序 5-5 所示。

程序 5-5：GetInfo.java

```
package com.servlet;
……
@WebServlet(name = "GetInfo", urlPatterns = {"/GetInfo"})
public class GetInfo extends HttpServlet {
```

```
    protected void processRequest(HttpServletRequest request, HttpServletResponse
response)
            throws ServletException, IOException {
        response.setContentType("text/html;charset=UTF-8");
        request.setCharacterEncoding("UTF-8");
        PrintWriter out = response.getWriter();
        try {
            String name = request.getParameter("name");
            String agestring = request.getParameter("age");
            int age = Integer.parseInt(agestring);
            String datestring = request.getParameter("birthday");
            SimpleDateFormat format = new SimpleDateFormat("yyyy-MM-dd");
            java.util.Date birthday = format.parse(datestring);
            String[] paramValues = request.getParameterValues("checkbox1");
            String hobbies = new String("");
            for (int i = 0; i < paramValues.length; i++) {
                hobbies += paramValues[i] + "  ";
            }
            out.println("<html>");
            out.println("<head>");
            out.println("<title>Servlet GetInfo</title>");
            out.println("</head>");
            out.println("<body>");
            out.println("<h1>您的姓名 " + name + "</h1>");
            out.println("<h1>您的年龄 " + age + "</h1>");
            out.println("<h1>您的生日 " + birthday.toString() + "</h1>");
            out.println("<h1>您的爱好  " + hobbies + "</h1>");
            out.println("</body>");
            out.println("</html>");
        } catch (Exception e) {
        } finally {
            out.close();
        }
    }
  ......

  }
```

程序说明：doPost()方法调用 processRequest()方法来处理客户提交的请求。方法 processRequest()的输入参数 request 是个 HttpServletRequest 接口的对象，代表对 Servlet 发出的客户端请求。通过调用 request 的方法 getParameter()可以很方便地获取客户端请求参数。getParameter()的参数为客户端请求名称。对于表单提交的数据中的多值变量，如多选框，则用 getParameterValues()方法来获取用户输入。由于 HTTP 只能传输文本，因此获取的参数默认都是 String 类型，需要开发人员手动转换为其他 Java 类型。

有一点需要注意，当客户端提交的参数值为汉字时，不同于西文字母编码，每个汉字编码占两个字节，而利用 getParameter()方法获取客户端请求变量，默认的编码方式是西文，如此得到的只是半个汉字，因此在获取请求参数之前必须首先调用 HttpServletRequest 接口的 setCharacterEncoding("UTF-8")来设置参数提取编码方式。

获取的客户端信息仍旧通过调用 Response 的方法 getWriter()来显示。在输出信息时，相应地，也要将各种 Java 类型转化为 String 类型后输出。

保存程序后，重新发布 Web 应用。打开浏览器，在地址栏中输入“http://localhost:8080/ServletDemo/reg.html”，得到信息提交页面。输入对应的选项信息后，单击【提交】按扭，表单数据被提交到 GetInfo

组件。返回的运行结果页面如图 5-11 所示，可以看到 Servlet 已经正确地获取到客户端提交的用户参数。

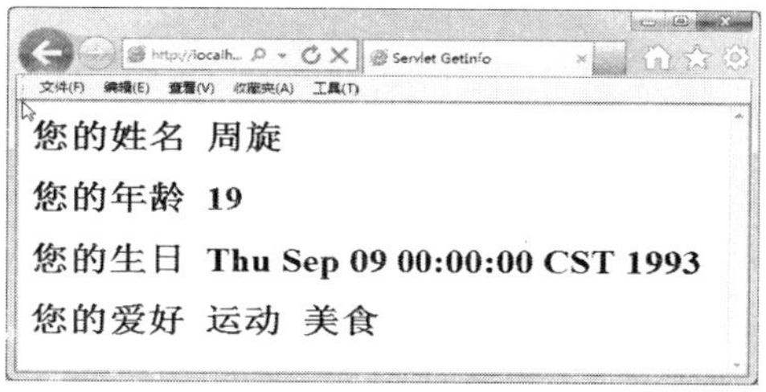

图 5-11　显示获取的客户端的输入信息

5.5　生成响应

Servlet 在响应信息中除了输出 HTML 标记文本外，还可以生成更为复杂的内容。在 ServletResponse 接口中定义了一系列与生成响应结果相关的方法。如表 5-1 所示。

表 5-1　ServletResponse 接口主要方法

方　法	描述信息
setCharacterEncoding(String charset)	设置响应正文的字符编码。响应正文的默认字符编码为 ISO-8859-1
setContentLength(int len)	设置响应正文的长度
setContentType(String type)	设置响应正文的 MIME 类型
getCharacterEncoding()	返回响应正文的字符编码
getContentType()	返回响应正文的 MIME 类型
setBufferSize(int size):	设置用于存放响应正文数据的缓冲区的大小
getBufferSize()	获得用于存放响应正文数据的缓冲区的大小
reset()	清空缓冲区内的正文数据，并且清空响应状态代码及响应头
resetBuffer()	仅仅清空缓冲区内的正文数据，不清空响应状态代码及响应头
flushBuffer()	强制性地把缓冲区内的响应正文数据发送到客户端
isCommitted()	返回一个 boolean 类型的值。如果为 true，表示缓冲区内的数据已经提交给客户，即数据已经发送到客户端
getOutputStream()	返回一个 ServletOutputStream 对象，Servlet 用它来输出二进制的正文数据
getWriter()：返回一个 PrintWriter 对象	Servlet 用它来输出字符串形式的正文数据

ServletResponse 中响应正文的默认 MIME 类型为 text/plain，即纯文本类型。而 HttpServletResponse 中响应正文的默认 MIME 类型为 text/html，即 HTML 文档类型。可以通过调用 getContentType()获得当前响应正文的 MIME 类型，或者通过调用 setContentType(String type)来设置当前响应正文的 MIME 类型。

在 Servlet 与客户的请求应答过程中，底层是通过输入输出流来实现的。Servlet 支持两种格式的输入输出流。一是字符输入输出流。ServletResponse 的 getWriter()方法返回一个 PrintWriter 对象，Servlet 可以利用 PrintWriter 来输出字符流形式的正文数据。另外一种是字节输入输出流。ServletResponse 的 getOutputStream()方法返回一个 ServletOutputStream 对象，Servlet 可以利用 ServletOutputStream 来输出二进制的正文数据，如图像、PDF 文件等。

下面编写一个返回 PDF 文件的 Servlet 来说明 Servlet 如何实现向客户端发送非 HTML 文档，同时演示 Servlet 对输入输出流的操作，代码如程序 5-6 所示。

程序 5-6：PDFServlet.java

```
    package com.servlet;
    ......
    @WebServlet(name = "PDFServlet", urlPatterns = {"/pdfshow"})
    public class PDFServlet extends HttpServlet {
     protected void processRequest(HttpServletRequest request, HttpServletResponse
response)
            throws ServletException, IOException {
        response.setContentType("application/pdf");
```

```
            ServletOutputStream out = response.getOutputStream();
            File pdf = null;
             byte[] buffer = new byte[1024 * 1024];
            FileInputStream input = null;
            try {
                pdf = new File("c:\\sample.pdf");//为演示 PDF 文件发送而保存的一个文件
                response.setContentLength((int) pdf.length());
                input = new FileInputStream(pdf);
                int readBytes = -1;
                while ((readBytes = input.read(buffer, 0, 1024 * 1024)) != -1) {
                    out.write(buffer, 0, 1024 * 1024);
                }
            } catch (IOException e) {
                System.out.println("file not found!");
            } finally {
                if (out != null) {
                    out.close();
                }
                if (input != null) {
                    input.close();
                }
            }
        }
    }
    ......
    }
```

程序说明：首先调用 HttpServletResponse 接口的 setContentType(“application/pdf”)，将响应内容类型设置为 PDF 类型，然后调用 getOutputStream()获取 Servlet 输出流对象。为使 PDF 以流的形式输出到客户端，先创建一个 File 对象，根据 File 对象得到一个文件输入流对象。通过将文件输入流中的信息写到 Servlet 输出流中，实现 PDF 文件的发送。为了防止下载的数据量过大，代码中使用了一个容量为 1M 的缓冲。

为运行示例程序，首先需要在“C:”盘根目录下放置一个 PDF 文件并将其命名为“sample.pdf”。打开浏览器，在地址栏中输入“http://localhost:8080/SimpleServlet/pdfshow”，如果读者的机器装有 Acrobat Reader，那么，Servlet 发送到客户端的 PDF 文件“sample.pdf”将在浏览器内被打开。如果没有安装 Acrobat Reader，则浏览器将提示保存文件。

5.6 在 JSF 应用中处理非 JSF 请求

注：本节的示例代码保存在 chapt5/fileupload 下。

从本书 5.4 和 5.5 节的示例可以看出，对于普通的 Web 请求，与基于 JSF 框架的开发模式相比，Servlet 需要开发人员手动完成请求参数提取、类型转换等烦琐的操作，开发效率比较低。但是 Servlet 开发的优势在于能够直接处理分析客户端提交的请求信息，并定制向客户端输出的响应信息，适用处理一些复杂的客户端请求。

JSF 框架的功能入口点在它的核心组件 FacesServlet，所有映射到它的 URL 请求都将执行 JSF 标准请求处理流程，因此可将文件上传等请求作为非 JSF 来提交，由用户开发的 Servlet 组件而不是 JSF 核心组件 FacesServlet 来直接处理。下面演示在 JSF 应用中如何利用 Servlet 来实现文件上传。

首先创建一个名为 fileupload 的 JSF 应用。下面在应用中创建一个名为 uploadphoto 的视图，它主要用来提交上传文件的相关信息，代码如程序 5-7 所示。

程序 5-7：uploadphoto.xhtml

```
<?xml version='1.0' encoding='UTF-8' ?>
<!DOCTYPE html PUBLIC "-//W3C//DTD XHTML 1.0 Transitional//EN" "http://www.w3.org/TR/xhtml1/DTD/xhtml1-transitional.dtd">
<html xmlns="http://www.w3.org/1999/xhtml"
      xmlns:h="http://java.sun.com/jsf/html">
    <h:head>
        <title>利用 Servlet 上传文件</title>
    </h:head>
    <h:body>
        <form action="/fileupload/UploadServlet" enctype="multipart/form-data" method="post">
            <label>请选择要上传的文件</label> <input id="uploadFile" type="file" name="uploadFile" /> <input type="submit" value="上传" />
        </form>
    </h:body>
</html>
```

程序说明：需要注意的是，在提交上传文件请求的 form 组件中，并没有使用 JSF 的 HTML 组件，而是使用的普通的 HTML 标记。这是因为 JSF 组件发出的默认都是 JSF 请求，并且首先发送到 JSF 的核心 Servlet 组件 FacesServlet，而不是我们自己定制的 Servlet 组件。Form 标记的 action 属性指向处理请求信息的 URL 地址，enctype 属性的值为"multipart/form-data"，method 属性的值为 Post，这两个属性值是上传文件时的固定设置。

视图运行结果如图 5-12 所示。

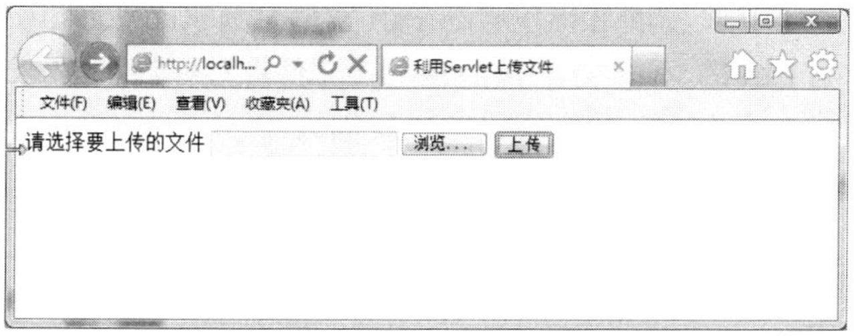

图 5-12　上传文件信息页面

下面创建 Servlet 组件来完成上传文件的处理，代码如程序 5-8 所示。

程序 5-8：UploadServlet.java

```
......
@WebServlet(name = "UploadServlet", urlPatterns = {"/UploadServlet"})
@MultipartConfig(location="c:")
public class UploadServlet extends HttpServlet {
    private String fileNameExtractorRegex = "filename=\".+\"";
    protected void processRequest(HttpServletRequest request, HttpServletResponse response)
            throws ServletException, IOException {
        response.setContentType("text/html;charset=UTF-8");
        try {
            Part p = request.getPart("uploadFile");
            String fname = getFileName(p);
            p.write( fname);
```

```
                System.out.println(p.getContentType());
                }catch(Exception e){
                System.out.println(e.toString());
            }
            finally {
            }
        }
        private String getFileName(Part part) {
            String cotentDesc = part.getHeader("content-disposition");
            String fileName = null;
            Pattern pattern = Pattern.compile(fileNameExtractorRegex);
            Matcher matcher = pattern.matcher(cotentDesc);
            if (matcher.find()) {
                fileName = matcher.group();
                fileName = fileName.substring(10, fileName.length() - 1);
            }
            return fileName;
        }
       //为节省篇幅，省略部分代码
    ......
    }
```

程序说明：在上面的 Servlet 中，除了注解@WebServlet 外，还增加了注解@MultipartConfig，用来声明 Servlet 可以处理 multipart/form-data 格式的请求，它的属性 location 用来表示上传文件的存放路径。注意这个路径必须是已经存在的，否则将抛出意外。

在 processRequest 方法中，调用 HttpServletRequest 接口的 getParts 方法获得请求上传的 Part，然后利用 Part 的 write 方法将其写入到服务器上。为了保存上传文件，还自定义了方法 getFileFname 来获取上传文件的名称，其中上传文件的名称包含在 Part 实例名为“content-disposition”的 header 中。

在上面的示例中，利用 Part 的 write 方法只能将上传文件保存在注解 MultipartConfig 指定的位置，如果希望保存到其他位置，怎么办呢？其实很简答，我们只需要利用文件流操作方式将 Part 中的信息输出到指定的文件中即可。修改后的代码如程序 5-9 所示。

程序 5-9：UploadServlet.java

```
@WebServlet(name = "UploadServlet", urlPatterns = {"/UploadServlet"})
@MultipartConfig
public class UploadServlet extends HttpServlet {
    private String fileNameExtractorRegex = "filename=\".+\"";
    protected void processRequest(HttpServletRequest request, HttpServletResponse
response)
            throws ServletException, IOException {
        response.setContentType("text/html;charset=UTF-8");
        InputStream is = null;
        FileOutputStream os = null;
        try {
            String path = this.getServletContext().getRealPath("/uploadFiles");
            System.out.println(path);
            Part p = request.getPart("uploadFile");
            String fname = getFileName(p);
            File f = new File(path + File.separatorChar + fname);
            System.out.println(path + File.separatorChar + fname);
            is = p.getInputStream();
            FileWriter fw = new FileWriter(f);
```

```
            int i = is.available();
            byte[] b = new byte[i];
            is.read(b);
            os = new FileOutputStream(f);
            os.write(b);
            request.getSession().setAttribute("uploadfilename", fname);
            System.out.println(p.getContentType());
            response.sendRedirect("faces/showphoto.xhtml");
        } catch (Exception e) {
            System.out.println(e.toString());
        } finally {
        }
    }
    private String getFileName(Part part) {
        String cotentDesc = part.getHeader("content-disposition");
        String fileName = null;
        Pattern pattern = Pattern.compile(fileNameExtractorRegex);
        Matcher matcher = pattern.matcher(cotentDesc);
        if (matcher.find()) {
            fileName = matcher.group();
            fileName = fileName.substring(10, fileName.length() - 1);
        }
        return fileName;
    }
……
}
```

程序说明：与程序 5-8 相比，在方法 processRequest 中，获得提交的 Part 后，并没有直接调用 Part 的 write 方法，而是以流操作的方式将数据读入到字节数组中，然后根据用户提交的文件名信息，在适当的位置创建 File 对象，最后将字节数组写入文件对象中。另外，为显示上传的文件信息，还调用 HttpRequest 接口的 getSession 方法来获得 HttpSession 对象，并调用 HttpSession 对象的 setAttribute 方法将文件名放入 session 中。下面是显示上传文件的视图，如程序 5-10 所示。

程序 5-10：showphoto.xhtml

```
<?xml version='1.0' encoding='UTF-8' ?>
<!DOCTYPE html PUBLIC "-//W3C//DTD XHTML 1.0 Transitional//EN" "http://www.w3.
org/TR/xhtml1/DTD/xhtml1-transitional.dtd">
<html xmlns="http://www.w3.org/1999/xhtml"
      xmlns:h="http://java.sun.com/jsf/html">
    <h:head>
        <title>Facelet Title</title>
    </h:head>
    <h:body>
         <h:form>
            你上传的照片：<br/><br/>
         <h:graphicImage url="/uploadFiles/#{sessionScope['uploadfilename']}"/>
      </h:form>
    </h:body>
</html>
```

程序说明：视图中以一个 graphicImage 组件来显示上传的图像，注意组件的 url 属性，它通过表达式语言引用 session 中保存的文件名信息。

在图 5-12 所示的界面中单击【浏览】按钮，选择要上传的文件，单击【提交】按钮，将得到如图

5-13 所示的运行界面，表明图像文件已经上传成功。

从本示例可以看出，Servlet 的强大之处在于可以直接操作请求信息，分析请求参数、请求 Part 信息甚至获取请求输入流，操作 HttpSession 来保存用户状态，因此可以完成任何复杂请求的处理。

图 5-13　显示上传后的图像文件

5.7　支撑自定义 JSF 组件

注：*本节的示例代码保存在 chapt5/fileupload 下。*

在上节的示例中，我们是通过普通 HTML 标记来提交非 JSF 请求，然后利用 Servlet 来处理非 JSF 请求的。这种方式或许感觉与 JSF 结合得不够紧密。在本示例中，我们将采取一种更为紧密的结合方式，即定制一个 JSF 组件，在 JSF 组件对请求的处理过程中再委托 Servlet 实现对请求的底层处理。

下面通过示例演示如何利用 Servlet 支撑自定义 JSF 组件，实现二进制图表信息输出。在本示例中，我们需要使用一个第三方组件 JFreeChart 来生成图表。因此，我们首先向 JSF 应用中增加 JFreeChart 组件相关的两个 Jar 文件：JfreeChart 和 Jcommon。JfreeChart 组件可以到 http://www.jfree.org/jfreechart/download.html 下载，并将下载后得到的 Jar 添加到项目的【库】节点下。

首先创建自定义组件，代码如程序 5-11 所示。

程序 5-11：ChartRenderer.java

```
......
@FacesRenderer(componentFamily="javax.faces.Output",
     rendererType="com.demo.Chart")
public class ChartRenderer extends Renderer {
  private static final int DEFAULT_WIDTH = 200;
  private static final int DEFAULT_HEIGHT = 200;
    public void encodeBegin(FacesContext context, UIComponent component)
     throws IOException {
     if (!component.isRendered()) return;
     Map<String, Object> attributes = component.getAttributes();
     Integer width = toInteger(attributes.get("width"));
     if (width == null) width = DEFAULT_WIDTH;
     Integer height = toInteger(attributes.get("height"));
     if (height == null) height = DEFAULT_HEIGHT;
     String title = (String) attributes.get("title");
     if (title == null) title = "";
     String[] names = (String[]) attributes.get("names");
     double[] values = (double[]) attributes.get("values");
     if (names == null || values == null) return;
     ChartData data = new ChartData();
     data.setWidth(width);
     data.setHeight(height);
     data.setTitle(title);
     data.setNames(names);
     data.setValues(values);
     String id = component.getClientId(context);
     ExternalContext external
          = FacesContext.getCurrentInstance().getExternalContext();
```

```
        Map<String, Object> session = external.getSessionMap();
        session.put(id, data);
        ResponseWriter writer = context.getResponseWriter();
        writer.startElement("img", component);
       writer.writeAttribute("width", width, null);
        writer.writeAttribute("height", height, null);
        String path = external.getRequestContextPath();
        writer.writeAttribute("src", path + "/ChartServlet?id=" + id, null);
        writer.endElement("img");
        context.responseComplete();
    }

    private static Integer toInteger(Object value) {
        if (value == null) return null;
        if (value instanceof Number) return ((Number) value).intValue();
        if (value instanceof String) return Integer.parseInt((String) value);
        throw new IllegalArgumentException("Cannot convert " + value);
    }
}
```

程序说明：创建的自定义组件是一个标准的输出组件，只是通过自定义渲染器来输出二进制图像，因此只是定义了渲染器，并通过注解@FacesRenderer 来声明它使用的组件类型为 javax.faces.Output，渲染器类型为自定义字符串 com.demo.Chart。

方法 encodeBegin 完成组件的渲染工作。它首先获取组件的属性信息来构建一个 ChartData 对象，它代表一个表格数据信息，然后将此对象放入请求的 Session 中。

这里获取 Session 的方式值得借鉴。首先调用 FacesContext 的 getCurrentInstance()方法获得当前 FaceContext 实例，然后调用 FaceContext 的 getExternalContext()获得请求的环境上下文 ExternalContext，它是 JSF 对 Web 应用的 ServletContext 的包装，最后调用 ExternalContext 的 getSessionMap()获得 JSF 请求相关的 Session 的 Map 对象。完成 ChartData 到 Session 的存储后，方法 encodeBegin 输出一个 img 标记，它的 source 属性是对 Servlet 组件的请求，因此它输出到客户端将导致对 Servlet 组件的请求，由 Servlet 组件完成二进制图表的输出。

下面看 Servlet 组件是如何完成对二进制图表输出的，代码如程序 5-12 所示。

程序 5-12：ChartServlet.java

```
@WebServlet(name = "ChartServlet", urlPatterns = {"/ChartServlet"})
public class ChartServlet extends HttpServlet {
    protected void processRequest(HttpServletRequest request,
            HttpServletResponse response)
            throws ServletException, IOException {
        HttpSession session = request.getSession();
        String id = request.getParameter("id");
        ChartData data = (ChartData) session.getAttribute(id);

        response.setContentType(data.getContentType());
        OutputStream out = response.getOutputStream();
        data.write(out);
        out.close();
    }
    ......
}
```

程序说明：由于 JSF 组件已经将表格数据 ChartData 保存到 Session 中，因此 Servlet 首先根据请求参数 id，提取 Session 的 ChartData，调用 Chartdata 的 getContentType()获得数据的输出类型，并以它为参数调用 HttpResponse 的 setContentType 方法来设置响应类型，调用 getOutputStream()获取响应的输出信息流，最后将 ChartData 输出到 response 的输出信息流来实现二进制图表的输出。

下面是两个辅助工具类，分别用来代表业务信息以及业务信息转换后的图表信息，具体代码如程序 5-13 和程序 5-14 所示。

程序 5-13：SaleInfo.java

```
@ManagedBean(name="sale")
@RequestScoped
public class SaleInfo {
   public String[] getNames() {
      return new String[] {
         "Dell", "HP", "Lenove", "Acer"
      };
   }

   public double[] getValues() {
      return new double[] {
         110, 230,450, 210
      };
   }
}
```

程序 5-14：ChartData.java

```
public class ChartData  {
   private int width, height;
   private String title;
   private String[] names;
   private double[] values;
   private static final int DEFAULT_WIDTH = 200;
   private static final int DEFAULT_HEIGHT = 200;
   public ChartData() {
      width = DEFAULT_WIDTH;
      height = DEFAULT_HEIGHT;
   }
   public void setWidth(int width) {
      this.width = width;
   }
   public void setHeight(int height) {
      this.height = height;
   }
   public void setTitle(String title) {
      this.title = title;
   }
   public void setNames(String[] names) {
      this.names = names;
   }
   public void setValues(double[] values) {
      this.values = values;
   }
   public String getContentType() {
      return "image/png";
```

```
        }
        public void write(OutputStream out) throws IOException {
               DefaultCategoryDataset dataset = new DefaultCategoryDataset();
          for (int i = 0; i < names.length; i++)
            dataset.addValue(values[i], "", names[i]);
          JFreeChart chart = ChartFactory.createBarChart(
            title,
            "",
            "",
            dataset,
            PlotOrientation.VERTICAL,
            false,
            false,
            false
          );

          ChartUtilities.writeChartAsPNG(out, chart, width, height);
        }
    }
```

当然不要忘记通过配置文件声明自定义 JSF 组件，详细配置信息请参阅附赠的代码。

最后生成引用自定义 JSF 组件的视图，如程序 5-15 所示。

程序 5-15：showChart

```
<?xml version="1.0" encoding="UTF-8"?>
<!DOCTYPE html PUBLIC "-//W3C//DTD XHTML 1.0 Transitional//EN"
"http://www.w3.org/TR/xhtml1/DTD/xhtml1-transitional.dtd">
<html xmlns="http://www.w3.org/1999/xhtml"
      xmlns:h="http://java.sun.com/jsf/html"
      xmlns:hyl="http://demo.com">
  <h:head>
    <title>输出二进制信息</title>
  </h:head>
  <h:body>
    <h:form>
      <hyl:chart width="500" height="500" title="2012-10 SaleInfo"
                 names="#{sale.names}" values="#{sale.values}"/>
    </h:form>
  </h:body>
</html>
```

程序说明：代码中引用自定义组件 chart 来输出二进制图表，其中属性 title、names 和 values 向自定义组件传递参数信息。

运行程序 5-15，将得到如图 5-14 所示的运行结果。

5.8　利用 Filter 过滤请求

注：本节的示例代码保存在 chapt5/ServletDemo 下。

除了利用 Servlet 组件直接处理客户端请求外，Java EE 还提供了一种组件用来实现对请求信息的过滤处理，称为 Filter。与 Servlet 不同，它无法生成对客户端的响应信息，但是 Filter 能够拦截请求和响应，以便查看、提取或以某种方式操作正在客户机和服务器之间交换的数据。Filter 可以改变一个请求（Request）或者是修改响应（Response）。Filter 与 Servlet 的关联由 Web 应用的配置描述文件或注解来明确。用户发送请求给 Servlet 时，在 Servlet 处理请求之前，首先由与此 Servlet 关联的 Filter 执行，然后才是 Servlet 的执行。如果一个 Servlet 有多个 Filter，则根据配置的先后次序依次执行。

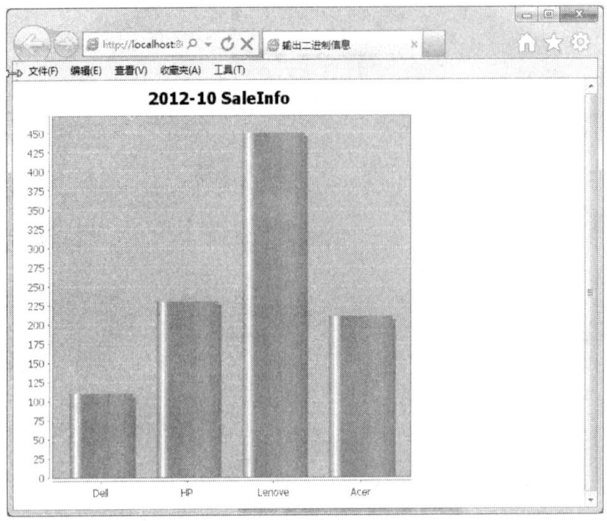

图 5-14　利用 Servlet 实现自定义组件来输出图表

Filter 主要用在以下场景。

（1）访问特定资源（Web 页、JSP 页、Servlet）时的身份验证。

（2）访问资源的记录跟踪。

（3）访问资源的转换。

一个 Filter 必须实现 javax.Servlet.Filter 接口，即实现下面的三个方法。

（1）doFilter(ServletRequest, ServletResponse, FilterChain)。用来实现过滤行为的方法。引入的 FilterChain 对象提供了后续 Filter 所要调用的信息。

（2）init(FilterConfig)。由容器所调用的 Filter 初始化方法。容器确保在第一次调用 doFilter()方法前调用此方法，一般用来获取在 Web.xml 文件中指定的初始化参数。

（3）destroy()。容器在销毁 Filter 实例前，doFilter()中的所有活动都被该实例终止后，调用该方法。

下面演示如何利用 Filter 来记录对 Web 组件的请求信息。首先生成一个 Filter。在【项目】视图中选中 Web 应用程序“ServletDemo”，单击右键，在弹出的快捷菜单中单击【新建】→【文件】命令，弹出【新建文件】对话框，如图 5-15 所示。

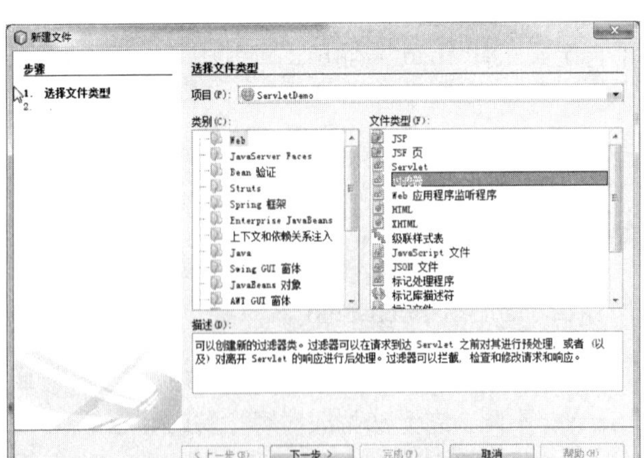

图 5-15　“新建文件”对话框

在左边的【类别】列表中选中“Web”，在右边的【文件类型】列表中选中“过滤器”，单击【下一步】按钮，得到如图 5-16 所示的过滤器对话框。

在【类名】文本框中输入 Filter 的名称“IPFilter”，在【包】文本框输入包的名称“com.servlet”，单击【下一步】按钮，得到如图 5-17 所示对话框。

在这里要配置过滤器的部署信息，即将过滤器与它要过滤的 Web 组件或 URL 模式关联起来。

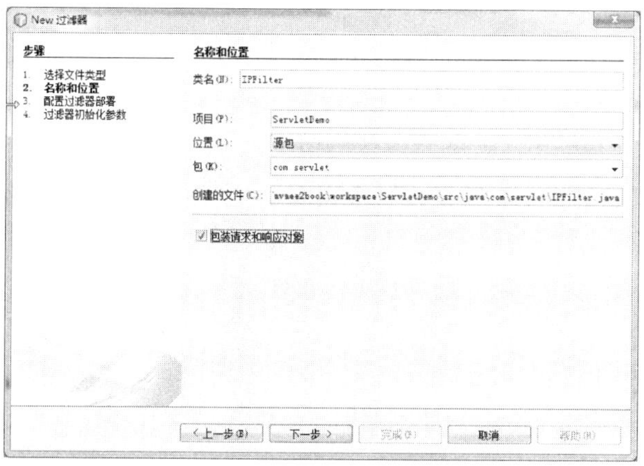

图 5-16　“New 过滤器”对话框

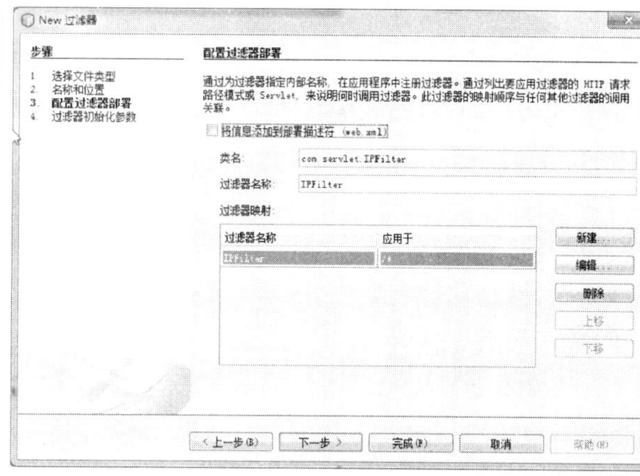

图 5-17　配置 Filter 部署

在【过滤器名称】文本框中可以输入过滤器的逻辑名称，这里采用默认选项。单击【编辑】按钮，打开“过滤器映射”对话框，设置过滤器映射信息，如图 5-18 所示。

说明：过滤器有两种映射模式：一种是对 URL 模式的映射，这也是默认的映射模式。在 URL 模式中可以使用通配符号，如“/*”。另外一种模式是对 Servlet 的映射，这时过滤器关联的是 Servlet 的逻辑名称。

图 5-18　配置 Filter 部署

默认当前设置。单击【完成】按钮，Filter 创建完毕。代码如程序 5-16 所示。

程序 5-16：IPFilter.java

```
……
@WebFilter(filterName = "IPFilter", urlPatterns = {"/*"})
public class IPFilter implements Filter {
    private FilterConfig filterConfig = null;
    public void init(FilterConfig filterConfig) throws ServletException {
        this.filterConfig = filterConfig;
    }
    public void destroy() {
        this.filterConfig = null;
```

```
        }
        public void doFilter( ServletRequest request, ServletResponse response,
    FilterChain chain ) throws IOException, ServletException {
            String ipAddress = request.getRemoteAddr();
           System.out.println("IP "+ ipAddress + ", Time "
                                      + new Date().toString());
           chain.doFilter(request,response);
        }
    }
```

程序说明：与 Servlet 一样，在新版本的 Java EE 规范中，提供了注解@WebFilter 来部署 Filter 组件，其中属性 filterName 为 Filter 的逻辑名称，属性 urlPatterns 为 Filter 的 URL 模式。

程序包含了所有 Filter 必须实现的三个接口方法：init()、destroy()和 doFilter()。当容器第一次加载该过滤器时，init()方法将被调用。该类在这个方法中包含了一个指向 FilterConfig 对象的引用。对请求和响应的过滤功能主要由 doFilter()实现。Web 容器在垃圾收集之前调用 destroy()方法，以便能够执行任何必需的清理代码。

IPFilter 主要实现对客户端请求的 IP 地址和事件的记录，在 doFilter 方法中首先调用 ServletRequest 的 getRemoteAddr()方法获得客户端的 IP 地址，然后调用 System 对象将其打印出来。

重新发布 Web 应用，打开 IE 浏览器，在地址栏中输入“http://localhost:8080/ServletDemo/First”，得到如图 5-8 所示的运行结果页面。在 Netbeans 底部的【输出】窗口的【GlassFish Server 3.1.2】中可以看到如图 5-19 所示的输出信息。可以看到客户端的 IP 地址和请求时间都已经被记录下来。

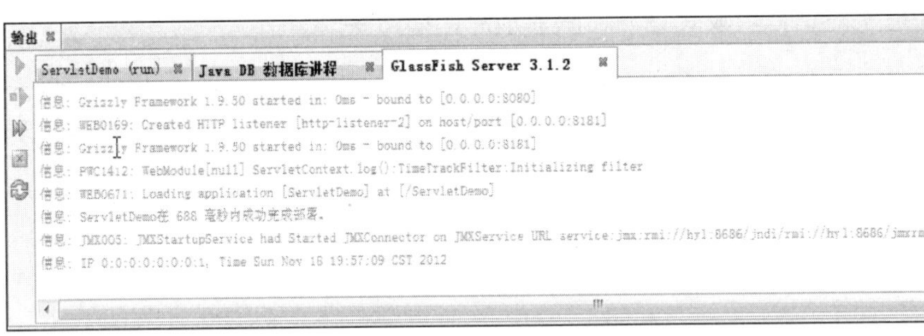

图 5-19　Filter 运行过程中的输出信息

5.9　小结

Servlet 是 Java EE Web 应用开发的基础。JSF 框架也是建立在 Servlet 编程基础之上。利用 Servlet 组件可以直接处理客户端请求并定制响应，但是开发人员需要手工进行请求参数的提取和类型转换，在生成动态响应上也必须操作底层的输入输出流，将大大影响应用开发效率。因此它仅适合处理二进制数据上传下载等复杂的客户端请求，在 Web 应用开发中只能作为 JSF 框架的有力补充手段。Servlet 与 JSF 结合有两种方式，一种是直接利用 Servlet 处理非 JSF 请求，另外一种是基于 Servlet 来开发自定义 JSF 组件。

第 6 章　利用 JPA 访问企业信息

6.1　引言

数据管理和操作是企业应用开发的重要组成部分。企业数据信息通常存储在关系数据库中，但开发企业应用的 Java 语言却是一种面向对象的语言，因此在企业应用中便存在对象和关系数据两种数据表现形式，开发人员不得不编写代码频繁地实现 Java 对象与关系数据之间的相互转换。

随着企业应用开发技术的进步，逐渐产生了用来实现 Java 对象与关系数据之间自动映射的持久化框架，称为对象-关系映射（Object/Relation Mapping，简称 ORM）。这些持久化框架包括 Hibernate、iBatis、EclipseLink、TopLink 和 Apache OJB 等，其中最著名的是 Hibernate。

为了进一步规范 ORM 实现，Java EE 5.0 规范中推出了 JPA（Java Persistence API）。在 Java EE 6.0 规范中包含的 JPA 版本为 2.0。目前实现 JPA 2.0 的 ORM 平台有 Hibernate 3.5、EclipseLink 2.4 和 Open JPA 2.0 等。

注：本章的所有示例代码都保存在 chapt6/Jpademo 下。

6.2　数据库驱动与 JDBC

企业应用运行环境中可能存在各种类型的关系数据库产品，常见的如 Oracle、DB2、SQL Server 和 MySQL 等。企业应用程序经常要访问存储在这些关系数据库中的信息。为了降低应用的开发难度，JDK 提供了一个标准接口 JDBC（Java DataBase Connection，Java 数据库连接）来进行数据库访问操作。JDK 7 中包含的 JDBC 版本为 4.0。

JDBC 作为特定厂商数据库访问 API 的一种高级抽象，它主要包含一些通用的接口类（通过查看 JDBC 包中的内容就可以证实这一点）。那么真正的数据库访问操作是在哪里实现的呢？实际上，真正的数据库访问操作实现是由各自数据库厂商提供的。通常把厂商提供的特定于数据库的访问 API 称为数据库 JDBC 驱动程序。JDBC 通过提供一个抽象的数据库接口，使得程序开发人员在编程时可以不用绑定在特定数据库厂商的 API 上，大大增加了应用程序的可移植性。在实际运行过程中，程序代码通过 JDBC 访问数据库时，仍需要调用特定于数据库的访问 API。

在基于 JDBC 的数据库访问模式下，数据库访问过程可以清晰地分为三层，如图 6-1 所示：最上层为应用层，Java EE 程序开发人员在程序开发过程中通过调用 JDBC 进行数据库访问；中间层为 JDBC 接口层，它为 Java EE 程序访问各种不同的数据库提供了一个统一的访问接口；最底层为 JDBC 驱动层，它由特定数据库厂商提供的 JDBC 驱动程序来实现与数据库的真正交互。从图 6-1 中可以看出，JDBC 将程序员开发的应用程序与具体的数据库产品隔离开，大大简化了应用程序开发过程，提高了程序的可移植性。

要使服务器上的 Java EE 应用能够通过 JDBC 访问数据库，必须将数据库的 JDBC 驱动程序添加应用服务器的 JVM 可以访问到的目录下。以 MySQL 数据库为例，它的 JDBC 驱动程序 mysql-connector-java-5.1.21-bin.jar 可以从网站“http://www.mysql.com/downloads/connector/j/”下载。在本书中使用的应用服务器为 NetBeans 内置的 GlassFish Server 3.1.2，因此将 MySQL 的 JDBC 驱动程序 mysql-connector-java-5.1.21-bin.jar 复制到 GlassFish Server3.1.2 的安装路径（在本例中为 C:\glassfish-3.1.2\glassfish\）下的 lib 子目录下即可。

说明：也可仅将 MySQL 的 JDBC 驱动程序 mysql-connector-java-5.1.21-bin.jar 添加到 Web 应用的 Lib 目录下，但这种方式只允许本应用访问数据库。

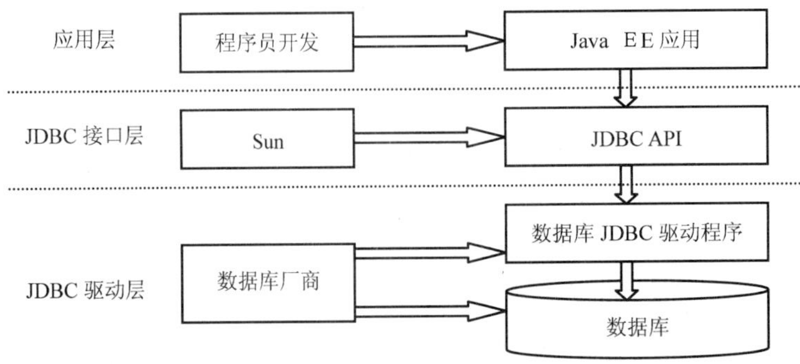

图 6-1 JDBC 访问数据库层次结构

6.3 连接池和数据源

安装好数据库的驱动程序，Java EE 就可以与数据库进行通信了。要访问数据库，首先就要建立与数据库的连接。最直接的方式是根据数据库的服务器地址、端口号、账户名称和密码来建立与数据库的连接。但这显然不是一个好的解决方案。首先这种方式将数据库连接信息硬编码到代码中，破坏了 Java EE 应用的可移植性。当 Java EE 部署到新的运行环境中后，不得不重新修改代码。其次，对于数据库的连接是一种宝贵的资源，特别是在 Java EE 程序中，可能存在上千个用户同时连接数据库，各自为政的数据库连接方式将严重影响应用性能。

6.3.1 基本概念

为了进一步规范数据库连接的管理，提升数据库访问效率，在 JDBC 2.0 规范中引入了连接池的概念。连接池实际上是 JDBC 为第三方应用服务器提供的一个由数据库厂家实现的标准管理接口。数据库连接池负责分配、管理和释放数据库连接，它允许应用程序重复使用一个现有的数据库连接，而再不是重新建立一个；释放空闲时间超过最大空闲时间限制的数据库连接来避免因为没有释放数据库连接而引起的数据库连接遗漏。

基于连接池的数据库访问体系结构如图 6-2 所示。将图 6-2 与图 6-1 对比可以知道，通过 JDBC 获取的资源对象 Connection、Statement 和 ResultSet 等不再是直接由 JDBC 驱动程序访问数据库产生，而是通过一个中间的连接池来提供，连接池中缓存一定数量的资源对象供应用程序访问。为每个客户端请求创建新连接会非常耗时，对于连续接收大量请求的应用程序尤其如此。为了改变这种情况，JDBC 会在连接池中创建和维护大量的连接。任何需要访问应用程序数据层的传入请求将使用池中已创建的连接。同样，当请求完成时，连接不会关闭，但是会返回到连接池。

连接池支持以下三种资源对象。

- Connection：代表对数据库的连接。
- Statement：代表对数据库的操作。
- ResultSet：代表数据操作返回的结果集。

JDBC 为连接池提供了一个客户端和一个服务器端的接口。应用服务器通过服务器接口 javax.sql.ConnectionPoolDataSource 来获取数据库系统提供的连接池，并通过 javax.sql.DataSource 向客户端请求提供数据库资源。javax.sql.ConnectionPoolDataSource 的基本属性如表 6-1 所示。

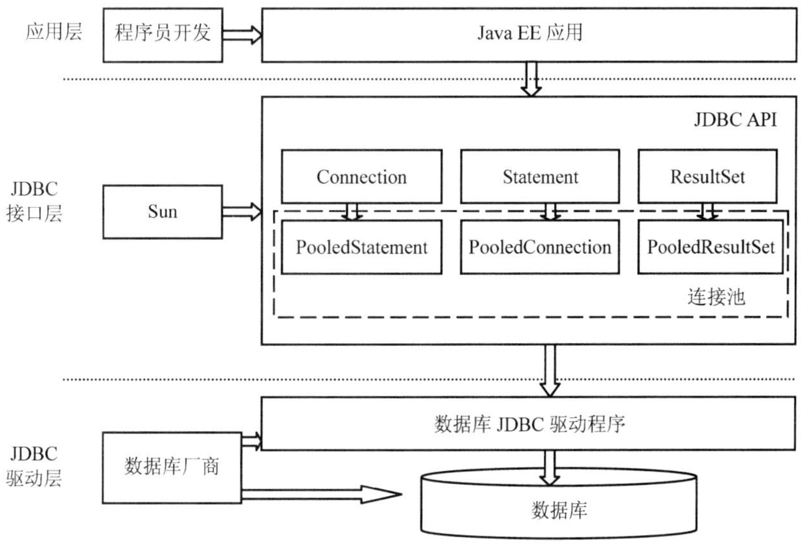

图 6-2　基于连接池的数据库访问结构体系

表 6-1　ConnectionPoolDataSource 配置属性

属　　性	类　　型	描　　述
serverName	String	数据库服务器主机名
databaseName	String	数据库名
portNumber	int	数据库服务器监听的 TCP/IP 端口（为 0 则使用默认端口）
user	String	用来进行数据库连接的用户
password	String	用来进行数据库连接的口令
defaultAutoCommit	boolean	Connection 是否打开 autoCommit 选项。默认值是 false，即关闭 autoCommit 选项。

数据源也是在 JDBC 2.0 中引入的一个概念。在数据源中存储了建立数据库连接的所有信息。可以把它看做是对数据库连接信息的逻辑名称。通过提供正确的数据源名称，应用程序可以找到相应的数据库连接。javax.sql.DataSource 接口定义了如何实现数据源。这就使得应用程序与具体的数据库连接信息隔离开来，大大提高了应用的可移植性。在 JDBC 2.0 扩展包中定义了 javax.sql.DataSource 接口来描述数据源的概念。在该接口中定义了 8 个常见属性。详细信息如表 6-2 所示。

表 6-2　DataSource 常见属性

属性名称	属性数据类型	描　　述
databaseName	String	数据库名称，即数据库的 SID
dataSourceName	String	数据源接口实现类的名称
description	String	对数据源的描述
networkProtocol	String	和服务器通信使用的网络协议名
password	String	用户登录密码
portNumber	Int	数据库服务器使用的端口
serverName	String	数据库服务器名称
user	String	用户登录名

说明：由于连接池实现了对数据库连接资源的高效管理，因此基于连接池而不是具体的数据库连接参数来建立数据源是一种好的方式。目前大部分应用服务器都支持连接池。

通过使用数据源和连接池，使得 Java EE 应用既能够保持高度的可移植性，又能够实现对数据库资源的高效管理，适应企业应用大规模访问数据库信息的要求。

6.3.2 创建 MySQL 连接池

下面以 MySQL 数据库为例，演示如何创建连接池。创建 MySQL 数据库连接池之前，必须成功安装并运行 MySQL 数据库系统。关于 MySQL 数据库的安装比较简单，请参阅相关资料，本书不再赘述。

说明：在启动应用服务器之前，必须首先将 MySQL 的数据库驱动的 jar 放到应用服务器的安装目录（在本例中为 c:\ GlasssFish Server 3.1.2\）下的 lib 子目录下。

① 启动 Netbeans 的内置服务器 GlasssFish Server 3.1.2，在左上角的【服务】视图内选中“服务器”节点下的“GlassFish Server 3.1.2”，单击右键，在弹出的快捷菜单中选中【查看域管理控制台】，进入服务器管理界面，如图 6-3 所示。

② 在管理控制台左侧的树型列表中选择【资源】→【JDBC】，在控制台的右侧将得到如图 6-4 所示的界面。

图 6-3 GlassFish Server 管理控制台

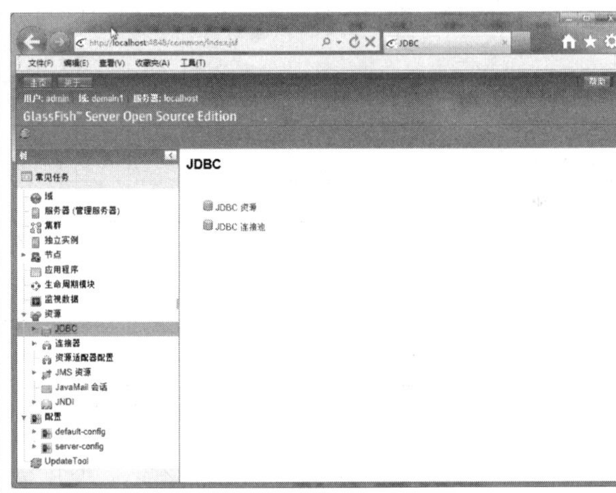

图 6-4 JDBC 资源列表

③ 单击链接【JDBC 连接池】，为 MySQL 数据库建立连接池，得到如图 6-5 所示的运行界面。

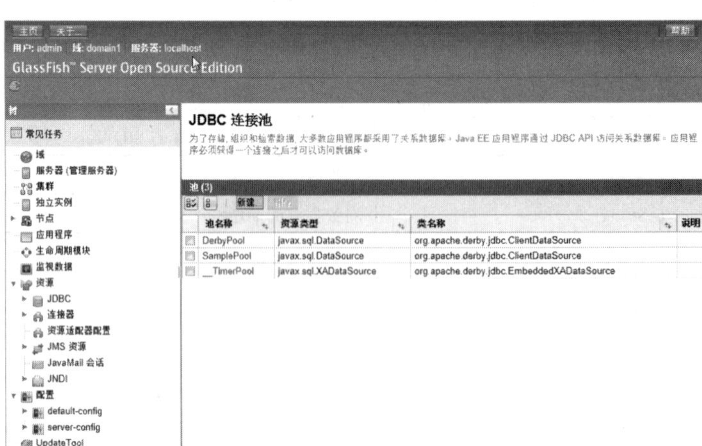

图 6-5 应用服务器上的连接池列表

④ 单击【新建】按钮，得到连接池基本设置界面，如图 6-6 所示。

在【Name】文本框中输入连接池的名称“MySQL”，在下拉列表【Resource Type】中选择连接池的类型“javax.sql.ConnectionPoolDataSource”，也就是前面提到的连接池的服务器端接口，在下拉列表【DataBase Vendor】中选择数据库厂商为“MySQL”，单击【Next】按钮，进入下一步，在页面底部的【Properties】一栏中输入连接池的属性信息，如图 6-7 所示。其中在【databaseName】文本框中输入数据库的名称“sample”，在【serverName】文本框中输入数据库服务器的名称“localhost”，在【port】文本框中输入数据库服务端口名称“3306”，在【user】文本框中输入数据库的用户名称“root”，在【password】文本框中输入用户密码，在【URL】文本框中输入“jdbc:mysql://localhost:3306/test”。单击【Finish】按钮，连接池创建完毕。

注： test 是 MySQL 安装时建立的默认数据库。

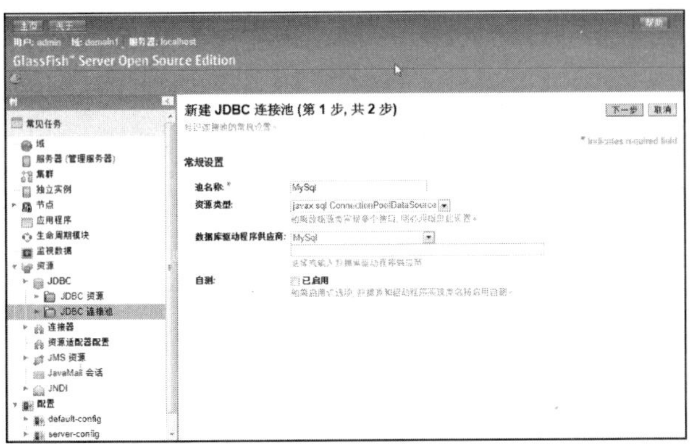

图 6-6　连接池基本设置界面

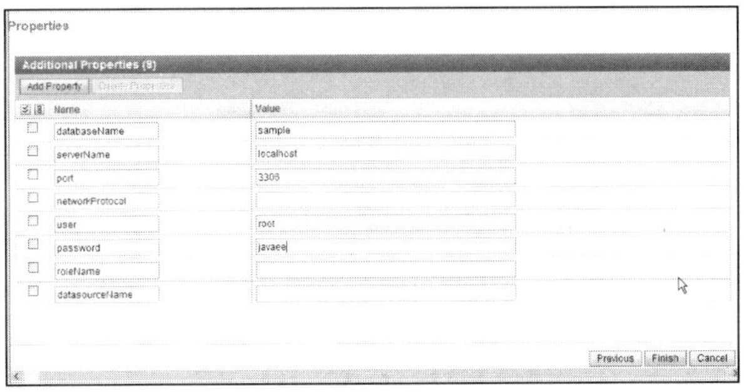

图 6-7　设置连接池属性信息

下面对建立的连接池进行测试。在图 6-5 所示的列表【Connection Pool】中单击连接池的名称“MySQL”，进入连接池编辑界面，如图 6-8 所示。

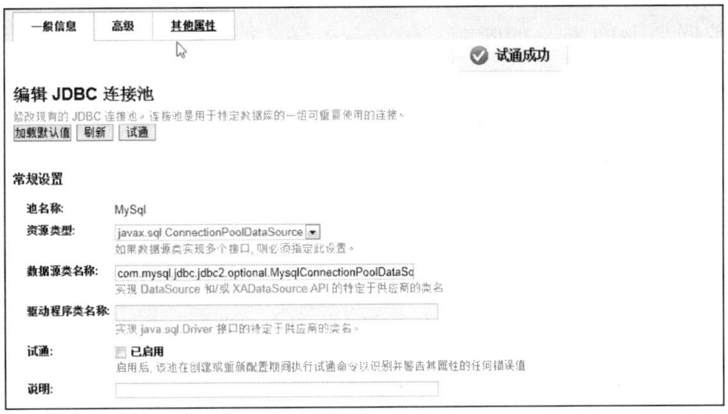

图 6-8　连接池编辑界面

单击界面顶部的按钮【试通】来对连接池进行连通测试。如果在界面顶部得到“试通成功”的提示信息，则表示连接池设置正确，否则，重新检查连接池设置的各个选项。

6.3.3　创建数据源

下面基于连接池建立一个新的 JDBC 数据源。在管理控制台左侧的树型列表中选择【资源】→【JDBC】→【JDBC 资源】，在控制台的右侧将得到如图 6-9 所示的 JDBC 资源列表。

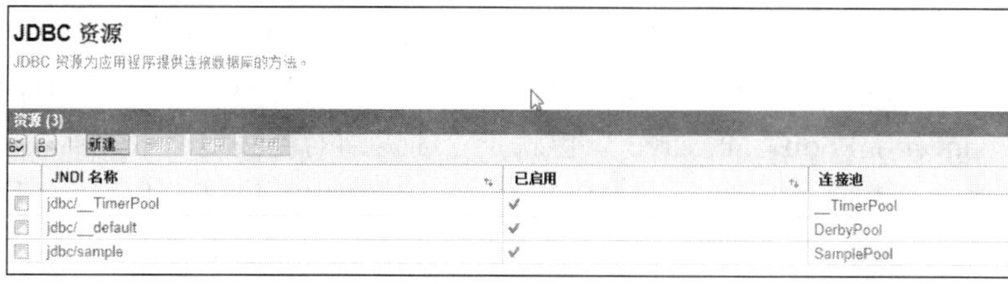

图 6-9　JDBC 资源列表

单击【新建】按钮，创建一个新的 JDBC 资源，如图 6-10 所示。

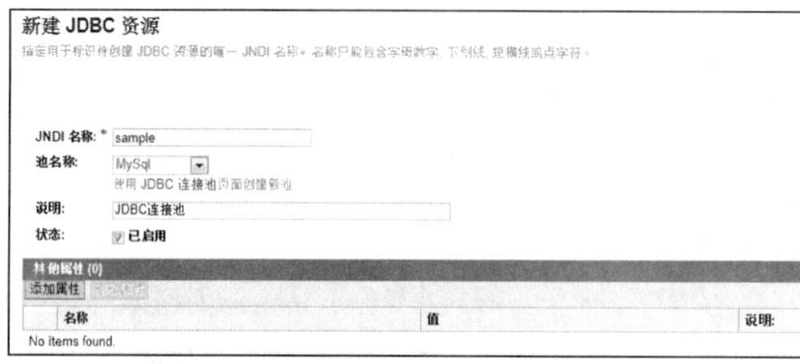

图 6-10　新建 JDBC 资源

在文本框【JNDI 名称】中输入资源的名称“sample”，在下拉列表【Pool Name】中选择刚才创建的连接池名称“MySQL”，单击【OK】按钮，则 JDBC 资源创建完毕。

6.4　第一个 JPA 应用

准备工作已经完成。现在开始我们的第一个 JPA 应用，学习如何利用 JPA 来操作管理数据信息。

6.4.1　持久化单元

JPA 实现了关系数据与 Java 对象的映射，在 JPA 运行之前，开发人员需要告诉 JPA 关于数据库连接的相关信息如数据源名称等。在 JPA 中，关于数据库的连接配置信息，都保存在一个称为持久化单元的配置文件中。它其实是一个名为 persistence.xml 的文件，NetBeans 提供了向导，帮助开发人员创建持久化单元。

选择【文件】→【新建文件】，弹出如图 6-11 所示的窗口。

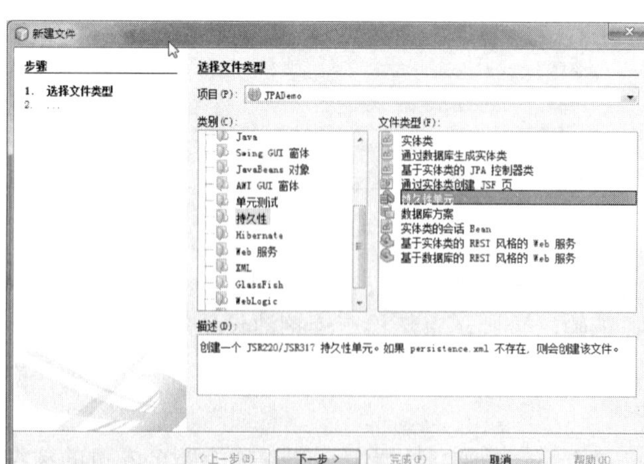

图 6-11　新建持久化单元

在【类别】列表中选中“持久性”，在文件类型列表中选中【持久性单元】，将弹出如图 6-12 所示对话框。

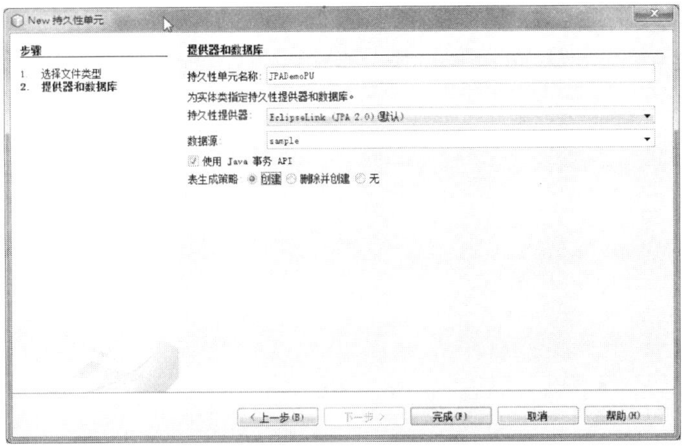

图 6-12 “New 持久性单元”对话框

在文本输入框【持久性单元名称】输入“JPADemoPU”，在【持久性提供器】下拉列表中选择“EclipseLink（JPA 2.0）默认”，它是 GlassFish Server 内置的 JPA 2.0 的实现。在【数据源】下拉列表中选中创建好的数据源“sample”，默认其他选项，单击【完成】按钮，持久化单元创建完毕。

说明： GlassFish 内置了数据库 JavaDB，并创建了基于内置的数据库 JavaDB 的数据源 jdbc/sample 等。读者也可使用此类内置数据源。

在 NetBeans 左上角【项目】视图下的“配置文件”节点下，可找到持久化单元对应的配置文件 persistence.xml，详细内容如程序 6-1 所示。

程序 6-1：persistence.xml

```
<?xml version="1.0" encoding="UTF-8"?>
<persistence version="2.0" xmlns="http://java.sun.com/xml/ns/persistence" xmlns:
xsi="http://www.w3.org/2001/XMLSchema-instance"
xsi:schemaLocation="http://java.sun.com/xml/ns/persistence
http://java.sun.com/xml/ns/persistence/persistence_2_0.xsd">
  <persistence-unit name="JPADemoPU" transaction-type="JTA">
    <provider>org.eclipse.persistence.jpa.PersistenceProvider</provider>
    <jta-data-source>sample</jta-data-source>
    <exclude-unlisted-classes>false</exclude-unlisted-classes>
    <properties>
      <property name="eclipselink.ddl-generation" value="create-tables"/>
    </properties>
  </persistence-unit>
</persistence>
```

程序说明：从上面的代码可以看出，持久化单元定义了与数据库连接相关的数据源、持久化实现、事务属性等内容。

6.4.2　Entity

并不是所有 Java 对象都能够映射到数据库的表中。JPA 操作的 Java 对象称为 Entity。它其实是一个普通的 Java 对象，通常对应数据库中的一个表。一个 Entity 实例则对应表中的一行记录。

下面定义一个代表人员信息的 Entity Person，完整代码如程序 6-2 所示。

程序 6-2：Person.java

```
package com.jpa.demo;
import javax.persistence.Entity;
import javax.persistence.GeneratedValue;
import javax.persistence.GenerationType;
import javax.persistence.Id;
@Entity
public class Person {
    @Id
    @GeneratedValue(strategy = GenerationType.IDENTITY)
    private String id;
    private String name;
    private String street;
    private String city;
    private String states;
    private String zip;
    public String getStates() {
        return states;
    }
    public void setStates(String states) {
        this.states = states;
    }
    public Person() {
    }
    public Person(String id, String name, String city, String street, String zip,
String states) {
        this.id = id;
        this.name = name;
        this.states = states;
        this.city = city;
        this.street = street;
        this.zip = zip;
    }
    public String getName() {
        return name;
    }
    public void setName(String name) {
        this.name = name;
    }
    public String getStreet() {
        return street;
    }
    public void setStreet(String street) {
        this.street = street;
    }
    public String getCity() {
        return city;
    }

    public void setCity(String city) {
        this.city = city;
    }
    public String getZip() {
```

```
        return zip;
    }
    public void setZip(String zip) {
        this.zip = zip;
    }
    public String getId() {
        return id;
    }
    public void setId(String id) {
        this.id = id;
    }
}
```

程序说明：从上面的代码中可以看出，作为一个 Entity，与普通的 JavaBean 很相似，但是必须满足以下条件：以注解@Entity 来标记类，告诉 JPA 框架这不是一个普通的 POJO，而是一个映射到数据库中的可以持久化的实体；以注解@ID 标记一个属性，告诉 JPA 将其作为主键来映射到数据库表中的记录。

6.4.3 EntityManager

通过注解@Entity 和@ID 将普通 JavaBean 映射到关系数据后，只是建立了二者之间的对应关系，但 Entity 并不会自动保存到关系数据库中。JPA 框架提供了一个接口 EntityManager 来完成对 Entity 的操作，包括如何将 Entity 存储到数据以及如何查询 Entity、如何更新 Entity 等。作为一种服务器资源，Java EE 服务器可以很方便地将 EntityManager 注入到 Web 组件或 EJB 组件中。下面创建一个 Managed Bean，并将 EntityManager 注入其中，代码如程序 6-3 所示。

程序 6-3：UserManager.java

```
package com.jpa.demo;
......
@ManagedBean
@RequestScoped
public class UserManager {
    public UserManager() {
    }
    private String id;
    private String name;
    private String street;
    private String city;
    private String states;
    @PersistenceContext(unitName = "JpademoPU")
    private EntityManager em;
    @Resource
    private javax.transaction.UserTransaction utx;
    private String zip;
    public String insertPerson(){
        FacesContext context = FacesContext.getCurrentInstance();
        Person p=new Person(name, city, street,  zip, states);
        try {
            utx.begin();
            em.persist(p);
            utx.commit();
            return "createperson";
```

```
            } catch (Exception e) {
                FacesMessage message = new FacesMessage(FacesMessage.SEVERITY_ERROR,
                                                 "Error creating person!",
                                                 "Unexpected error ");
                context.addMessage(null, message);
                Logger.getAnonymousLogger().log(Level.SEVERE,
                                             "Unable to create new person",
                                             e);
                return null;
            }
        }
      //getter 和 setter
    ......
    }
```

程序说明：Java EE 服务器利用注解@PersistenceContext 向 Manager Bean 中直接注入 EntityManager 实例，为确保数据库操作的事务完整，还注入一个事务实例 utx。在对数据库操作之前，调用 utx 的 begin 方法启动事务，然后创建 Entity Person 后，调用 EntityManager 的 persist 方法将 Entity 保存到数据库中，最后调用 utx 的 end 方法结束事务。

下面创建一个视图来提交人员信息，代码如程序 6-4 所示。

程序 6-4：createperson.xhtml

```
<?xml version='1.0' encoding='UTF-8' ?>
<!DOCTYPE html PUBLIC "-//W3C//DTD XHTML 1.0 Transitional//EN" "http://www.w3.org/TR/xhtml1/DTD/xhtml1-transitional.dtd">
<html xmlns="http://www.w3.org/1999/xhtml"
     xmlns:h="http://java.sun.com/jsf/html">
   <h:head>
       <title>创建人员信息</title>
   </h:head>
   <h:body>
       <h:form >
           <h:panelGrid columns="2">
               姓名<h:inputText id="name" value="#{userManager.name}"/>
               省份<h:inputText id="province" value="#{userManager.states}"/>
               城市<h:inputText id="city" value="#{userManager.city}"/>
               详细地址<h:inputText id="address" value="#{userManager.street}"/>
               邮编<h:inputText id="zip" value="#{userManager.zip}"/>
            </h:panelGrid>
           <h:commandButton value="提交" action="#{userManager.insertPerson()}"/>
       </h:form>
   </h:body>
</html>
```

6.4.4 运行演示

部署应用，在 NetBeans 右下角的输出视图中可以看到应用服务器根据持久化单元创建数据库的提示信息。切换到左上角的【服务】视图，查看 MySQL 数据库，可以看到，服务器已经根据 Person 类在数据库中创建了一个表 Person。但此时表中是空的，不包含任何数据。

运行程序 createPerson.xhtml，将得到如图 6-13 所示的运行结果。

输入数据并单击【新建】按钮。然后回到数据库中查看表 Person 的内容，看看提交的信息是否已经成功入库。

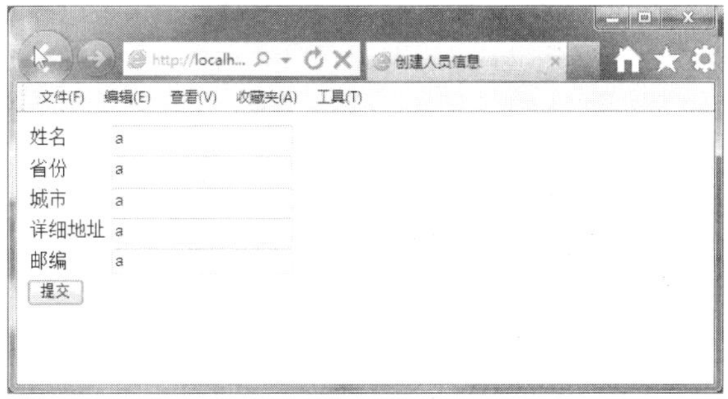

图 6-13　提交人员信息页面

在这个示例中，开发人员没有编写一行具体操作数据库的代码就轻松完成了数据库操作，这就是 JPA 的强大之处。

到此为止，已经通过一个简单的程序演示了如何利用 JPA 框架实现数据的持久化。现在来回顾一下利用 JPA 访问数据库需要做哪些工作。首先是要创建一个持久化单元，它来定义连接数据库的相关配置信息，这样 JPA 才知道如何与数据库建立连接。然后是创建 Entity 对象，对一个普通的 JavaBean 来说，利用注解@entity 和@ID 可以轻松声明一个 Entity。最后是获取 EntityManager 实例，在 Java EE 环境中应用服务器可以直接将 EntityManager 实例注入到 Web 组件或 EJB 组件中，最后调用 EntityManager 的方法完成对 Entity 的保存、更新和删除等操作。

注：在本节的示例中演示了如何在表现逻辑层组件 Managed Bean 中利用 JPA 来访问企业信息，这也是较常见的一种 Java EE 开发模式。

6.5 ORM

JPA 是一个 ORM 框架的标准规范，ORM 的核心就是实现 Java 对象与关系数据之间的映射，以便 Java 应用可以在 Java 对象与关系数据之间进行无缝操作。

将 Java 对象与关系数据进行映射是件复杂的事情，因为它们毕竟是两个不同的领域。幸好 JPA 提供了一组强大的 ORM 语言，它们是一组注解，可以帮助开发人员灵活地实现 Java 对象与关系数据之间的映射。

注：要深入理解 ORM，最好对数据库系统相关知识有些初步了解。

6.5.1 Entity

为了将 Java 对象映射到关系数据，JPA 提出了 Entity。Entity 本质上还是一个 Java 类，但是它利用注解来通知 JPA 如何将自己映射到关系数据库中。在 Java 应用中还是像操作普通 Java 对象一样操作 Entity，至于如何将 Entity 的状态持久化到关系数据库，则由 JPA 来完成。借助于 JPA 的支持，Java 应用完全从 JDBC 数据库操作中解脱出来，大大提高了应用的开发效率和质量。

通过前面的示例已经知道，将 Java 对象映射到关系数据至少要为它添加两个注解：一个是@Entity，它用来告诉 JPA 实现这是一个 Entity，另外一个是@ID，它用来指定 Java 对象中的一个属性作为 Entity 映射到数据库中表的主键。因为数据库中的表必须包含一个主键。

虽然仅仅是给 Java 对象增加两个注解，但带来的变化却是一次质的飞跃。Java 对象与 Entity 之间有着本质的区别。Java 对象只能运行在虚拟机中，而 Entity 就像水陆两栖坦克一样，既可以像一个普通的Java对象一样运行在Java虚拟机中，又可以作为关系数据持久化保存到数据库中。正是依靠Entity的这种跨越 Java 和关系数据库两大空间的生命周期特性，才帮助开发人员实现了面向对象的 Java 应用与关系数据库两个世界的无缝连接。

JPA 默认将 Entity 类名作为数据库中对应的表名，如果开发人员希望将 Entity 类对应的表定制为其他名称，则只需要增加另外一个注解@Table 即可，如下代码片段所示：

```
@Entity
@Table (name="customer")
public class Person  {
......
}
```

在应用部署时，JPA 实现将根据 Entity 注解创建名为 customer 的表。

在创建表时，根据持久化单元配置信息的不同，有两种执行策略：一种是如果相同名称的表已经存在，则忽略此操作；另外一种策略是如果相同名称的表已经存在，则删除它，然后创建一个新的表作为实体类的映射。

注：在实际应用开发中，Entity 经常被作为 EJB 商业方法的参数进行远程传递，此时要求 Entity 必须实现 Serializable 接口。

6.5.2 主键

利用@ID 标记为主键的属性的值，必须保证唯一性。如果依靠开发人员来手动设置主键属性的值，将是一件困难的事情。因此 JPA 提供了注解@GenerateValue 来自动生成主键，省去了开发人员手动设置主键值的麻烦。注解@GenerateValue 支持 Table、Sequence、Identity 和 Auto 四种主键自动生成策略。

（1）Table 策略

在这种策略下，JPA 实现使用关系型数据库中的一个表（Table）来生成主键。这种策略可移植性比较好，所有的关系型数据库都支持这种策略。

（2）Sequence 策略

一些数据库例如 Oralce，提供一种内置的叫做“序列”（sequence）的机制来生成主键。但不是所有数据库都支持序列机制。

（3）Identity 策略

一些数据库，用一个 Identity 列（即自动增长列）来生成主键。由于是采用自动增长列，因此，Entity 中作为主键映射的属性的有效类型只能是 BIGINT、INT 和 SMALLINT。

（4）Auto 策略

它是 JPA 实现的默认主键生成策略。使用 AUTO 策略就是将主键生成的策略交给 JPA 实现来决定，由它从 Table 策略、Sequence 策略和 Identity 策略中选择合适的主键生成策略。不同的 JPA 实现使用不同的策略，例如在 Galssfish Server 中的 JPA 默认实现 EclipseLink 使用的是 Table 策略。

6.5.3 复合主键

在对象关系映射模型中，使用单独的一个字段作为主键是一种常见的方法，但是在实际应用中，有时单独一个字段是无法唯一确定一个实例的。这就必须使用两个或两个以上的字段作为主键，称为复合主键。那么如何来声明复合主键呢？为了解决这种问题，JPA2.0 中提出了一个新的注解@EmbeddedId。它需要将用做主键的字段单独放在一个主键类里。由于主键必须承担起比较和索引的功能，因此该主键类必须重写 equals 和 hashCode 方法。另外，主键经常作为方法调用的参数，因此，还必须实现 Serializable 接口。

假设在一个电子商务应用中，一个订单需要日期和流水号两个字段来唯一确定，下面首先创建代表订单信息的复合主键的类 OrderID，代码如程序 6-5 所示。

程序 6-5：OrderID.java

```
package com.jpa.demo;
import java.io.Serializable;
import java.util.Date;
import javax.persistence.Embeddable;
@Embeddable
public class OrderID implements Serializable {
    private Date CreateDate;
    public Date getCreateDate() {
        return CreateDate;
    }
    public void setCreateDate(Date CreateDate) {
        this.CreateDate = CreateDate;
    }
    public long getSN() {
        return SN;
    }
    public void setSN(long SN) {
        this.SN = SN;
    }
    private long  SN;
  @Override
    public boolean equals(Object obj) {
        if (obj == null) {
            return false;
        }
        if (getClass() != obj.getClass()) {
            return false;
        }
        final OrderID other = (OrderID) obj;
        if (this.CreateDate != other.CreateDate) {
            return false;
        }
        if (this.SN != other.SN) {
            return false;
        }
        return true;
    }
    @Override
    public int hashCode() {
        int hash = 1;
        return hash;
    }
}
```

程序说明：由于仅仅是作为 Entity 的主键类，因此这里采用注解@Embeddable，而不是@Entity 对类进行标记，这样在 JPA 进行持久化时，它将不会映射到单独一个表中。此外类中还重写了 hashCode () 和 equals ()方法，因为该类被用做主键，必须有一种判定它们是否相等并且唯一的途径。

下面看如何使用主键类，完整代码如程序 6-6 所示。

程序 6-6：MyOrder.java

```
package com.jpa.demo;
import java.io.Serializable;
import javax.persistence.EmbeddedId;
import javax.persistence.Entity;
@Entity
public class MyOrder implements Serializable {
    private static final long serialVersionUID = 1L;
   @EmbeddedId
    OrderID oid;
    private int quantity;
    private double price;
    @Override
    public int hashCode() {
        int hash = 0;
        hash += (oid != null ? oid.hashCode() : 0);
        return hash;
    }
    ……
    @Override
    public boolean equals(Object object) {
           if (!(object instanceof Student)) {
            return false;
        }
       MyOrder other = (MyOrder) object;
        if ((this.oid == null && other.oid != null) || (this.oid != null &&
        !this.oid.equals(other.oid))) {
            return false;
        }
        return true;
    }
    @Override
    public String toString() {
        return "com.jpa.demo.Oder[ id=" + oid + " ]";
    }
}
```

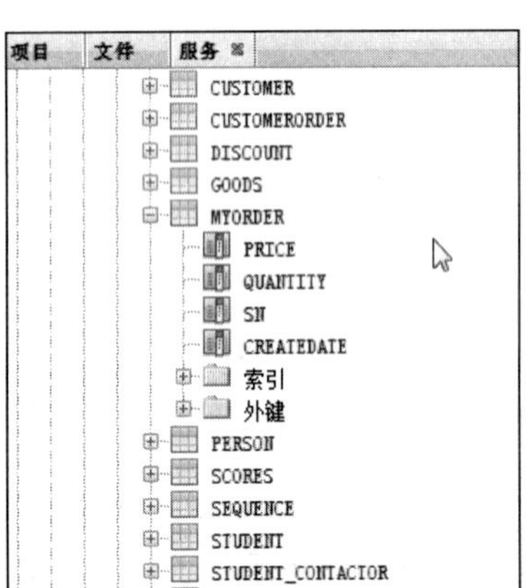

图 6-14　JPA 根据 Entity 自动创建的表

程序说明：在 Entity 中，利用注解@EmbeddedId 在 OrderID 类型的属性前进行注解，即可声明 Entity 的主键为类 OrderID 的实例。还有两点值得说明，由于 Entity 经常需要作为传输传递，因此通常需要 Entity 实现 Serializable 接口。另外，经常需要对 Entity 进行查找等工作，因此还要实现 equals 方法和 hashCode 方法。

部署应用，在部署过程中，Java EE 应用服务器将为实体 MyOder 自动创建一个表 myorder，切换到【服务】视图，查看数据库信息，如图 6-14 所示。

可以看到主键类中的属性 createdate 和 sn 和 Entity Myorder 中的属性 price 和 quantity 统一被映射到表 MyOrder 中，并不存在一个单独的表 OrderID。

对于复合主键，就不能够像简单对象类型一样利用 JPA 的@GenerateValue 来自动生成了。下面创建一个 Servlet 来演示如何创建复合主键，代码如程序 6-7 所示。

程序 6-7：CreateOrderServlet.java

```
package com.jpa.demo;
......
@WebServlet(name = "CreateOrderServlet", urlPatterns = {"/CreateOrderServlet"})
public class CreateOrderServlet extends HttpServlet {
   @PersistenceContext(unitName = "MyJPADemoPU")
   private EntityManager em;
   @Resource
   private javax.transaction.UserTransaction utx;
   protected void processRequest(HttpServletRequest request, HttpServletResponse
response)
         throws ServletException, IOException {
      response.setContentType("text/html;charset=UTF-8");
      PrintWriter out = response.getWriter();
      try {
         OrderID oid = new OrderID();
         oid.setCreateDate(new java.util.Date());
         oid.setSN(1);
         MyOrder s = new MyOrder();
         s.setOid(oid);
         s.setPrice(55.8);
         s.setQuantity(10);
         //begin a transaction
         utx.begin();
         MyOrder temp = em.find(MyOrder.class, oid);
         if (temp == null) {
            em.persist(s);
         }
         utx.commit();
      } catch (Exception ex) {
         throw new ServletException(ex);
      }
   }
......
}
```

程序说明：可以看到，对于复合主键，只能由开发人员手动设置。首先创建一个主键类，然后以此为参数，创建一个 Entity 类。也可以此主键类作为参数，调用 EntityManager 的 find 方法进行查找，此时在底层将会调用主键类的 hashcode 方法和 equals 方法。

注：@EmbeddedId 在 Entity 中声明复合主键，而@Embeddable 声明代表复合主键的 Entity，二者不要混淆。

6.5.4 属性

1. @Column

JPA 默认将 Entity 中的简单类型的属性映射到表中的字段，开发人员可以利用@Column 来对这一映射过程进行定制。@Column 的常用属性如下所示。

- name = 可选，列名（默认值为属性名）。

- unique = 可选，是否在该列上设置唯一约束（默认 false）。
- nullable = 可选，是否设置该列的值可以为空（默认 true）。
- insertable = 可选，该列是否作为生成的 insert 语句中的一列（默认 true）。
- updateable = 可选，该列是否作为生成的 update 语句中的一列（默认 true）。
- length = 可选，列长度（默认 255）。
- precision = 可选，列十进制精度（默认 0）。
- scale = 可选，如果列十进制数值范围可用，在此设置（默认 0）。

例如，如果需要限制实体 MyOrder 中的属性 price 不为空，可以采用以下的代码：

```
@Column (nullable=false)
private double price;
```

此时，如果将 price 属性为 null 的 Entity 状态同步到数据库中，将会有意外抛出。

2. @Temporal

在 Java 中，有关时间日期类型的类型可以是 java.sql 包下的 java.sql.Date、java.sql.Time 和 java.sql.Timestamp，或者是 java.util 包下的 java.util.Date 和 java.util.Calendar。对于 java.sql 包，可按照简单类型进行转换，无需特别处理。但如果使用 java.util 包中的时间日期类型，则必须额外标注@Temporal 注解来说明转化成 java.sql 包中的哪种类型。在 6.5.3 节的实体 OrderID 中的属性 createDate 便是如此。

java.sql.Date、java.sql.Time 和 java.sql.Timestamp 这三种类型不同，它们表示时间的精确度不同。三者的区别如表 6-3 所示。

表 6-3 关于时间类型的说明

类 型	说 明
java.sql.Date	日期型，精确到年月日，例如“2008-08-08”
java.sql.Time	时间型，精确到时分秒，例如“20:00:00”
java.sql.Timestamp	时间戳，精确到纳秒，例如“2008-08-08 20:00:00.000000001”

3. @Transient

假设 Entity MyOrder 中包含一个属性 sum，代表订单的总价，因为已经有了代表单价的 price 属性和代表数量的 quantity 属性，因此，sum 属性不需要持久化，仅仅是用来方便客户访问，此时只需要通过注解@Transient 标记 sum 属性即可，则 JPA 不会在关系数据库表中创建一个与属性 sum 对应的映射字段。示例代码片段如下：

```
@Transient
private double sum;
```

4. @Lob

通常对于图片，长文本等大数据对象，数据库将采用特殊的处理方式，如数据流等进行操作，并在数据库中保存为 Clob（Character Large Ojects）或 Blob（Binary large Dbjeats）类型的字段。对于 Entity 中的大数据对象，为了 JPA 能够正确处理，可以通过@Lob 注解来标注。例如 Person 实体增加了一个属性 portrait，用于保存人员的头像图片；增加了一个属性 meno，用于保存一些长文本的备注信息。相应的代码如下所示。

```
......
private byte[] portrait;
 @Lob
 @Basic(fetch = FetchType.LAZY)
 public byte[] getPortrait() {
```

```
        return portrait;
    }
    public void setPortrait(byte[] portrait) {
        this.portrait = portrait;
    }
    private String meno;
    @Lob
    @Basic(fetch = FetchType.LAZY)
    public String getMeno() {
        return meno;
    }
    public void setMeno(String meno) {
        this.meno = meno;
    }
```

说明：因为这两种类型的数据一般占用的内存空间比较大，所以通常使用惰性加载的方式，所以一般都要与@ Basic 注解同时使用，设置加载方式为 FetchType.LAZY。

Entity 中 char[]、Character[]，或者 String 类型的属性通常映射为 Clob 类型的字段。

Entity 中 byte[]、Byte[]，或者实现了 Serializable 接口的对象类通常映射为 Blob 类型的字段。

5. @ElementCollection

Entity 中往往还包含一类多值属性，称为集合属性。例如，一个学生可能有几个联系人信息，学生信息中可能还包含多门功课的成绩等。但是对于数据库中的一条记录来说，一个字段只能包含一个值。那么如何实现二者之间的映射呢？

JPA 提供了一组注解，它可将集合属性映射到一个单独的子表中，并且在子表与 Entity 表之间建立起关联关系。相关的注解如下所示。

@ElementCollection(fetch = FetchType.LAZY)：标识它是一个集合属性，注解的 fetch 定义属性初始化方式，必选。

@CollectionTable(name = "Tag")：定义集合属性映射的子表，可选，系统将默认将 Entity 对应的表名和属性名通过下画线连接作为表名。

@Column(name = "Value")：指定简单类型在表中的对应的字段名称。

对于 List 集合，可使用注解@OrderColumn 设置保存集合中元素顺序信息的属性的字段；对于 Map 集合，注解@MapKeyColumn 用来保存 Map 的 key 值。

下面在 Entity student 中增加一个代表学生联系人的 List 属性，增加一个代表成绩信息的 Map 属性，相应的代码片段如下所示。

```
@ElementCollection
@OrderColumn(name="con_ORDER")
private List<String> Contactor;
@ElementCollection
@CollectionTable(name = "Scores")
@MapKeyColumn(name = "subject")
@Column(name = "score")
private Map<String, String> scores;
```

部署应用，到数据库中查看对应的映射表中的字段信息是如何变化的。

6. @Enumerated

Entity 中可能还包含一些枚举类型，因为枚举类型有名称和值两个属性，所以在持久化时可以选择持久化名称或是持久化值。JPA 默认将枚举类型保存为 int 类型。为了增加可读性，可通过注解

@Enumerated 来设置枚举类型的属性保存类型。

假设存在枚举类型 StudentType 如下所示：

```
public enum StudentType {
            common, special
  }
```

若想让持久化时保存枚举类型的名称，则示例代码如下：

```
@Enumerated(EnumType.STRING)
public StudentType getType() {
  return type;
}
```

注：如果将枚举属性保存为 STRING，虽然从数据库中查询数据时非常直观，能够清楚地看出该类型所代表的含义，但是如果枚举类型的名称发生改变，则已经保存在数据库中的名称将不会随之改变。

6.5.5 关联映射

现实世界中，对象之间总是存在着复杂的关系，反映到 Java 应用中，表现为 Entity 之间的关联，具体表现为一个 Entity 中可以包含另外一个 Entity 或 Entity 集合。例如，一个 Customer 实体中包含一个 Address 实体来作为它的地址属性。JPA 提供了一系列的注解来定义 Entitiy 之间的关联映射。下面将详细展开如何实现 Entity 间的关联映射。

1．一对一

首先看最简单的映射关系，即一对一的关联映射。分别定义两个 Entity Customer 和 Address，代码分别如程序 6-8 和程序 6-9 所示。

程序 6-8：Customer.java

```
@Entity
public class Customer {
@Id @GeneratedValue
private Long id;
private String Name;
private String email;
private String phoneNumber;
Private Address address;
......
}
```

程序 6-9：Address.java

```
@Entity
public class Address {
@Id @GeneratedValue
private Long id;
private String street;
private String city;
private String state;
private String zipcode;
......
}
```

部署应用，切换到数据库查看，可以看到，在部署的过程中，JPA 已经自动创建了映射表 customer

和表 address，并且在两个表之间通过外键建立了关联，如图 6-15 所示。

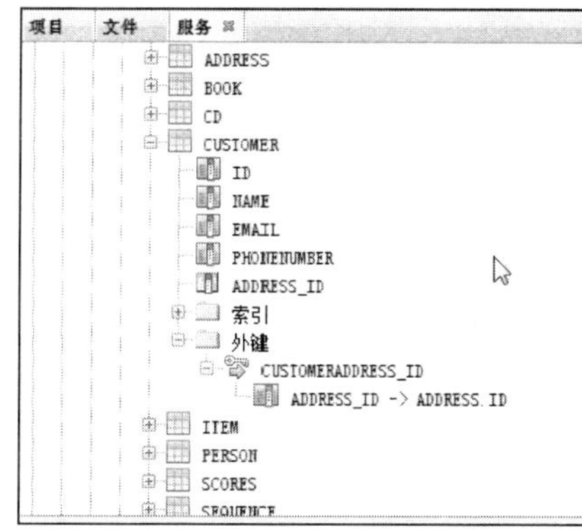

图 6-15　JPA 为 Entity 一对一关联自动建立外键映射

有时开发人员需要对这种默认的映射操作进行定制，因此 JPA 提供了一个标记@OneToOne，用来标记 Entity 间一对一的关系。它常用的属性如下。

- cascade：表示与此实体一对一关联的实体的级联操作类型。级联操作类型是当对实体进行操作时的策略，对相关联的实体的处理方式，它分为 CascadeType.PERSIST、CascadeType.MERGE 、 CascadeType.Remove 和 CascadeType.referesh 等几种类型。
- fetch 属性是该实体的加载方式，默认为及时加载 EAGER。即 Entity customer 被初始化时，它的实体属性 address 也同样被初始化。为了提高效率，也可以使用惰性加载 LAZY。
- optional 属性表示关联的该实体是否能够存在 null 值。默认为 true，表示可以存在 null 值。

使用注解@OneToOne 注解的 Customer 代码如程序 6-10 所示。

程序 6-10：Customer.java

```
@Entity
public class Customer {
@Id @GeneratedValue
private Long id;
private String Name;
private String email;
private String phoneNumber;
@OneToOne (fetch= FetchType.LAZY, optional=true)
Private Address address;
......
}
```

在上面的代码中，利用注解@OneToOne 设置了 Entity Customer 与 Entity Address 之间关联为可选，加载方式为 lazy。

之前假设 Entity Customer 与 Address 是单向的一对一的关联，即 Entity Customer 包含 Address 属性，但 Entity Address 中并不包含 Customer 属性，即 Address 并不知道它是属于哪个客户的地址。这种关联称为单向关联，其中 Entity Customer 称为关联的主端，Entity Address 称为关联的从端。

下面看一下一对一的双向关联。假设存在一个保存折扣信息 Entity Discount，用户既可以在 Entity Customer 中查询到对应的折扣信息，也可以在 Entity Discount 中查询到对应的客户信息。

修改 Entity Customer，增加如下代码片段：

```
@OneToOne
private Discount discount;
```

代表折扣信息的 Entity Discount 的代码如程序 6-11 所示。

程序 6-11：Discount.java

```
@Entity
public class Discount {
    @Id
    @GeneratedValue
```

```
        private Long id;
        double discountvalue;
        @Temporal(TemporalType.DATE)
        private Date validateperoid;
        @OneToOne(mappedBy = "discount")
    Customer cid;
    ……
    }
```

程序说明：在代码中，同样利用注解@OneToOne在要映射的Entity属性前进行标记，但是由于关联关系保存在Customer中，因此，只需要利用属性mappedby来指向Entity Discount对应的属性名称即可。

切换到【服务】视图查看数据库，可以看到Discount表中并不包含Customer表的主键，而在Customer表中增加了表Discount的主键作为外键。因为同一个信息只需要保存在一个位置即可。但是JPA在初始化Entity时，会根据表之间的外键关联，填充Entity Discount的相应属性来建立Entity间的关联关系。

2. 一对多

下面再看一对多关联的情况，一个顾客可能有多个订单信息。

下面首先创建Entity Order，代码如程序6-12所示。

程序6-12：Order.java

```
@Entity
public class Order {
@Id @GeneratedValue
private Long id;
 public Order() {
    }
@Temporal(TemporalType.DATE)
private Date orderdate;
private int  totalsum;
private String status;
……
}
```

接下来修改EntityCustomer来添加订单属性，增加如下代码：

```
private List<CustomerOrder> orders;
```

重新部署，切换到【服务】视图，查看数据库信息，可以看到，除了新增一个表CustomerOrder来作为Entity CusomerOrder的映射外，还增加了一个表Customer_CustomerOrder，它作为一个关联表，只包含两个Entity的主键作为其字段。可以看出，针对一对多映射，eclipselink的默认方式是使用连接表。

同样地，针对一对多映射，JPA也提供了注解@OneToMany来允许开发人员进行定制，修改Customer的代码，采用外键关联的方式来实现它与CustomerOrder之间的一对多映射。

修改后的代码片段如下：

```
@OneToMany
@JoinColumn(name = "customer_id")
private List<CustomerOrder> orders;
```

部署应用，重新查看数据库，由于改变了映射方式，JPA将删除掉二者之间的关联表，在CustomerOrder中增加一个名为customer_id的字段作为外键。

3．多对一

下面调整思路，将订单作为关系的拥有方，多个订单关联到一个顾客，那么需要在 Entity Order 中增加如下代码片段：

```
@ManyToOne
private Customer customerid;
```

同时在 Customer 中删掉如下代码：

```
private List<CustomerOrder> orders;
```

部署应用，重新查看数据库结构，可以看到，连接表消失，在 CustomerOrder 中新增了一个 customer_id 来作为外键。

进一步思考，如果希望建立 Customer 与 CustomerOrder 之间的双向关联，那么在 Customer 中应该怎么办呢？

其实，一对多和多对一是一种互逆的关系，在 Entity Customer 中修改代码如下：

```
@OneToMany( mappedBy="customerid")
private List<CustomerOrder> orders;
```

可以看到，与一对一的双向关联映射一样，在不保存关系的一端，利用注解的 mappedby 属性指向对端保存关联的字段名称即可。

4．多对多

Entity 之间还有一种更复杂的情况，即多对多的关联。假设一个学生可以选修多门功课，一门课程又可被多个学生选修，那么学生与课程之间就是典型的多对多的关系。

首先创建实体 Subject，代码如程序 6-13 所示。

程序 6-13：Subject.java

```
@Entity
public class Subject {
    @Id @GeneratedValue
private Long id;
  private  String name;
    public Subject() {
    }
private   List<Student> students;
}
```

下面创建实体 Student，对应的关联代码如下所示：

```
private List<Subject> subjects;
```

部署应用，查看数据库的内容，可以看到实体 student 对应的表的内容并没有增加新的字段，而是多了一个连接表 student_subject。对于多对多映射，通常采用连接表的方式实现。当然 JPA 也提供注解@ManyToMany 来允许开发人员定制多对多的映射关系，例如定制连接表的名称、连接表中字段的名称等，此处不再赘述。

6.5.6　加载方式

通过对前面的学习，已经知道 JPA 能够将 Entity 之间的关联通过外键、连接表等多种方式持久化到数据库中。反过来，JPA 也会根据数据库中的持久化信息初始化 Entity。由于 Entity 之间是存在关联的，那么对于 Entity 关联的其他 Entity 属性，在初始化时是否也要一起加载呢？

这涉及到一个系统性能的平衡问题。JPA 支持如下两种类型的加载方式。

- EAGER：主动加载。这种方式下，关联的 Entity 属性也将一起被初始化。这样就能快速响应客户的请求，因为数据是已经准备好的，无需根据客户请求临时访问数据库信息并加载。但这种方式也会带来严重的性能问题。假设 Entity 之间的关联关系比较复杂，一个 Entity 的初始化很可能导致一系列相关的 Entity 都要实现初始化操作，形成所谓的"牵一发而动全身"的效应。
- LAZY：被动加载。在这种方式下，只有关联的 Entity 属性被访问时，才去加载相应的 Entity 对象。这样能够确保 Entity 初始化的效率。但是面对频繁的访问，每次都要临时去访问数据库来加载信息，对客户的响应可能不够及时。

针对不同的关联，JPA 默认的加载方式如表 6-4 所示。

表 6-4　JPA 默认加载方式

关联类型	加载方式
@OneToOne	EAGER
@ManyToOne	EAGER
@OneToMany	LAZY
@ManyToMany	LAZY

但是开发人员可以通过属性来定制关联映射的加载方式，以 student 与 subject 的关联为例，

```
@ManyToMany( fetch = FetchType.EAGER)
private List<Subject> subjects;
```

那么在初始化 Entity student 时，将会同时初始化它的 Entity 属性 subjects。

6.5.7 顺序

在一对多和多对多的映射中，对于加载的多个 Entity，可以按照指定地顺序进行加载，只需要增加注解@OrderBy 即可。还是以 Entity student 和 Entity subject 之间的多对多的关联为例，示例代码片段如下：

```
@ManyToMany( fetch = FetchType.EAGER)
@OrderBy("name DESC")
private List<Subject> subjects;
```

6.5.8 继承映射

对象的一大特性就是继承性，而关系型数据库中的表与表之间的关系，并没有这种继承关系，不能说一张表继承另一张表，它们之间的关系只是关联关系。现在 JPA 要将 Entity 映射到关系数据中，那么 Entity 的继承关系是如何映射到数据库中的呢。JPA 规范中提供了三种不同的策略来实现继承映射。

- Single-table 策略。这是继承映射中的默认策略，在不特别指明的情况下，系统默认就是采用这种映射策略进行映射的。这个策略的映射原则就是将父类以及子类中新添加的属性全部映射到一张数据库表中，另外又在表中增加一个字段用来保存对象的类型信息。
- Joined-subclass 策略。这种映射策略中，继承关系中的每一个 Entity 类，无论是具体类或者抽象类，数据库中都有一个单独的表与它对应。子 Entity 对应的表中不含有从根 Entity 继承而来的属性，它们之间通过共享主键的方式进行关联。
- Table-per-concrete-class 策略。这种策略就是将继承关系中的每一个 Entity 映射到数据库中的一个单独的表中，与"Joined-subclass"策略不同的是，子 Entity 对应的表中含有从根 Entity 继承而来的属性。

当 Entity 之间有继承关系的时候，JPA 2.0 中只需要在这个根 Entity 上添加注解@Inheritance，并且指明想要采用的映射策略就可以了。如果不标记任何注解，则继承映射默认就是采用 Single-table 策略。

假设在一个商店应用中，有一个代表商品的基类，它包含商品的基本属性，如价格、名称和描述

信息等。对应的 Entity 代码如程序 6-14 所示。

程序 6-14：Goods.java

```
@Entity
@Inheritance(strategy = InheritanceType.TABLE_PER_CLASS)
public class Goods {
@Id @GeneratedValue
protected Long id;
@Column(nullable = false)
protected String title;
@Column(nullable = false)
protected Float price;
protected String description;
// Constructors, getters, setters
......
}
```

下面定义两个 Entity Book 和 CD，代码分别如程序 6-15 和 6-16 所示。

程序 6-15：Book.java

```
@Entity
public class Book extends Goods {
private String isbn;
private String publisher;
private Integer nbOfPage;
private Boolean illustrations;
// Constructors, getters, setters
}
```

程序 6-16：CD.java

```
@Entity
public class CD extends Goods {
private String musicCompany;
private Integer numberOfCDs;
private Float totalDuration;
private String gender;
// Constructors, getters, setters
}
```

部署应用，查看数据库，看看表 Goods 都包含哪些字段。可以看到除了 goods、book 和 CD entity 中对应的属性外，还增加了一个 DType 字段来保存 entity 的类型信息。可在程序 6-14 中修改注解 @Inheritance 的 strategy 属性，重新部署，看看 JPA 创建的映射表会有什么不同。

6.6　Entity 管理

尽管通过 ORM 语言可以在 Entity 对象与关系数据之间建立映射关系，但是并不意味着它们之间可以自动进行同步操作。为此，JPA 提供了一个 EntityManager 来管理和维护 Entity 状态以及实现 Entity 与关系数据之间的同步操作。

6.6.1　获取 EntityManager

要管理 Entity，第一步是获取 EntityManager。在 Java EE 应用中，EntityManager 通常由应用服务

器注入到 Web 组件或 EJB 组件中。在 6.4.3 节已经演示了在 Managed Bean 中如何获取 EntityManager，其实在 EJB 组件中也是如此。

6.6.2 持久化上下文

获取到 EntityManager 后，就可以调用其 API 来对 Entity 进行操作。为了更好地理解 EntityManager 对 Entity 的管理，有必要引入一个重要的概念：持久化上下文。它可以看做是 EntityManager 工作的一个空间，也可以看做是数据库中数据的一个缓存。EntityManager 管理的 Entity 都保存在这个上下文中，对于数据库中的数据，在同一个持久化上下文中只能包含一个对应的 Entity。EntityManager 对 Entity 的任何操作都是首先保存到持久化上下文，最后才更新到数据库中，对于 Entity 信息的查找，也是首先在持久化上下文中检索，然后再去数据库中查找。

那么持久化上下文是何时创建，又是何时销毁的呢？持久化上下文分为两种类型，一是事务范围的，它与一个事务绑定在一起，如图 6-16 所示。EntityManager 在对 Entity 进行操作之前，首先查看是否存在一个事务，如果没有，则要求开发人员必须创建一个，否则将抛出异常信息。然后查看在当前事务中是否存在持久化上下文，如果没有，则创建一个，并将它与当前的事务绑定在一起，之后对 Entity 的任何操作都只是保存在持久化上下文中。当事务被提交时，持久化上下文中的 Entity 被同步到数据库中，同时持久化上下文被销毁。

另外一种类型的为扩展范围的持久化上下文，它是专门应用在有状态会话 Bean 中的，当有状态会话 Bean 移除时，持久化上下文中的 Entity 才会同步到数据库中，持久化上下文才被销毁。

注：关于有状态会话 Bean 将在 7.4 节详细介绍。

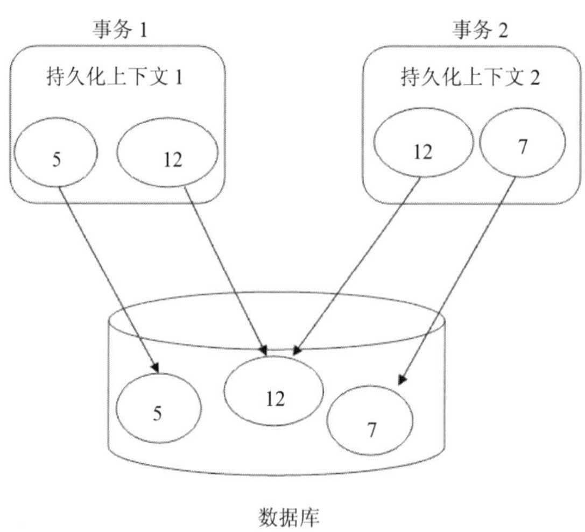

图 6-16　基于事务的持久化上下文

6.6.3 Entity 操作

作为关系数据在 Java 虚拟机中的映像，Entity 具有多种状态和复杂的生命周期过程，EntityManager 提供了对 Entity 的一系列的操作方法，这些操作方法将导致 Entity 状态的变化，并影响到关系数据库中的存储。

1. 新增

如果希望通过 JPA 在关系数据库中新增信息，则首先在 Java 应用中新建一个 Entity，此时 Entity 的状态为 New，Entity 并没有被保存到持久化上下文中，在关系数据库中也不存在 Entity 对应的记录信息。

调用 EntityManager 的 persist 方法，将 Entity 保存到持久化上下文，此时 Entity 的状态变为 Managed。注意，此时仅仅是将 Entity 保存到持久化上下文中，并不是立即插入到数据库中。只有当事务提交时，才在数据库中创建对应的持久化信息，同时持久化上下文中的内容被清空。

为了演示 Entity 操作，创建 Servlet 组件 EntityOPServlet。以 Entity Customer 和 Address 为例，相应的代码片段如如程序 6-17 所示。

程序 6-17：EntityOPServlet.java

```
@WebServlet(name = "EntityOPServlet", urlPatterns = {"/EntityOPServlet"})
public class EntityOPServlet extends HttpServlet {
   @PersistenceContext(unitName = "MyJPADemoPU")
   private EntityManager em;
   @Resource
   private javax.transaction.UserTransaction utx;
    protected void processRequest(HttpServletRequest request, HttpServletResponse
response)
            throws ServletException, IOException {
         response.setContentType("text/html;charset=UTF-8");
         try {
            Customer c = new Customer();
            c.setName("hyl");
            c.setEmail("a@163.com");
            c.setPhoneNumber("1234567");
            Address a = new Address();
            a.setCity("beijing");
            a.setState("bj");
            a.setStreet("changan street");
            c.setAddress(a);
            utx.begin();
            em.persist(c);
            em.persist(a);
            utx.commit();
            LOG.info("Customer ID:" + c.getId());
            LOG.info("Address ID:" + a.getId());
         } catch (Exception ex) {
        Logger.getLogger(EntityOPServlet.class.getName()).log(Level.SEVERE, null,
ex);
         } finally {
         }
      }
      private static final Logger LOG = Logger.getLogger(EntityOPServlet.class.
getName());
 }
```

程序说明：在上面的代码中，以资源注入的方式获得 EntityManager 实例 em 和 UserTransaction 实例 utx。在方法 processRequest 中分别创建两个 Entity Customer 和 Address，由于 Entity 的 id 采用自动创建策略，因此不需要手动赋值。创建完毕后开始事务 utx，调用 em 的方法 persist。当 utx 提交后，Entity 状态便持久化到关系数据库中。在 NetBeans 的【输出】窗口的【GlassFish Server】视图，可以看到运行日志输出的 Entity 的 ID 信息。

注： 在上面的代码中先持久化保存 customer，然后才持久化保存 address。直观感觉，customer 中应该保存 address 的 id 作为外键的。而在 address 保存到数据库中之前，是无法获取它的 id 的，但是

上面的代码并没有产生意外？为什么呢？

原因还是在于持久化上下文。EntityManager 的 persist 方法并不是直接导致执行插入数据的 sql 语句执行，而是首先缓存到持久化上下文中，当事务提交时，JPA 会根据 entity 之间的依赖关系，首先持久化 address，然后再持久化 customer。

2．查询

find 方法用来查询 Entity。方法的第一个参数为 Entity 类型，第二个参数为 Entity 的 id。如下代码所示：

```
Address ad = em.find(Address.class, 2L);
```

另外，还有一个方法 getReference()与 find 方法具有类似的功能，如下代码片段所示：

```
Address ad = em.getReference(Address.class, 2L);
```

当在数据库中没有找到记录时，getReference()和 find()是有区别的，find()方法会返回 null，而 getReference()方法会抛出 javax.persistence.EntityNotFoundException。另外 getReference()方法不保证 Entity 已被初始化。

getReference 在下面这种情况下是有意义的，它能够优化应用性能。

```
Address ad = em.getReference(Address.class, 2L);
Customer c2 = new Customer();
c2.setName("Peter");
c2.setAddress(ad);
utx.begin();
em.persist(c2);
em.persist(ad);
utx.commit();
```

在上面的代码中，不需要 Entity Address 的完整信息，只需要引用它来作为 Customer 的属性。

还有一点需要特别声明，在同一个持久化上下文中，同一关系数据只能存在一个对应的 Entity。因此，不管调用多少次 find 方法来查询 Entity，持久化上下文中只能存在一个对应的 Entity 实例。

3．修改

当 Entity 处于 Managed 状态（此时 Entity 一定处在持久化上下文中）时，可以调用 Entity 的 set 方法对 Entity 进行修改。尽管此时 Entity 的状态已经改变，但是 Entity 对应的数据库中的记录内容仍没有改变。只有当事务提交时，持久化上下文中的 Entity 的状态才被同步到数据库中，对 Entity 所做的修改才被持久化保存。

修改程序 6-17 代码如程序 6-18 所示。

程序 6-18：EntityOPServlet.java

```
......
protected void processRequest(HttpServletRequest request, HttpServletResponse
response)
        throws ServletException, IOException {
    response.setContentType("text/html;charset=UTF-8");
    try {
        Customer c = em.find(Customer.class, 1L);
        LOG.info("Customer c Name:" + c.getName());
        c.setName("hyl");
        Customer c2 = em.find(Customer.class, 1L);
        LOG.info("Customer c2 Name:" + c2.getName());
```

```
            LOG.info("Customer c Name:" + c.getName());
        } catch (Exception ex) {
       Logger.getLogger(EntityOPServlet.class.getName()).log(Level.SEVERE, null,
ex);
        } finally {
        }
    }
    ......
```

运行程序 6-18，将得到如图 6-17 所示的运行结果。

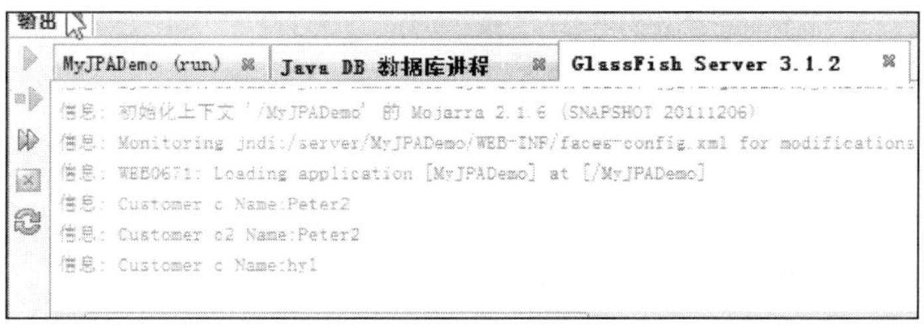

图 6-17　程序 6-18 运行日志

可以看到尽管调用 setName 方法修改了 Entity c，但是第二次调用 find 方法显示数据库中的信息仍旧没有改变。另外，之前获得的 Entity c 仍在内存中存在，它的状态信息也没有因为第二次调用 find 方法而受到影响。

下面进一步修改程序 6-18 的代码如程序 6-19 所示。

程序 6-19：EntityOPServlet.java

```
    ......
    protected void processRequest(HttpServletRequest request, HttpServletResponse
response)
            throws ServletException, IOException {
        response.setContentType("text/html;charset=UTF-8");
        try {
            utx.begin();
            Customer c = em.find(Customer.class, 1L);
            LOG.info("Customer c Name:" + c.getName());
            c.setName("hyl");
            Customer c2 = em.find(Customer.class, 1L);
            LOG.info("Customer c2 Name:" + c2.getName());
            LOG.info("Customer c Name:" + c.getName());
            utx.commit();
        } catch (Exception ex) {
       Logger.getLogger(EntityOPServlet.class.getName()).log(Level.SEVERE, null,
ex);
        } finally {
        }
    }
    ......
```

程序说明：与程序 6-18 相比，唯一的区别在于将 Entity 操作放在同一个事务中。

运行程序 6-19，将得到如图 6-18 所示的运行结果。

从图 6-18 中可以看出，第二次调用 find 方法竟然显示的是修改后的属性。此时还没有提交持久化上下文，为什么会这样呢？前面已经讲过，在一个持久化上下文中，同一 id 的 Entity 只能存在一个实例。在调用 find 方法时，它将首先在持久化上下文中查找 id 为 1L 的 entity。由于上面代码中两次 find 方法调用在同一个事务中，因此，当第二次调用 find 方法时，它将指向持久化上下文中的 Entity c，而不会到数据库中检索，因此，Entity c2 相当于 c 的引用，显示的属性信息当然与 Entity c 一致。

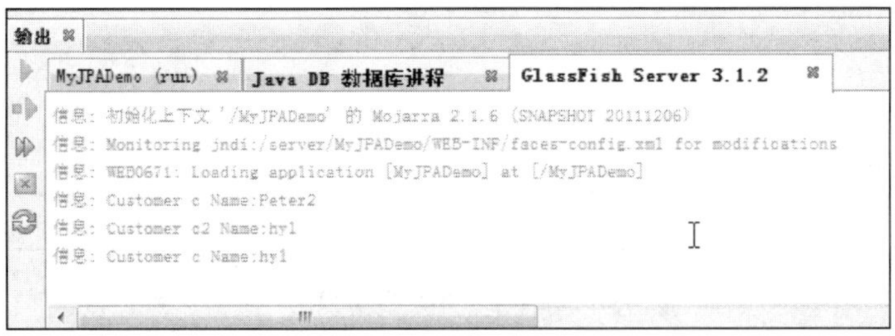

图 6-18　程序 6-19 运行日志

如果希望修改后的数据马上同步到数据库，可以调用 EntityManager 的 flush()方法，下面修改程序 6-19 的代码如程序 6-20 所示。

程序 6-20：EntityOPServlet.java

```
    ......
    protected void processRequest(HttpServletRequest request, HttpServletResponse
response)
                throws ServletException, IOException {
               try {
              Customer c = em.find(Customer.class, 1L);
              LOG.info("Customer c Name:" + c.getName());
               c.setName("Peter");
               utx.begin();
               em.flush();
               Customer c2 = em.find(Customer.class, 1L);
              LOG.info("Customer c2 Name:" + c2.getName());
              utx.commit();
         } catch (Exception ex) {
           Logger.getLogger(EntityOPServlet.class.getName()).log(Level.SEVERE, null,
ex);
            } finally {
            }
        }
    ......
```

程序说明：在上面的代码中，首先调用 EntityManager 的 find 方法查找之前创建的 id 为 1L 的 Entity，然后调用 Logger 的 info 方法来显示 Entity 的 name 属性，之后调用 set 方法来修改 name 属性。开启事务，调用 EntityManager 的 flush 方法后，第二次调用调用 find 方法并打印 entity 的 name 属性，最后提交事务。

运行程序，在 NetBeans 右下角【输出】窗口的【GlassFish Server】视图，可以看到程序运行时的日志输出，如图 6-19 所示。

出乎预料，即使在调用了 flush 之后，再一次查询 Entity 获得属性竟然没变。去数据库中查看，修改的 name 属性也没有被更新。这是怎么回事呢？

仔细一想，你就会明白，EntityManager 是与事务相关的，在调用 flush 方法之前调用了事务对象的 begin 方法，相当于新开启一个事务，则之前的持久化上下文被清空，包括调用 find 方法获取的 Entity c。这样数据库中的数据自然不会更新了。解决方法也很简单，只需要将上述操作放在一个事务中即可。

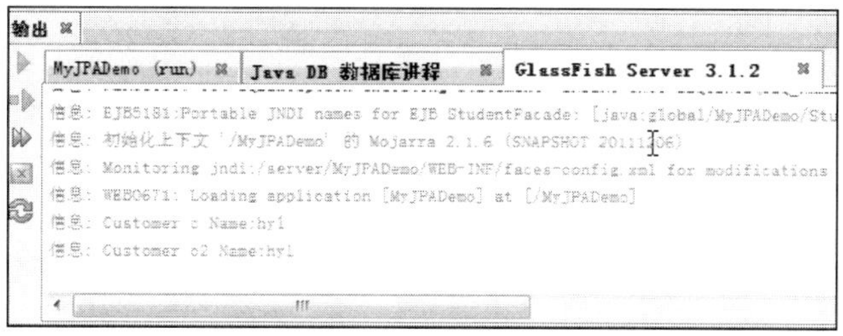

图 6-19　程序 6-20 运行日志

修改程序 6-20 的代码如程序 6-21 所示。

程序 6-21：EntityOPServlet.java

```
……
protected void processRequest(HttpServletRequest request, HttpServletResponse response)
        throws ServletException, IOException {
        try {
        utx.begin();
        Customer c = em.find(Customer.class, 1L);
        LOG.info("Customer c Name:" + c.getName());
        c.setName("Peter");
        em.flush();
        Customer c2 = em.find(Customer.class, 1L);
        LOG.info("Customer c2 Name:" + c2.getName());
        utx.commit();
    } catch (Exception ex) {
      Logger.getLogger(EntityOPServlet.class.getName()).log(Level.SEVERE, null, ex);
    } finally {
    }
}
……
```

重新运行程序，可以看到日志中显示的 Entity 属性已经修改，数据库中持久化保存的属性也已经修改。

除了上面的方法，还有一种修改方案。在程序 6-20 中，最初调用 find 方法获取的 Entity c 已经脱离了持久化上下文，此时它的状态变为 detached，只需要调用 merge 方法即可将其重新加入到新的持久化上下文中，这样，对 Entity 的修改就能够更新到数据库中。代码如程序 6-22 所示。

程序 6-22：EntityOPServlet.java

```
……
protected void processRequest(HttpServletRequest request, HttpServletResponse response)
        throws ServletException, IOException {
        try {
        Customer c = em.find(Customer.class, 1L);
        LOG.info("Customer c Name:" + c.getName());
        c.setName("Peter");
        utx.begin();
        em.merge(c);
        em.flush();
        Customer c2 = em.find(Customer.class, 1L);
```

```
            LOG.info("Customer c2 Name:" + c2.getName());
            utx.commit();
        } catch (Exception ex) {
          Logger.getLogger(EntityOPServlet.class.getName()).log(Level.SEVERE, null, 
ex);
          } finally {
          }
      }
    ......
```

运行程序 6-22，看看能否得到期望的结果。

4．删除

remove 方法将 Entity 从数据库中删除。同 persist 方法一样，也是只有等待事务提交时，对应的关系数据才能够从数据库中删除。此时 Entity 的状态将变为 Removed，但它作为一个普通的 Java 对象，仍然运行在 Java 虚拟机中，直到被垃圾回收。程序 6-23 演示了如何删除 Entity 对象。

程序 6-23：EntityOPServlet.java

```
    ......
    protected void processRequest(HttpServletRequest request, HttpServletResponse 
response)
              throws ServletException, IOException {
             try {
             utx.begin();
              Customer c = em.find(Customer.class, 1L);
              em.remove(c);
              utx.commit();
              LOG.info("Customer c Name:" + c.getName());
        } catch (Exception ex) {
          Logger.getLogger(EntityOPServlet.class.getName()).log(Level.SEVERE, null, ex);
          } finally {
          }
      }
    ......
```

运行程序 6-23，由于 Entity 删除后仍然作为普通 Java 对象存在，因此仍然可以看到正常输出的运行日志。但是查看数据库，对应的关系数据已经被删除。

说明：除了以上基本操作外，EntityManager 还提供了其他一些有用的方法，如调用 refresh()方法刷新 Entity、调用 Clear 方法可以清空持久化上下文、调用 contains 方法可以判断持久化上下文中是否存在指定的 Entity，及调用 detach 方法可以将 entity 强行剥离出持久化上下文等。

现在总结一下 Entity 的状态以及对应的操作之间的关系。EntityManager 管理下的 Entity 共有以下四个状态。

- New：已经创建了 Entity 的实例，但尚未与持久化上下文进行关联，更未实现与数据库中的信息的映射。
- Managed：Entity 已经与持久化上下文进行关联，且实现与数据库中的信息映射。当调用 EntityManager 的 persis()操作并将 new 状态下的 Entity 作为参数时，Entity 转换为 Managed 状态。此时对 Entity 的操作在事务提交或调用 EntityManager 的 flush()操作时将同步化到数据库中。
- Detached：Entity 实现数据库中的信息映射，但不再与持久化上下文进行关联。此时对 Entity 的操作将不会影响到数据库中持久化数据。

- Removed：Entity 对应的数据库中的数据已被删除。但在被垃圾回收之前，作为一个普通 Java 对象仍然可被访问。

Entity 的四种状态及它们在 EntityManager 操作下的转换关系如图 6-20 所示。

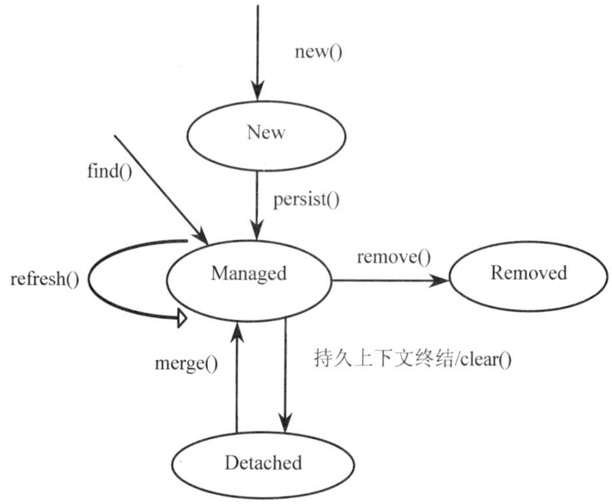

图 6-20　Entity 的生命状态及其转换

6.6.4　级联操作

在 6.5 节已经知道，Entity 之间存在着复杂的关联。因此在对 Entity 进行操作时，也必须对相关的 Entity 进行恰当的操作，才能保持数据的完整性。例如，Entity address 作为 Entity Customer 的属性，在 Entity Customer 保存时，为了确保数据完整性，也应该将 Entity address 一起保存才对。

默认地，Entity 管理操作只对作为参数的实体有效。为了解决这一难题，JPA 提供了级联操作机制。关联注解@OneToOne、@OneToMany、@ManyToOne、和@ManyToMany 都支持一个属性 cascade，它用来定义关联主体进行操作时，关联的另一端如何进行相关的响应。

级联操作的类型如下。

- CascadeType.PERSIST：当关联的主端保存时，关联的从端也一起保存。
- CascadeType.MERGE：当关联的主端修改时，关联的从端也一起修改。
- CascadeType.REMOVE：当关联的主端删除时，关联的从端也一起删除。
- CascadeType.REFRESH：当关联的主端刷新时，关联的从端也一起刷新。
- CascadeType.DETACH: 当关联的主端被剥离，关联的从端也一起被剥离。
- CascadeType.ALL：当关联的主端执行任何 Entity 管理操作，关联的从端也一起执行相应的 Entity 管理操作。

下面以 Entity Customer 和 Entity Address 为例，来演示 Entity 管理时如何实现级联操作。

首先在 Entity 中修改注解@OneToOne，增加级联操作属性，代码如下所示：

```
@OneToOne( cascade=CascadeType.PERSIST)
private Address address;
```

下面在程序 6-17 的代码基础上，来通过级联操作实现新增 Entity Customer，代码如程序 6-24 所示。

程序 6-24：EntityOPServlet.java

```
    ......
    protected void processRequest(HttpServletRequest request, HttpServletResponse
response)
```

```
            throws ServletException, IOException {
        response.setContentType("text/html;charset=UTF-8");
        try {
            Customer c = new Customer();
            c.setName("zx");
            c.setEmail("zx@163.com");
            c.setPhoneNumber("www");
            Address a = new Address();
            a.setCity("beijing");
            a.setState("bj");
            a.setStreet("changan street 2");
            c.setAddress(a);
            utx.begin();
            em.persist(c);
            utx.commit();
        } catch (Exception ex) {
          Logger.getLogger(EntityOPServlet.class.getName()).log(Level.SEVERE,
null, ex);
        } finally {
        }
    }
    ......
```

程序说明：与程序 6-17 相比，缺少了调用 Entitymanager 的 persist 方法来保存 Entity Address 这一行。

运行程序 6-24，然后查看数据库，可以看到，Entity Customer 和 Address 都已经被成功地保存到关系数据库中。这是由于通过设置关联注解的级联操作属性 cascade，使得 JTA 在保存 Entity Customer 时也自动保存了关联的 Entity Address。

使用级联操作时要特别注意，级联操作只能从主端到从端的方向进行。以下面的场景为例，假设要删除 id 为 2 的 address，代码如下：

```
Address a = em.find(Address.class, 2L);
em.remove(2);
```

如果存在以 id 为 2 的 addrss 实例关联的 Entity customer，则上述代码执行时将会因为违反完整性而抛出意外。此时必须手动删除与此 Entity 之间的关联，代码片段如下所示：

```
Customer c = em.find(Customer.class, 2L);
Address a = c.getAddress();
c.setAddress(null);
em.remove(a);
```

6.7 JPQL

在 6.6 节 EntityManager 提供的操作都是针对单个 Entity 的，在实际应用中往往需要对大量 Entity 进行查询、更新、删除等操作。主流的关系数据库都支持一种称为 SQL 的语言来操作数据库中的信息，同样，为了方便操作多个 Entity，JPA 也提供了一套与数据库无关的基于 Entity 的查询语言，称为 JPQL。

为了使开发人员更容易接受，JPQL 采用与 SQL 一致的语法，但两者之间有一个重要的区别。SQL 语言操作的是关系数据库模型，包括表、字段、约束等，而 JPQL 操作的是抽象持久化模型，包括 Entity、属性、关联等。

下面是一个简单的 JPQL 语句：

Select b from Customer b

可以看出它与 SQL 语句很相识，只不过关键词 select 后面跟的是 Entity 的别名，关键词 from 后面跟的也是 Entity 的名称。

值得一提的是，虽然被称为查询语言，JPQL 同样也支持更新和删除操作。下面是使用 UPDATE 语法来更新信息：

UPDATE Customer u SET u.name='jerry' WHERE u.name='tom'

也可以利用 DELETE 来删除 Entity，例如：

DELETE Customer　u WHERE u.name='tom'

注： JPQL 语句中除了 Java 类和属性名称外，其余都是大小写不敏感的。

6.7.1　动态查询

使用 JPQL 最简单也是最基本的方法便是在代码中调用 EntityManager 的 createQuery 来动态创建一个 query 对象。代码片段如下所示：

```
Query  query = em.createQuery("SELECT c FROM Customer c")
```

说明： 如果是 update 或 delete 查询，则调用 EntityManager 的 executeUpdate 方法。

要想获得查询结果，调用 Query 的 getResultList()获得全部 Entity 集合，或者调用 getSingleResult()获得符合条件的第一个 Entity。

注： 在使用 getSingleResult()方法时要确保能够返回 1 个且仅能返回 1 个 Entity，否则将会抛出意外。

下面以查询 Entity Customer 为例，代码如程序 6-25 所示。

程序 6-25：QueryServlet.java

```
package com.jpa.demo;
......
@WebServlet(name = "QueryServlet", urlPatterns = {"/QueryServlet"})
public class QueryServlet extends HttpServlet {
   @PersistenceContext(unitName = "MyJPADemoPU")
   private EntityManager em;
   @Resource
   private javax.transaction.UserTransaction utx;
   protected void processRequest(HttpServletRequest request, HttpServletResponse
response)
           throws ServletException, IOException {
       try {
             Query  query = em.createQuery("SELECT c FROM Customer c");
            List<Customer> cc= query.getResultList();
            for(int i=0;i<cc.size();i++){
               Customer temp=cc.get(i);
             System.out.print(temp.toString());
            }
         } finally {
          }
    }
......
}
```

程序说明：在上面的代码中，首先调用 EntityManager 的 createQuery 获得一个 Query，然后调用 Query 的 getResultList()获得全部 Entity 集合。为了将获取的 Entity 对象转换为 Customer，代码中使用了泛型。

其实，还有更好的解决办法。如果希望返回的数据类型是安全的，以本程序为例，将创建 Query 一行的代码改为如下：

```
    TypedQuery<Customer> query = em.createQuery("SELECT c FROM Customer c",
Customer.class);
```

作为返回结果的 Query 对象，如果查询结果的数据量非常大，为支持分页，可调用 setFirstResult()设置返回结果的起点位置，调用 setMaxResults()，设置每次返回 Entity 的最大数量。

6.7.2 参数设置

JPQL 语句支持两种方式的参数定义:命名参数和位置参数。但是在同一个查询语句中只允许使用一种参数定义方式。

命名参数的格式为：“: +参数 名”。如下代码所示：

```
Query query = em.createQuery("select c from Customer c where c. id=:Id");
query.setParameter("Id",new Integer(1));
```

位置参数的格式为：“?+位置编号”。 如下代码所示：

```
Query query = em.createQuery("select c from Customer c where c. id=?1");
query.setParameter(1,new Integer(1));
```

注：位置编号是从 1 开始计数。

如果需要传递 java.util.Date 或 java.util.Calendar 参数进行查询，则需要使用一个特殊的 setParameter()方法，代码片段如下所示：

```
Query query = em.createQuery(
"SELECT c from Customer  c WHERE c.birthday BETWEEN ?1 AND ?2")
  DateFormat dateFormat2 = new SimpleDateFormat("yyyy-MM-dd ");
  Date myDate1 = dateFormat2.parse("2000-09-1 ");
  Date myDate2 = dateFormat2.parse("2001-09-1 ");
  query.setParameter(1, myDate1, TemporalType.DATE);
  query.setParameter(2, myDate2, TemporalType.DATE)
```

JPA 最终将 JPQL 转换成本地的 SQL 语句。因为一个 Date 或 Calendar 对象能够描述一个真实的日期、时间或时间戳，所以开发人员需要告诉 Query 对象如何使用这些参数。将 javax.persistence. TemporalType 作为参数传递进 setParameter 方法，就是告诉查询接口在转换 java.util.Date 或 java.util.Calendar 参数到本地 SQL 时使用什么数据库类型。

6.7.3 命名查询

可以在 Entity 上通过@NamedQuery 或@NamedQueries 预先定义一个或多个查询语句，减少每次因书写错误而引起的 BUG，称为命名查询。开发人员可以把它看做数据库系统中的存储过程。

定义单个命名查询的代码如下：

```
......
@Entity
@NamedQuery(name="getCustomer", query="select c FROM Customer c  WHERE c.id=?1")
public class Customer {
```

```
@Id @GeneratedValue
……
```

如果要定义多个命名查询，示例代码如下：

```
……
@Entity
@NamedQueries({
@NamedQuery(name="getCustomer", query=" FROM Customer WHERE id=?1"),
@NamedQuery(name="getCustomerList", query="FROM Person WHERE age>?1")
})
public class Customer {
@Id @GeneratedValue
……
```

当命名查询定义好了之后，就可以通过名称执行其查询。代码片段如下：

```
Query query2 =em.createNamedQuery("getCustomer");
query2.setParameter(1, 51L);
Customer temp=(Customer)query2.getSingleResult();
System.out.print(temp.toString());
```

6.7.4 属性查询

查询通常都是针对 Entity 的，返回的也是被查询的 Entity 集合。JPQL 也允许查询返回 Entity 的部分属性，而不是整个 Entity。对于那些包含大量属性的 Entity，这种查询可以显著提高性能。但需要注意的是，此时 Query 返回的不再是 Entity 对象，而是一个对象数组。对于返回结果的操作就变得相对复杂一些。下面创建一个只返回 Entity Customer 的 id 和 name 属性的查询。

示例代码片段如下：

```
    Query query3 = em.createQuery("select  c.id,c.Name from Customer c order by c.id
desc ");
            List result = query3.getResultList();
            if (result != null) {
               Iterator iterator = result.iterator();
               while (iterator.hasNext()) {
                  Object[] row = (Object[]) iterator.next();
                  int id = Integer.parseInt(row[0].toString());
                  System.out.print(id);
                  String name = row[1].toString();
                  System.out.print(name);
             }
      }
```

6.7.5 使用构造器

为了方便对属性查询结果的操作，JPQL 支持将查询的属性结果直接作为一个 Entity 的构造器参数，来创建 Entity 作为结果返回。例如，上面的例子只获取 Entity Customer 的 name 和 id 属性，假设不希望返回的集合的元素是 object[]，而希望用一个类来包装它，则首先要创建对应的类 SimpleCustomer，代码如程序 6-26 所示。

程序 6-26：SimpleCustomer.java

```
package com.jpa.demo;
public class SimpleCustomer {
   private long id;
```

```
        private String Name;
        public SimpleCustomer() {
        }
        public SimpleCustomer(Long id, String Name) {
            this.id = id;
            this.Name = Name;
        }
    ……
    }
```

程序说明：由于不需要此类在关系数据库中映射，因此这个类不需要声明为 Entity。另外需要特别注意的是，JPQL 查询返回的是强类型的数据，因此，对于构造方法的参数应该采用基本类型的封装类 Long，而不是基本类型 long。

下面使用 SimpleCustomer 来封装查询返回的属性信息，示例代码如下所示：

```
    Query query3 = em.createQuery("select new com.jpa.demo.SimpleCustomer( c.id,c.Name) from Customer c order by c.id desc ");
                List result = query3.getResultList();
                if (result != null) {
                    Iterator iterator = result.iterator();
                    while (iterator.hasNext()) {
                        SimpleCustomer sc = (SimpleCustomer) iterator.next();

        System.out.print(sc);
        }
    }
```

注：在 JPQL 中对于 Entity 的类型要采用完整的类名。

6.8 基于 Criteria API 的安全查询

不管是 JPQL 还是 SQL，它们都是基于字符串的查询方式。这种方式的优点在于简洁，但存在一个很大的缺点，即如果查询字符串中存在语法错误，在应用编译时无法发现错误，只有到运行时才抛出异常。例如下面的代码：

```
    Query query3 = em.createQuery("select  c.id,c.name from Customer c order by c.id desc ");
```

仅仅因为 name 属性的第一个字母大小写的问题，就将导致数据库查询时意外抛出。而这种错误也是程序员最容易犯的。那么如何构建安全的查询呢？

于是 JPA 2.0 提出了 Criteria API。基于 Criteria API，Entity 查询对象不再是 Query 类，而是 CriteriaQuery，JPQL 中的每个关键字都变成了 CriteriaQuery 的方法，开发人员将全部采用方法调用的方式来一步步构建出 CriteriaQuery 对象。以下面的 JPQL 为例：

```
    SELECT c FROM Customer c WHERE c. Name = 'zx'
```

采用 Criteria API 的查询代码如程序 6-27 所示。

程序 6-27：QueryServlet.java

```
    ……
    protected void processRequest(HttpServletRequest request, HttpServletResponse response)
```

```
            throws ServletException, IOException {
        try {
            CriteriaBuilder builder = em.getCriteriaBuilder();
            CriteriaQuery<Customer> query = builder.createQuery(Customer.class);
            Root<Customer> c = query.from(Customer.class);
            query.select(c).where(builder.equal(c.get("Name"), "zx"));
            TypedQuery<Customer> typedQuery = em.createQuery(query);
            Customer temp = (Customer) typedQuery.getSingleResult();
            System.out.print(temp.toString());
        } finally {
        }
    }
    ......
```

程序说明：在上面的代码中，首先调用 EntityManager 的 getCriteriaBuilder()创建的 CriteriaBuilder，它是用来创建 CriteriaQuery 的工具；然后调用 CriteriaBuilder 的 createQuery 方法创建一个 CriteriaQuery；再后，分别调用 CriteriaQuery 的 from、select、where 等方法来完善 CriteriaQuery 实例，最终将 CriteriaQuery 实例作为参数传递到 EntityManager 的 createQuery，来创建 TypedQuery。之后的操作方式就跟 6.7 节的内容完全一致了。还要注意的是，CriteriaQuery 的 where 方法的参数，也是调用 CriteriaBuilder 来构建的一个表达式。

运行程序 6-27 看看是否能获得期望的结果。

可以看出，CriteriaQuery 的核心是创建一条 JPQL 语句，它将语句抽象化为对象 CriteriaQuery，JPQL 的关键词作为对象的方法，通过设置 CriteriaQuery 属性的方式来一步步构建出 CriteriaQuery。CriteriaBuilder 在这一构建过程中起着重要的支撑作用。

上面的代码是否完美地解决了 SQL 语句拼写错误的问题了呢？其实只是仅仅解决了一部分问题。在上面的代码中，对于 Entity 属性的调用仍然是 String 类型的参数，如果此参数值存在拼写错误，仍然会在运行阶段抛出运行异常。

那么到底该怎么办呢？Criteria API 要求每个 Entity 生成一个元模型类，元模型类描述 Entity 中每个属性的类型，描述属性类型的元模型中的属性都是字符型，且名称与 Entity 的属性名称完全一致，这样在构建 CriteriaQuery 时可通过元模型类的属性，免去了输入 String 类型 Entity 属性时拼写错误带来的风险，而且 CriteriaBuilder 还能够知道属性的类型，这样也确保在构建条件表达式时操作的正确。

那么如何生成 Entity 的元模型类呢？Entity 的元模型类一般由开发工具自动生成。

Netbeans 已经帮开发人员实现了这一点。每次项目自动编译时，都会在项目的【生成的源文件】目录下生成 Entity 的元文件类。

开发人员可以查看 Customer 的元文件类，如程序 6-28 所示。

程序 6-28：Customer_.java

```
package com.jpa.demo;
import com.jpa.demo.Address;
import com.jpa.demo.CustomerOrder;
import com.jpa.demo.Discount;
import javax.annotation.Generated;
import javax.persistence.metamodel.ListAttribute;
import javax.persistence.metamodel.SingularAttribute;
import javax.persistence.metamodel.StaticMetamodel;
@Generated(value="EclipseLink-2.3.2.v20111125-r10461", date="2012-09-07T17:34:03")
@StaticMetamodel(Customer.class)
public class Customer_ {
```

```
    public static volatile SingularAttribute<Customer, Long> id;
    public static volatile SingularAttribute<Customer, String> Name;
    public static volatile SingularAttribute<Customer, String> phoneNumber;
    public static volatile SingularAttribute<Customer, String> email;
    public static volatile SingularAttribute<Customer, Address> address;
    public static volatile ListAttribute<Customer, CustomerOrder> orders;
    public static volatile SingularAttribute<Customer, Discount> discount;

}
```

注：元模型类中的属性都是静态类型的，防止在运行时被修改。

下面查找 Customer 的 id 大于 100 的部分，示例代码如程序 6-29 所示。

程序 6-29：QueryServlet.java

```
......
    protected void processRequest(HttpServletRequest request, HttpServletResponse
response)
            throws ServletException, IOException {
        try {
            CriteriaBuilder builder = em.getCriteriaBuilder();
            CriteriaQuery<Customer> query = builder.createQuery(Customer.class);
            Root<Customer> c = query.from(Customer.class);
            query.select(c).where(builder.greaterThan(c.get(Customer_.id), 100L));
            TypedQuery<Customer> typedQuery = em.createQuery(query);
            List<Customer> cc =  typedQuery.getResultList();
             for (int i = 0; i < cc.size(); i++) {
             Customer temp = cc.get(i);
             System.out.print(temp.toString());
             }
        } finally {
        }
    }
......
```

程序说明：在上面的代码中，最大的不同在于，它也是调用 CriteriaBuilder 来构建 CriteriaQuery 的 where 方法的参数，它以元数据类 customer 的属性为参数来获取对应的 Entity 属性，而不是以 String 类型的参数，这样避免了拼写错误带来的风险，而且由于元数据类中记录了 Entity 属性的类型信息，因此 CriteriaBuilder 知道如何判断针对属性的操作是否合法。假设将上面代码中 customer_.id 更换为 customer_.Name，则代码在程序编译阶段就通不过，这样就彻底避免了将由于查询语句错误而导致运行时抛出异常的潜在风险了。

6.9 缓存

在大数据量的企业应用中，缓存（Cache）对应用程序性能和数据库访问的优化变得越来越重要。将所需服务请求的数据存储到缓存中，可以提高应用程序访问数据的速度，减少用户的等待时间，从而让用户获得更好的用户体验。

JPA 目前支持两种缓存，一级缓存和二级缓存。持久化上下文其实就是 JPA 的一级缓存，通过在持久化上下文中存储持久化状态实体的快照，既可以进行脏检测，还可以当做持久化实体的缓存。一级缓存属于请求范围级别的缓存。JPA 2.0 在 2009 年 12 月发布，作为 Java 6 的标准，JPA 2.0 增加了对二级缓存的支持。二级高速缓存通常是用来提高性能的，它可以避免访问已经从数据库加载的数据对象，提高访问未被修改的数据对象的速度。

```
@Stateless public Student implements Person {
 @PersistenceContext EntityManager entityManager;
 public OrderLine createStudnet(String id, String name) {
   Student student1 = new Student ("0001", "Tom");
   entityManager.persist(student1);  //Managed
    Student student2 =entityManager.find(Student, student1.getId()));
    (student1 == student2) // TRUE
    return (student);
 }

}
```

在上面的代码中，对于 student2，由于持久化上下文中存在对应的实体，因此就不需要访问数据库来重新获取，将大大提高应用性能。

JPA 二级缓存是跨持久化上下文共享实体状态的，是真正意义上的全局应用缓存。如果二级缓存激活，JPA 会先从一级缓存寻找实体，如果未找到则再从二级缓存中寻找，如图 6-22 所示。

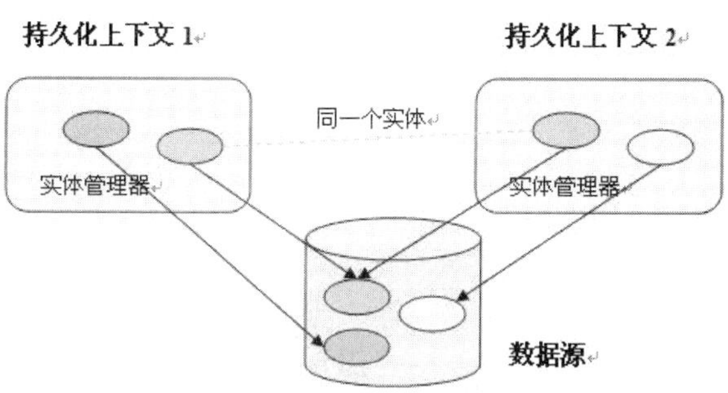

图 6-21　未实现缓存下的数据访问模式

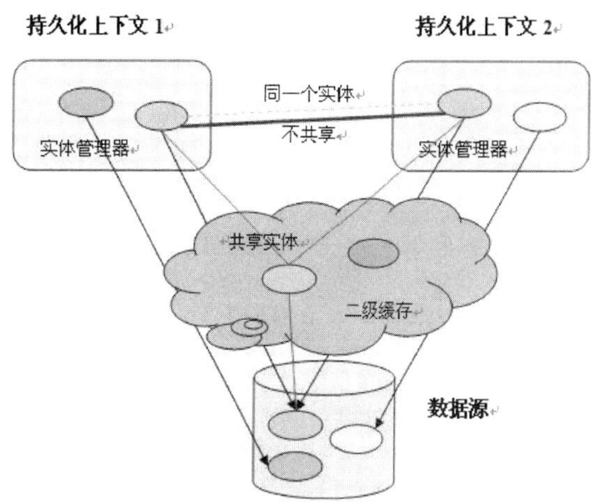

图 6-22　二级缓存下的数据访问模式

还是以上面的示例为例，假设调用 entityManager.find()操作的是在另外一个请求中，由于两个请求不在同一个持久化上下文中，还将导致需要访问数据库来初始化实体。如果存在二级缓存，则不存在这个问题了。

JPA 的二级缓存优点在于避免了对已加载对象的数据库访问，对于频繁访问的未修改的对象读取更快，但是内存消耗较大，会出现“陈旧”数据，会出现并发写的情况。

由于二级缓存其实是一个临时存储 Entity 的 Map 对象，因此关于二级缓存提供了如下常用的操作方法：

- public Boolean contains(Class class, Object pk)：检查对象是否在 Map 中。
- public void evict(Class class, Object pk)：失效 Map 中的对象。
- public void evict(Class class)：失效 Map 中的类。
- public void evictAll()：失效所有在 Map 中的类。

如果希望 Entity 保存在二级缓存中，则需要在实体前增加注解@Cacheable(true)，代码片段如下所示：

```
@Entity
@Cacheable(true)
public class Customer {
@Id @GeneratedValue
private Long id;
private String firstName;
private String lastName;
private String email;
// Constructors, getters, setters
}
```

注：如果注解@Cacheable(false)，则表示此实体不允许缓存。

在持久化单元中可配置缓存策略，可选值如下。

- ALL：缓存所有 Entity。
- DISABLE_SELECTIVE：缓存所有 Entity 除了明确标注@Cacheable(false)。
- ENABLE_SELECTIVE：只有明确标注@Cacheable(true)才缓存。
- NONE：不可缓存。
- UNSPECIFIED：未定义。

其实在代码中对 Entity 进行操作是感觉不到 Cache 存在的。不过开发人员可以在代码中操作 Cache，代码片段如下所示：

```
Customer customer = new Customer("Antony", "Balla", "tballa@mail.com");
tx.begin();
em.persist(customer);
tx.commit();
// 利用 EntityManagerFactory 获得缓存
Cache cache = emf.getCache();
// Customer 在缓存中
assertTrue(cache.contains(Customer.class, customer.getId()));
// 从缓存中移除对象
cache.evict(Customer.class);
// Customer 将在缓存中不存在
assertFalse(cache.contains(Customer.class, customer.getId()));
```

6.10 并发控制

在企业应用中，多个用户对同一个数据同时进行操作，就会引发并发问题。如何进行并发控制是一个无法回避的问题。

在 JPA 中，同一实体也很可能被多个用户访问。因此在 JPA 框架中采用锁技术对多个用户访问实现并发控制。

锁是一种在技术上实现数据库事务的并发控制机制，当两个或多个事务并发访问同一个数据时，锁就可以保证在同一时刻只有一个事务可以访问修改此数据。

存在两种类型的锁：乐观锁和悲观锁。乐观锁假设在多个并发事务之间并不会引起冲突，就是假定并不会有两个事务同时去读和写同一个数据。所以这种锁会提供很大的自由去操作 Entity，但是如果有两个事务同时操作一个 Entity 时就会产生冲突，故要有一种检查来避免这种冲突。实现方式为使用标记了@Version 的属性（该属性只能是 int,Inter,short,long,Long,Timestamp）是否变更异常做判断。乐观锁地好处是适应性广，对底层的数据库没有限制。

悲观锁就是假定在事务间会经常发生冲突，这种锁是在读取数据的时候就已经把数据锁住，其他事务只能等这个数据释放掉锁之后才能访问。

乐观锁和悲观锁分别适合不同的场景，无所谓优劣之分。

JPA 允许开发人员在实体上灵活设置锁。具体操作步骤如下。

① 在实体上添加 version 属性。如程序 6-30 所示。

程序 6-30：Book.java

```
@Entity
public class Book {
@Id @GeneratedValue
private Long id;
@Version
private Integer version;
private String title;
private Float price;
private String description;
private String isbn;
private Integer nbOfPage;
private Boolean illustrations;
// Constructors, getters, setters
}
```

注：应用程序对 Version 属性实体只能读，而不能写。只有持久化实现才能改写此属性。属性 version 的类型可以是：int、Integer，short、long，Long 或 timesamp。

② 代码中设置锁模式。

JPA 2.0 也提供了多种方式给一个实体加锁。开发人员可以在 lock() 跟 find() 方法里指定锁模式。也可以使用 setLockMode()方法给查询设置锁。

允许的锁模式如下。

（1）乐观锁

OPTIMISTIC：事务中提交之前给实体加锁，比较当前实体的 version 值与数据库中的值是否一致，如果不一致，即数据库中 version 的值大于当前实体的 version 的值，那么就抛出 OptimisticLockException 并回滚事务。

OPTIMISTIC_FORCE_INCREMENT：操作同 READ，唯一不同是无论事务是否成功提交都要将 version 值加 1。

（2）悲观锁

PESSIMISTIC_READ：当一个事务读取一个实体时就给其加锁，直到这个事务完成才将锁释放。通常在不允许重复读的情况下使用该锁。换句话说就是在读时不允许修改此记录。在此锁模式下可以运行其他事务读记录。

PESSIMISTIC_WRITE：在修改一个实体对象时加锁，当多个事务试图修改记录时会强制序列化，通常在并发修改失败时会用到该锁模式。

PESSIMISTIC_FORCE_INCREMENT：当事务读取实体时就给其加锁，当事务结束时都要将 version 值加 1。

（3）NONE：不使用锁

在调用 Entitymanger 的 find、refresh 等方法时也可以设置锁模式，示例代码片段如下。

```
Book book = em.find(Book.class, 12);
em.lock(book, LockModeType.OPTIMISTIC);
book.raisePriceByTwoDollars();
```

注：采用乐观锁必须捕捉异常。

如果采用悲观锁，则代码示例如下。

```
Book book = em.find(Book.class, 12);
em.lock(book, LockModeType. PESSIMISTIC_WRITE);
book.raisePriceByTwoDollars();
```

悲观锁能够保证事务不会在同一时刻修改同一记录，这可以简化代码，但是却限制了数据的读取，很可能会引起死锁的问题。如果并发发生情况很多时，使用悲观锁是比较好的选择。

6.11 生命周期回调方法

在 6.6 节我们知道 Entity 具有复杂的生命周期，它包含 New、Managed、Detached 和 Moved 四个生命状态。JPA 提供了一系列的生命周期方法，如 persist、remove 等来操作管理 Entity，使 Entity 在这四个状态之间转换。Entity 的生命周期事件包含以下四类：persist、remove、update 和 load，如表 6-5 所示。为了更好地维护 Entity 的状态，JPA 提供了一系列的注解来声明 Entity 生命周期事件的回调方法，这样，应用就能够对 Entity 的生命周期活动进行精确的控制。例如，在对 Entity 持久化之前对其属性进行校验等。

表 6-4　Entity 生命周期事件注解

注　解	说　明
@PrePersist	在调用 persist() 前执行
@PostPersist	在调用 persist() 后执行。如果 Entity 采用@GeneratedValue 自动获取 id，则在回调方法中能够使用此 id 值
@PreUpdate	在 Entity 状态更新到数据库前执行(调用 entity 的 setters 方法或 EntityManager.merge()方法)
@PostUpdate	在 Entity 状态更新到数据库后执行
@PreRemove	在 EntityManager.remove() 前执行
@PostRemove	在 Entity 从数据库移除后执行
@PostLoad	在 Entity 从数据库加载后执行(执行 JPQL 查询、EntityManager.find() 或 EntityManager.refresh)

假设给程序 6-10 所示的 Entity Customer 增加一个属性 lastvisited 来记录它最近一次的访问时间，那么通过@PostLoad 回调方法来维护这一属性将非常方便，示例代码如下。

首先在 Entity Customer 中增加如下的代码片段：

```
......
@Temporal(TemporalType.DATE)
 private Date lastvisted;
   public Date getLastvisted() {
      return lastvisted;
   }
   public void setLastvisted(Date lastvisted) {
      this.lastvisted = lastvisted;
   }
@PostLoad
   public void setLastvisted() {
      this.lastvisted =new Date();
   }
}
......
```

程序说明：在上面的代码片段中，增加了一个方法 public void setLastvisted()，并利用注解@PostLoad

将其声明为 Entity 的生命周期事件回调方法。当 Entity 从数据库中加载后，JPA 将自动调用此回调方法，从而实现属性 lastvisted 的更新。

注：回调方法的参数必须为空。

修改程序 6-29 的代码，在获取到 Entity 后，将其更新到数据库中，代码如程序 6-30 所示。

程序 6-30：QueryServlet.java

```
    protected void processRequest(HttpServletRequest request, HttpServletResponse
response)
            throws ServletException, IOException {
        try {
            CriteriaBuilder builder = em.getCriteriaBuilder();
            CriteriaQuery<Customer> query = builder.createQuery(Customer.class);
            Root<Customer> c = query.from(Customer.class);
            query.select(c).where(builder.greaterThan(c.get(Customer_.id), 100L));
            TypedQuery<Customer> typedQuery = em.createQuery(query);
            List<Customer> cc =  typedQuery.getResultList();
             utx.begin();
             for (int i = 0; i < cc.size(); i++) {
             Customer temp = cc.get(i);
             System.out.print(temp.toString());
            em.merge(temp);
           }
            utx.commit();
        } catch (Exception e){
            System.out.println(e.toString());
        }
        finally {
        }
    }
```

程序说明：与程序 6-29 相比，通过调用 Entitymanager 的方法 merge，将 Entity Customer 保存到持久化上下文中，从而实现 Entity 状态同步到数据库中的目的。

运行程序 6-30，到数据库中查看，看看加载 Entity 的时间是否保存到了字段 LastVisted 中。

6.12　小结

JPA 定义了一种 Java 对象与关系数据之间的映射语言，提供了一个操作持久化对象的标准接口，同时对数据持久化操作过程中的缓存、并发等高级特性进行了统一规范。

相比于 JDBC，JPA 在更高的层次上对数据库操作进行了封装，它提供了 Entity 这一跨越 Java 虚拟机和关系数据库两大领域的基本信息单元，以一组注解的形式提供了一套完备的对象关系数据映射语言，在 Entity 与关系数据间建立起一道桥梁，并提供了 EntityManager 接口对 Entity 状态的生命周期进行管理，实现 Java 对象的状态与数据库持久化数据之间的同步。更重要的是，它提供了与标准 SQL 语法类似的 JPQL 查询语言，允许开发人员以面向对象的方式来操作和管理关系数据。

由于 Entity 的生命周期是由框架来托管的，因此，开发人员可以对 Entity 的生命周期方法定义回调方法，对 Entity 属性应用 Bean 校验规则等，进一步提升数据操作能力。

第 7 章　使用会话 Bean 实现业务逻辑

7.1　引言

我们已经学习了如何利用 JSF 来构建应用的表现逻辑层，以及如何利用 JPA 来访问应用的企业信息层，并掌握了如何在表现逻辑层直接访问企业信息层来实现业务逻辑。但是企业应用的业务逻辑的复杂性往往超出我们的预料，例如需要访问分布式数据库系统，或实现基于时间或消息的任务调度等。为帮助开发人员实现复杂的事务、安全和并发等业务逻辑高级特性，Java EE 体系架构中提出了业务逻辑层，并推出了业务逻辑组件 EJB。

7.2　EJB 基础

EJB（Enterprise Bean）是 Java EE 的核心组件技术之一，是创建基于 Java 的服务器端分布式组件的标准。EJB 规范定义了如何编写 Java EE 服务器端分布式组件，提供了组件与管理组件的容器之间的标准约定，使得开发人员能够快速开发出具有伸缩性的企业级应用。

与 JSF 组件和 Servlet 组件不同，EJB 组件不能直接处理客户端的请求，它位于 Java EE 架构的业务逻辑层，通常用来支撑 Web 组件，完成一些复杂的业务逻辑。EJB 技术使得 Java 程序开发人员可以专注于实现业务逻辑，而不再需要辛苦编写那些与事务、安全等通用特性相关的代码，因为 EJB 规范将这些任务委托给容器，由应用服务器厂商完成。这也正是 EJB 体系结构设计思想的精髓。在 Java EE 6 标准规范中包含的 EJB 版本为 3.1。

注：Enterprise Bean 与 JavaBean 是两个完全不同的概念。JavaBean 是一台机器上同一个地址空间中运行的组件，因此 JavaBean 是进程内组件。JavaBean 使用 java.beans 包开发，它是 Java 标准版的一部分。Enterprise Bean 是在多台机器上跨几个地址空间运行的组件，因此 Enterprise Bean 是进程间组件。Enterprise Bean 是使用 javax.ejb 包开发的，它是标准 JDK 的扩展，是 Java Enterprise Edition 的一部分。

7.2.1　为什么需要 EJB

尽管 EJB 作为 Java EE 核心组件之一，在 Java EE 体系中有着重要的位置，但是关于它的争论一直没有停歇，特别是随着 Struts、Spring 和 Hibernate 等轻量级框架的流行，对于 EJB 组件的地位和应用场景更是提出许多疑问。

这里有两方面的原因。一是在 EJB 2.X 规范之前，EJB 组件的开发比较烦琐，要实现一大堆的接口，而且性能上也不够优化。二是对于大部分的企业应用来说，基于轻量级的框架能够很好地满足需求，没必要投资开发复杂的 EJB 组件，及购买昂贵的应用服务器。

EJB 为解决分布式企业应用信息系统开发提供了一种标准解决方案。它重点解决信息系统开发中的以下难题。

- 高级功能特性需求。在实现复杂的业务逻辑时，要求并发、安全、事务处理等高级功能，若是基于 JavaBean 实现，编程人员必须自己编写这些功能代码，而对于 EJB 来说，EJB 容器将为组件提供上述功能服务，开发人员只需要专注于业务逻辑的实现即可，大大降低了编码难度。

- 大规模分布式系统。系统物理上部署在分散的多个节点，这些节点上的组件之间需要进行交互来共同完成复杂的业务逻辑，如银行转账系统、铁路售票系统等。EJB 实现了分布式网络计算，它可以运行在不同的 Sever 上，实现进行之间的交互，而 JavaBean 只能运行在一个节点。
- 支持多种类型的客户端。企业信息系统的客户端，除了最常见的 Web 浏览器外，往往还需要支持 Applet、桌面应用等。EJB 组件可以很方便地支持不同类型的客户端访问，这将大大降低编码工作量，并提高系统可维护性。

综上所述，如果开发的应用系统是一个规模较小的、不需要事务支持、并发控制和安全等高级特性需求，那么使用 Servlet 组件和 JavaBean 等所谓的“轻量级组件”完全可以胜任，但是如果开发运行在多个节点上的分布式的复杂信息系统，那么就需要考虑使用 EJB 了。

更值得一提的是，随着 EJB 3.1 规范的推出，开发 EJB 组件将变得越来越简单。相信 EJB 在未来的 Java EE 企业应用开发中将发挥更大的作用。

7.2.2 EJB 容器

EJB 组件在称做是 EJB 容器的环境中运行。EJB 容器由 Java EE 服务器厂商来提供实现。EJB 容器容纳和管理 EJB 的方式与 Java Web 服务器容纳 Servlet 的方式相同。EJB 组件不能在 EJB 容器外部运行。EJB 容器在运行时管理 EJB 的各个方面，包括远程访问、资源和生命周期管理、安全性、持久化、事务、并发处理、集群和负载平衡等，如图 7-1 所示。

容器不允许客户端应用程序直接访问 EJB 组件。 当客户端应用程序调用 EJB 组件上的远程方法时，容器首先拦截调用，以确保持久化、事务和安全性等机制都正确应用于客户机对 EJB 组件执行的每一个操作。容器自动为 EJB 组件管理安全性、事务和持久化等，因此 EJB 组件开发人员不必将上述类型的逻辑写入 EJB 代码本身。EJB 组件开发人员可以将精力集中于封装业务逻辑，而容器则负责处理其他问题。

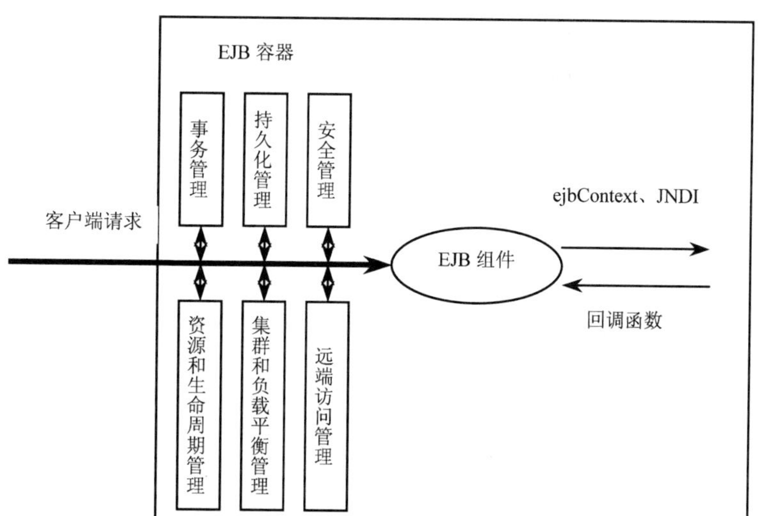

图 7-1　EJB 容器工作原理

说明：无论 EJB 组件本身还是组件客户都不能直接调用 EJB 容器提供的服务，只能通过 EJB 组件的部署描述文件 ejb-jar.xml 或组件实现代码中的注解来通知 EJB 容器。

如同 Java Web 服务器管理许多 Servlet 一样，容器同时管理许多 EJB。为减少内存消耗，当不使用某个 EJB 时，容器将它放在池中以便另一个客户机重用，或者将它迁移出内存，仅当需要时再将它调回内存。由于客户端应用程序不能直接访问 EJB（容器位于客户机和 EJB 之间），因此客户端应用程序完全不知道容器的资源管理活动。例如，未使用的 EJB 组件可能被迁移出服务器内存，而它在客户机上的远程引用却丝毫不受影响。客户机在远程引用上调用方法时，容器只需重新实例化 EJB 组件就可以处理请求。客户机应用程序并不知道整个过程。

EJB 依赖容器来获取它的资源需求。如果 EJB 需要访问 JDBC 连接或另一个 EJB 组件，那么它需要利用容器来完成此类操作；如果 EJB 需要访问调用者的身份、获取它自身的引用或访问特性，同样也需要利用容器来完成这些操作。EJB 通过以下四种机制与容器交互。

（1）回调方法。回调方法是由 EJB 组件实现的，当容器要执行创建 EJB 实例、将其状态存储到数据库、结束事务从内存中除去 EJB 等操作时，它将调用通过注解或在部署或文件中声明的特定方法，来通知该 EJB 组件。回调方法可以让 EJB 在事件之前或之后立即执行内部调整。例如注解 @PostConstruct 的方法为在 EJB 实例创建后调用的回调方法。关于回调方法的使用，在后面的编程实例中还会详细讲解。

（2）EJBContext。每个 EJB 都会得到一个 EJBContext 对象，它是对容器的直接引用。EJBContext 接口提供了用于与容器交互的接口方法，因此 EJB 通过 EJBContext 可以请求关于环境的信息，如客户机的身份或事务的状态，或者 EJB 可以获取它自身的远程引用。

（3）Java 命名和目录接口（Java Naming and Directory Interface，JNDI）。JNDI 是 Java 平台的标准扩展，用于访问命名系统，如 LDAP、NetWare、文件系统等。每个 EJB 自动拥有对一个特定命名系统 ENC（Environment Naming Context，环境命名上下文）的访问权。ENC 由容器管理，EJB 使用 JNDI 来访问 ENC。JNDI ENC 允许 EJB 访问各种资源，如 JDBC 连接、其他 EJB 组件，及特定于该 EJB 的属性。

（4）上下文和依赖注射。在 Java EE 6 规范中，提供了一种称为上下文和依赖注射的服务。EJB 通过注解声明需要的组件和服务器资源，而 EJB 容器提供的上下文和依赖注射服务将自动创建或获取对应的组件和资源，并将其添加到 EJB 组件中。它既降低了 EJB 代码编写的难度，又实现了组件之间的松散耦合。

EJB 规范定义了 Bean－容器契约，它包括以上描述的机制（回调、EJBContext、JNDI ENC、上下文和依赖注射）及一组严谨的规则，这些规则描述了 EJB 及其容器在运行时的行为、如何检查安全性访问、如何管理事务、如何应用持久化等。Bean－容器契约旨在使 EJB 组件可以在 EJB 容器之间移植，从而实现只开发一次 EJB 组件，即可在任何 EJB 容器内运行该 EJB 组件。供应商，如 Oracle 和 IBM 都销售包含 EJB 容器的应用程序服务器。理想情况下，任何符合规范的 EJB 组件都能在任何符合规范的 EJB 容器中运行。

在这里还要介绍一个新的概念，EJB lite。由于 EJB 提供了包括安全、事务、并发和远程访问等一系列的高级功能服务，但是在许多场景下并不是所有企业应用都需要这些服务。为了扩大 EJB 的使用范围，Java EE 6 提供了一个精简的 EJB 规范，称为 EJB Lite。EJB Lite 支持以下功能特性。

- 无状态、有状态，和单例会话 Bean。
- 本地接口和无接口视图。
- 拦截器。
- 容器管理和 Bean 管理的事务。
- 安全。
- Embeddable API。

7.2.3 EJB 组件

EJB 组件是一种分布式对象，指的是 EJB 被实例化后，其他地址空间中的应用程序也访问它。不同地址空间的应用程序之间的交互是一个复杂的过程。作为分布式对象，EJB 组件与外部的交互过程如图 7-2 所示。

EJB 组件实例封装在一个称做“框架（Skeleton）”的特殊对象中，该对象拥有与另一个叫做“存根（Stub）”的特殊对象的网络连接。存根实现商业接口，但不包含商业逻辑；它拥有到框架的网络套接字连接。每次在存根的商业接口上调用商业方法时，存根将网络消息发送到框架，告诉它调用了哪个方法。框架从存根接收到网络消息时，它标识所调用的方法及其参数，然后调用真正的实例上的相应方法。实例执行商业方法，并将结果返回给框架，然后框架将结果发送给存根，最后存根将结果返回给调用其商业接口方法的应用程序。从使用存根的应用程序的角度来看，存根就象在本地运行。实际上，存根只是个哑网络对象，它将请求通过网络发送给框架，然后框架调用真正 EJB 组件实例上的方法。EJB 组件实例完成所有工作，存根和框架只是通过网络来回传递方法和参数。

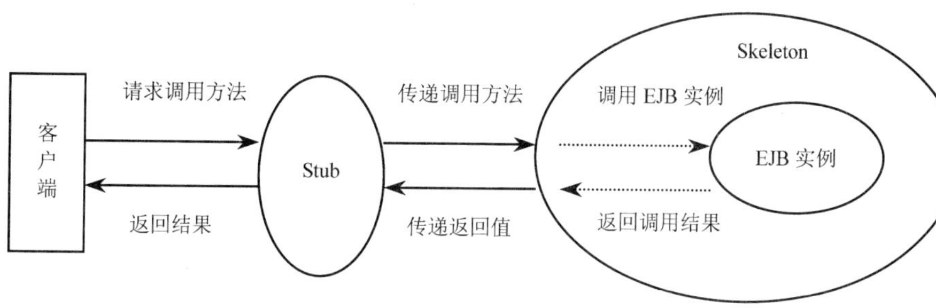

图 7-2　EJB 组件通信

通过存根和框架这两个中间对象，屏蔽了分布式对象之间的复杂通信过程，简化了分布式组件的开发。幸运的是，这两个复杂的对象都不需要程序员来编写，在 EJB 规范中，由容器实现框架。这可以确保客户端对 EJB 调用的每一个方法都先由容器处理，然后再委托给 EJB 实例。容器必须拦截这些针对 EJB 的请求，这样它可以自动应用持久化、事务和访问控制等机制。而存根一般由开发工具自动生成。

7.2.4　EJB 接口

EJB 组件中的方法并不是全部提供给客户端调用。针对本地和远程等不同的客户端请求，EJB 提供了 Local 接口和 Remote 接口。Local 接口中声明了供本地客户（即与 EJB 组件运行在同一个 JVM）使用的方法，Remote 接口中声明了供远程客户（即与 EJB 组件不在同一个 JVM）使用的方法。EJB 组件的实现类需要继承并实现 Local 和 Remote 接口中声明的方法。

特别值得一提的是，在 EJB 3.1 规范中，EJB 组件的实现可以仅仅是一个 POJO，它不继承任何类，也不需要实现任何接口，此时 EJB 容器默认将 EJB 实现类中的所有的 public 类型的方法声明为本地接口方法，供本地客户请求使用，称为“无接口视图”。但如果希望远程组件能够访问 EJB 组件，则组件仍旧必须声明为 Remote 接口。

7.2.5　EJB 分类

EJB 组件可以分为两种类型：会话 Bean（Session Bean）和消息驱动 Bean(Message Driven Bean)。简单来说，会话 Bean 代表一个动作，它用来处理客户端的业务逻辑请求；而消息驱动 Bean 则相当于一个实现了特定业务逻辑的异步消息接收者。本章将详细讲解如何开发会话 Bean。第 13 章将详细讲解如何开发消息驱动 Bean。

> **对经验开发者而言**，在 Java EE 6 中，管理维护实体信息的相关操作已经作为一个独立的规范 JPA，因此在 EJB 3.1 规范中将不再包含实体 Bean(Entity Bean)。

7.2.6 部署 EJB

前面讲过，容器自动为 EJB 处理持久化、事务和并发处理等。EJB 规范描述了一个声明机制，用于通过使用注解或 XML 部署描述信息来处理容器与 EJB 组件间的交互。将 EJB 部署到容器中时，容器将读取部署描述信息以了解应如何处理事务、持久化和访问控制。部署 EJB 的人员将使用此信息，并指定附加信息，以便在运行时将 EJB 与容器提供的服务联系起来。

部署描述信息有一个预先定义的格式，所有符合 Java EE 规范的 EJB 组件都可以使用此格式来描述自身信息，而所有符合 Java EE 规范的服务器必须知道如何读取此格式。这种格式在 XML 文档类型定义（DTD）中指定。部署描述信息描述了 EJB 的类型（会话或实体）及接口方法和 EJB 实现类的名称。它还指定了 EJB 中每个方法的事务性属性、哪些安全性角色可以访问每个方法（访问控制）。

要部署一个 EJB 组件时，必须将它的接口文件、实现类文件以及 XML 部署描述文件封装到 jar 文件中。如果在 EJB Bean 类文件中使用到其他辅助工具类文件，则也必须将它们一起打包。

部署描述信息在 jar 中必须以特定名称 META-INF/ejb-jar.xml 保存。这个 jar 文件被称做 EJB 组件包，是独立于供应商的，可以将它部署到支持完整 EJB 规范的任何 EJB 容器中。将 EJB 部署到 EJB 容器中时，会从 ejb-jar.xml（或部署标记）中读取部署描述信息，以确定如何在运行时管理 EJB。部署 EJB 的人员会将部署描述信息的属性映射到容器的环境中。包括将访问安全性映射到环境的安全性系统、将 EJB 添加到 EJB 容器的命名系统等。EJB 开发人员部署完 EJB 之后，客户机应用程序和其他 EJB 组件就可以使用这个 EJB 组件了。

在 Java EE 5 以后的规范中，除了利用部署描述文件，还可以通过 EJB 实现类中的注解来声明 EJB 部署信息。当 EJB 组件实现中，既存在部署标记，又存在部署描述符时，则优先使用部署描述文件中的配置信息。

说明： 如果在 EJB Bean 类文件使用注解的话，XML 部署描述文件也可以缺省。

7.2.7 EJB 优点

可移植性是 EJB 的最大优点。可移植性确保了为一个容器开发的 Bean 可以很方便地迁移到另一个容器。EJB 标准规范是可移植性的前提，它从根本上规范了容器和组件的行为和交互方式。

除了可移植性，EJB 编程模型的简易性也使 EJB 变得更有价值。由于容器负责管理复杂任务，如安全性、事务、持续、并行性和资源管理，因此 EJB 开发人员可以将精力集中在业务规则的编程处理。

7.3 无状态会话 Bean

在了解了 EJB 的基础知识后，下面开始讲解如何开发 EJB 组件。本章主要讲述会话 Bean，关于消息驱动 Bean 将在本书第 13 章讲述。会话 Bean 按照工作模式可分为有状态会话 Bean（stateful Bean）、无状态会话 Bean（stateless Bean）和单例会话 Bean（Singleton session bean）。有状态会话 Bean 可以在客户请求之间保存会话信息，而无状态会话 Bean 不会在客户访问之间保存会话数据。两者都实现了 javax.ejb.SessionBean 接口，单例会话 Bean 与无状态会话 Bean 的工作模式相似，不过一个应用中只能存在一个单例会话 Bean 的实例。

EJB 容器将通过部署文件 ejb-jar.xml 或 Bean 实现类中的注解来判断会话 Bean 是有状态的还是无状态的。本节讲述无状态会话 Bean 的开发，在 7.4 节讲述有状态会话 Bean 的开发，在 7.5 节讲述单例会话 Bean 的开发。

注： 本节的示例代码保存在 chapt7/ejbstudy 和 chapt7/app_clinet 以及 chapt7/client_api 下。

7.3.1　什么是无状态会话 Bean

无状态会话 Bean 每次调用只是对客户提供业务逻辑，但不保存客户端的任何数据状态。但并不意味着无状态类型的会话 Bean 没有状态，而是这些状态被保存在客户端，容器不负责管理。无状态会话 Bean 在 EJB 中是最简单的一种 Bean。无状态会话 Bean 在使用时要注意以下两个问题。

（1）数据传输负载。本该存储在服务器端（Java EE 服务器）的数据被存储在客户端中，每次调用这些数据都要以参数的方式传递给 Bean，如果是一个比较复杂的数据集合，则网络需要传递大量数据，造成更多的负载。

（2）安全性问题。在客户端维护状态还要注意安全性问题，如果数据状态非常敏感，则不要使用无状态会话 Bean，这些情况可以使用状态会话 Bean，将用户状态保存到服务器中。

无状态会话 Bean 的生命周期由容器控制，Bean 的客户并不实际拥有 Bean 的直接引用，当部署一个 EJB 时，容器会为这个 Bean 分配几个实例到组件池（component pooling）中，当客户请求一个 Bean 时，Java EE 服务器将一个预先被实例化的 Bean 分配出去，在客户的一次会话里，可以只引用一次 Bean，就可以执行这个 Bean 的多个方法。如果又有客户请求同样一个 Bean，则容器检查池中空闲的 Bean（不在方法调用中或事务中）实例，如果全部的实例都已用完，则会自动生成一个新的实例放到池中，并分配给请求者。负载减少时，组件池会自动管理 Bean 实例的数量，将多余的实例从池中释放。

无状态会话 Bean 只有两种状态：存在或不存在。当 EJB 容器接到客户端对一个无状态会话 Bean 请求时，如果 EJB 组件不存在，则 EJB 容器创建一个会话 Bean，并调用 Class.newInstance()方法将 Bean 实例化，随后 EJB 容器将 Bean 需要的资源注入 EJB 组件，会话 Bean 所需要的资源信息是通过注解或部署描述文件 ejb-jar.xml 来通知 EJB 容器的，之后 EJB 容器将发出一个 post-construction 事件消息，表示 EJB 组件创建完毕。Bean 类可以通过注解@ PostConstruct 来注册一个事件回调方法。当 EJB 组件接收到 post-construction 事件消息后，将自动调用此方法来进行处理。在此方法中，可以加入一些 Bean 初始化相关的一些代码，如创建数据库连接等，之后组件被加入到组件池中等待客户端调用。

客户端调用结束，EJB 容器将发出一个 preDestroy 事件消息表示 EJB 组件将被销毁，Bean 类可以通过注解@ PreDestroy 来注册一个事件回调方法。当 EJB 组件接收到 preDestroy 事件消息后，将自动调用此方法来进行处理。在此方法中，通常可以加入一些如数据库连接资源释放清理之类的操作代码，在回调方法调用完毕后，EJB 组件将返回组件池。无状态会话 Bean 的完整生命流程如图 7-3 所示。

说明：关于回调事件@ postconstruct 和@ PreDestroy 的处理是可选的。

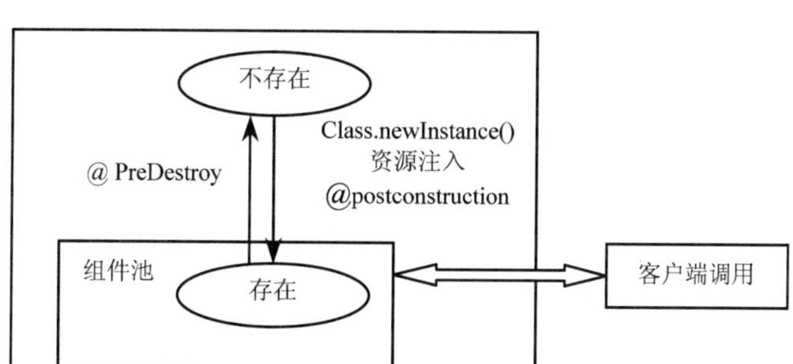

图 7-3　无状态会话 Bean 的生命周期

从无状态会话Bean的工作流程可以看出，它与Servlet十分相似。区别在于对于不同的请求，Servlet将创建一个新的线程来处理，而 EJB 将分配一个新的实例来处理。因此 Servlet 中的方法必须注意线程安全，而 EJB 中可不用考虑。另外 EJB 容器为 EJB 组件提供了池缓冲，在性能上将更加优化。

7.3.2 开发一个无状态会话 Bean

在最初的 EJB 组件开发中，一直以复杂烦琐令许多程序员望而生畏。EJB 3.0 规范后，EJB 的开发大大简化，对于 EJB 的实现类没有任何特殊要求，它可以是一个普通的 Java 对象，只要把它放在 EJB 容器中，便可成为一个 EJB 组件。这极大地提高了之前组件的重用。

下面讲述如何开发一个无状态会话 Bean。这个会话 Bean 很简单，它提供将字符串全部转换为大写或小写的两个商业方法。

说明： 所谓的“商业方法”是指 EJB 组件提供的，用来实现业务逻辑供客户调用的方法。

开发一个无状态的会话 Bean 通常包括以下两个步骤。

（1）开发 Bean 实现类。

（2）开发接口文件。接口文件包括本地接口文件和远程接口文件。本地接口文件供与 EJB 组件在同一个 JVM 的本地客户调用时使用，远程接口文件供在其他 JVM 运行的远端客户调用时使用。

说明： 一个 EJB 组件可以仅实现上述接口中的一种，也可以两种接口都不实现。若不实现任何接口，则容器默认类中的所有 public 类型的方法为本地接口方法。

首先创建一个企业应用来包含本章所有的示例 EJB。

① 打开 Netbeans，选择【文件】→【新建项目】，弹出【新建项目】对话框，如图 7-4 所示。

② 在对话框左边的类别列表中选择【Java EE】选项，在右边的【项目】列表中选择【企业应用程序】，单击【下一步】按钮，得到【新建企业应用】对话框，如图 7-5 所示。

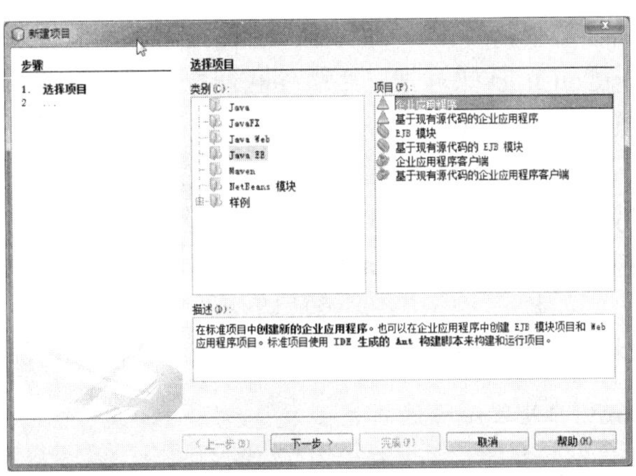

图 7-4 【新建项目】对话框

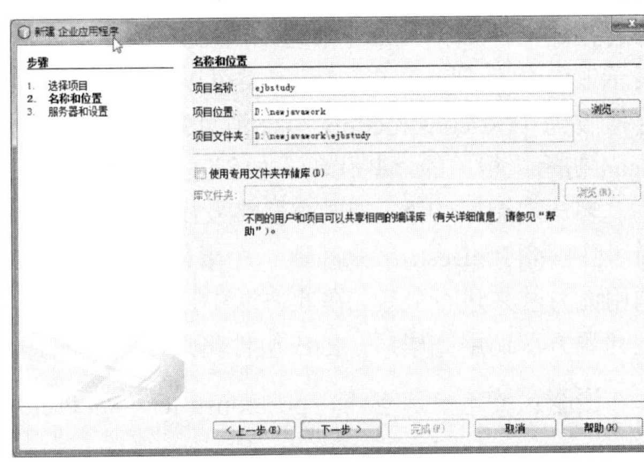

图 7-5 【新建企业应用程序】对话框

③ 在【项目名称】文本框中输入企业应用的名称“ejbstudy”，默认其他选项设置，单击【下一步】按钮，进入服务器和设置界面，如图 7-6 所示。

在【服务器】下拉列表中选择“GlassFish Server 3.1.2”，由于要开发 EJB 应用，因此，Java EE 版本选项要选择“Java EE 6”，默认其他选项，单击【完成】按钮，企业应用创建完毕。

说明： 企业应用中包含的 EJB 应用 ejbstudy-ejb 用来包含 EJB 组件实现，Web 应用模块 ejbstudy-war 用来包含 EJB 组件的测试代码。

为演示远程访问 EJB，还需要创建一个企业应用客户端。

① 打开【新建项目】对话框，如图 7-4 所示。在对话框左边的类别列表中选择【Java EE】选项，在右边的【项目】列表中选择【企业应用程序客户端】，单击【下一步】按钮，得到如图 7-7 所示的

窗口。

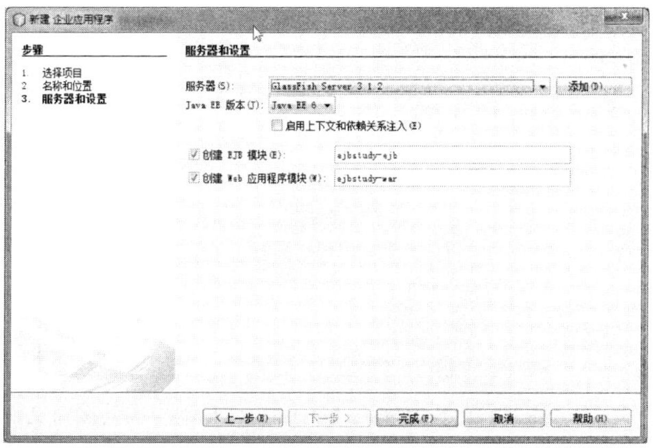

图 7-6　设置服务器选项

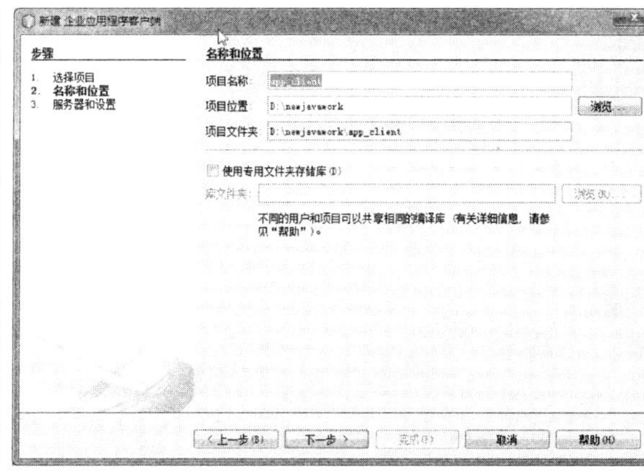

图 7-7　设置企业应用客户端名称和位置

②　在【项目名称】文本框中输入项目的名称，单击【下一步】按钮，得到如图 7-8 所示的窗口。

③　在【添加到企业应用程序】下拉列表中选择前面创建的企业应用“ejbstudy”，默认其他选项，单击【完成】按钮，企业应用客户端创建完毕。

由于 EJB 组件的远程接口必须放在一个单独的 Jar 中，客户端才能访问，因此还要新建一个 Java 类库工程 client-api。

最终在 NetBean 的左上角的项目视图如图 7-9 所示。

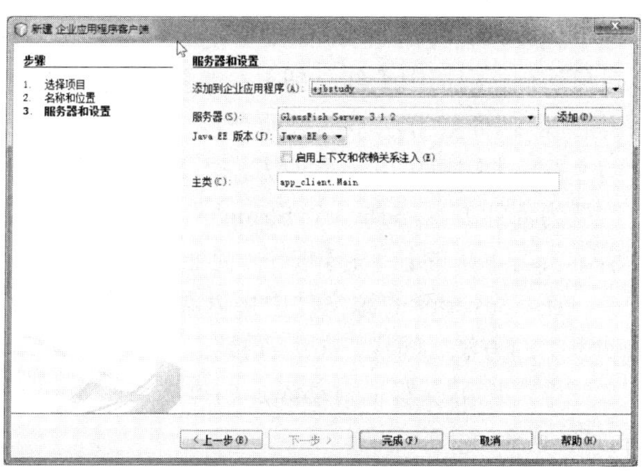

图 7-8　将企业应有客户端添加到企业应用

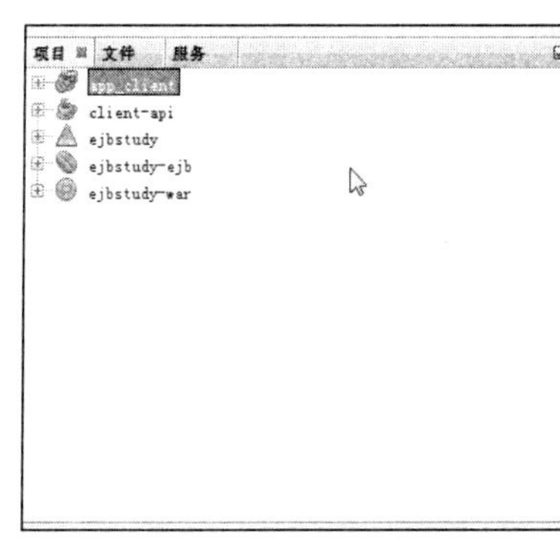

图 7-9　新建的项目列表

下面在 EJB 模块 ejbstudy-ejb 中创建一个无状态会话 Bean。在【项目】视图中选中刚刚创建的 EJB 模块“ejbstudy-ejb”，单击右键，在弹出的快捷菜单中选择【新建】→【会话 Bean】，得到【New 会话 Bean】对话框，如图 7-10 所示。

在【EJB 名称】文本框中输入 EJB 的名称“Converter”，在【包】文本框中输入 EJB 实现文件所在的包的名称“com.ejb”，在【会话类型】项目选中“无状态”选项，选中检查框【本地】和【以远程方式位于项目中】。注意在选中【以远程方式位于项目中】检查框后要在右侧的列表中选择前面创建的 Java 类库 client-api 来保存远程接口。最后，单击【完成】按钮，无状态会话 Bean 创建完毕。

NetBeans 为 EJB 组件自动生成了所需的三个文件：EJB 实现文件 Converter.java、ConverterLocal.java 和 ConverterRemote.java。其中远程接口 ConverterRemote.java 被自动部署到 Java 类库 client-api 中，如图 7-11 所示。

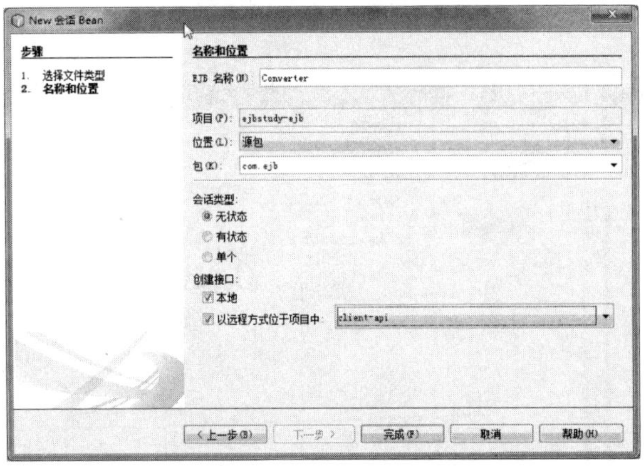

图 7-10 【New 会话 Bean】对话框

图 7-11 NetBeans 为 EJB 组件自动生成的接口文件

EJB 实现类 Converter 负责所有商业方法的具体实现。开发人员需要在实现类中添加相应的商业方法，并在远程和本地接口文件中声明商业方法。庆幸的是，Netbean 将帮助开发人员很方便地完成这一切。下面演示如何为 EJB 组件添加商业方法。

① 打开 Converter 类的源文件，单击右键，在弹出的快捷菜单中选择【添加 Business 方法】，弹出【添加 Business 方法】对话框，如图 7-12 所示。

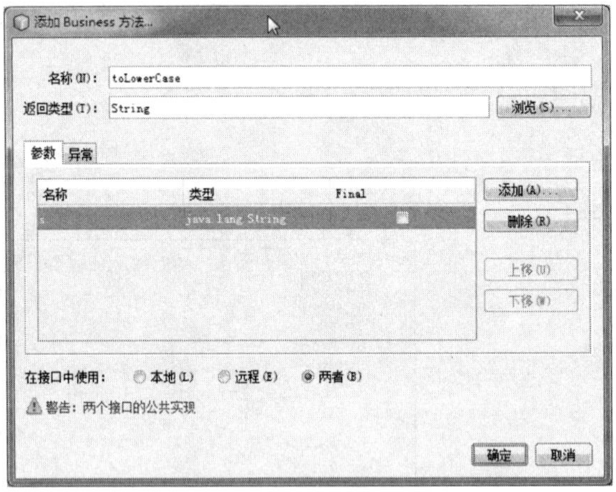

图 7-12 【添加 Business 方法】对话框

② 在【名称】文本框中输入商业方法的名称"toLowerCase"，在【返回类型】下拉列表中选择"String"，如果要使 EJB 能够被远程对象访问，则选中无线按钮【远程】，如果要使 EJB 能够被本地对象访问，则选中无线按钮【本地】。这里选中【两者】，即把商业方法添加到两个接口中。单击右侧的【添加】按钮可以为商业方法添加参数信息。在这里为商业方法添加一个 String 类型的参数 s。最后单击右下角的【确定】按钮，商业方法添加完毕。

在 Converter 的源文件中可以看到 NetBeans 自动添加的方法。同样，在远程接口文件和本地接口文件中，也可以发现自动添加的方法声明。

以同样的步骤为 EJB 组件添加商业方法：toUpperCase(String s)。

下面开发人员需要在 ConverterBean 的源文件中为商业方法提供具体的实现。完整程序代码分别如程序 7-1，程序 7-2 和程序 7-3 所示。

程序 7-1：ConverterBean.java

```
package com.ejb;
import javax.ejb.Stateless;
@Stateless
public class ConverterBean implements ConverterRemote, ConverterLocal {
    public ConverterBean() {
    }
    public String toLowerCase(String s) {
        return s.toLowerCase();
    }
    public String toUpperCase(String s) {
       return s.toUpperCase();
```

```
    }
}
```

程序说明：类定义前面的标记“@Stateless”表示此 EJB 组件的类型为无状态会话 EJB。为了使 EJB 组件能够被远程和本地对象访问，ConverterBean 实现了 ConverterRemote 和 ConverterLocal 两个接口。在类的实现中，Netbeans 自动生成了一个无参数的构造方法，当容器创建 EJB 实例时，将调用此构造方法。因此默认构造方法是必须的。另外，还包含了两个商业方法 toLowerCase(String s) 和 toUpperCase(String s)的具体实现。

程序 7-2：ConverterLocal.java

```
package com.ejb;
import javax.ejb.Local;
@Local
public interface ConverterLocal {
   String toLowerCase(String s);
   String toUpperCase(String s);
 }
```

程序说明：作为 EJB 的本地接口，用来声明可供本地对象访问的商业方法。类定义前面的标记“@Local”用来告诉 EJB 容器此接口类为 EJB 组件的本地接口。

程序 7-3：ConverterRemote.java

```
package com.ejb;
import javax.ejb.Remote;
@Remote
public interface ConverterRemote {
   String toLowerCase(String s);
   String toUpperCase(String s);

}
```

程序说明：作为 EJB 的远程接口，用来声明可供远程对象访问的商业方法。类定义前面的标记“@Remote”用来告诉 EJB 容器此接口类为 EJB 组件的远程接口。

现在，EJB 组件已经开发完毕。下面需要将 EJB 组件部署到应用服务器上去。在【项目】视图中选中“ejbstudy-ejb”，单击右键，在弹出的快捷菜单中选择【部署项目】，则 EJB 组件被成功地部署到应用服务器上。在 NetBeans 底部地【输出】窗口中可以看到 EJB 组件发布成功的提示信息。

在 NetBeans 左上角切换到【服务视图】，选择应用服务器【GlassFish 3.1.2】，单击右键，在弹出的快捷菜单中选择【查看域管理控制器】，将登录进 GlassFish Server 3.1.2 的管理控制台界面，在左边的列表中展开“应用程序”选项，可以看到刚刚发布的企业应用 EjbStudy，在界面的右边可以看到企业应用下包含的 EJB 组件。如图 7-13 所示。

7.3.3　利用 Servlet 测试无状态会话 Bean

会话 Bean 组件是没有任何运行界面的，组件的实例被容器所管理，所以要编写程序来测试这个会话 Bean 组件。下面在企业应用中的 Web 模块 ejbstudy-war 中创建一个名为“testConverter” 的 Servlet 来测试上面的 EJB 组件。

Java EE 6 规范支持一种称为“资源依赖注入”的特性，即 Java EE 组件在运行过程中需要访问的企业资源信息如 EJB、JavaMail 等，可以通过注解的形式进行声明。这样，当组件部署到应用服务器上时，应用服务器根据标记或部署描述文件声明自动为组件生成对应资源的引用。这种特性免去了开发人员编写复杂的资源访问代码的痛苦工作，大大提高了开发效率。下面就演示如何在 Servlet 中通过“资源依赖注入”特性访问 EJB 组件。

首先利用 NetBeans 创建 Servlet 的框架代码，然后在 Servlet 的源代码中，单击右键，在弹出的快捷菜单中选中【企业资源】→【调用 Enterprise Beans】选项，弹出【调用 Enterprise Beans】对话框，如图 7-14 所示。

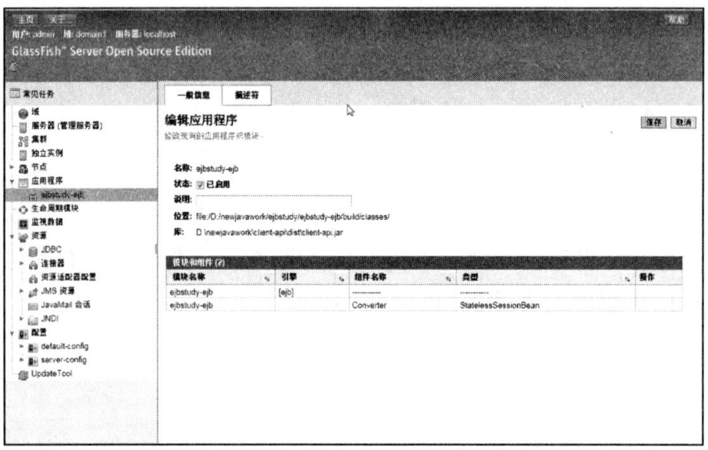

图 7-13　在服务器上查看发布的 EJB 组件

图 7-14　【调用 Enterprise Beans】对话框

在对话框中选中 ejbstudy-ejb 下面的“ConvertBean”，由于 Web 应用程序与 EJB 组件在一个应用中，它们运行时在同一个 JVM 中，因此对于【引用的接口】选项要选中“本地”选项，单击【确定】按钮，则企业 Bean 的本地接口被添加到 Servlet 的源代码中。利用企业 Bean 的本地接口，就可以调用 EJB 组件的商业方法了。完整代码如程序 7-4 所示。

程序 7-4：TestConverter.java

```
    import com.ejb.ConverterLocal;
    import java.io.*;
    import java.net.*;
    import javax.ejb.EJB;
    import javax.servlet.*;
    import javax.servlet.http.*;
    public class TestConverter extends HttpServlet {
        @EJB
        private ConverterLocal converterBean;
       protected void processRequest(HttpServletRequest request, HttpServletResponse
response)
        throws ServletException, IOException {
            response.setContentType("text/html;charset=UTF-8");
            PrintWriter out = response.getWriter();
            String s=request.getParameter("param");
            String re=converterBean.toUpperCase(s);
            out.println("<html>");
            out.println("<head>");
            out.println("<title>Servlet TestConverter</title>");
            out.println("</head>");
```

```
        out.println("<body>");
        out.println("原来的字符串："+s);
         out.println("<br>");
        out.println("调用 EJB 商业方法后转换后得到的字符串"+re);
        out.println("</body>");
        out.println("</html>");
        out.close();
    }
    ......
}
```

程序说明：在 Servlet 类定义的前两行，注解@EJB 声明了引入一个 EJB 资源，资源类型为 ConverterLocal，资源引用的名称为 converter。下面就可以调用 converter 的商业方法来进行业务运算了。

值得一提的是，在源文件中看不到任何给资源引用 converter 初始化的语句。这是因为当 Servlet 部署到服务器时，根据引用变量前面的注解，应用服务器将知道此变量为 EJB 组件 ConverterLocal 的引用，将自动创建一个 EJB 组件 ConverterLocal，并将引用赋值给 converter。这样开发人员将不用编写任何代码就可以完成对 EJB 组件的引用了。

说明： 从这里也可以看出，客户端对 EJB 的访问，都是通过其对应的接口来实现的。因此，如果 EJB 的接口保持稳定，即使商业方法的内部实现如何变化，也不会影响到客户端的调用。这就大大提高了 Java EE 程序的可移植性。

部署企业应用程序 ejbstudy。部署成功后，打开 IE 浏览器，在地址栏中输入“http://localhost:8080/ejbstudy-war/TestConverter?param=hello”，将得到如图 7-15 所示的运行结果页面。可以看到 EJB 组件的商业方法已经被成功调用。

注： 由于将 Web 项目加入企业应用，因此只能通过部署企业应用 ejbstudy 来部署 Web 项目，运行 Servlet 组件也只能通过直接在浏览器中输入请求信息来实现，这可能是 Netbeans 的一个 bug。

图 7-15　调用 EJB 组件商业方法

7.3.4　利用远程客户端测试无状态会话 Bean

下面测试如何从远程客户端来访问 EJB 组件的商业方法。它是运行在应用服务器上另一个 JVM 中的 Java 应用。

要实现 EJB 组件的远程访问，首先需要将 EJB 组件的远程接口添加到客户端。远程接口必须存储在单独的 jar 中，才能在客户端中访问。EJB 的远程接口已经自动部署到 Java 类库 client-api 中，因此，只需要在企业应用客户端的库路径下增加 Java 类库项目即可。

在企业应用客户端的项目视图中选中库，单击右键，如图 7-16 所示，在弹出的快捷菜单中选择【添加项目】，将弹出如图 7-17 所示的窗口。

选择项目 client-api，单击【添加项目 JAR 文件】按钮即可。

下面只要在远程客户端的 main 方法中注入 EJB 的引用，然后就可以调用 EJB 的方法了，完整代码如程序 7-5 所示。

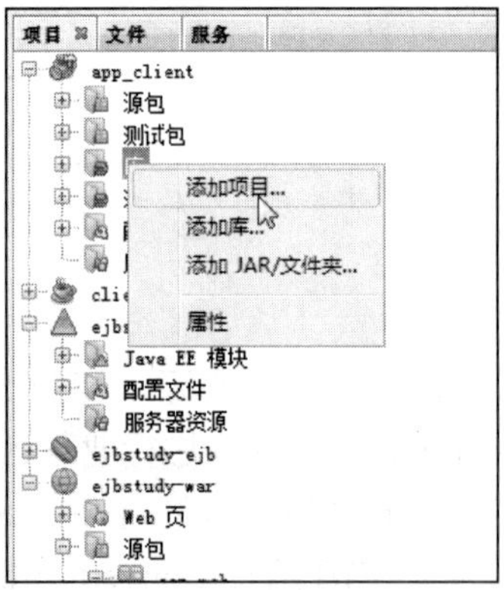

图 7-16　在【库】节点下添加关联项目

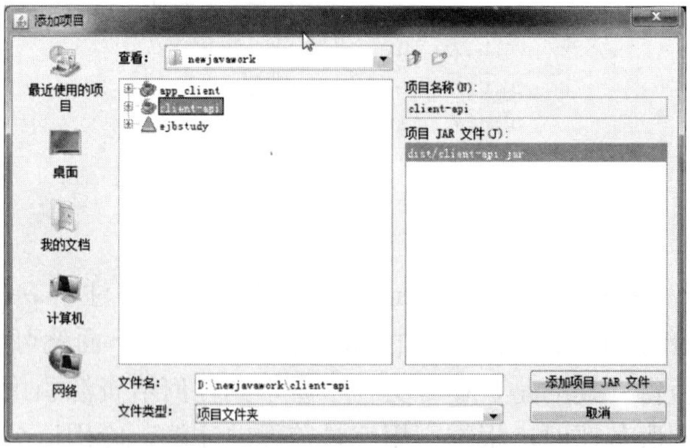

图 7-17　添加远程接口所在的 JAR

程序 7-5：Main.java

```
package app_client;
import com.ejb.ConverterRemote;
import javax.ejb.EJB;
public class Main {
    @EJB
    private static ConverterRemote converter;
    public static void main(String[] args) {
        System.out.print(converter.toUpperCase("hello,erverybody"));
        }
}
```

运行程序 7-5，看看对 EJB 组件的远程调用是否成功。

7.4　有状态会话 Bean

注：本节的示例代码保存在 chapt7/ejbstudy 下

7.4.1　基本原理

有状态会话 Bean（Stateful Session Bean）在客户引用期间维护 Bean 中的所有实例数据的状态值，这些数据在引用期间可以被其他方法所引用，但其他客户不会共享同一个会话 Bean 的实例。Bean 的状态被保存到临时存储体中，因为 Bean 是可以被序列化的，所以同样也可以把一个 Bean 状态保存到文件系统或数据库中。因为在调用方法时需要维护状态（这部分是有开销的），所以只有需要维护客户状态时才使用有状态会话 Bean。典型的会话 Bean 是购物车，当一个客户第一次打开购物车时，系统会为它分配一个购物车的会话 Bean，之后，每当客户选购了商品后都将改变购物车的商品记录，而这些记录数据将保存到用户会话数据中。

由于有状态会话 Bean 保存了客户端的状态数据，因此，它无法像无状态会话 Bean 一样放到组件池中被不同的用户共享。为了提高有状态会话 Bean 的效率，EJB 容器对有状态会话 Bean 实现了“钝化/激活”机制，使得有状态会话 Bean 的生命周期相对更为复杂。有状态会话 Bean 有三种状态：不存在、活动和钝化。

如图 7-18 所示，有状态会话 Bean 的初始化状态为不存在，当 EJB 容器接到客户端对一个有状态会话 Bean 请求时，EJB 容器将创建一个 Bean，并调用 Class.newInstance()方法将 Bean 实例化，随后 EJB 容器将 Bean 需要的资源注入 EJB 组件，之后 EJB 容器将发出一个 post-construction 事件消息表示 EJB 组件创建完毕。此时将调用 Bean 类的标记“@ PostConstruct”对应的回调方法。之后 EJB 组件就可以被客户端调用了。

当有状态会话 Bean 处于活动状态一段时间后，如果仍然没有收到外部客户端的请求，为了节省系统资源，此时 EJB 容器将会把有状态会话 Bean 中的状态信息序列化到临时存储空间，并将有状态会话 Bean 从内存中移除，这一过程称为“钝化”。在 EJB 容器钝化有状态会话 Bean 之前，将会发出一个 pre-passivate 事件消息，触发有状态会话 Bean 标记为@PrePassivate 的回调方法被执行。

当 EJB 容器收到对已经钝化了的有状态会话 Bean 的请求时，将重新初始化有状态会话 Bean 的实例，并将其状态信息从临时存储中取出，此时，EJB 容器将发送一个 post-passivate 事件消息，触发有状态会话 Bean 标记为@PostPassivate 的回调方法被执行。回调方法执行完毕，则有状态会话 Bean 回到活动状态，可以继续处理客户端的请求了。

当有状态会话 Bean 处于钝化状态一段时间后，EJB 容器将彻底清除此 EJB 组件，在清除此组件前，EJB 容器将发送 pre-Destroy 事件消息到 EJB 组件来调用“@ PreDestroy”标记对应的事件回调方法。回调方法处理完毕后，EJB 容器才会将有状态会话 Bean 从内存中清除。

注：客户可以直接调用“@ remove”标记对应的事件回调方法来通知 EJB 容器将有状态会话 Bean 清除。

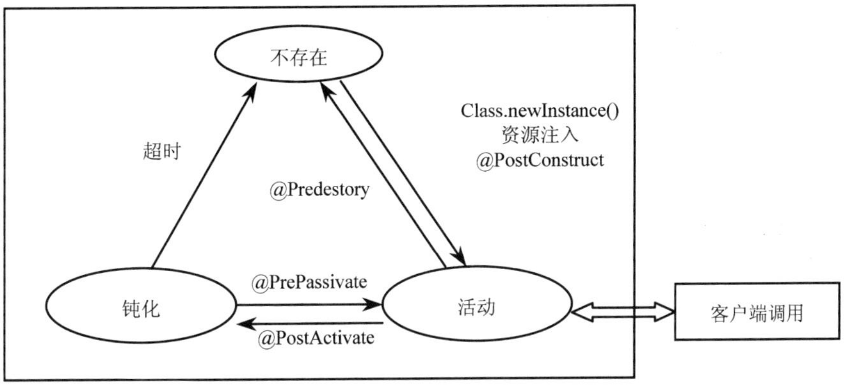

图 7-18　有状态会话 Bean 生命周期

由于 EJB 容器对有状态会话 Bean 采用“钝化/激活”机制来实现，这就要求有状态会话 Bean 的状态信息必须支持序列化。

说明：任何不被方法调用的 EJB 都可以钝化，除非一种情况：它处在一个事务过程中。

7.4.2　实现有状态会话 Bean

在本节示例中要为一家银行编写一个操作银行账户的 Bean 组件：StatefulAccount，这个组件将用来操作存储在数据库中的账户信息，为银行系统提供基本的账户管理功能。为了能够描述清楚有状态会话 Bean 的特性，示例将银行账户功能简化成三个商业接口方法：addFunds()方法为银行账户添加资金，removeFunds()方法从银行账户中取出资金，getBalance()方法用来查询银行账户的余额。

在【项目】视图中选中 EJB 模块“ejbstudy-ejb”，单击右键，在弹出的快捷菜单中选择【新建】→【会话 Bean】，得到【New 会话 Bean】对话框，如图 7-19 所示。

在【EJB 名称】文本框中输入 EJB 的名称“StatefulAccount”，在【包】文本框中输入 EJB 实现文件所在的包的名称“com.ejb”，在【会话类型】项目中选中“有状态”选项，在【创建接口】项目中选中“远程”和“本地”。最后，单击【完成】按钮，有状态会话 Bean 创建完毕。

NetBeans 为 EJB 组件自动生成了所需的三个文件：EJB 实现文件 StatefulAccount Bean.java、远程接口文件 StatefulAccount Remote.java 和本地接口文件 StatefulAccount Local.java。

EJB 实现文件 StatefulAccountBean 负责所有商业方法的具体实现。因为账户信息存储在数据库中，为了在 StatefulAccountBean 中获取数据库连接信息，首先需要利用“资源注入”为组件添加数据库连接属性。

在 EJB 实现文件 StatefulAccountBean.java 的编辑器中单击右键，在弹出的快捷菜单中选中【企业资源】→【使用数据库】选项，弹出【选择数据库】对话框，如图 7-20 所示。

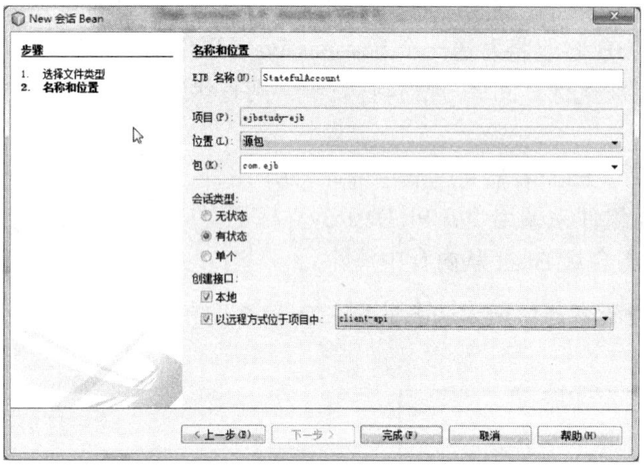

图 7-19 【New 会话 Bean】对话框

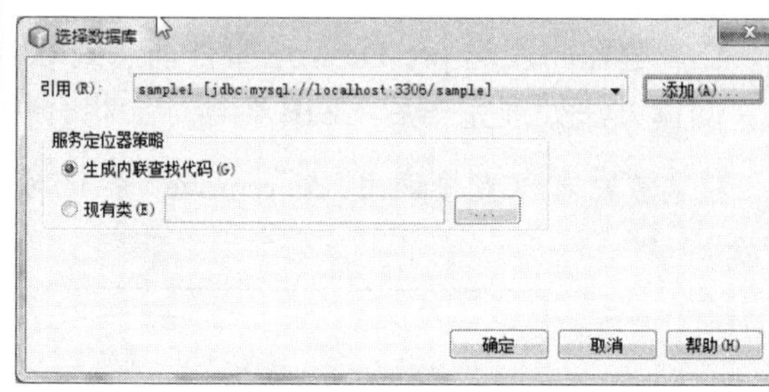

图 7-20 【选择数据库】对话框

单击【添加】按钮，弹出【添加数据源引用】对话框。选中服务器上已有的数据源“sample”，在【引用名称】文本输入框中输入数据源引用的名称“sample”，单击【确定】按钮，则关于数据源注入的标记插入源代码中，同时为 StatefulAccountBean 添加了一个 Datasource 类型的资源引用属性 sample。

说明：本示例需要用到内置数据源 sample 中创建一个代表账户信息的表 Account。它仅包含一个 varchar 类型的 id 字段作为主键和一个 double 类型的 amount 字段。

下面为 EJB 添加一个状态变量来存储客户状态。具体操作是在 StatefulAccount Bean 添加一个 double 变量 account 代表账户的余额。

说明：有状态会话 EJB 中的状态变量必须为 Java 基本类型或者支持序列化的 Java 对象。这是因为有状态会话 EJB 在进行钝化操作时，必须将这些状态变量存储到临时存储空间。

随后依照 7.3 节所示的操作步骤为 EJB 组件添加下述三个商业方法：

```
public void depoist( double amount)  throws  Exception
public double  withdraw( double amount) throws  Exception
public double  getBalance(String  id)
```

为了实现对数据库连接的操作，还要为组件添加两个辅助方法：openConnection()和 cleanup()。代码如程序 7-6 所示。

程序 7-6：StatefulAccountBean.java

```
package com.ejb;
……
@Stateful
```

```
    public class StatefulAccountBean implements com.ejb.StatefulAccountRemote,
com.ejb.StatefulAccountLocal {
        @Resource(name = "sample")
        private DataSource sample;
        private Connection connection;
        private double account=-1.0;
        public StatefulAccountBean() {
        }
        @PostConstruct
        @PostActivate
        public void openConnection() {
            try {
                connection = sample.getConnection();
            } catch (SQLException sqle) {
                sqle.printStackTrace();
            }
        }
        @PrePassivate
        @PreDestroy
        public void cleanup() {
            try {
                connection.close();
                connection = null;
            } catch (SQLException sqle) {
                sqle.printStackTrace();
            }
        }
        public void depoist(double amount)throws  Exception {
            if(amount<0)throw new Exception("Invalid amount");
            account+=amount;

        }
            public void withdraw(double amount) throws  Exception{
            if(amount<0)throw new Exception("Invalid amount");
            if(account< amount)throw new Exception("not engouch money");
            account-=amount;
            }
            public double getBalance(String id) {
            if(account<0){
                if(connection!=null){
                    String sql="Select amount from account where id= "+id;
                    try{
                        Statement s=connection.createStatement();
                        ResultSet re= s.executeQuery(sql);
                        if(re.next())account=re.getInt("amount");
                    }catch(Exception e){
                        System.out.println(e.toString());
                    }
                }
                }
            return account;
        }
        @Remove
        public void updateAccount(String id) {
```

```
            if(connection!=null){
                String sql="update account set amount =? where id= "+id;
                try{
                    PreparedStatement s=connection.prepareStatement(sql);
                    s.setDouble(1,account);
                    int re= s.executeUpdate();
                   }catch(Exception e){
                    System.out.println(e.toString());
                }
            }
        }
    }
```

程序说明：作为会话 Bean 的实现类，用来实现 Bean 的三个商业方法。为了方便对数据库的操作，首先利用资源注入为 Bean 引入数据源属性 sample。在代码实现中，将直接使用此属性来获取到数据库的操作，而看不到任何对此变量初始化的代码，这是因为在 EJB 组件部署时，EJB 容器将自动获取数据源对象的引用，并把它赋给此变量。

数据库连接是宝贵的系统资源，为了方便对数据库连接的管理，实现了两个辅助方法，其中方法 openConnection()利用数据源获取到数据库的连接，方法 cleanup()用来释放到数据库的连接。为了确保维护数据库连接状态，代码中利用@PostConstruct、@PostActivate 来标记 openConnection()方法为回调方法，确保 EJB 组件在创建或激活时能够获取数据库连接。利用@PrePassivate、@PreDestroy 来标记 cleanup()方法为回调方法，确保 EJB 组件在销毁或钝化时能够释放数据库连接。updateAccount(String id)方法用来更新数据库中存储的信息，此时 EJB 组件将不在需要，因此利用标记@Remove 来标注此方法，当此方法被调用后，EJB 组件将被销毁。

下面通过在 Web 应用 ejbstudy-war 中创建一个 Servlet 组件 TestStatefulAccount 来对刚刚创建的有状态会话 EJB 组件进行测试。注意 Servlet 的实现类也在包 com.ejb.test 内。代码如程序 7-7 所示。

程序 7-7：TestStatefulAccount.java

```
    package com.ejb.test;
    import com.ejb.StatefulAccountLocal;
    import java.io.*;
    import java.net.*;
    import javax.ejb.EJB;
    import javax.servlet.*;
    import javax.servlet.http.*;
    public class TestStatefulAccount extends HttpServlet {
        @EJB
        private StatefulAccountRemote statefulAccountBean;
        protected void processRequest(HttpServletRequest request, HttpServletResponse
response)
        throws ServletException, IOException {
            response.setContentType("text/html;charset=UTF-8");
            PrintWriter out = response.getWriter();
            String id=request.getParameter("ID");
            out.println("<html>");
            out.println("<head>");
            out.println("<title>Servlet TestStatefulAccount</title>");
            out.println("</head>");
            out.println("<body>");
            out.println("the account balance:"+statefulAccountBean.getBalance(id)+"<br>");
    //                  向基金账户增加 5000.25
```

```
            try{
            statefulAccountBean.depoist(2389.25);
            out.println("method of depoist(2389.25) Result:"+statefulAccountBean.
    getBalance(id)+"<br>");
      //                    从基金账户调出 1000.02
            statefulAccountBean.withdraw(1000.02);
            out.println("method of withdraw(1000.02) Result:"+statefulAccountBean.
    getBalance(id));
            out.println("<hr>");
            out.println("current account balance:"+statefulAccountBean.getBalance(id));
             }catch(Exception e){
                System.out.println(e.toString());
             }
            out.println("</body>");
            out.println("</html>");
            out.close();
        }
      ......
    }
```

发布企业应用 ejbstudy。企业应用部署成功后，在浏览器地址栏内输入“http://localhost:8080/ejbstudy-war/TestStatefulAccount?ID=0”，得到运行结果页面如图 7-21 所示。

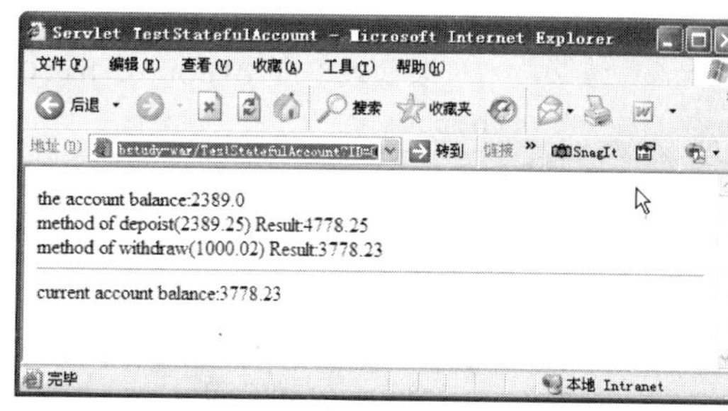

图 7-21　测试有状态会话 Bean

7.5　单例会话 Bean

注：本节的示例代码包含在 chapt7/Counter 下

7.5.1　基本原理

单例（Singleton）是一种设计模式，这种模式下保证应用中只能存在对象的一个实例。它的优势是能够减少资源的消耗，更重要的是能够避免由于多实例并发操作带来的对象状态的不同步问题。具体到 Java 应用来说，则保证在一个 JVM 内只能存在类的一个实例。这种模式在许多场景下都非常适合，例如，聊天室应用中记录在线人数的计数器，应用启动时的配置操作等。

EJB 3.1 规范专门提供了单例 Bean 类型的 EJB 组件来实现这种设计模式。EJB 容器将为此种类型的 EJB 仅初始化一个实例，供所有客户请求使用。

如果单例 Bean 在初始化时产生意外，则 EJB 将销毁此单例 Bean 实例。但是一旦单例 Bean 初始化完成，若在调用其商业方法时发生意外，单例 Bean 实例并不会销毁。这一点要特别注意。

7.5.2　利用 JSF 访问单例会话 Bean

Java EE 6 Web 容器支持 EJB Lite，因此，开发人员完全可以在一个 Web 应用中来创建单例会话 Bean。在本示例中，将创建一个名为 Counter 的 Web 应用，相关的示例代码将包含在此应用中。

下面创建一个单例会话 Bean 来实现页面计数，代码如程序 7-8 所示。

程序 7-8：CounterBean.java

```
package counter.ejb;
import javax.ejb.Singleton;
@Singleton
```

```
public class CounterBean {
   private int hits = 1;
   public int getHits() {
      return hits++;
   }
}
```

程序说明：在上面的代码中通过注解@Singleton 声明了一个单例 Bean。它主要包含一个商业方法 getHits 来返回一个代表访问次数的值。

下面创建 JSF 页面来访问单例会话 Bean，页面代码和 Managed Bean 代码分别如程序 7-9 和程序 7-10 所示。

程序 7-9：test.xhtml

```
<?xml version='1.0' encoding='UTF-8' ?>
<!DOCTYPE html PUBLIC "-//W3C//DTD XHTML 1.0 Transitional//EN" "http://www.w3.org/TR/xhtml1/DTD/xhtml1-transitional.dtd">
<html xmlns="http://www.w3.org/1999/xhtml"
      xmlns:h="http://java.sun.com/jsf/html">
   <h:head>
      <title>Singleton Bean</title>
   </h:head>
   <h:body>
        页面被单击 #{count.hitCount} 次.
   </h:body>
</html>
```

程序 7-10：Count.java

```
package counter.web;
import counter.ejb.CounterBean;
import javax.ejb.EJB;
import javax.faces.bean.ManagedBean;
import javax.faces.bean.SessionScoped;
@ManagedBean
@SessionScoped
public class Count {
   @EJB
   private CounterBean counterBean;
   private int hitCount;

   public Count() {
      this.hitCount = 0;
   }
   public int getHitCount() {
      hitCount = counterBean.getHits();
      return hitCount;
   }
   public void setHitCount(int newHits) {
      this.hitCount = newHits;
   }
}
```

程序说明：由于 Java EE 服务器提供了上下文和依赖注入服务，因此，在上面的代码中，利用注解@EJB，就可以将创建的单例会话 Bean 很方便地引用到 Managed Bean 中。

运行程序 7-9，将得到如图 7-22 所示页面。

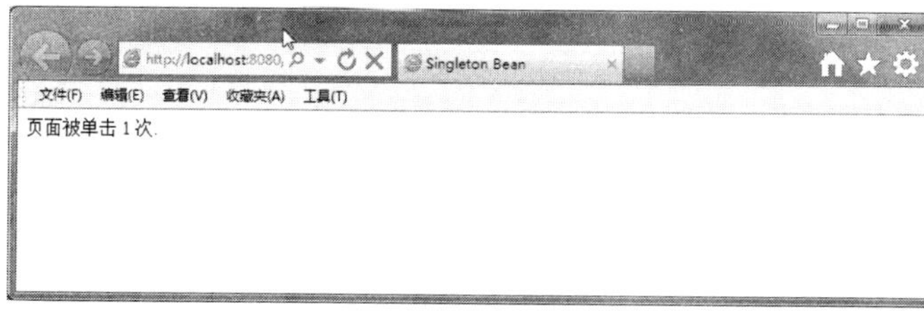

图 7-22　利用单例会话 Bean 实现网页计数

不断刷新页面，可以看到显示的单击次数不断刷新。

为了提高应用性能，可以通过注解@StartUp 来通知 EJB 容器在应用启动时自动初始化此 Bean，代码如程序 7-11 所示。

程序 7-11：CounterBean.java

```
package counter.ejb;
import javax.ejb.Singleton;
@Startup
@Singleton
public class CounterBean {
  …..
}
```

7.5.3　并发控制

一切进展都很顺利，但是不要忘记，单例会话 Bean 是供多个客户同时使用的，因此必须考虑并发的问题。这也是单例会话 Bean 的特色，因为无状态会话 Bean 在同一时刻仅服务一个客户请求，而有状态会话 Bean 在一次会话中也仅服务一个客户请求。

单例会话 Bean 可以采用两种并发管理方式，一种是由容器托管的，一种是由 Bean 自身来实现的。

采用了容器托管的并发控制的 Bean 的代码如程序 7-12 所示。

程序 7-12：CounterBean.java

```
package counter.ejb;
import javax.ejb.ConcurrencyManagement;
import javax.ejb.ConcurrencyManagementType;
import javax.ejb.Lock;
import javax.ejb.LockType;
import javax.ejb.Singleton;
@Singleton
@ConcurrencyManagement(ConcurrencyManagementType.CONTAINER)
public class CounterBean {
    private int hits = 1;
    @Lock(LockType.WRITE)
    public int getHits() {
        return hits++;
    }
}
```

程序说明：首先在 Bean 的定义前通过注解@ConcurrencyManagement（ConcurrencyManagementType.CONTAINER)声明采用容器托管类型的并发管理，然后在具体的方法前采用注解@Lock 来定义并发控制类型。其中，LockType.WRITE 代表不允许两个客户请求同时访问此方法，而 LockType.Read

代表允许两个客户同时访问但不允许同时修改。

当然，对于比较复杂的商业逻辑方法，如跨越多个方法的事务处理，可以采用 Bean 管理并发方式，这样更加灵活。

还是以上面的例子为例，修改后的代码如程序 7-13 所示。

程序 7-13：CounterBean.java

```
package counter.ejb;
import javax.ejb.ConcurrencyManagement;
import javax.ejb.ConcurrencyManagementType;
import javax.ejb.Lock;
import javax.ejb.LockType;
import javax.ejb.Singleton;
@Singleton
@ConcurrencyManagement(ConcurrencyManagementType.BEAN)
public class CounterBean {
    private int hits = 1;
   synchronized public int getHits() {
        return hits++;
    }
}
```

程序说明：可以看到，在 Bean 管理同步方式下，除了在类定义前采用注解@ConcurrencyManagement（ConcurrencyManagementType.BEAN）来声明外，在 Bean 实现中，还需要利用 Java 语言的 synchronized 关键字来设置方法的同步属性，实现同步控制。

7.5.4 依赖管理

一个应用中可能存在多个单例会话 Bean，而这些 Bean 中又可能存在某种依赖关系。例如假设应用中还存在一个单例会话 Bean ConfigBean，用来保存应用的配置信息，如程序 7-14 所示。

程序 7-14：ConfigBean.java

```
package counter.ejb;
import javax.ejb.Singleton;
@Singleton
public class ConfigBean {
     private String param = "master";
    public String getParam() {
        return param;
    }
}
```

现在 Counter Bean 需要根据 ConfigBean 来决定自己的行为，二者产生依赖关系。为了正确初始化，必须利用@DependOn 来声明组件间的依赖关系，如程序 7-15 所示。

程序 7-15：CountBean.java

```
package counter.ejb;
import javax.ejb.ConcurrencyManagement;
import javax.ejb.ConcurrencyManagementType;
import javax.ejb.Lock;
import javax.ejb.LockType;
import javax.ejb.Singleton;
@Singleton
```

```
@DependsOn({"ConfigBean"})
@ConcurrencyManagement(ConcurrencyManagementType.BEAN)
public class CounterBean {
......
}
```

另外需要说明的是，如果 CounterBean 存在多个依赖组件，可在注解@DependsOn 的属性中用“,”隔开，代码如下所示：

@DependsOn({"PrimaryBean", "SecondaryBean"})

EJB 容器将首先创建 PrimaryBean 和 SecondaryBean 的实例，然后再创建 CountBean，至于是先创建 PrimaryBean 还是 SecondaryBean 的实例，则是随机的，因此，如果 PrimaryBean 还要依赖 SecondaryBean，则应该通过以下的方式来声明：

@DependsOn({"SecondaryBean"})
@DependsOn({"PrimaryBean"})

7.6　Time 服务

注：本节的示例代码包含在 chapt7/timersession 中。

在一些企业应用中，有些业务逻辑是由时间来驱动的，比如，需要每天晚上 12 点归档业务数据，每月 1 号生成上月业务数据统计报表等。

EJB 组件的强大之处就在于容器为它提供的强大服务。为支持时间驱动的业务执行，EJB 容器提供了 Time 服务，支持定时器触发的商业方法调用。

定时器分为两种，一种是代码中调用 TimerService 接口的 CreateTimer 方法来动态创建，另外一种是通过注解@Schedule 在 Bean 类中声明，由容器在部署 EJB 组件时注入到 Bean 实例中。

无论采用哪种方式，都需要用到时间表达式来定义定时器。关于时间表达式的属性说明如表 7-1 所示。

表 7-1　时间表达式属性说明

属　性	描　述	缺 省 值	允许值和示例
second	秒	0	0 到 59，例如：second="30".
minute	分	0	0 到 59，例如：minute="15".
hour	小时	0	0 到 23，例如：hour="13".
dayOfWeek	星期几	*	0 到 7（0 和 7 都代表星期天），例如：dayOfWeek="3" Sun, Mon, Tue, Wed, Thu, Fri, Sat。例如：dayOfWeek="Mon"
dayOfMonth	天数	*	1 到 31，例如：dayOfMonth="15" –7 to –1 (负数代表倒数第几天).例如：dayOfMonth="–3" Last，例如：dayOfMonth="Last" [1st, 2nd, 3rd, 4th, 5th, Last] [Sun, Mon, Tue, Wed, Thu, Fri, Sat].例如：dayOfMonth="2nd Fri"
month	月数	*	1 to 12，例如：month="7" Jan, Feb, Mar, Apr, May, Jun, Jul, Aug, Sep, Oct, Nov, Dec. 例如：month="July"
year	年份	*	4 位数字，例如：year="2011"

下面通过创建一个会话 Bean 来演示如何使用 Time 服务。代码如程序 7-16 所示。

程序 7-16：TimerSessionBean.java

```
package timersession.ejb;
......
```

```
@Singleton
@Startup
public class TimerSessionBean {
    private static final Logger logger = Logger.getLogger(
              "TimerService Demo");
    @Resource
    TimerService timerService;
   @PostConstruct
    public void init() {
        long intervalDuration=5000;
        logger.log(
              Level.INFO,
              "Setting a programmatic timeout for {0} milliseconds from now.",
              intervalDuration);
        Timer timer = timerService.createTimer(
                 intervalDuration,
                 "Created new programmatic timer");
    }
    @Timeout
    public void programmaticTimeout(Timer timer) {
        logger.info("Programmatic timeout occurred.");
        Date t=new Date();
        logger.info(t.toString());
    }
    @Schedule(minute = "*/3", hour = "*")
    public void automaticTimeout() {
        logger.info("Automatic timeout occurred");
         Date t=new Date();
        logger.info(t.toString());
    }
   @Schedule(minute = "*/1", hour = "*")
    public void automaticTimeout2() {
        logger.info("Automatic timeout2 occurred");
        Date t=new Date();
        logger.info(t.toString());
    }
}
```

程序说明：由于 Bean 中仅包含定时器触发的方法，因此它是不接受客户请求的，这里利用注解@Startup 来确保应用启动时将自动初始化 bean。

为了在 Bean 中使用 Time 服务，利用注解@timeservice 将容器的时间服务引用注入到 Bean 中。

下面看如何在代码中动态创建定时器。在 init 方法中，调用 TimeService 实例的 CreateTimer 方法来创建一个代表一定时间间隔的定时器。CreateTimer 方法具有多种形式，允许开发人员灵活地创建各种定时器，详细信息可查看 TimeService 的 API 文档。

为了确保代码被执行，将方法 init 利用注解@PostConstruct 标注，使其成为 bean 的生命周期方法。

为了响应代码中创建的定时器，通过注解@Timeout 来对方法 programmaticTimeout 进行标记。

对于 Bean 声明的定时器，比较简单，通过注解@schedule 对定时器响应方法进行注解即可。注解@schedule 的属性为一组时间表达式，在本例中，代表任意小时的每 3 分钟将被触发一次。

部署应用，在 NetBeans 右下角的【输出】窗口将得到如图 7-28 所示的运行结果。

可以看到，代码中动态创建的定时器的响应方法和声明的定时器的响应方法都被成功触发。

图 7-23　定时器触发处理方法输出的运行日志

注：在一个 EJB 组件中，代码中动态创建的定时器只能有一个，而声明的定时器可以有多个。

定时器默认都是持久化的，一旦创建，它们将存储在应用服务器的配置信息中。因此即使去掉 EJB bean 中的注解@startup，重新启动服务器，依然可以看到定时器响应处理方法仍旧会被触发。

如果希望创建的 Timer 不是持久化的，对于声明的定时器，示例代码片段如下所示：

```
@Schedule(second="0", minute="*", hour = "*", info="",persistent=false)
```

对于代码中动态创建的定时器，示例代码片段如下所示：

```
TimerConfig timerConfig = new TimerConfig();
timerConfig.setPersistent(false);
...
timerService.createCalendarTimer(scheduleExpression,timerConfig);
```

7.7　拦截器

注：本节的示例代码包含在 chapt7/Counter 下。

EJB 组件是用来封装业务逻辑的，但在执行业务逻辑过程中，不可避免的要涉及到安全、事务、日志等企业应用的基础功能服务。为了保持 EJB 组件的可移植性，容器提供了一种被称为拦截器的组件，来对 EJB 商业方法的调用进行过滤处理。

为了正确运用拦截器，首先必须了解拦截器的核心设计思想，即面向方面的编程（Aspect-Oriented Programming，简称 AOP）。如果了解 Spring 框架的话，对于面向方面的编程可能不会感到陌生。其实新的 EJB 规范正是借鉴了 Spring 框架等优秀思想来为开发人员提供一个优秀的编程模型。

对于面向对象的编程（Object-Oriented Programing，简称 OOP），相信没有人会感到陌生。因为 Java 就是一种 100%面向对象的编程语言。AOP 其实是对 OOP 的补充和完善。

OOP 引入封装、继承和多态性等概念来建立一种对象层次结构，用以模拟公共行为的一个集合。OOP 的出现，对于提高程序开发人员的效率是一个巨大的里程碑。但金无足赤，在工程实践中，OOP 也逐渐暴露出一些局限。企业应用中的对象，除了实现一定的核心业务功能外，还普遍存在一些与核心业务无关的公共行为，而且这些公共行为又是非常的重要和普遍，是开发人员无法回避的。例如日志功能。日志代码往往水平地散布在所有对象层次中，并且与它所散布到的对象的核心功能毫无关系。对于其他类型的代码，如安全性、异常处理等也是如此。当开发人员需要为分散的对象（即不存在继承关系的对象）引入上述公共行为的时候，OOP 则显得力不从心。因为 OOP 允许开发人员定义自上到下的关系，但并不适合定义从左到右的关系。

就以上面的日志为例，我们来看看 OOP 的不足之处。假设程序中存在 A、B、C 和 D 四个对象，对于实现每个对象的日志功能，在 OOP 中如何来设计呢？可以有两个途径：一是继承，二是多态。对于继承，由于对象是对现实世界的抽象，但是如果现实世界中的 A、B、C 和 D 可能根本不存在继承关系，我们不可能生硬地要求它们继承到同一个基类，更重要的是，每个对象的日志实现的具体过程和业务逻辑可能是不一样的，也不是简单的通过继承基类中一个方法就能够解决的。那么再来看多态，即我们创建一个公用的日志功能接口，然后每个对象通过实现此接口来实现日志功能，由于每个对象都需要具体实现自己的日志功能，那么就造成了同一功能代码的大量重复，违背了“高内聚”的设计核心原则，不利于程序的维护更新。

AOP 技术的诞生并不算晚，早在 1990 年开始，来自 Xerox Palo Alto Research Lab（即 PARC）的研究人员就对 OOP 的局限性进行了分析，提出了 AOP 这一设计思想。

OOP 的基本设计理念是将信息封装成一个个独立的对象，对象与对象之间仅仅是自上而下的一种继承关系，使得系统变得更加条理。但这种设计未免过于理想化，对于普遍存在于对象间的一些公共行为如日志、安全等，利用 OOP 无法实现合理的封装。而 AOP 技术则恰恰相反，它利用一种称为“横切”的技术，剖解开封装的对象内部，并将那些影响了多个类的公共行为封装到一个可重用模块，并将其名为“Aspect”，即方面。所谓“方面”，简单地说，就是将那些与业务无关，却为业务模块所共同调用的逻辑或责任封装起来，便于减少系统的重复代码，实现功能的高度内聚，并有利于未来的可操作性和可维护性。

举一个形象的例子，可以把 OOP 的设计结果看做是一个个圆球，其中封装的是对象的属性和行为；而 AOP 设计就是对这些圆球进行不同的切割，以获取其内部特定的信息，满足某些特殊要求。而每次剖开的切面，也就是所谓的“方面”了。对于应用中普遍存在的一些公共的关切点如日志、权限认证和事务处理等，都可以看作是一个个方面。拦截器实现了针对特定方面的编程，因此可以形象地比作是 AOP 设计中进行切割的“刀”。

现在回到 EJB 编程中来，我们本节讲述的称为拦截器的组件，它们就好比上面提到的“刀”，这些“刀”切割的对象就是 EJB 组件，而操作这些刀的当然就是 EJB 容器了。

根据业务逻辑实现的需求，EJB 组件通过注解声明需要哪些基础功能的支持。当 EJB 容器接收到客户端对 EJB 的请求时，容器将根据 EJB 组件的声明，调用相关的拦截器组件进行处理，来为 EJB 提供基础服务功能，EJB 组件仍旧专注于业务逻辑的实现，这样就完美解决了专用业务逻辑代码与通用基础功能代码之间的分离。

本节以 7.5 节的示例为基础，为单例会话 Bean 的商业方法提供日志服务。

首先创建一个拦截器组件，代码如程序 7-17 所示。

程序 7-17：LogInterceptor

```
package counter.ejb;
import java.util.logging.Logger;
import javax.interceptor.AroundInvoke;
import javax.interceptor.InvocationContext;
public class LogInterceptor {
   private static final Logger logger = Logger.getLogger(
         "counter.ejb. LogInterceptor");
   @AroundInvoke
   public Object log(InvocationContext ctx)
         throws Exception {
      try {
         logger.info("internalMethod: Invoking method: "
               + ctx.getMethod().getName());
         Object result = ctx.proceed();
         logger.info("internalMethod: Returned from method: "
               + ctx.getMethod().getName());
```

```
            return result;
        } catch (Exception e) {
            logger.warning("Error calling ctx.proceed in log()");
            return null;
        }
    }
}
```

程序说明：拦截器组件可以是一个简单的组件，不需要实现任何接口，继承任何类，只需要通过注解@AroundInvoke 来标识一个方法，方法必须包含一个 InvocationContext 类型的参数，且返回一个 Object 类型的值。在本例中，我们利用 InvocationContext 参数来获取被调用的方法的名称，并在方法实现中利用 logger 组件实现了日志功能。

创建好拦截器组件后，为了使其发挥作用，还必须利用注解@Interceptors 将其与要拦截的对象关联起来。注解的参数就是拦截器实现类。如果注解@Interceptors 标注的是一个类，则类中所有方法的调用都将会拦截，若标注的是一个方法，仅当该方法被调用时才被拦截。

修改 CountBean 的实现类如程序 7-18 所示。

程序 7-18：CountBean.java

```
......
@Singleton
@ConcurrencyManagement(ConcurrencyManagementType.BEAN)
public class CounterBean {
    private int hits = 1;
    @Interceptors(LogInterceptor.class)
   synchronized public int getHits() {
       return hits++;
    }
}
```

重新发布程序，并请求运行 test.xhtml 页面，查看 Netbean 的【输出】窗口，将得到如图 7-24 所示的输出信息。

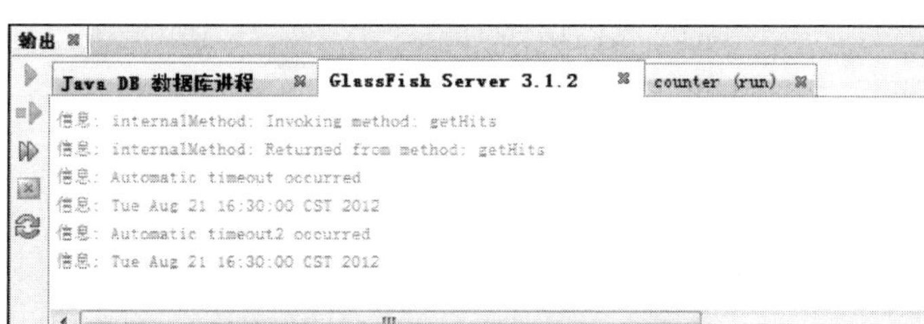

图 7-24 利用拦截器输出的日志信息

可以看到在商业方法调用前，拦截器被调用，当商业方法返回后，仍将会返回拦截器。因此，拦截器应该准确地比喻为包括在 EJB 组件外的一层温柔的保护层，而不是像“刀”一样切入组件的一段代码。对于 EJB 组件的请求，首先经过拦截器的处理，然后才执行商业方法调用，EJB 商业方法完成后，仍旧是返回拦截器。也只有这种机制，才能确保拦截器能够为 EJB 组件提供事务处理这种过程性的基础功能服务。

7.8 事务支持

EJB 组件对商业方法提供了强大的事务支持。注解@TransactionAttribute 用做定义一个需要事务的方法。它可以有以下参数。

- REQUIRED：方法在一个事务中执行，如果调用的方法已经在一个事务中，则使用该事务，否则将创建一个新的事务。
- MANDATORY：如果运行于事务中的客户调用了该方法，则方法在客户的事务中执行。如果客户没有关联到事务中，则容器就会抛出 TransactionRequiredException。如果企业 bean 方法必须用客户事务，则采用 Mandatory 属性。
- REQUIRESNEW：方法将在一个新的事务中执行，如果调用的方法已经在一个事务中，则暂停旧的事务。在调用结束后恢复旧的事务。日志记录是个很好的例子，即使父事务回滚，你也希望把错误情况记录到日志中，另一方面，日志记录细小调试信息的失败不应该导致回滚整个事务，并且问题应该仅限于日志记录组件内。
- SUPPORTS：如果方法在一个事务中被调用，则使用该事务，否则不使用事务。
- NOT_SUPPORTED：如果方法在一个事务中被调用，则容器会在调用之前中止该事务。在调用结束后，容器会恢复客户事务。如果客户没有关联到一个事务中，则容器不会在运行入该方法前启动一个新的事务。用 NotSupported 属性标识不需要事务的方法。因为事务会带来更高的性能支出，所以这个属性可以提高性能。
- Never：如果在一个事务中调用该方法，容器会抛出 RemoteException。如果客户没有关联到一个事务中，容器不会在运行入该方法前启动一个新的事务。

注：如果没有指定参数，@TransactionAttribute 注释使用 REQUIRED 作为默认参数。

例如有下面的 EJB 方法：

```
......
@TransactionAttribute(TransactionAttributeType.REQUIRED)
public void ModifyProductPrice(double newprice, boolean error)
throws Exception {
Query query = em.createQuery("select p from Product p");
List result = query.getResultList();
if (result != null) {
for (int i = 0; i < result.size(); i++) {
Product product = (Product) result.get(i);
Double price=product.getPrice();
product.setPrice(newprice *price);
em.merge(product);
}
}
}
```

在上面的方法中，要对所有产品的价格进行调整，可能涉及到对关系数据库中多条记录的修改。如果有任何一件商品的价格在修改过程中发生意外（例如触及物价局定的最高上限），则整个 EJB 方法所执行的操作都将会回滚，这就确保了对商品调价过程的一致性。

7.9 异步方法

注：本节的示例代码包含在 chapt7/Async 中。

EJB 商业方法调用，默认都是同步的，即调用方将一直等待 EJB 商业方法返回。但是如果业务逻辑的执行过程比较长，EJB 商业方法在调用过程中将会长时间得不到响应。因此，在新的 EJB 规范中，增加了对异步操作的支持。下面通过一个示例来演示 EJB 组件的异步方法。

注： 异步方法在一个全新的事件上下文中处理，而且无法访问调用者的会话或对话上下文状态。

首先创建 EJB 组件，完整代码如程序 7-19 所示。

程序 7-19：PiBean.java

```
package async.ejb;
import java.math.BigDecimal;
import java.util.concurrent.Future;
import java.util.logging.Logger;
import javax.ejb.AsyncResult;
import javax.ejb.Asynchronous;
import javax.ejb.Stateless;
import javax.inject.Named;
@Named
@Stateless
public class PiBean {
   private static final Logger logger = Logger.getLogger(
         "async.ejb.PiBean");
   @Asynchronous
   public Future<String> computer(int max) {
      String status="计算中...";
      System.out.println("come in long operation......");
      Pi p = new Pi();
      BigDecimal temp = p.computePi(max);
      status = "计算完成";
      System.out.println("come out long operation......");
      return new AsyncResult<String>(status);
   }
}
```

程序说明：在上面的代码中，通过注解@Asynchronous 声明了一个异步方法 computer，注意它返回的结果类型是一个 AsyncResult<String>类型，它实现了 Future 接口，允许客户端来获取对于异步操作的结果。

说明： EJB 组件中使用了一个辅助工具类 Pi，它用来计算圆周率，完整代码详见本书附带的源代码。

下面通过 JSF 来访问此 EJB 组件的异步方法，首先创建一个页面来提交要计算的圆周率的位数，代码如程序 7-20 所示。

程序 7-20：index.html

```
<?xml version='1.0' encoding='UTF-8' ?>
<!DOCTYPE composition PUBLIC "-//W3C//DTD XHTML 1.0 Transitional//EN" "http://www.
w3.org/TR/xhtml1/DTD/xhtml1-transitional.dtd">
<ui:composition xmlns:ui="http://java.sun.com/jsf/facelets"
            xmlns:h="http://java.sun.com/jsf/html"
            xmlns:f="http://java.sun.com/jsf/core"
            template="./template.xhtml">
   <ui:define name="content">
      <h:form id="myForm">
         <h:panelGrid id="emailFormGrid"
                  columns="3">
            <h:outputLabel for="digits"
                        value="要计算的 Pi 的位数: " />
```

```
                <h:inputText id="digits"
                           value="${countManagedBean.max}" />
                <h:message for="digits" />
                <f:facet name="footer">
                    <h:panelGroup style="display:block; text-align:center">
                        <h:commandButton id="sendButton"
                                 action="#{countManagedBean.begin()}"
                                 value="计算" />
                    </h:panelGroup>
                </f:facet>
            </h:panelGrid>
        </h:form>
    </ui:define>
</ui:composition>
```

在上面的代码中，使用了 Managed bean，代码如程序 7-21 所示。

程序 7-21：CountManagedBean.java

```
package async.web;
import async.ejb.PiBean;
import java.util.concurrent.ExecutionException;
import java.util.concurrent.Future;
import java.util.logging.Logger;
import javax.ejb.EJB;
import javax.enterprise.context.RequestScoped;
import javax.inject.Named;

@Named
@RequestScoped
public class CountManagedBean {
    private static final Logger logger = Logger.getLogger(
              "async.web.CountManagedBean");
    @EJB
    protected PiBean pb;
    protected int max;
    public int getMax() {
        return max;
    }
    public void setMax(int max) {
        this.max = max;
    }
    protected String status;
      public CountManagedBean() {
    }
    public String getStatus() {
        return status;
    }
    public void setStatus(String status) {
        this.status = status;
    }
    public String begin() {
        String response = "response";

        try {
```

```
            System.out.println("come in......");
            Future<String> re = pb.computer(max);
              System.out.println("come out......");

        } catch (Exception ex) {
            logger.severe(ex.getMessage());
        }
        return response;
    }
}
```

程序说明：在上面的代码中，使用注解@EJB 将 PiBean 注入，在 action 方法 begin 中，调用了异步方法 computer，可以看到与调用一般的 EJB 方法没什么不同，只是方法返回的值是 Future<String>类型。

下面还要增加一个 JSF 页面来代表返回结果，代码如程序 7-22 所示。

程序 7-22：response.xhtml

```
<?xml version='1.0' encoding='UTF-8' ?>
<!DOCTYPE composition PUBLIC "-//W3C//DTD XHTML 1.0 Transitional//EN" "http://www.w3.org/TR/xhtml1/DTD/xhtml1-transitional.dtd">
<ui:composition xmlns:ui="http://java.sun.com/jsf/facelets"
                template="./template.xhtml"
                xmlns:h="http://java.sun.com/jsf/html">
    <ui:define name="content">
        <h:outputText id="messageStatus"
                      value="#{countManagedBean.status}" />
    </ui:define>
</ui:composition>
```

部署并启动应用，运行程序 index.xhtml，将得到如图 7-25 所示的界面。

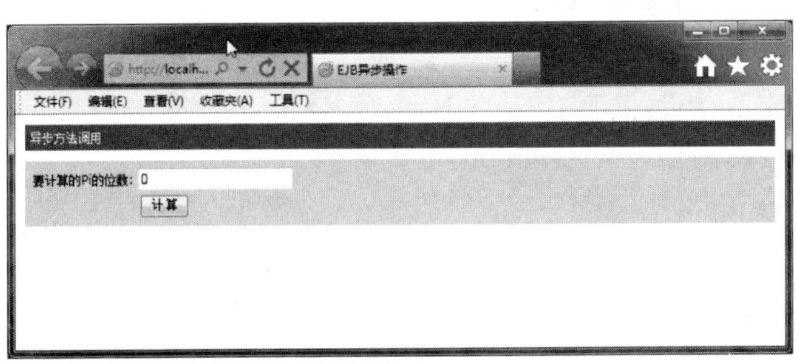

图 7-25　异步方法调用参数输入界面

在文本输入框中输入要计算的圆周率的位数“123456”，单击【计算】按钮，将得到如图 7-26 所示的运行界面。

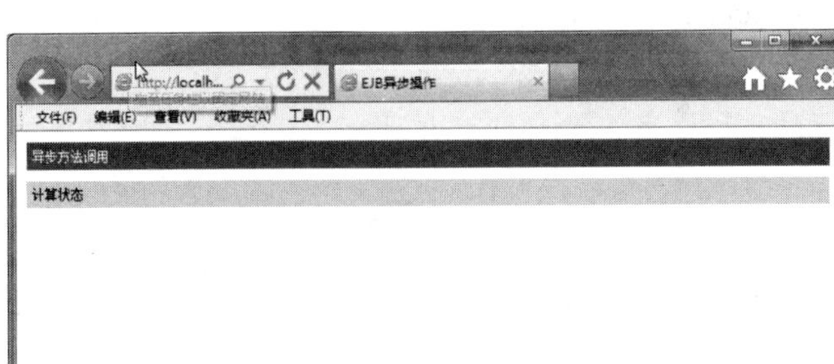

图 7-26　异步方法调用后的返回结果页面

可以看到计算结果页面已经返回给用户，并没有等待长时间的计算完成。切换到右下角的输出窗口，可以看到如图 7-27 所示的输出信息。

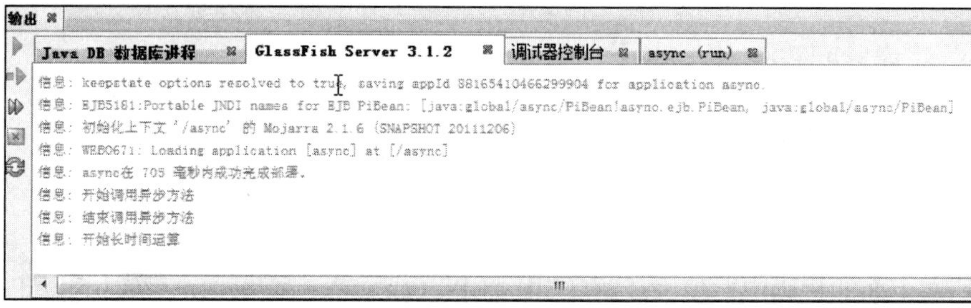

图 7-27　程序运行日志输出信息

可以看到是在结束 Managed Bean 对 EJB 方法调用后才开始进行 EJB 异步方法内部的计算过程，因此可以确认是真正的异步方法调用。

上面的示例并不完美，客户需要知道 EJB 异步方法调用完成后的状态，开发人员可以利用异步方法返回的 future 对象进行处理。下面修改程序 7-21 的代码如程序 7-23 所示。

程序 7-23：CountManagedBean.java

```
package async.web;
……
@Named
@RequestScoped
public class CountManagedBean {
    private static final Logger logger = Logger.getLogger(
              "async.web.CountManagedBean");
    @EJB
    protected PiBean pb;
    protected int max;
   ……
    public String begin() {
        String response = "response";
        try {
            System.out.println("come in......");
            Future<String> re = pb.computer(max);
              System.out.println("come out......");
           try {
                this.setStatus(re.get());
            } catch (ExecutionException ex) {
                this.setStatus(ex.getCause().toString());
            }
        } catch (Exception ex) {
            logger.severe(ex.getMessage());
        }
        return response;
    }
}
```

程序说明：与程序 7-21 相比，在方法 begin 中，对于异步方法调用的返回值，调用了 get 方法来获取，并用它来设置 Managed bean 的值。

重新运行程序 index.xhtml，输入要计算的圆周率的位数后单击【计算】按钮，这次你会惊奇地发现，页面一直处于等待状态，直到计算完成后才返回如图 7-28 所示的响应页面，虽然获取到了异步计算的结果，异步的效果完全没有了。

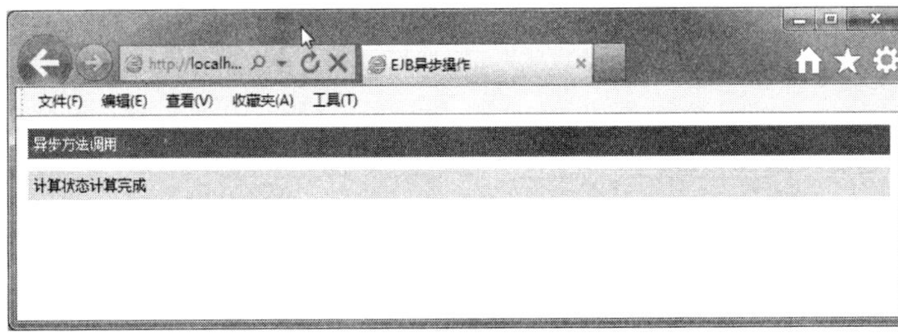

图 7-28　显示异步调用方法返回值

根本原因在于调用异步操作返回对象的 get 方法所致。它将一直等待运算完成后才能够获取异步计算结果并返回，因此就造成了同步操作的结果。

解决这一问题的根本方法是在调用 get 方法之前调用 future 接口的 isDone 方法判断异步操作是否已经完成，来避免长时间的等待。修改后的代码片段如下所示：

```
try {
      if(re.isDone())
      this.setStatus(re.get());
   } catch (ExecutionException ex) {
      this.setStatus(ex.getCause().toString());
   }
```

7.10　小结

EJB 组件技术是 Java EE 针对分布式企业级计算环境提出的服务器端的标准组件技术。它运行在 EJB 容器中，容器为 EJB 组件提供远程连接、安全、事务等高级特性服务，大大减轻了业务逻辑实现的难度。新的 EJB 规范提供了无接口视图，大大减轻了 EJB 组件开发的难度，并提供了异步方法、时间调度等高级特性，允许使用拦截器使得可在 EJB 方法调用中以 AOP 的方式无缝地嵌入其他业务逻辑，是值得推荐的一种开发模式。无状态会话 Bean 由于可以缓冲，能够适应大容量并发请求的业务场景，是应用最多的 EJB 组件类型。

第 8 章　利用 CDI 实现组件间低耦合

8.1　引言

通过对第 3 章到第 7 章的学习，我们已经掌握了如何开发一个完整的企业应用。在接下来的 3 章中，我们将学习如何从架构、校验和安全等角度来进一步完善企业应用。

Java EE 架构将应用分为多个层次，每层由一系列的组件组成。这些组件在应用的运行过程中，除了调用容器提供的服务外，相互之间必然要发生交互。如何在确保组件实现强大功能的同时，保持相互间的低耦合是每个企业开发人员不断追求的目标。为实现组件间的低耦合，Java EE 推出了 CDI（Contexts and Dependency Injection，上下文和依赖注入）规范。

注：本章的所有示例代码保存在 chapt8/cdi 下。

8.2　CDI 概述

组件是 Java EE 应用的基本单元，组件之间交互的复杂程度称为耦合度。一个理想的状态是每个组件实现特定的完整功能，组件之间的交互尽可能的简单。在企业应用开发中，由于业务需求的变化导致的组件功能变更是不可避免的，在一个组件紧密耦合的系统架构中，一个组件的变化将会引起紧密耦合的其他组件都要随之调整，从而导致整个系统架构发生震荡，这是应用开发的大忌。

CDI 允许 Java EE 组件（包括 EJB 会话 Bean 和 JSF 的 Managed Bean）绑定到特定的生命周期上下文，并以依赖注入的方式建立组件之间的关联，实现组件间的松散耦合。

所谓“依赖注入”就是采用第三方对象，在程序运行过程中，动态建立对象以及它们之间的依赖关系，从而降低对象间的耦合程度，提高程序的扩展性和灵活性。这种模式就像是将对象间的依赖关系在运行时动态注入到对象中一样，因此被称为“依赖注入”。

Java EE 的“组件-容器”的设计思想是实现依赖注入的理论基础。因为在 Java EE 中，组件都是运行在容器中，由容器管理其生命周期，自然地容器就可承担起组件交互的管理者，在创建组件时根据配置信息动态地建立组件之间的依赖关系，实现所谓的“依赖注入”。容器提供的这种服务便是 CDI。

8.3　CDI 下的受控 Bean

Java EE 的 CDI 服务下的组件对象称为“受控 Bean”。只需要使用注解@Named 来标记一个普通的 JavaBean 或 EJB 组件，就可使得 Bean 置于 CDI 的管控之下。如果原来只是一个普通的 JavaBean 的话，则以后将由 CDI 来负责管理它的生命周期，并负责建立它与其他组件之间的依赖。如果原来是 EJB 组件，则 CDI 将取代 EJB 容器来管理受控 Bean 的生命周期，并负责建立它与其他组件之间的依赖。至于其他的事务、安全等服务则依然由 EJB 容器来提供。

更值得一提的是，CDI 将受控 Bean 直接暴露给表现逻辑层，利用 EL 表达式语言可轻松访问 CDI 下的受控 Bean。

下面通过一个示例来演示如何声明一个受控 Bean，并在视图中来访问它。首先创建一个支持 CDI

的 Web 应用程序 cdi。如图 8-1 所示，在进行到“新建 Web 应用程序”向导的第三步【服务器和设置】时，选中检查框【启用上下文和依赖关系注入】。则在 Web 应用的 WEB-INF 目录下新增一个 beans.xml 文件，它是 CDI 服务的配置文件。当部署 Web 应用时，Java EE 服务器发现此文件将自动启动 CDI 服务。

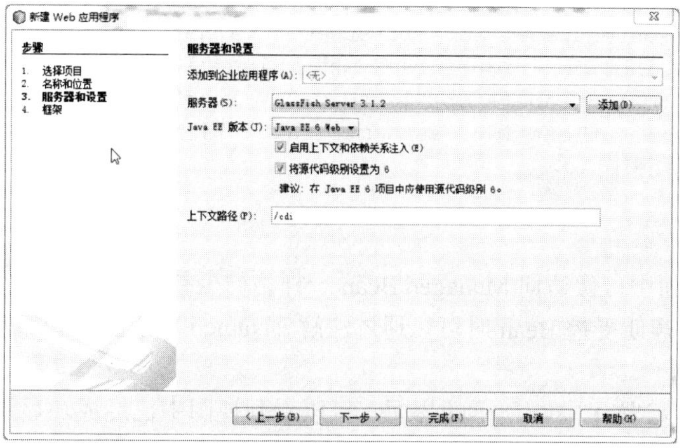

图 8-1　创建支持 CDI 的 Web 应用

下面在 Web 应用中新建一个代表客户信息的 Bean，代码如程序 8-1 所示。

程序 8-1：customer.java

```
package com.demo;
import javax.inject.Named;
@Named
public class Customer {
    private String firstName="hao";
private String lastName="yulong";
    public String getFirstName() {
        return firstName;
    }
    public void setFirstName(String firstName) {
        this.firstName = firstName;
    }
    public String getLastName() {
        return lastName;
    }
    public void setLastName(String lastName) {
        this.lastName = lastName;
    }
}
```

程序说明：注意这里使用注解@named 而不是@ManagedBean 来标记 Bean 类。通过使用注解@Named，使得 Bean 称为 CDI 的受控 Bean，则在 JSF 视图中可直接访问它。下面创建一个视图来访问 Customer，代码如程序 8-2 所示。

程序 8-2：input.xhtml

```
    <?xml version='1.0' encoding='UTF-8' ?>
    <!DOCTYPE html PUBLIC "-//W3C//DTD XHTML 1.0 Transitional//EN" "http://www.w3.
org/TR/xhtml1/DTD/xhtml1-transitional.dtd">
    <html xmlns="http://www.w3.org/1999/xhtml"
          xmlns:h="http://java.sun.com/jsf/html">
```

```
        <h:head>
            <title>Facelet Title</title>
        </h:head>
        <h:body>
            <h:panelGrid columns="2">
                <h:outputLabel for="firstName" value="First Name"/>
                <h:inputText id="firstName" value="#{customer.firstName}"/>
                <h:outputLabel for="lastName" value="Last Name"/>
                <h:inputText id="lastName" value="#{customer.lastName}"/>
            </h:panelGrid>
        </h:body>
    </html>
```

程序说明：JSF 页面中可像访问 Managed Bean 一样访问受控 Bean。CDI 受控 Bean 默认的名称为首字母小写的类名，在声明受控 Bean 时可以通过注解@Named 的设置受控 Bean 的名称，如@Named（“customerBean”）。

运行程序 8-2，将得到如图 8-2 所示的界面，可以看到视图中已经成功显示受控 Bean 中的信息。可以看出，CDI 的受控 Bean 完全可以取代 JSF 框架下的 Managed Bean，来作为视图的数据支撑。

图 8-2 在视图中显示受控 Bean 的信息

除了 JSF 视图，在服务器端的其他 Bean 中，也可以很方便地访问受控 Bean。下面为视图 input.xhtml 创建一个 Managed Bean CustomerInput，来演示如何在 Managed Bean 中访问 CDI 下的受控 Bean，代码如程序 8-3 所示。

程序 8-3：CustomerInput.java

```
package com.demo;
import javax.enterprise.context.RequestScoped;
import javax.faces.bean.ManagedBean;
import javax.inject.Inject;
@ManagedBean
@RequestScoped
public class CustomerInput {
    public CustomerInput() {
    }
    @Inject
    private Customer costomer;
    public Customer getCostomer() {
        return costomer;
    }
}
```

程序说明：在 Managed Bean 中，声明了 Customer 实例 costomer，并且使用注解@Inject 进行标注。当 Managed Bean 组件部署到服务器上时，CDI 将自动创建一个 Customer 的实例并注入到 Managed Bean 的属性 customer 中。

在 JSF 中访问 Managed Ban 的注入属性与访问其他属性的方法完全一致，修改程序 8-2 如程序 8-4 所示。

程序 8-4：input.xhtml

```
<?xml version='1.0' encoding='UTF-8' ?>
<!DOCTYPE html PUBLIC "-//W3C//DTD XHTML 1.0 Transitional//EN" "http://www.w3.
org/TR/xhtml1/DTD/xhtml1-transitional.dtd">
<html xmlns="http://www.w3.org/1999/xhtml"
      xmlns:h="http://java.sun.com/jsf/html">
    <h:head>
        <title>Facelet Title</title>
    </h:head>
    <h:body>
        <h:panelGrid columns="2">
            <h:outputLabel for="firstName" value="First Name"/>
            <h:inputText id="firstName" value="#{customerInput.costomer.firstName}"/>
            <h:outputLabel for="lastName" value="Last Name"/>
            <h:inputText id="lastName" value="#{customerInput.costomer.lastName}"/>
        </h:panelGrid>
    </h:body>
</html>
```

运行程序 8-4，看看会不会得到如图 8-2 所示的结果。

不仅普通的 JavaBean，对于 EJB 组件，也可以通过注解@Named 将其托管到 CDI。下面创建一个简单的会话 Bean，代码如程序 8-5 所示。

程序 8-5：promoteBean.java

```
package com.demo;
import javax.ejb.Stateless;
import javax.inject.Named;
@Named
@Stateless
public class PromoteBean {
String message="hello";
    public String getMessage() {
        return message;
    }

}
```

下面创建一个视图来访问 EJB，代码如程序 8-6 所示。

程序 8-6：index.xhtml

```
<?xml version='1.0' encoding='UTF-8' ?>
<!DOCTYPE html PUBLIC "-//W3C//DTD XHTML 1.0 Transitional//EN" "http://www.w3.
org/TR/xhtml1/DTD/xhtml1-transitional.dtd">
<html xmlns="http://www.w3.org/1999/xhtml"
      xmlns:h="http://java.sun.com/jsf/html">
    <h:head>
        <title>Facelet Title</title>
    </h:head>
    <h:body>
        #{promoteBean.message}
```

```
    </h:body>
</html>
```

运行程序 8-6，看看得到什么结果。

说明：利用 CDI，JSF 视图可以直接访问 EJB，但是这不是一个好的设计模式。毕竟，Managed Bean 属于表示逻辑层，用来支撑视图完成数据展示以及用户的交互，而 EJB 主要完成业务逻辑，把表示逻辑和业务逻辑耦合在一起将违反 Java EE 的整体架构设计。

8.4 Bean 的生命周期范围

在声明 JSF 框架的 Managed Bean 时，开发人员需要利用注解@SessionScoped、@RequestScoped、@ApplicationScoped、@ViewScoped 和@CustomScoped 等来声明 Managed Bean 的生命周期范围。对于 CDI 的受控 Bean 也是如此。除了常见的@RequestScoped、@ApplicationScoped 和@ViewScoped 注解外，还有两个 CDI 特定的生命周期范围注解：@ConversationScoped 和@dependent。

注：CDI 下的生命周期范围注解位于包 javax.enterprise.context 中，而 JSF 下的生命周期范围注解位于包 javax.faces.bean 中。二者在实现上还是有些差别。除了上面提到的特有的生命周期范围外，对于相同的生命周期范围的含义也不尽相同。例如对于@RequestScoped，JSF 对应一次 HTTP 请求，而 CDI 只是代表一次方法调用。

下面通过一个具体示例来演示 CDI 受控 Bean 特有的生命周期范围 Conversation。首先创建一个 CDI 受控 Bean，代码如程序 8-7 所示。

程序 8-7：Customer2

```
package com.demo;
import java.io.Serializable;
import javax.enterprise.context.ConversationScoped;
import javax.inject.Named;
@Named
@ConversationScoped
public class Customer2 implements Serializable{
   private String firstName;
private String middleName;
private String lastName;
private String addrLine1;
private String addrLine2;
private String addrCity;
private String state;
private String zip;
private String phoneHome;
private String phoneWork;
private String phoneMobile;
//getter and setter
…
}
```

程序说明：代码主要用来声明一个实体，注意这里使用@ConversationScoped 将 Bean 的生命周期范围声明为 Conversation，同时 Bean 实现了 Serializable。

另外需要注意的是，除了 Request 生命周期范围外，同 Managed Bean 一样，大部分 Bean 需要序列化。

下面创建一个 Managed bean，代码如程序 8-8 所示。

程序 8-8：CustomerInput2.java

```
......
@Named(value = "customerInput2")
@Dependent
public class CustomerInput2 implements Serializable {
    public CustomerInput2() {
    }
    @Inject
    private Conversation conversation;
    @Inject
    private Customer2 customer2;
    public String startInput() {
        conversation.begin();
        return "page1";
    }
    public String toPage1() {
        return "page1";
    }
    public String toPage2() {

        return "page2";
    }
    public String toPage3() {
        return "page3";
    }

    public String toConfirmationPage() {
        return "confirm";
    }
    public String resetinput() {
        conversation.end();
        return "startInput";
    }
}
```

程序说明：在 Mannaged Bean 中，利用 CDI 注入两个对象，一个是 Conversation 范围的 Customer2，它用来保存顾客注册信息；另外一个是 Conversation 对象，用来进行 Conversation 管理，另外还定义了几个用来导航的 action 方法。注意在 startInput 方法中，调用了 Conversation 的 begin 方法来启动 Conversation，在 resetinput 方法中，调用 Conversation 的 end 方法来结束 Conversation。

下面定义几个视图文件，用来实现基于向导模式的注册过程，代码分别如程序 8-9、程序 8-10、程序 8-11 和程序 8-12 所示。

程序 8-9：startInput.xhtml

```
<?xml version='1.0' encoding='UTF-8' ?>
<!DOCTYPE html PUBLIC "-//W3C//DTD XHTML 1.0 Transitional//EN" "http://www.w3.
org/TR/xhtml1/DTD/xhtml1-transitional.dtd">
<html xmlns="http://www.w3.org/1999/xhtml"
      xmlns:h="http://java.sun.com/jsf/html">
    <h:head>
```

```
            <title>Facelet Title</title>
        </h:head>
        <h:body>
            <h:form>
                <h:commandLink action="#{customerInput2.startInput}">
                    <h:outputText value="开始录入"/>
                </h:commandLink>
            </h:form>
        </h:body>
    </html>
```

程序说明：代码用来启动注册向导，主要包含一个 commandLink 组件，在组件对应的 Managed Bean 的 startInput 方法中，调用了 Conversation 的 begin 方法来启动 Conversation。视图运行界面如图 8-3 所示。

程序 8-10：page1.xhtml

```
    <?xml version='1.0' encoding='UTF-8' ?>
    <!DOCTYPE html PUBLIC "-//W3C//DTD XHTML 1.0 Transitional//EN" "http://www.w3.
org/TR/xhtml1/DTD/xhtml1-transitional.dtd">
    <html xmlns="http://www.w3.org/1999/xhtml"
          xmlns:h="http://java.sun.com/jsf/html">
        <h:head>
            <title>Facelet Title</title>
        </h:head>
        <h:body>
          <h3>录入顾客信息 (Page 1 of 3)</h3>
            <h:form>
                <h:panelGrid columns="2">
                    <h:outputLabel for="firstName" value="First Name"/>
                    <h:inputText id="firstName" value="#{customer2.firstName}"/>
                    <h:outputLabel for="LastName" value="Last Name"/>
                    <h:inputText id="lastName" value="#{customer2.lastName}"/>
                    <h:panelGroup/>
                    <h:commandButton value="Next"
                                     action="#{customerInput2.toPage2}"/>
                </h:panelGrid>
            </h:form>
        </h:body>
    </html>
```

程序说明：注册信息录入的第一个页面，视图运行界面如图 8-4 所示。

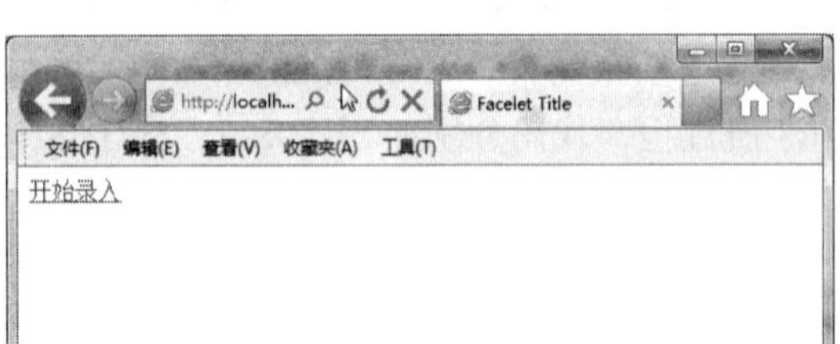

图 8-3　注册向导入口页面

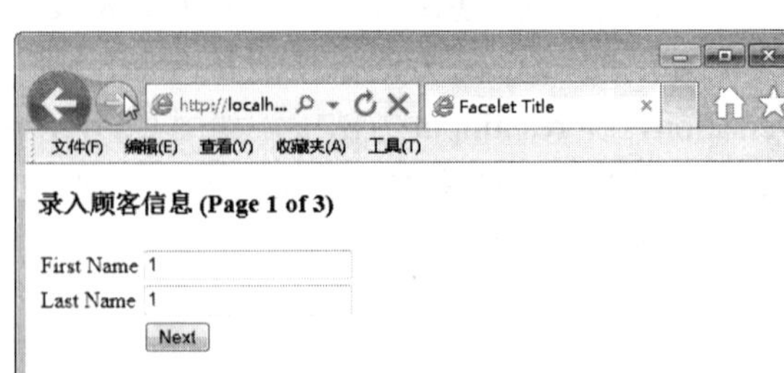

图 8-4　注册向导第 1 步骤页面

程序 8-11：page2.xhtml

```
    <?xml version='1.0' encoding='UTF-8' ?>
    <!DOCTYPE html PUBLIC "-//W3C//DTD XHTML 1.0 Transitional//EN" "http://www.w3.
```

```
org/TR/xhtml1/DTD/xhtml1-transitional.dtd">
    <html xmlns="http://www.w3.org/1999/xhtml"
          xmlns:h="http://java.sun.com/jsf/html"
           xmlns:f="http://java.sun.com/jsf/core">
        <h:head>
            <title>Facelet Title</title>
        </h:head>
        <h:body>
         <h3>顾客信息录入 (Page 2 of 3)</h3>
            <h:form>
                <h:panelGrid columns="2">
                    <h:outputLabel for="addrLine1" value="Line 1"/>
                    <h:inputText id="addrLine1" value="${customer2.addrLine1}"/>
                    <h:outputLabel for="addrLine2" value="Line 2"/>
                    <h:inputText id="addrLine2" value="${customer2.addrLine2}"/>
                    <h:outputLabel for="city" value="City"/>
                    <h:inputText id="city" value="${customer2.addrCity}"/>
                    <h:outputLabel for="state" value="State"/>
                    <h:selectOneMenu id="state" value="${customer2.state}">
                        <f:selectItem itemLabel="" itemValue=""/>
                        <f:selectItem itemLabel="北京" itemValue="北京"/>
                        <f:selectItem itemLabel="上海" itemValue="上海"/>
                        <f:selectItem itemLabel="重庆" itemValue="重庆"/>
                        <f:selectItem itemLabel="天津" itemValue="天津"/>
                        <f:selectItem itemLabel="广州" itemValue="广州"/>
                    </h:selectOneMenu>
                    <h:outputLabel for="zip" value="Zip"/>
                    <h:inputText id="zip" value="${customer2.zip}"/>
                    <h:commandButton value="Previous" action="#{customerInput2.toPage1}"/>
                    <h:commandButton value="Next" action="#{customerInput2.toPage3}"/>
                </h:panelGrid>
            </h:form>
        </h:body>
    </html>
```

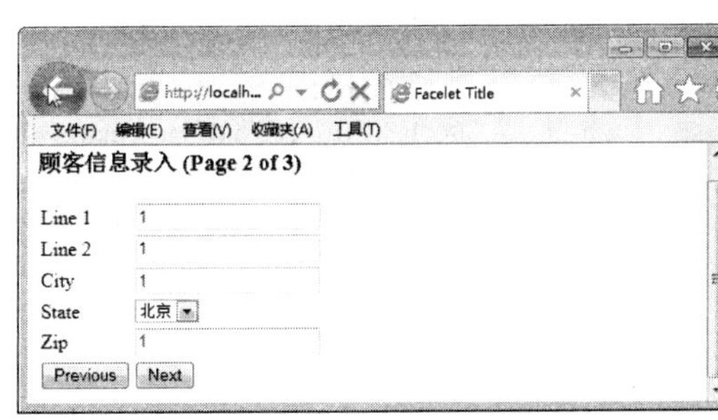

图 8-5　注册向导第 2 步骤页面

程序说明：注册向导中第二个录入界面，视图运行界面如图 8-5 所示。此时单击【Previous】按钮，可返回图 8-4 所示的界面，可以看到之前输入的信息仍然保留。因为 bean 的生命周期范围为 Conversation。单击【Next】按钮向导下一页，代码如程序 8-12 所示。

程序 8-12：page3.xhtml

```
    <?xml version='1.0' encoding='UTF-8' ?>
    <!DOCTYPE html PUBLIC "-//W3C//DTD XHTML 1.0 Transitional//EN" "http://www.w3.
org/TR/xhtml1/DTD/xhtml1-transitional.dtd">
    <html xmlns="http://www.w3.org/1999/xhtml"
          xmlns:h="http://java.sun.com/jsf/html">
        <h:head>
            <title>Facelet Title</title>
        </h:head>
        <h:body>
              <h3>录入顾客信息(Page 3 of 3)</h3>
            <h:form>
```

```
<h:panelGrid columns="2">
    <h:outputLabel for="phoneHome" value="Home Phone"/>
    <h:inputText id="phoneHome" value="${customer2.phoneHome}"/>
    <h:outputLabel for="phoneWork" value="Work Phone"/>
    <h:inputText id="phoneWork" value="${customer2.phoneWork}"/>
    <h:outputLabel for="phoneMobile" value="Mobile Phone"/>
    <h:inputText id="phoneMobile" value="${customer2.phoneMobile}"/>
    <h:commandButton value="Previous" action="#{customerInput2.toPage2}"/>
    <h:commandButton value="Next" action="#{customerInput2.
toConfirmationPage}"/>
                </h:panelGrid>
            </h:form>
        </h:body>
    </html>
```

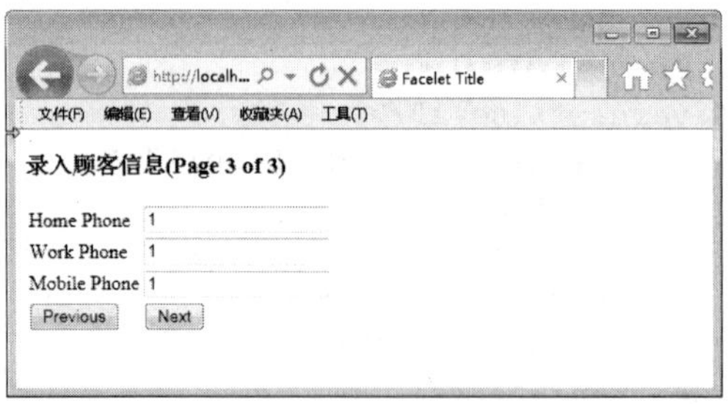

图 8-6　注册向导第 3 页面

程序说明：注册向导中录入信息的第 3 个页面，运行界面如图 8-6 所示。

最后还要创建一个顾客信息录入确认界面，代码如程序 8-13 所示。

程序 8-13：confirm.xhtml

```
<?xml version='1.0' encoding='UTF-8' ?>
<!DOCTYPE html PUBLIC "-//W3C//DTD XHTML 1.0 Transitional//EN" "http://www.w3.
org/TR/xhtml1/DTD/xhtml1-transitional.dtd">
<html xmlns="http://www.w3.org/1999/xhtml"
      xmlns:h="http://java.sun.com/jsf/html">
    <h:head>
        <title>Facelet Title</title>
    </h:head>
    <h:body>
         <h3>录入顾客信息确认</h3>
         <h:form>
          <h:panelGrid columns="2">
              <h:outputLabel for="firstName" value="First Name"/>
                <h:outputText id="firstName" value="#{customer2.firstName}"/>
                <h:outputLabel for="lastName" value="Last Name"/>
                <h:outputText id="lastName" value="#{customer2.lastName}"/>
                <h:outputLabel for="addrLine1" value="Line 1"/>
                <h:outputText id="addrLine1" value="${customer2.addrLine1}"/>
                <h:outputLabel for="addrLine2" value="Line 2"/>
                <h:outputText id="addrLine2" value="${customer2.addrLine2}"/>
                <h:outputLabel for="city" value="City"/>
                <h:outputText id="city" value="${customer2.addrCity}"/>
                <h:outputLabel for="state" value="State"/>
                <h:outputText id="state" value="${customer2.state}"/>
                <h:outputLabel for="zip" value="Zip"/>
                <h:outputText id="zip" value="${customer2.zip}"/>
                <h:outputLabel for="phoneHome" value="Home Phone"/>
                <h:outputText id="phoneHome" value="${customer2.phoneHome}"/>
                <h:outputLabel for="phoneWork" value="Work Phone"/>
                <h:outputText id="phoneWork" value="${customer2.phoneWork}"/>
                <h:outputLabel for="phoneMobile" value="Mobile Phone"/>
                <h:outputText id="phoneMobile" value="${customer2.phoneMobile}"/>
                </h:panelGrid>
```

```
            <h:commandButton value="reset" action="#{customerInput2.resetinput}"/>
            </h:form>
        </h:body>
    </html>
```

图 8-7　注册信息确认页面

程序说明：用来确认用户录入的注册信息。视图运行结果如图 8-7 所示。

由于保存注册信息的受控 Bean 的声明周期范围为 Conversation，因此，注册向导虽然跨越多个请求，但是用户录入的信息依然保存在 Bean 中，用户在图 8-5、8-6 所示的界面中可任意前进或后退，而录入信息不会丢失。

在图 8-7 中如果单击【reset】按钮，则调用 Managed Bean CustomerInput2 的 reset 方法，此时 Conversation 将被结束，并被导航至图 8-3 所示的页面。单击【开始录入】链接，则开始一个新的会话，由于之前的 Conversation 结束导致之前输入的信息已经被全部清空，用户将开始新的一个新的 Conversation。

8.5　使用限定符注入动态类型

在前面的示例中，我们了解了如何声明 CDI 下的受控 Bean，以及 Bean 的生命周期范围，知道利用注解@Inject 可将 Bean 的实例动态地插入其他 Bean 中来构建 Bean 之间的依赖关系。面向对象的一个重要特征就是多态性，一个 Bean 类可能有多级子类，在某些特定的情况下，我们希望在运行过程中动态注入特定的子类。CDI 支持通过注解@Qualifier 来实现动态类型注入。下面通过示例来演示如何实现动态类型注入。

① 首先要为动态注入的类型创建一个限定符。选择【新建文件】，弹出【新建文件】对话框，如图 8-8 所示。

② 在左侧的列表选中【上下文和依赖注入】，在右侧的列表中选定【限定符类型】，单击【下一步】按钮，进入图 8-9 所示的界面。

图 8-8 【新建文件】对话框

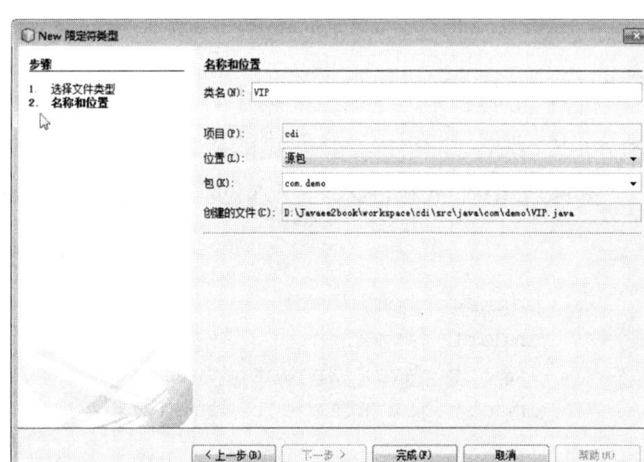

图 8-9 【New 限定符类型】对话框

③ 在【类名】文本输入框中输入限定符的名称“VIP”，默认其他选项设置，单击【完成】按钮，限定符创建完毕。生成的代码如程序 8-14 所示。

程序 8-14：VIP.java

```
package com.demo;
```

```
import static java.lang.annotation.ElementType.TYPE;
import static java.lang.annotation.ElementType.FIELD;
import static java.lang.annotation.ElementType.PARAMETER;
import static java.lang.annotation.ElementType.METHOD;
import static java.lang.annotation.RetentionPolicy.RUNTIME;
import java.lang.annotation.Retention;
import java.lang.annotation.Target;
import javax.inject.Qualifier;
@Qualifier
@Retention(RUNTIME)
@Target({METHOD, FIELD, PARAMETER, TYPE})
public @interface VIP {
}
```

程序说明：从程序 8-14 所示代码可以看出，限定符就是一个用户自定义注解，其中@Qualifier 表示这是一个限定符，@Retention 为注解的执行属性，@Target 为注解的有效范围。

创建完限定符，就可用它来标记相关的子类。下面创建 Customer2 的子类 VipCustomer，代码如程序 8-15 所示。

程序 8-15：VipCustomer.java

```
package com.demo;
import javax.inject.Named;
@Named
@VIP
public class VipCustomer extends Customer2{
    private Integer discountCode;
    public Integer getDiscountCode() {
        return discountCode;
    }
    public void setDiscountCode(Integer discountCode) {
        this.discountCode = discountCode;
    }
}
```

程序说明：在上面的代码中，子类 VipCustomer 继承了 Customer2，声明了一个专有的属性 discountCode，并利用之前创建的限定符@VIP 进行了标记。

如果希望在依赖注入时注入的类是子类 VipCustomer，则可使用如程序 8-16 所示的代码。

程序 8-16：customerInput3

```
package com.demo;
import javax.enterprise.context.RequestScoped;
import javax.inject.Inject;
import javax.inject.Named;

@Named(value = "customerInput3")
@RequestScoped
public class CustomerInput3 {
    public CustomerInput3() {
    }
    @Inject @VIP
private Customer2 customer;
    public Customer2 getCustomer() {
```

```
        return customer;
    }
}
```

程序说明：在上面的代码中，标记@Inject之后的限定符@VIp使得在初始化Bean时，将vipcustomer的实例注入，而不是父类Customer2。

下面创建一个视图来引用动态注入的实例，代码如程序 8-17 所示。

程序 8-17：vipcustomer.xhtml

```
<?xml version='1.0' encoding='UTF-8' ?>
<!DOCTYPE html PUBLIC "-//W3C//DTD XHTML 1.0 Transitional//EN" "http://www.w3.
org/TR/xhtml1/DTD/xhtml1-transitional.dtd">
<html xmlns="http://www.w3.org/1999/xhtml"
      xmlns:h="http://java.sun.com/jsf/html">
    <h:head>
        <title>Facelet Title</title>
    </h:head>
    <h:body>
      <h:outputLabel for="discount" value="折扣"/>
                <h:inputText id="discount" value="${customerInput3.customer.
discountCode}"/>
    </h:body>
</html>
```

程序说明：尽管 customerInput3 的 customer 属性的类型为 Customer2，但视图中仍旧引用它的子类的属性 discountCode。

视图编译正常通过，这是因为表达式语言是延迟执行的。由于限定符的作用 CDI 动态注入的是子类 vipcustomer，因此，将得到如图 8-10 的运行界面。

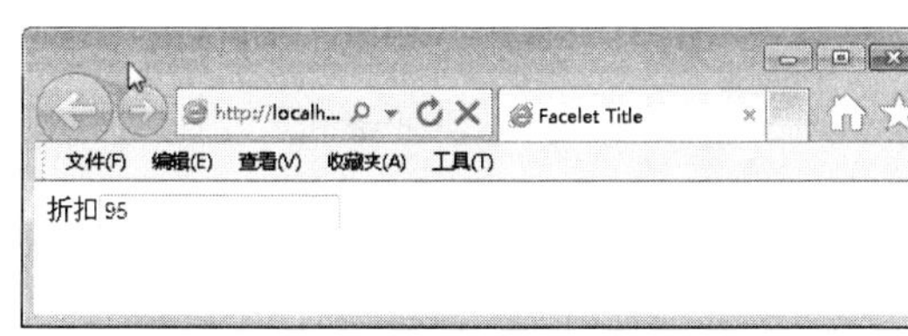

图 8-10　显示动态注入类型的属性

8.6　使用替代组件实现部署时动态注入

在开发阶段使用限定符能够实现动态类型注入，但毕竟还要修改组件的代码。如果在系统部署阶段，希望配置注入的组件类型，例如我们的商业组件开发了两个版本，分别适应两种运行环境：大企业和小企业。在产品部署时希望根据环境的不同来决定使用哪个版本的组件，而不需要改动代码。那么应该怎么办呢？CDI 提供了注解@Alternative 来满足这一需求。下面通过示例来演示。首先声明一个接口，代码如程序 8-18 所示。

程序 8-18：getInfo

```
package com.demo;
import java.io.Serializable;
public interface getInfo  {
   abstract  public String getInfo();
}
```

下面创建两个实现上面接口的 Bean，代码分别如程序 8-19 和程序 8-20 所示。

程序 8-19：BusinessComp1.java

```
@Named(value = "businessComp1")
```

```
@RequestScoped
public class BusinessComp1  implements getInfo {
    public BusinessComp1() {
    }
    public String getInfo(){
        return "我是适合超过 1000 节点规模的大企业版组件";
    }
}
```

程序 8-20：BusinessComp2.java

```
@Named(value = "businessComp2")
@RequestScoped
@Alternative
public class BusinessComp2 implements getInfo {
    public BusinessComp2() {
    }
     public String getInfo(){
        return "我是适合 1000 节点以内的小企业版组件";
    }
}
```

注：在程序 8-20 中，利用注解@Alternative 将组件 BusinessComp2 声明为替代组件。

下面创建一个 Bean，它利用 CDI 注入一个接口 getinfo 的实现，代码如程序 8-21 所示。

程序 8-21：BusinessControll.java

```
package com.demo;

import javax.inject.Named;
import javax.enterprise.context.RequestScoped;
import javax.inject.Inject;
@Named(value = "businessControll")
@RequestScoped
public class BusinessControll {
    public BusinessControll() {
    }
    @Inject
    getInfo info;
    public getInfo getInfo() {
        return info;
    }
}
```

下面创建视图来引用 Business Controll 中动态注入的属性，代码如程序 8-22 所示。

程序 8-22：showAlternative.xhtml

```
<?xml version='1.0' encoding='UTF-8' ?>
<!DOCTYPE html PUBLIC "-//W3C//DTD XHTML 1.0 Transitional//EN" "http://www.w3.
org/TR/xhtml1/DTD/xhtml1-transitional.dtd">
<html xmlns="http://www.w3.org/1999/xhtml"
      xmlns:h="http://java.sun.com/jsf/html">
    <h:head>
        <title>Facelet Title</title>
    </h:head>
```

```
    <h:body>
        Hello !${businessControll.info.info}    </h:body>
</html>
```

运行程序 8-22，将得到如图 8-11 所示的运行结果。

可以看到动态注入的还是组件 BusinessComp1，这是因为替代组件在默认运行情况下是不起作用的。如果希望使用替代组件，则只有在 beans.xml 中通过配置来声明。代码如程序 8-23 所示。

程序 8-23：beans.xml

```
<?xml version="1.0" encoding="UTF-8"?>
<beans xmlns="http://java.sun.com/xml/ns/javaee"
      xmlns:xsi="http://www.w3.org/2001/XMLSchema-instance"
      xsi:schemaLocation="http://java.sun.com/xml/ns/javaee http://java.sun.
com/xml/ns/javaee/beans_1_0.xsd">
    <alternatives>
        <class>com.demo.BusinessComp2</class>
    </alternatives>
    ......
</beans>
```

重新部署应用，运行程序 8-22，将得到如图 8-12 所示的运行结果，可以看到替代组件已经被动态注入。

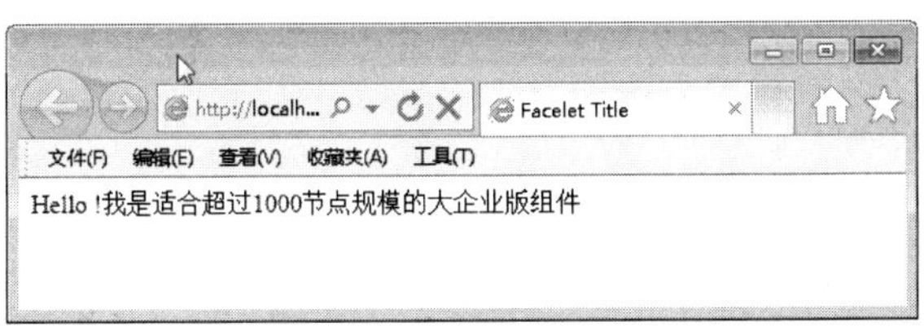

图 8-11　默认运行结果

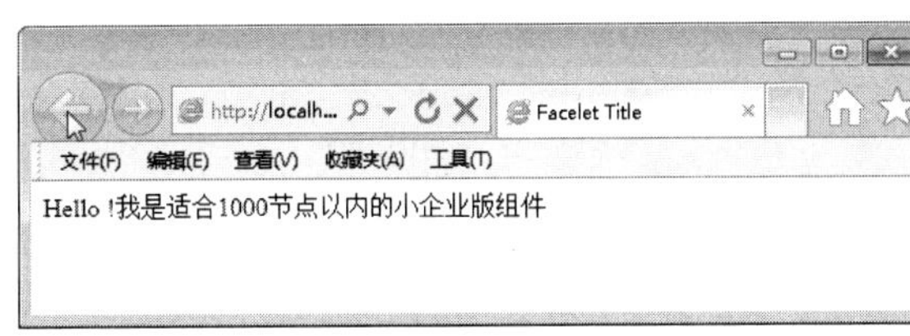

图 8-12　使用替代组件时的运行结果

8.7　使用生产方法注入动态内容

利用 CDI 不但可以动态注入类型，还可实现动态内容的注入。例如有时候希望动态注入一个特定初始化的 Bean 或仅仅是一个字符串。为满足这一需求，CDI 提供了注解@Produces，它用来标记产生动态内容的方法。

在下面的示例中演示如何动态注入一个随机数。首先创建一个限定符来标记动态注入的内容，限定符的代码如程序 8-24 所示。

程序 8-24：Random.java

```
package guessnumber;
import static java.lang.annotation.ElementType.FIELD;
import static java.lang.annotation.ElementType.METHOD;
import static java.lang.annotation.ElementType.PARAMETER;
import static java.lang.annotation.ElementType.TYPE;
import static java.lang.annotation.RetentionPolicy.RUNTIME;
import java.lang.annotation.Documented;
import java.lang.annotation.Retention;
import java.lang.annotation.Target;
import javax.inject.Qualifier;
@Target({
```

```
        TYPE,
        METHOD,
        PARAMETER,
        FIELD
})
@Retention(RUNTIME)
@Documented
@Qualifier
public @interface Random {
}
```

说明：在上面的代码中，创建了一个名为 Random 的限定符。

下面用此限定符和注解@Produces 在 Bean 中标记动态生成随机数的方法，代码如程序 8-25 所示。

程序 8-25：Generator.java

```
package com.demo;
import java.io.Serializable;
import javax.enterprise.context.ApplicationScoped;
import javax.enterprise.inject.Produces;
@ApplicationScoped
public class Generator implements Serializable {
    private java.util.Random random = new java.util.Random(
              System.currentTimeMillis());
    private int maxNumber = 100;
    java.util.Random getRandom() {
        return random;
    }
    @Produces
    @Random
    int next() {
        return getRandom()
                .nextInt(maxNumber);
    }
}
```

程序说明：在上面的代码中，利用注解@Produces 和限定符@Random 标注了方法 next。注意，这里 Bean 是 Application 范围的。

下面创建 CDI 受控 Bean，利用 CDI 注入动态内容。代码如程序 8-26 所示。

程序 8-26：NubmerControll.java

```
package com.demo;
import java.io.Serializable;
import javax.annotation.PostConstruct;
import javax.enterprise.context.SessionScoped;
import javax.enterprise.inject.Instance;
import javax.inject.Named;
import javax.inject.Inject;
@Named(value = "nubmerControll")
@SessionScoped
public class NubmerControll implements Serializable {
    public NubmerControll() {
    }
    @Inject
    @Random
```

```
        int myrandom;
        public int getMyrandom() {
            return myrandom;
        }
    }
```

程序说明：利用注解@Inject 和注解@Random 来标记属性 myrandom，则属性 myrandom 的值将由 CDI 来动态注入。

最后创建视图来引用 NubmerControll 中动态注入的内容，代码如程序 8-27 所示。

程序 8-27：random.xhtml

```
    <?xml version='1.0' encoding='UTF-8' ?>
    <!DOCTYPE html PUBLIC "-//W3C//DTD XHTML 1.0 Transitional//EN" "http://www.w3.
org/TR/xhtml1/DTD/xhtml1-transitional.dtd">
    <html xmlns="http://www.w3.org/1999/xhtml"
          xmlns:h="http://java.sun.com/jsf/html">
        <h:head>
            <title>Facelet Title</title>
        </h:head>
        <h:body>
            这次的随机数是#{nubmerControll.myrandom}
        </h:body>
    </html>
```

运行程序 8-27，将得到如图 8-13 所示的运行界面。

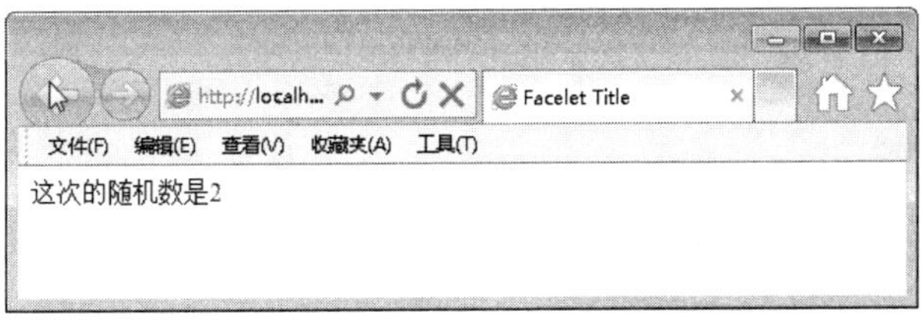

图 8-13　显示动态注入的内容

刷新页面，可以看到随机数是不变的。

将 generator 改为 Request 生命周期范围，重新运行程序 8-27，刷新界面，试试显示的随机数变化吗？答案将是否定的。

将 Numbercontroll 改为 Request 再试试？这次将看到显示的随机数将发生变化。将 Generator 改回 Application 生命周期范围，重新运行程序并刷新界面，看看显示的随机数会不会发生变化。

通过上面几次试验可以看出，只要被注入的 Bean 重新创建，CDI 就将注入新的内容到 Bean 中。只要被注入的 Bean 保持不变，就不会重新被 CDI 注入。

8.8　使用拦截器绑定类型注入功能服务

其实，CDI 服务的功能很强大，它不但可以注入动态类型实例，动态数据内容，还可以注入动态功能服务。在 7.7 节我们曾经学习过拦截器。CDI 将功能服务以拦截器绑定的形式注入到其他组件中。当调用被拦截器绑定的方法时，将调用对应的拦截器。下面通过一个示例来演示。

① 首先创建拦截器绑定类型，选择新建文件，弹出如图 8-14 所示的新建文件界面。

② 在左边的列表中选中【上下文和依赖关系注入】，在右侧的列表中选中【拦截器绑定类型】，单击【下一步】按钮，进入下一界面，如图 8-15 所示。

图 8-14　新建拦截器绑定类型

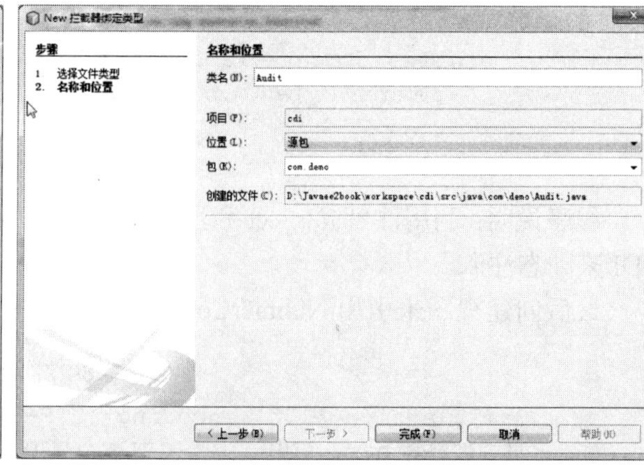

图 8-15　输入拦截器绑定信息

③ 在【类名】文本输入框输入“Audit”，单击【完成】按钮，拦截器绑定类型完成，代码如程序 8-28 所示。

程序 8-28：package com.demo;

```
import static java.lang.annotation.ElementType.TYPE;
import static java.lang.annotation.ElementType.METHOD;
import static java.lang.annotation.RetentionPolicy.RUNTIME;
import java.lang.annotation.Inherited;
import java.lang.annotation.Retention;
import java.lang.annotation.Target;
import javax.interceptor.InterceptorBinding;
@Inherited
@InterceptorBinding
@Retention(RUNTIME)
@Target({METHOD, TYPE})
public @interface Audit {
}
```

程序说明：从上面的代码可以看出，拦截器绑定类型也是一个自定义注解，注解@InterceptorBinding表明了这是一个拦截器绑定类型。

下面创建一个拦截器，并以此注解来标记此拦截器。代码如程序 8-29 所示。

程序 8-29：AuditInterpetor

```
package com.demo;
import java.io.Serializable;
import javax.interceptor.AroundInvoke;
import javax.interceptor.Interceptor;
import javax.interceptor.InvocationContext;
@Audit
@Interceptor
public class AuditInterpetor implements Serializable{
    @AroundInvoke
   public Object AuditMethodEntry(InvocationContext invocationContext)
      throws Exception {
      System.out.println(
            "Entering method: " + invocationContext.getMethod().getName()
            + " in class "
```

```
            + invocationContext.getMethod().getDeclaringClass().getName());
        return invocationContext.proceed();
    }
}
```

程序说明：关于拦截器，在 7.7 节已经讲述。拦截器组件可以是一个简单的组件，不需要实现任何接口，继承任何类，只需要通过注解@AroundInvoke 来标识一个方法，方法必须包含一个 InvocationContext 类型的参数，且返回一个 Object 类型的值。注意这里使用注解@Interceptor 来声明它是一个拦截器组件，注解@Audit 将此拦截器与之前创建的拦截器绑定类型关联起来。要使 CDI 动态注入拦截器，还必须在 beans.xml 中声明此拦截器，对应的代码片段如下所示：

```
…
<interceptors>
      <class>com.demo.AuditInterceptor</class>
</interceptors>
…
```

最后在要拦截的类的声明中以此注解来标记，这样，拦截器便注入到目标对象中。下面将拦截器类型绑定到 Mananged Bean NubmerControll，代码如程序 8-30 所示。

程序 8-30：NubmerControll.java

```
package com.demo;
import java.io.Serializable;
import javax.enterprise.context.RequestScoped;
import javax.inject.Named;
import javax.inject.Inject;
@Named(value = "nubmerControll")
@RequestScoped
public class NubmerControll implements Serializable {
   public NubmerControll() {
   }
   @Inject
   @Random
   int myrandom;
 @Audit
   public int getMyrandom() {
      return myrandom;
   }
}
```

程序说明：在上面的代码中，利用拦截器绑定类型@Audit 对方法 getMyrandom 进行标记，当调用此方法时，CDI 将拦截器注入到方法执行过程中，从而实现功能服务的动态注入。

运行程序 8-27，视图在显示过程中将调用方法 getMyrandom，由于使用拦截器类型绑定进行标记，因此，CDI 将拦截器进行注入，在 Netbeans 的输出窗口，可以看到拦截器的输出信息，如图 8-16 所示。

注： EJB 容器支持对组件方法调用使用拦截器，但是 CDI 的拦截器绑定类型提供了一种更加广泛的拦截器使用模型，它突破了 EJB 容器的限制，对于任何 CDI 受控 Bean，均可通过拦截器绑定类型来注入功能服务。

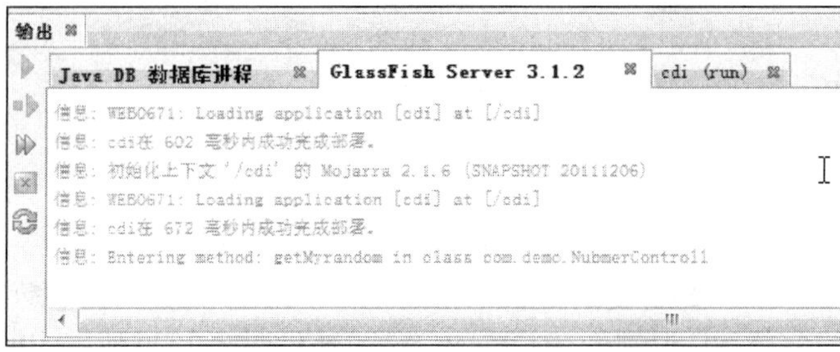

图 8-16　被注入的拦截器输出的信息

8.9　利用构造型封装注入操作

在 CDI 中，可将多个注解包装为一个单独的注解，使得代码更加简洁。多个注解的集合称为 Stereotypes（构造型）。下面演示如何创建构造型。

① 选择【新建文件】，弹出如图 8-17 所示的界面。

② 在左边的列表中选中【上下文和依赖关系注入】，在右侧的列表中选中【构造型】，单击【下一步】按钮，进入下一界面，如图 8-18 所示。

图 8-17　新建构造型

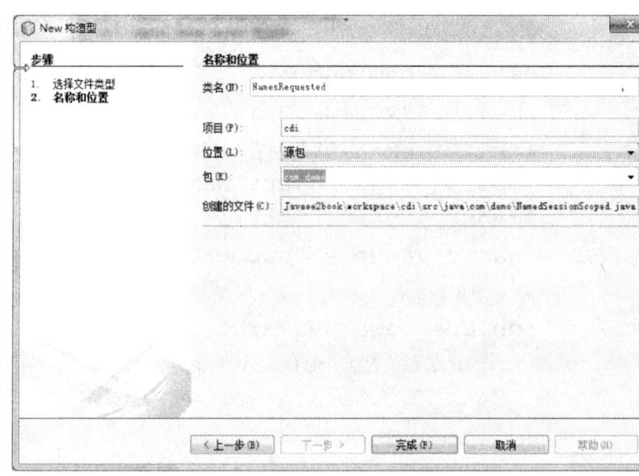

图 8-18　输入构造型详细信息

在【类名】文本输入框输入“NamesRequested”，单击【完成】按钮，构造型完成，代码如程序 8-31 所示。

程序 8-31：NamedRequested.java

```
package com.demo;
import static java.lang.annotation.ElementType.TYPE;
import static java.lang.annotation.ElementType.FIELD;
import static java.lang.annotation.ElementType.METHOD;
import static java.lang.annotation.RetentionPolicy.RUNTIME;
import java.lang.annotation.Retention;
import java.lang.annotation.Target;
import javax.enterprise.context.RequestScoped;
import javax.enterprise.inject.Stereotype;
import javax.inject.Named;
@Named
@RequestScoped
@Stereotype
```

```
@Retention(RUNTIME)
@Target({METHOD, FIELD, TYPE})
public @interface NamedRequested {
}
```

程序说明：从上面的代码可以看出，构造型也是一个新的自定义注解。它包含可要封装的所有注解。下面利用新建的构造型对 NumberControll 重新进行标注，代码如程序 8-32 所示。

程序 8-32：NubmerControll.java

```
package com.demo;
import java.io.Serializable;
import javax.inject.Inject;
@NamedRequested
public class NubmerControll implements Serializable {
   public NubmerControll() {
   }
   @Inject
   @Random
   int myrandom;
 @Audit
   public int getMyrandom() {
        return myrandom;
   }
}
```

重新运行 8-27，看看会得到什么结果。

8.10　小结

CDI 是 Java EE 发展历程上最重大的创新之一，它好比一种智能粘合剂，将 Java EE 应用中的各种组件智能组合在一起，大大降低了 Java EE 构建的难度。CDI 声明了一种新的受控 Bean 模型，并允许在 JSF 中直接利用 EL 来访问它，或者利用注解@Inject 在服务器上的其他 Java 组件代码中来访问它。为方便开发人员，除了常见的 Request、Session 和 Application 外，CDI 还提供了 Conversation 和 Dependent 两种特有的生命周期范围。基于 CDI 的强大支持，开发人员可实现动态类型、动态内容以及服务功能的动态注入。为使得代码更加简洁，CDI 还支持使用构造型封装注入操作。

第 9 章　使用 Bean Validation 校验数据

9.1　引言

时刻确保企业数据信息的有效是应用开发人员的重要职责之一。在 Java EE 分层架构的应用中，每一层都需要对企业数据进行校验。然而对于同一个业务数据多次重复实现同样的验证逻辑并不是好的设计方法，它既容易出错，还降低了应用可维护性。为实现企业数据的统一校验，Java EE 提出了 Bean Validation 规范。

注：本章的所有示例代码均保存在 chapt9/BeanValidate 下。

9.2　Bean Validation 概述

Java EE 的核心编程思想就是“组件-容器”，因此，组件的身影充斥在 Java EE 应用的各个层次中。在表现逻辑层，有 JSF 框架下的 Managed Bean；在业务逻辑层，有 EJB 组件以及 CDI 下的受控 Bean，以及代表企业信息的 Entity Bean。企业数据正是存储在各种类型的 Bean 中。在 Java EE 6 之前，校验工作通常是分散在应用的各个层次分别进行，如图 9-1 所示。但是这些校验往往执行的是同一逻辑。从软件设计的角度来看，这显然不是一种合理的设计。因为一旦校验逻辑发生变化，则需要修改各个层次的校验执行代码。

JSR303 规范（Bean Validation 规范）提供了对 Java EE 和 Java SE 通用的基于 Java Bean 的验证方式。基于该规范，开发者可将验证规则直接放到 Java Bean 本身，使用注解器进行验证规则的设计，如图 9-2 所示。Bean Validation 规范使得校验功能归结到 JavaBean 自身这一点，实现了整个应用的统一的校验框架。该规范使用约束器来实现对 Java Bean 的验证功能，通过将约束器注入到 Bean 中的方式实现校验功能，使验证逻辑从业务代码中分离出来，提高了组件的重用性。

Bean Validation 是 Java EE 6 数据验证新框架，Bean Validation API 并不依赖特定的应用层或是编程模型，同一套验证规则可由应用的所有层共享。

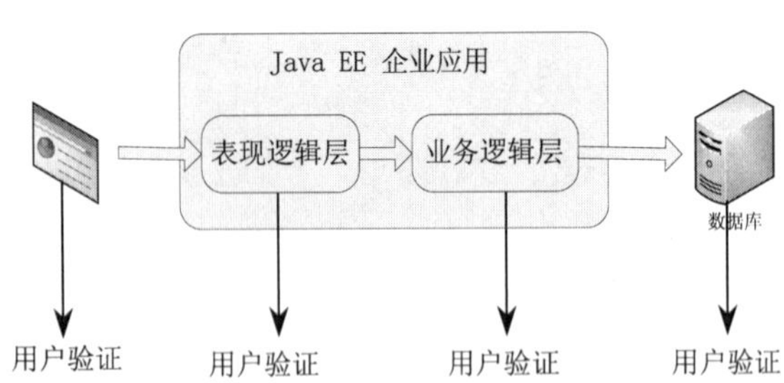

图 9-1　Java 分层验证结构示意图

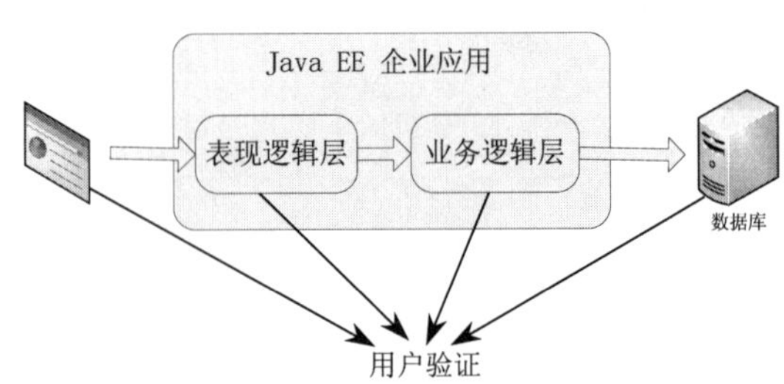

图 9-2　Java Bean 验证模型示意图

9.3　使用默认约束器

Bean Validation 的约束器以注解的形式出现，注解可以放在 JavaBean 的属性、方法或是类上面。

约束既可以是内置的注解（位于 javax.validation.constraints 包下面），也可以由用户自定义。一些常用的内置注解如表 9-1 所示。

表 9-1　Bean validation 内置约束器

约束注解	说　明
@Null	被注解的元素必须为 null
@NotNull	被注解的元素不能为 null
@AssertTrue	被注解的元素必须为 true，仅支持 boolean 或 Boolean 类型元素。当元素值为 null 时视为通过约束
@AssertFalse	被注解的元素必须为 true，仅支持 boolean 或 Boolean 类型元素。当元素值为 null 时视为通过约束
@Min	被注解的元素必须大于等于指定的最小值。支持 BigDecimal、BigInteger、byte、short、int、long 和它们的包装类型。当元素值为 null 时视为通过约束
@Max	被注解的元素必须小于等于指定的最大值。支持 BigDecimal、BigInteger、byte、short、int、long 和它们的包装类型。当元素值为 null 时视为通过约束
@DecimalMin	被注解的元素必须大于等于指定的最小值，小数存在精度。支持 BigDecimal、BigInteger、byte、short、int、long 和它们的包装类型。当元素值为 null 时视为通过约束
@DecimalMax	被注解的元素必须小于等于指定的最大值，小数存在精度。支持 BigDecimal、BigInteger、byte、short、int、long 和它们的包装类型。当元素值为 null 时视为通过约束
@Size	被注解的元素必须位于给定的最小值和最大值之间。支持 Size 验证的数据类型有 String、Collection 大小、Map 大小以及数组长度。当元素值为 null 时视为通过约束
@Digits	被注解的元素必须位于给定的范围。支持验证的数据类型有 String、Collection 大小、Map 大小以及数组长度。当元素值为 null 时视为通过约束
@Past	被注解的元素是否在当前时间之前。仅支持 Date 和 Calendar 类型元素。当元素值为 null 时视为通过约束
@Future	被注解的元素是否在当前时间之后。仅支持 Date 和 Calendar 类型元素。当元素值为 null 时视为通过约束
@Pattern	被注解的元素必须匹配给定的 Java 正则表达式。仅支持 String 类型元素。当元素值为 null 时视为通过约束

下面通过一个示例来演示如何使用内置注解。首先创建一个 Managed Bean，代码如程序 9-1 所示。

程序 9-1：UserBean.java

```
....
@ManagedBean
@RequestScoped
public class UserBean {
    public UserBean() {
    }
    @Size(min=1,message="姓不能为空")
    protected String firstName;
    @Size(min=1,message="名不能为空")
    protected String lastName;
    @Past
protected Date dob;
//省略 getter 和 setter 方法
}
```

程序说明：与一般的 Managed Bean 相比，在上面的 Mananged Bean 中多了几个内置约束注解，用来对 Managed Bean 的属性进行约束。其中 Size 约束器应用在 firstName 和 lastName 属性上，Past 约束器应用在 dob 属性上。

下面创建一个视图来提交信息给 Managed Bean UserBean，代码如程序 9-2 所示。

程序 9-2：reg.xhtml

```
<!DOCTYPE html PUBLIC "-//W3C//DTD XHTML 1.0 Transitional//EN" "http://www.w3.
org/TR/xhtml1/DTD/xhtml1-transitional.dtd">
<html xmlns="http://www.w3.org/1999/xhtml"
     xmlns:h="http://java.sun.com/jsf/html"
     xmlns:f="http://java.sun.com/jsf/core"
     >
    <h:head>
       <title>注册</title>
    </h:head>
    <h:body>
      <h:form>
            <h2>用户注册</h2>
            <h4>请提交注册信息</h4>
            <table>
               <tr>
                  <td>姓:</td>
                  <td>
                     <h:inputText label="First Name"
                              id="fname" value="#{userBean.firstName}"
                              >
                     </h:inputText>
                     <h:message for="fname" />
                  </td>
               </tr>
               <tr>
                  <td>名:</td>
                  <td>
                     <h:inputText label="Last Name"
                              id="lname" value="#{userBean.lastName}"
                              />
                     <h:message for="lname" />
                  </td>
               </tr>
               <tr>
                  <td>性别:</td>
                  <td>
                     <h:selectOneRadio label="Sex"
                                  id="sex" value="#{userBean.sex}">
                        <f:selectItem itemLabel="男" itemValue="男" />
                        <f:selectItem itemLabel="女" itemValue="女" />
                     </h:selectOneRadio>
                     <h:message for="sex" />
                  </td>
               </tr>
               <tr>
                  <td>出生日期:</td>
                  <td>
                     <h:inputText label="Date of Birth"
                              id="dob" value="#{userBean.dob}" >
                        <f:convertDateTime pattern="MM-dd-yyyy" />
                     </h:inputText> (mm-dd-yyyy)
                     <h:message for="dob" />
```

```
                    </td>
                </tr>

                <tr>
                    <td>邮箱地址:</td>
                    <td>
                        <h:inputText label="Email Address"
                                     id="email" value="#{userBean.email}"
                                     />
                        <h:message for="email" />
                    </td>
                </tr>
            </table>
            <p><h:commandButton value="注册" action="done"  />
            </p>
        </h:form>
    </h:body>
</html>
```

程序说明：在视图中，并没有利用组件标记的 required 属性来限制是否必须录入信息。因为在本例中，相关的校验逻辑全部集中到 Bean 中。

运行程序 9-2，将得到如图 9-3 所示的结果页面。

如果此时什么信息都不输入，直接单击【注册】按钮，可以得到如图 9-4 所示的运行结果。

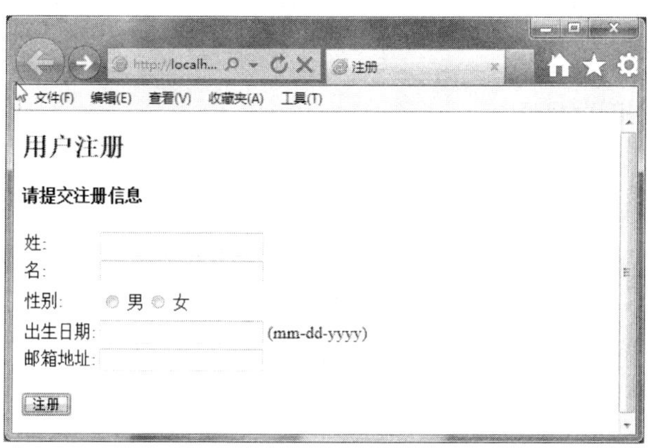

图 9-3　提交信息页面

图 9-4　提示

由于我们在 Bean 中声明了约束器，由约束器对属性进行校验，因此图 9-4 将显示校验错误信息。注意 Past 校验器并没有产生校验错误信息，这是因为对于 Null，约束器默认是通过验证的。

9.4　实现自定义约束器

很显然，在许多情况下，内置约束器是无法满足特定的需求的。没关系，开发人员可以定制自己的约束器。

Bean Validation 规范对约束的定义包括两部分，一是约束注解，JavaBean 将通过注解来使用约束器；二是约束验证器，每一个约束注解都有对应的约束验证器，约束验证器用来具体验证 Java Bean 是否满足该约束注解声明的条件。因此自定义约束器的方法很简单，只需要以下步骤。

（1）声明约束注解。

（2）定义约束验证器。

下面通过一个具体示例来演示如何开发自定义验证器。

① 选择【新建文件】，弹出【新建文件】对话框，如图 9-5 所示。

在左边的列表中选中【Bean 验证】，右边的文件类型列表中选中【验证约束】项，单击【下一步】按钮，得到如图 9-6 所示的运行界面。

图 9-5 【新建文件】对话框

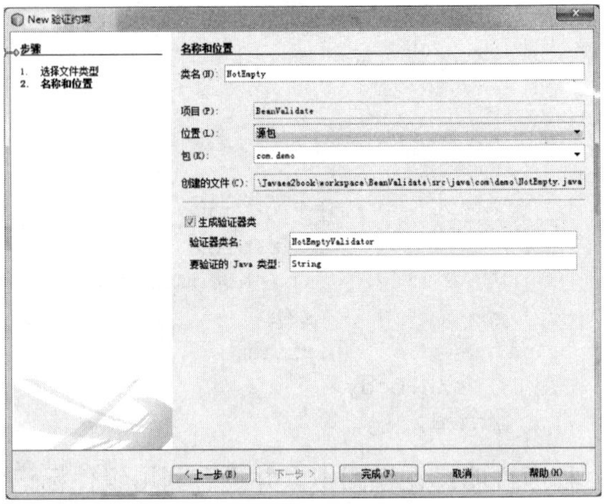

图 9-6 输入验证约束详细信息

在【类名】文本输入框中输入约束器注解的类名“NotEmpty”，选中复选框【生成验证器类】，默认验证器类名为 NotEmptyValidator，在【要验证的 Java 类型】文本输入框中输入自定义验证器支持的类型 String，单击【完成】按钮，约束注解及关联的验证器生成完毕。约束注解的代码如程序 9-3 所示。

程序 9-3：NotEmpty.java

```
......
@Documented
@Constraint(validatedBy = NotEmptyValidator.class)
@Target({ElementType.METHOD, ElementType.FIELD, ElementType.ANNOTATION_TYPE})
@Retention(RetentionPolicy.RUNTIME)
public @interface NotEmpty {
    String message() default "{不允许为空}";
    Class<?>[] groups() default {};
    Class<? extends Payload>[] payload() default {};
}
```

程序说明：约束注解和普通的注解一样，一个典型的约束注解的定义应至少包括以下内容。

- @Target：约束注解应用的目标元素类型。约束注解应用的目标元素类型包括 METHOD，FIELD，TYPE，ANNOTATION_TYPE，CONSTRUCTOR 和 PARAMETER。
- @Retention：约束注解应用的时机。默认都是 Runtime，即在运行时验证。
- @Constraint：通过属性 validatedBy 关联验证器。
- Message：约束注解验证时的输出消息。
- Groups：约束注解在验证时所属的组别。通过设置不同的 Groups 可将一个 Bean 中的多个约束分成若干组，分别执行不同的约束逻辑。
- Payload：约束注解的有效负载。有效负载通常用来将一些元数据信息与该约束注解相关联，常用的一种情况是用负载表示验证结果的严重程度。

约束注解定义完成后，需要同时实现与该约束注解关联的验证器。验证器的实现代码如程序 9-4 所示。

程序 9-4：NotEmptyValidator.java

```
package com.demo;
import javax.validation.ConstraintValidator;
import javax.validation.ConstraintValidatorContext;
public class NotEmptyValidator implements ConstraintValidator<NotEmpty, String> {
    @Override
    public void initialize(NotEmpty constraintAnnotation) {
    }
    @Override
    public boolean isValid(String value, ConstraintValidatorContext context) {
        if (value == null) {
            return false;
        } else if (value.length() < 1) {
            return false;
        } else {
            return true;
        }
    }
}
```

程序说明：约束验证器的实现需要扩展 JSR303 规范提供的接口 javax.validation.ConstraintValidator。该接口有两个方法，方法 initialize 对验证器进行实例化，它必须在验证器的实例在使用之前被调用，并保证正确初始化验证器，它的参数是约束注解；isValid 方法是进行约束验证的主体方法，其中 value 参数代表需要验证的实例，context 参数代表约束执行的上下文环境。在 Valid 方法中，我们只需要判断验证对象是否为 null 以及长度是否小于 1 即可。

下面利用新建的自定义约束器来校验程序 9-1 所示的 Userbean，修改后的代码如程序 9-5 所示。

程序 9-5：UserBean.java

```
@ManagedBean
@RequestScoped
public class UserBean {
    public UserBean() {
    }
    @NotEmpty
    protected String firstName;
    @NotEmpty
    protected String lastName;
    @Past
protected Date dob;
//省略 getter 和 setter
….
}
```

程序说明：使用自定义约束器与使用内置约束器一样，只需要在约束的目标前利用约束注解标记即可。

重新运行程序 9-2。在不输入任何信息的情况下，单击【注册】按钮，将得到如图 9-7 所示的运行结果。

图 9-7　自定义约束输出的校验信息

从图 9-7 中显示的错误提示信息可以看出，自定义约束器已经发挥作用了。

9.5 约束的传递

9.5.1 继承

在使用约束器时要注意，子类将自动继承父类声明的约束。下面还是通过示例来演示，首先新建程序 9-5 所示的 UserBean 的子类 VipUserBean，代码如程序 9-6 所示。

程序 9-6：VipUserBean.java

```
package com.demo;
import javax.faces.bean.ManagedBean;
import javax.faces.bean.RequestScoped;
@ManagedBean(name="vipuserBean")
@RequestScoped
public class VipUserBean extends UserBean{
}
```

下面新建视图 reg2.xhtml 来显示信息，代码如程序 9-7 所示。

程序 9-7：reg2.xhtml

```
<!DOCTYPE html PUBLIC "-//W3C//DTD XHTML 1.0 Transitional//EN" "http://www.w3.org/TR/xhtml1/DTD/xhtml1-transitional.dtd">
<html xmlns="http://www.w3.org/1999/xhtml"
     xmlns:h="http://java.sun.com/jsf/html"
     xmlns:f="http://java.sun.com/jsf/core"
     >
   <h:head>
      <title>注册</title>
   </h:head>
   <h:body>
     <h:form>
            <h2>用户注册</h2>
            <h4>请提交注册信息</h4>
            <table>
               <tr>
                  <td>姓:</td>
                  <td>
                     <h:inputText label="First Name"
                              id="fname" value="#{vipuserBean.firstName}"
                              >
                     </h:inputText>
                     <h:message for="fname" />
                  </td>
               </tr>
               <tr>
                  <td>名:</td>
                  <td>
                     <h:inputText label="Last Name"
                              id="lname" value="#{vipuserBean.lastName}"
                              />
                     <h:message for="lname" />
                  </td>
               </tr>
               <tr>
```

```
                        <td>性别:</td>
                        <td>
                            <h:selectOneRadio label="Sex"
                                          id="sex" value="#{vipuserBean.sex}">
                                <f:selectItem itemLabel="男" itemValue="男" />
                                <f:selectItem itemLabel="女" itemValue="女" />
                            </h:selectOneRadio>
                            <h:message for="sex" />
                        </td>
                    </tr>
                    <tr>
                        <td>出生日期:</td>
                        <td>
                            <h:inputText label="Date of Birth"
                                       id="dob" value="#{vipuserBean.dob}" >
                                <f:convertDateTime pattern="MM-dd-yyyy" />
                            </h:inputText> (mm-dd-yyyy)
                            <h:message for="dob" />
                        </td>
                    </tr>

                    <tr>
                        <td>邮箱地址:</td>
                        <td>
                            <h:inputText label="Email Address"
                                       id="email" value="#{vipuserBean.email}"
                                       />
                            <h:message for="email" />
                        </td>
                    </tr>
                </table>

                <p><h:commandButton value="注册" action="done"  />
                </p>
            </h:form>
        </h:body>
    </html>
```

运行程序 9-7，在不输入任何信息的情况下，单击【注册】按钮，可以看到，仍将得到如图 9-5 所示的运行结果。

9.5.2 级联

除了支持 Java Bean 的实例验证外，Bean Validation 规范同样支持 Object Graph 的验证。Object Graph 即为对象的拓扑结构，即对象之间的引用关系。如果类 A 引用类 B，则在对类 A 的实例进行约束验证时也需要对类 B 的实例进行约束验证，这就是验证的级联性。当对 Java 语言中的集合、数组等类型进行验证时也需要对该类型的每一个元素进行验证。

如果需要实现级联验证，只需要使用注解@Valid 对实例属性标记即可。示例代码如程序 9-8 和程序 9-9 所示。

程序 9-8：Person.java

```
public class Person {
```

```
@NotEmpty
private String name;
public String getName() {
return name;
}
public void setName(String name) {
this.name = name;
}
}
```

程序 9-9：Order.java

```
public class Order {
@Valid
private Person person;
public Person getPerson() {
return person;
}
public void setPerson(Person person) {
this.person = person;
}
}
```

在对 Order 的实例进行验证时，只有在 Order 引用的对象 Person 前面声明了注解@Valid，才对 Person 中 name 属性的@NotEmpty 注解进行验证，否则将不予验证。

9.6 小结

针对企业应用中的 Bean，Java EE 提出了 Bean Validation 规范，建立了统一的校验框架，使得同一套验证规则可由应用的所有层共享。Java EE 内置了一组约束器，同时允许开发人员自定义约束器。约束器由约束注解和校验器两部分组成。通过约束注解在指定的元素前标记实现校验功能。这种基于注解的实现方式使验证逻辑从业务代码中分离出来，大大提高了组件的重用性。

第 10 章　确保企业应用安全

10.1　引言

安全一直是企业应用开发中的一个重要话题。企业应用的安全问题可以用一句话来概括：让正确的人做正确的事。要实现这一目标，需要完成认证和授权两个步骤。认证是用来验证用户身份的过程。授权是根据请求用户的身份允许访问和操作一段敏感代码的过程。Java EE 容器为企业应用提供了强大的安全服务支持，它将安全逻辑从用户代码中分离出来，可以帮助开发人员轻松完成包括用户认证、授权等一系列复杂操作。

注：本章的所有示例代码保存在 chapt10/security 下。

10.2　认证

认证是用来鉴别用户身份的过程。它包括以下两部分内容。

（1）认证方式。即如何从用户那里获取能够鉴别用户身份的信息。可以有多种方式来确认用户的身份，最简单也是最常用的便是基于用户提供的账号和密码的鉴别方式，在其他安全等级更高的应用场景，还可以使用数字证书、物理特征（如指纹、虹膜）等。Java EE 支持以下四种类型的用户认证方式：BASIC（基本认证方法）、FORM（基于表单）、DIGEST（消息摘要）和 CLIENT-CERT（数字证书）。

（2）安全域。存储用户认证信息的空间称为安全域。获取到用户提交的信息后，还要根据安全域中的信息进行比较来最终确认用户的身份。Java EE 支持多种类型的安全域，包括基于文件的、关系数据库的和 LDAP 服务的等。

下面以 GlassFish Server 3.1 为例，演示如何使用容器提供的认证服务。

10.2.1　配置文件安全域

要使用容器提供的安全认证，首先必须在服务器上配置好安全域。基于文件的安全域是最简单的一种。它其实就是将用户信息保存在一个单独的文件中。

启动服务器后并进入 Web 管理控制界面。在左侧的常见任务栏中选中当前活动的服务器配置节点 sever-config 下的【安全性】→【领域】，在右侧的工作区得到如图 10-1 所示的安全域列表。

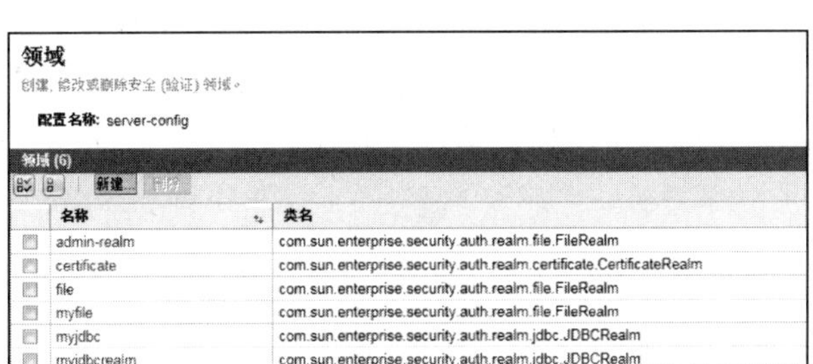

图 10-1　服务器上的安全域列表

单击列表顶部的【新建】按钮来创建一个新的安全域，得到如图 10-2 所示的【新建领域】运行界面。

在【名称】文本输入框中输入安全域的名称“myfile”，由于当前创建的是文件安全域，在【类名】下拉列表中选择“com.sun.enterprise.security.auth.realm.file.FileRealm”，在文本输入框【JAAS 上下文】中输入“fileRealm”，在文本输入框【密钥文件】中输入“${com.sun.aas.instanceRoot}/config/keyfile2”，其中${com.sun.aas.instanceRoot}代表应用服务器的实例安装根目录。单击左上角的【确定按钮】，安全域创建完成，进入如图 10-3 所示的【编辑领域】界面。

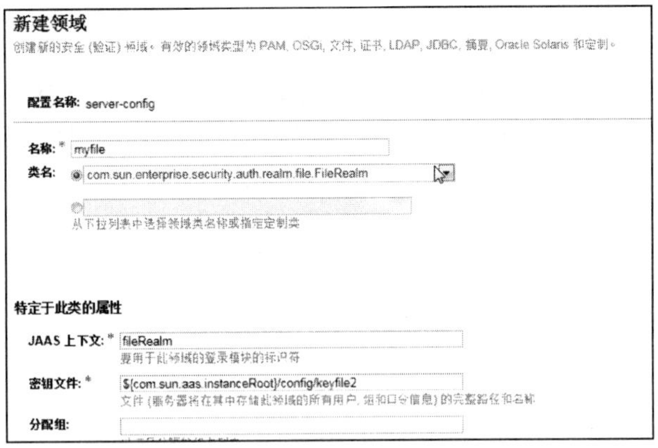

图 10-2　新建文件安全域

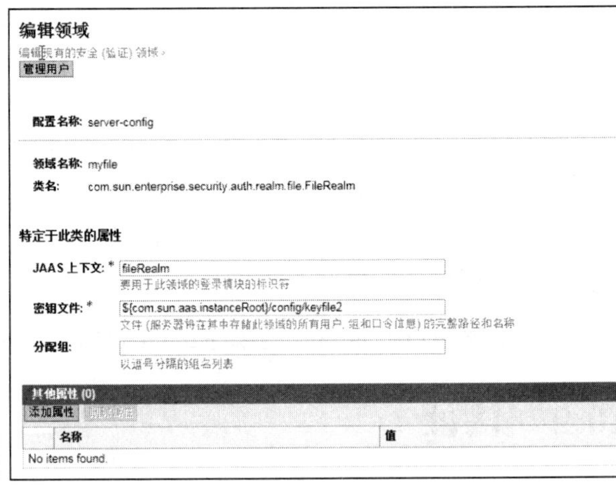

图 10-3　编辑安全域

尽管已经成功创建安全域，但它目前不包含任何用户信息。单击【管理用户】按钮得到如图 10-4 所示的用户管理界面。

单击【新建】来向安全领域中添加一个新的用户，得到如图 10-5 所示的【新建文件领域用户】运行界面。

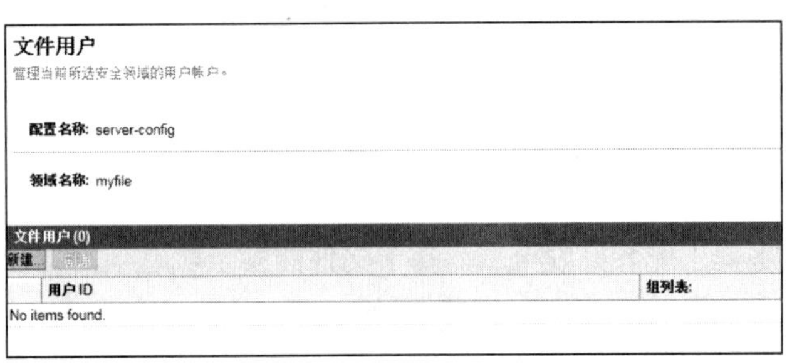

图 10-4　文件安全域的用户管理界面

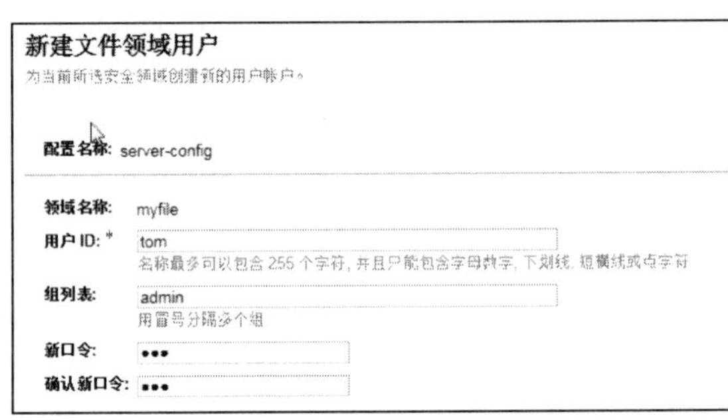

图 10-5　新建文件领域用户

在文本输入框【用户 ID】中输入用户名称，在文本输入框【组列表】中输入用户所在的组名。在后面的操作中我们将用户组名映射到应用中的特定角色。在文本输入框【新口令】和【确认新口令】中输入用户的口令信息。单击【确定】按钮，用户信息添加完毕。以同样的方式添加一个名为 jack 的用户，组列表为 user。

注：可以到 glassfish 当前域 domain1 下的 config 路径下察看文件 keyfile2。

10.2.2　配置 JDBC 安全域

在 10.2.1 节的操作中，我们建立了一个基于文件的安全域并手工添加了两个用户。你可能已经意识到，如果应用中的用户数量较多，基于文件的安全域肯定是不适合的。大量的用户信息通常存放在关系数据库中。针对存储在关系数据库中的用户信息，Java EE 提供了 JDBC 安全域。下面我们演示如何创建基于 JDBC 的安全域。

注：本示例利用 Glassfish Server 内置的 Java DB 服务器上的 sample 数据库，它对应的 JNDI 为 jdbc/sample。

首先在 sample 数据库中创建存储用户认证信息的表 V_User_Role，并在表中录入用户认证信息，如图 10-6 所示。表至少包含用户名、密码和用户组这三项信息。

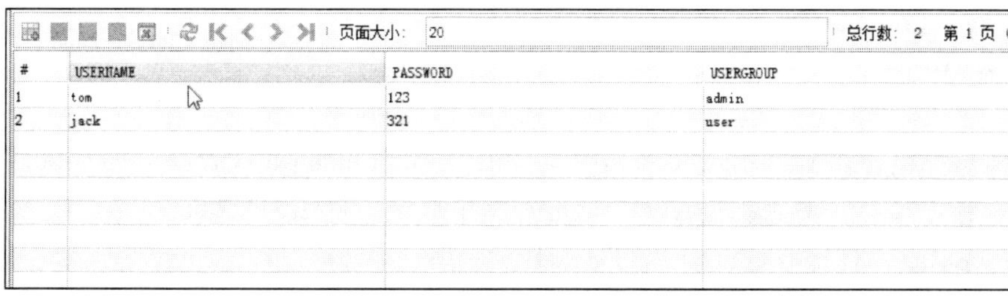

图 10-6　存储用户认证信息的表

以 10.2.1 节同样的操作方式进入图 10-7 所示的新建安全域界面。

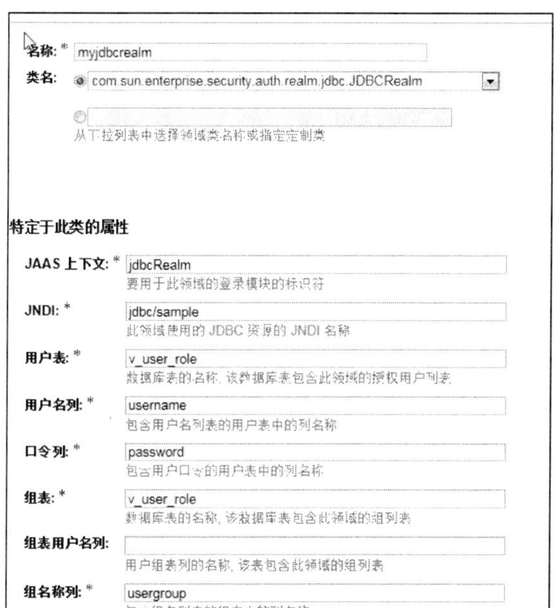

图 10-7　新建安全域界面

在【名称】文本输入框中输入安全域的名称“myjdbcRealm”，由于我们创建的是 JDBC 安全域，在【类名】下拉列表中选择“com.sun.enterprise.security.auth.realm.jdbc.jdbcRealm”，在文本输入框【JAAS 上下文】中输入“jdbcRealm”，在文本输入框【JNDI】中输入用户认证信息所在数据库的 JNDI 名称“jdbc/sample”，在文本输入框【用户表】中输入存储用户认证信息的表名 v_user_role，在文本输入框【用户名列】中输入表名 v_user_role 中代表用户名称的列名“username”，在文本输入框【口令列】中输入表名 v_user_role 中代表用户口令的列名“password”，由于用户组信息也是存储在表 v_user_role 中，因此在文本输入框【组表】中输入“v_user_role”，在文本输入框【组名称列】中输入表名 v_user_role 中代表用户组名称的列名“usergroup”。由于表中对密码信息没有采取任何加密措施，因此，在下拉列表【消息加密算法】中选择“none”，单击【确定】按钮，安全域创建完毕。

10.2.3 声明认证配置

在服务器上创建完成安全域后，在 Web 应用的配置文件中，还要声明认证配置信息，即告诉 Web 服务器本应用是根据哪种安全域采用何种认证方式进行认证操作的，这样 Web 应用就可以利用容器提供的认证服务了。相应的配置声明信息的代码片段如下所示：

```
……
<login-config>
     <auth-method>BASIC</auth-method>
     <realm-name>myfile</realm-name>
  </login-config>
…..
```

认证配置信息都包含在节点 login-config 中，其中的 auth-method 代表获取用户认证信息的方式，realm-name 代表服务器上的安全域的名称。它是判断用户是否合法的依据。

Java EE 支持以下 4 种获取认证信息的方式。

（1）Basic

客户端请求某个资源后，服务器会发送一个 401（未授权）的响应，表示使用 Basic 认证，在响应中带了 Realm 信息。浏览器接收到这个响应后会弹出一个对话框，用户可通过此对话框输入并提交用户名和密码信息到服务器。提交的方式是在 HTTP 头中加入如下代码：

```
WWW-Authorization:Basic XXXXXXX
```

其中，Basic 后面是用户名、密码的 BASE64 编码。

（2）Form

在页面上以自定义 Form 的形式提交用户认证信息。

（3）Digest

为了防止重放攻击，采用摘要访问认证。客户发送一个请求后，收到一个 401 消息，消息中还包括一个唯一的字符串 nonce，每次请求都不一样。此时客户端将用户名、密码、nonce、HTTP Method 和 URI 为校验值基础进行散列（默认算法为 MD5）的摘要返回给服务器。服务器端则根据收到的信息加上存储的密码算出一个新的摘要与请求中的摘要比较，因为每次 nonce 都会变，因此可有效防止重放攻击。

（4）SSL

SSL 协议位于 TCP/IP 和应用协议之间，基于公钥体制保证数据通信的安全性。SSL 协议可分为两层：SSL 记录协议和 SSL 握手协议。SSL 记录协议（SSL Record Protocol）：它建立在可靠的传输协议（如 TCP）之上，为高层协议提供数据封装、压缩、加密等基本功能的支持。SSL 握手协议（SSL Handshake Protocol）：它建立在 SSL 记录协议之上，用于在实际的数据传输开始前，通信双方进行身份认证、协商加密算法和交换加密密钥等。

10.3 授权

通过认证已经确定了用户的真实身份，剩下的工作就是确定用户执行操作的权限了。这一过程称为授权。最简单直观的授权方式是基于角色授权。它与现实社会中人们的行为方式完全一致。在现实社会中，不同的人担负不同的角色，行使不同的权利。例如银行职员可以出入金库，一般人却不可以。在企业应用中也是如此，通过将用户划分为几类不同的角色来控制它们的操作，实现对企业应用安全保护。

10.3.1 授权声明

在 Web 应用中，我们可以声明某些特定的资源，只允许特定角色的用户来操作。例如，在本章的示例应用中，我们将受保护的资源统一放置在 web 应用的/admin2 下，并在配置文件中声明以下信息：

```
……
    <security-constraint>
      <web-resource-collection>
        <web-resource-name>Protected resource</web-resource-name>
        <url-pattern>/faces/admin2/*</url-pattern>
        <url-pattern>/admin2/*</url-pattern>
      </web-resource-collection>
      <auth-constraint>
        <role-name>admin</role-name>
        <role-name>user</role-name>
      </auth-constraint>
    </security-constraint>
    <security-role>
      <role-name>admin</role-name>
    </security-role>
    <security-role>
      <role-name>user</role-name>
    </security-role>
……
```

在上面的配置信息中，根据应用的业务逻辑需求，通过节点 security-role 来声明安全角色 admin 和 user。并通过节点<security-constraint>中，将受保护的资源（URL 模式/faces/admin2/*或 admin2/*）和授权角色绑定起来。

10.3.2 角色映射

在授权声明中针对应用中的业务逻辑定义了一些角色并进行了授权，而在认证过程中用户信息是通过用户组来区分不同类型的用户。一个用户组可能承担多个角色，一个角色可能包含多个用户组，因此，还必须建立角色与用户组之间的映射。因此在 Web 应用中还需要建立一个服务器资源文件来定义这种映射信息。在本例中，由 GlassFish Server 对应的服务器资源文件 glassfish-web.xml 来完成这一映射过程，代码如程序 10-1 所示。

程序 10-1：glassfish-web.xml

```
<?xml version="1.0" encoding="UTF-8"?>
<!DOCTYPE glassfish-web-app PUBLIC "-//GlassFish.org//DTD GlassFish Application
Server                    3.1                    Servlet                    3.0//EN"
"http://glassfish.org/dtds/glassfish-web-app_3_0-1.dtd">
<glassfish-web-app error-url="">
   <context-root>/secrurity</context-root>
   <security-role-mapping>
      <role-name>admin</role-name>
      <group-name>admin</group-name>
   </security-role-mapping>
   <security-role-mapping>
      <role-name>user</role-name>
      <group-name>user</group-name>
   </security-role-mapping>
   <jsp-config>
      <property name="keepgenerated" value="true">
         <description>Keep a copy of the generated servlet class' java code.
```

```
</description>
            </property>
        </jsp-config>
    </glassfish-web-app>
```

程序说明：在上面的代码中，通过节点<security-role-mapping>将角色与用户组建立映射关系。

注：不同的服务器类型，服务器资源文件的名称可能不同。

10.4 测试 Java EE 容器的安全服务

注：为演示 Java EE 容器的安全服务，本章建立一个示例应用 security，详细内容请参阅附赠的源代码。

认证和授权的相关配置工作已经完成，现在我们的 Web 应用就可以利用 Java EE 容器提供的安全服务了。部署完示例应用 security 后，在浏览器中输入 http://localhost:8080/secrurity/faces/index.xhtml，将得到如图 10-8 所示的运行界面。

因为视图 index.html 是非保护资源，因此可以匿名访问。下面在浏览器地址栏输入地址 http://localhost:8080/secrurity/faces/admin2/index.html，将得到如图 10-9 所示的窗口，提示需要输入用户名和密码。可以看到，容器提供的安全服务已经发挥作用。

说明：由于采用的认证方式是 Basic，因此，图 10-9 所示的提示窗口的外观与使用的浏览器类型有关。

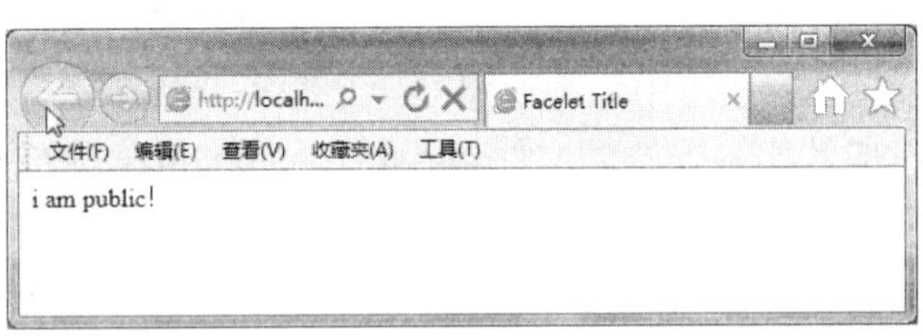

图 10-8 访问 Web 应用中的非保护资源

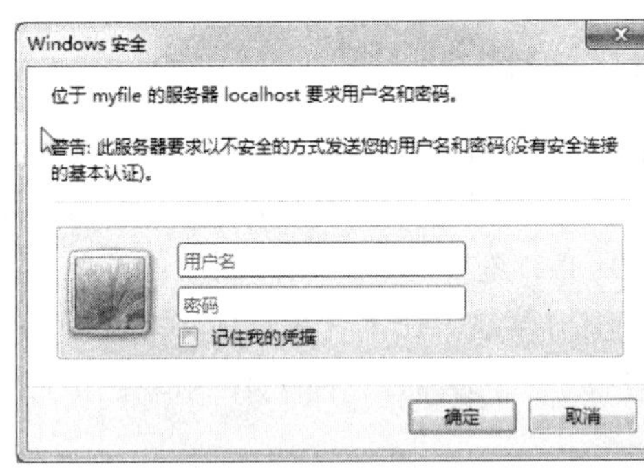

图 10-9 访问保护资源时弹出的认证窗口

输入用户名 tom 和正确的密码信息，将能够成功访问目的页面 admin2/index.html，如图 10-10 所示。

重新访问 http://localhost:8080/secrurity/faces/admin2/index.html，在图 10-9 所示的界面中输入用户 jack 和密码，看是否能够成功访问。

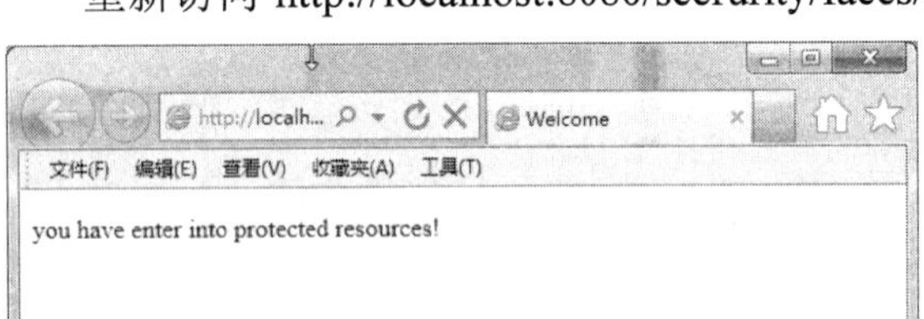

图 10-10 成功访问保护资源

答案是否定的，因为我们在 10.3.1 节应用的授权声明中只允许角色 admin 访问，而 jack 所在用户组没有承担这一角色。读者可将 10.2.3 节中的认证配置中的安全域改为之前创建的 JDBC 安全域 myjdbcrealm，看看能否正常访问。

10.5 定制 FORM 方式认证界面

在 10.4 节的运行过程中，由于采用 Basic 认证方式，得到的认证窗口将根据客户端浏览器的不同而呈现不同的外观。如果企业应用对界面外观要求比较严格，则开发人员可以采取 FORM 认证方式。在 FORM 认证中，将允许开发人员自定义认证界面。

下面创建一个认证页面，代码如程序 10-2 所示。

程序 10-2：login.html

```
<!DOCTYPE html PUBLIC "-//W3C//DTD XHTML 1.0 Strict//EN"
  "http://www.w3.org/TR/xhtml1/DTD/xhtml1-strict.dtd">
<html xmlns="http://www.w3.org/1999/xhtml">
<head>
    <title>登录</title>
</head>

<body>
<form method="post" action="j_security_check">
<p>You need to log in to access protected information.</p>
<table>
   <tr>
      <td>User name:</td>
      <td><input type="text" name="j_username" /></td>
   </tr>
   <tr>
      <td>Password:</td>
      <td><input type="password" name="j_password" /></td>
   </tr>
</table>
<p><input type="submit" value="Login" /></p>
</form>
</body>
</html>
```

程序说明：注意，提交用户名和密码的 input 组件的 name 属性和 form 组件的 action 属性都必须是如本示例所示的固定值。

还要定义一个认证失败后显示的视图，如程序 10-3 所示.

程序 10-3：noauth.html

```
<!DOCTYPE html PUBLIC "-//W3C//DTD XHTML 1.0 Strict//EN"
  "http://www.w3.org/TR/xhtml1/DTD/xhtml1-strict.dtd">
<html xmlns="http://www.w3.org/1999/xhtml">
<head>
<title>Authentication failed</title>
</head>
<body>
<p>Sorry--authentication failed. Please<a href="login.html">try again.</a> </p>
</body>
</html>
```

最后别忘了更改 web.xml 中的认证配置声明，代码如下所示：

```
......
<login-config>
      <auth-method>FORM</auth-method>
      <realm-name>myjdbc</realm-name>
      <form-login-config>
```

```
            <form-login-page>/login.html</form-login-page>
            <form-error-page>/noauth.html</form-error-page>
        </form-login-config>
    </login-config>
……
```

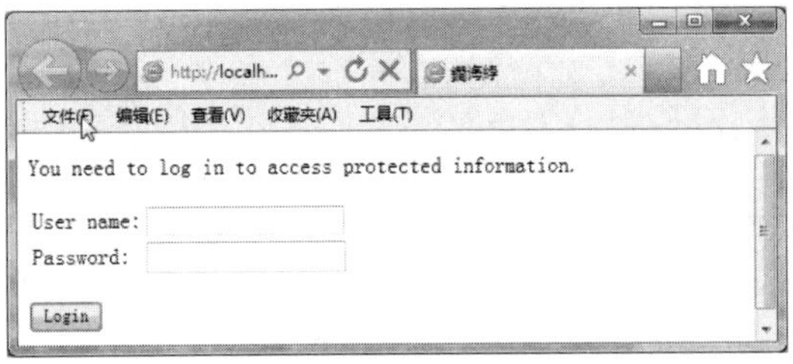

图 10-11　自定义认证界面

其中，关于自定义认证界面的信息都包含在<form-login-config>节点。重新访问 http://localhost:8080/security/faces/admin2/index.html，将弹出自定义认证页面，如图 10-11 所示。

输入正确的用户名和密码信息，看看是否能得到图 10-10 所示的页面。

10.6　在代码中获取用户身份信息

用户经过认证授权后，在请求信息中将包含用户的身份信息，在应用中可以访问这些信息进行一些个性化的操作，下面通过一个示例来演示。首先创建一个 Managed Bean，代码如程序 10-4 所示。

程序 10-4：UserBean.java

```
package com.demo;
import javax.inject.Named;
import javax.enterprise.context.SessionScoped;
import java.io.Serializable;
import java.util.logging.Logger;
import javax.faces.context.ExternalContext;
import javax.faces.context.FacesContext;
import javax.servlet.http.HttpServletRequest;
@Named(value = "user")
@SessionScoped
public class UserBean implements Serializable {
    public UserBean() {
    }
    private String name = "";
    private static final Logger logger = Logger.getLogger("com.demo.userbean");
    public String getName() {
        ExternalContext context = FacesContext.getCurrentInstance().getExternal
Context();
        Object requestObject = context.getRequest();
        if (!(requestObject instanceof HttpServletRequest)) {
            logger.severe("request object has type " + requestObject.getClass());
        }
        HttpServletRequest request = (HttpServletRequest) requestObject;
        name = request.getRemoteUser();
        return name ;
    }
    public String logout(){
        ExternalContext context = FacesContext.getCurrentInstance().getExternal
Context();
        Object requestObject = context.getRequest();
        if (!(requestObject instanceof HttpServletRequest)) {
            logger.severe("request object has type " + requestObject.getClass());
```

```
            }
            HttpServletRequest request = (HttpServletRequest) requestObject;
            try{
            request.logout();
            }catch(Exception e){
               logger.severe("logout failed");
            }
            return "logout";
        }
    }
```

程序说明：在上面的 getName 方法中，演示了如何从请求中获取用户认证信息，在方法 logout 中，演示如何清除用户认证信息。

下面创建一个视图来访问上面的 Managed Bean，代码如程序 10-5 所示。注意将视图保存在保护资源目录 admin2 下。

程序 10-5：welcome.xhtml

```
<html xmlns="http://www.w3.org/1999/xhtml"
   xmlns:h="http://java.sun.com/jsf/html"
   xmlns:f="http://java.sun.com/jsf/core">
<h:head>
   <title>管理控制台</title>
</h:head>
<h:body>
   <h:form>
        欢迎您  <h:outputText value="#{user.name}" />
      <h:commandButton value="注销" action="user.logout"/>
   </h:form>
</h:body>
</html>
```

请求运行程序 10-5，由于之前已经通过认证，将得到如图 10-12 所示的运行结果。可以看到用户名已经显示在界面中。

单击【注销】按钮，将得到如图 10-13 所示的页面。

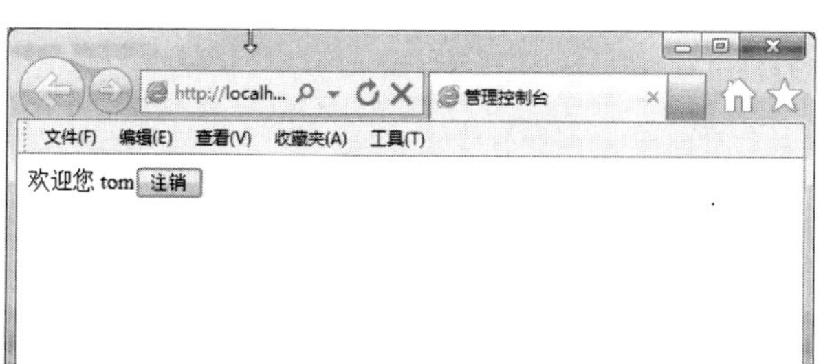

图 10-12　视图中显示的用户信息

图 10-13　注销用户

可以看到，此时用户认证信息已经被清空。尽管用户信息已经被清空，但是由于 action 导航是 forward 方式，在本次处理前已经经过安全认证，所以仍旧可以成功访问本视图。但是此时单击【注销】按钮，由于已经没有用户认证信息，因此请求将被安全服务强制导向如图 10-11 所示的安全认证界面。

10.7　EJB 安全控制

EJB 组件支持基于角色的安全声明，相关的安全注解如表 10-1 所示。

表 10-1 EJB 支持的安全注解

注　解	说　明	适用对象
@RunAs	定义在 Java EE 容器中执行时应用的角色	类
@RolesAllowed	定义在访问方法时允许的角色	类、方法
@PermitAll	表示允许所有角色访问方法	类、方法
@DenyAll	表示任何角色均不可访问方法	类、方法
@DeclareRoles	定义应用使用的角色信息	类

下面通过一个示例来演示如何在 EJB 组件中声明安全服务。首先创建一个无状态会话 Bean 组件，代码如程序 10-6 所示。

程序 10-6：MySessionBean.java

```
package com.demo;

import javax.annotation.security.RolesAllowed;
import javax.ejb.Stateless;
import javax.inject.Named;
@Named
@Stateless
public class MySessionBean {
 @RolesAllowed("admin")
public String greet(){
   return "hello security...";
}
}
```

程序说明：在上面的代码中，通过注解@RolesAllowed("admin")声明 EJB 组件中的方法 greet 仅允许 admin 角色的用户访问。

下面创建一个视图来访问会话 Bean，代码如程序 10-7 所示。注意将视图保存在保护资源目录 admin2 下。

代码 10-7：test.xhtml

```
<?xml version='1.0' encoding='UTF-8' ?>
<!DOCTYPE html PUBLIC "-//W3C//DTD XHTML 1.0 Transitional//EN" "http://www.w3.
org/TR/xhtml1/DTD/xhtml1-transitional.dtd">
<html xmlns="http://www.w3.org/1999/xhtml"
      xmlns:h="http://java.sun.com/jsf/html">
    <h:head>
        <title>Facelet Title</title>
    </h:head>
    <h:body>
        ${mySessionBean.greet()}
    </h:body>
</html>
```

以 tom 的身份通过认证后，访问视图 test.xhtml，将得到如图 10-14 所示的页面。

退出应用后，以 jack 的身份重新登录，并访问视图 test.xhtml。由于 jack 不具有 admin 角色，将得到如图 10-15 所示的运行结果，可以看到由于安全限制导致异常抛出。

图 10-14　成功访问 EJB 方法

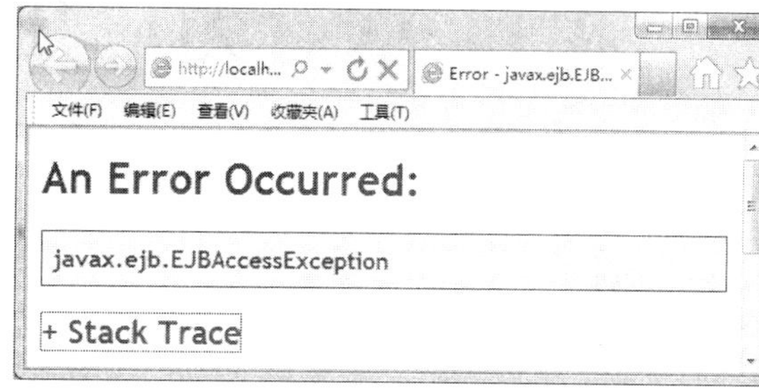

图 10-15　非授权角色用户访问 EJB 方法抛出的异常

10.8　小结

Java EE 容器为企业应用提供了强大的安全服务支持，它将安全逻辑从用户代码中分离出来，可以帮助开发人员轻松地完成包括用户认证、授权等一系列复杂操作。容器支持各种类型的安全域以及 Basic、Form 等多种安全认证方式，并提供基于角色的授权服务。通过在 Web 应用的配置文件中声明保护资源以及相关的认证配置信息，建立应用角色与用户组之间的映射，就可以使用容器提供的安全服务了。用户的认证信息保存在客户请求中，利用它们可实现个性化服务等高级操作，同时 EJB 组件也支持基于角色的安全声明，用户通过简单的安全注解就可实现对 EJB 方法的安全配置。

第 11 章　为应用添加邮件发送功能

11.1　引言

通过对第 8 章到第 10 章的学习，我们已经能够开发出一个优秀的企业应用。企业应用的一个重要特性就是可集成性。在接下来的 3 章中，我们将学习如何实现企业应用间的交互和集成。

企业应用经常需要与电子邮件系统进行交互，最常用的场景，例如向用户的邮箱中发送货物出库通知、通过邮箱找回注册密码等。Java EE 提供了 JavaMail 规范来实现与电子邮件系统的交互。本章将详细讲解如何利用 Java Mail 为企业应用添加发送邮件功能。

注：本章的所有示例代码均保存在 chapt11/mail 下。

11.2　JavaMail 基础

11.2.1　JavaMail 体系

JAVA EE 通过 Java Mail 规范为企业应用提供了一个访问邮件系统的通用接口。整个 Java Mail 体系可以分为三层：抽象层、Internet 邮件实现层和协议实现层。如图 11-1 所示，Java Mail API 包括抽象层和 Internet 邮件实现层。

JavaMail 抽象层：该层定义了用于邮件处理功能的抽象类、接口和抽象方法，所有的邮件系统都支持这些功能，它独立于供应商和协议消息。该层定义的接口位于 Java Mail 顶级包（即 javax.mail）内。

Internet 邮件实现层：该层遵循 Internet 标准－RFC822 和 MIME，实现了部分抽象层元素，为基于 Internet 的邮件服务提供支持。该层所定义的类和接口大多位于 javax.mail.internet 包内。

协议实现层：该层由服务提供商实现对特定协议的支持，如 SMTP、POP、IMAP 和 NNTP。

Java Mail 客户机和邮件服务供应商通过 JavaMail API 进行交互。这种体系确保无论使用哪种协议、由哪家厂商提供对该协议的实现，JavaMail 客户机都可以使用同样的 Java Mail API 收发邮件。

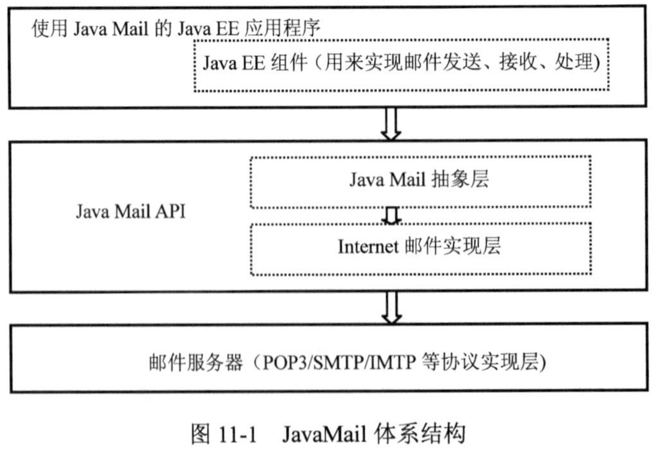

图 11-1　JavaMail 体系结构

11.2.2　JavaMail 规范组成

Java Mail API 可以分为两部分：一部分为 Session、Message、Address、Authenticator、Transport、Store 和 Folder 七个核心对象，它们都来自 Java Mail API 顶级包（但开发者使用的具体子类可能在 javax.mail.internet 包内）。利用这些核心对象可以完成常见的电子邮件操作，包括发送邮件、检索邮件、删除邮件、认证、回复邮件、转发邮件、管理附件、处理基于 HTML 文件格式的消息及搜索或过滤邮件列表等任务。另一部分主要包括 Part、Message、Bodypart、Multipart、MimePart、MimeMessage、MimiBodypart 和 MimeMultipart 等接口，利用它们可以完成电子邮件的阅读、撰写等任务。

下面给出 Java Mail API 七个核心对象的简单介绍，以使 Java Mail 开发人员能对 Java Mail API 有个基本了解，关于这些对象在 Java Mail 编程中的具体应用在随后的示例中将进一步进行详细介绍。

1．javax.mail.Session

Session 类定义了一个基本邮件会话，是 Java Mail API 最高层入口类。所有其他类都是经由这个 Session 才得以生效。Session 对象用 Java.util.Properties 对象获取信息，如邮件服务器、用户名、密码及整个应用程序中共享的其他信息。

Session 类的构造器是私有的，它不能被继承，也不能使用 new 语句来创建实例，但它提供了两个静态方法 getInstance()和 getDefaultInstance()来获取 Session 实例，前者创建一个独立的会话，后者获取默认的共享会话。

2．javax.mail.Message

一旦获得 Session 对象，就可以继续创建要发送的邮件消息。这由 Message 类来完成。因为 Message 是个抽象类，必需用一个子类，多数情况下为 Javax.mail.internet.MimeMessage。MimeMessage 是个能理解 MIME 类型和头的电子邮件消息。

3．javax.mail.Address

创建 Session 和 Message，并将内容填入消息后，就可以用 Address 确定信件地址了。与 Message 一样，Address 也是个抽象类。实际编程中经常使用的是 Javax.mail.internet.InternetAddress 类。

4．javax.mail.Authenticator

与 Java.net 类一样，JavaMail API 也可以利用 Authenticator 通过用户名和密码访问受保护的资源。对于 JavaMail API 来说，这些资源就是邮件服务器。JavaMail Authenticator 在 Javax.mail 包中，而且它和 Java.net 中同名的类 Authenticator 不同。两者并不共享同一个 Authenticator。

要使用 Authenticator，先创建一个抽象类的子类，并从 getPasswordAuthentication()方法中返回 PasswordAuthentication 实例。创建完成后，还必需向 session 注册 Authenticator。然后，在需要认证的时候，就会通知 Authenticator。可以通过弹出对话框，也可以从配置文件中（虽然没有加密是不安全的）读取用户名和密码，将它们作为 PasswordAuthentication 对象返回给调用程序。

5．javax.mail.Transport

消息发送的最后一部分是使用 Transport 类。这个类用协议指定的语言发送消息（通常是 SMTP）。它是抽象类，它的工作方式与 Session 有些类似。仅调用静态 send 方法，就能使用类的默认版本：Transport.send(message);

或者，开发者也可以从针对自己的协议的会话中获得一个特定的实例，传递用户名和密码（如果不必要就不传），发送消息，然后关闭连接。

6．javax.mail.Store

Store 类实现特定邮件协议上的读、写、监视、查找等操作。Store 定义的存储器包括一个分层的目录体系，消息存储在目录内。客户程序可以通过获取一个实现了数据库访问协议的 Store 对象来访问消息存储器，绝大多数的存储器要求用户在访问前提供认证信息。大多数情况下，主机名、用户名和密码已足够认证一个用户，JavaMail API 提供的 connect 方法将这些信息作为输入参数，Store 类也提供了一个缺省的 connect 方法；在任何一种情况下，客户机程序都可以从会话对象属性中获取认证信息；或者通过访问会话的 Authenticator 对象来与用户交互，要求用户输入认证信息。

7. javax.mail.Folder

Folder 类用于分级组织邮件，并提供按照 Javax.mail.Message 格式访问邮件的能力。Folder 代表的目录可以容纳消息或子目录，它使用这种方式提供了一个类似于树的分层体系。存储在目录内的消息被顺序计数(从 1 开始到消息总数)，该顺序被称为“邮箱顺序”，通常基于邮件消息到达目录的顺序。邮件顺序的变动将改变消息的序列号，这种情况仅发生在客户程序调用 expunge 方法擦除目录内设置 Flags.Flag.DELETED 标志位的消息时。执行擦除操作后，目录内消息将重新编号。客户程序可以通过消息序列号或直接通过相应的 Message 对象引用目录中的消息，因为消息序列号在会话中很可能改变，因此应尽可能保存 Message 对象而非序列号来反复引用对象。

注：通过 Javax.mail.Store 类可以访问 Javax.mail.Folder 类。

11.3 配置 JavaMail 会话

与访问数据库系统一样，与邮件服务器的连接信息都是以资源的形式保存在服务器上的，Java EE 应用通过访问服务器资源来获得到邮件服务器的连接，从而保证应用的可移植性。启动 GlassFish Server 服务器，进入管理控制台，选择【资源】→【Java Mail 会话】，得到如图 11-2 所示的界面。

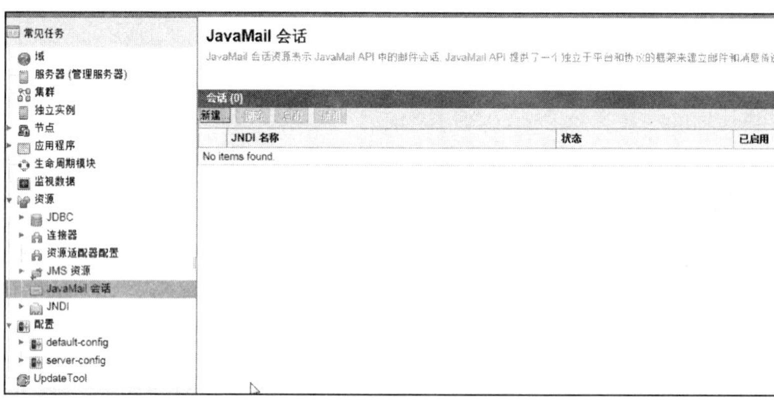

图 11-2 JavaMail 会话资源

单击左上角的【新建】按钮来创建一个 JavaMail 会话资源，得到如图 11-3 所示的界面。

在文本输入框【JNDI 名称】中输入 JavaMail 会话的名称，在文本输入框【邮件主机】中输入邮件主机的域名，以网易邮箱为例，为“mail.163.com”，在文本输入框【默认用户名】中输入连接到邮件服务器时使用的用户名称，在文本输入框【默认发件人地址】中输入你的电子邮件地址，默认其他选项。

注意，这里还要为 JavaMail 会话添加登录邮件服务器时必需的其属性信息，包括登录密码、端口号和是否需要认证等，如图 11-4 所示。最后单击【确定】按钮，JavaMail 会话配置完毕。

11.4 发送邮件

下面演示如何发送邮件。首先创建一个视图来提交邮件的内容信息，代码如程序 11-1 所示。

图 11-3　新建 JavaMail 会话资源

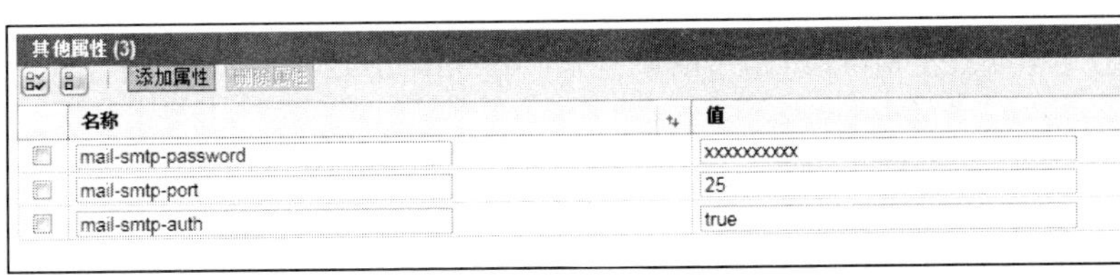

图 11-4　为 JavaMail 会话添加必需的属性信息

程序 11-1：index.xhtml

```
<?xml version='1.0' encoding='UTF-8' ?>
<!DOCTYPE html PUBLIC "-//W3C//DTD XHTML 1.0 Transitional//EN" "http://www.w3.org/TR/xhtml1/DTD/xhtml1-transitional.dtd">
<html xmlns="http://www.w3.org/1999/xhtml"
      xmlns:h="http://java.sun.com/jsf/html">
    <h:head>
        <title>发送邮件</title>
    </h:head>
    <h:body>
        <h:form>
        <h:inputText id="content" value="#{sendMail.message}" size="32"/>
        <h:commandButton value ="发送邮件" action="#{sendMail.send}"/>
        </h:form>
    </h:body>
</html>
```

程序说明：用来提交邮件内容信息，在本示例中只是文本输入框中录入的一段文字。

下面创建一个 Managed Bean 来实现邮件的发送功能，代码如程序 11-2 所示。

程序 11-2：SendMail.java

```
@ManagedBean
@RequestScoped
public class SendMail {
    @Resource(name = "mail/my163")
    private Session mailmy163;
    public SendMail() {
    }
    private String message;
```

```
        public String getMessage() {
            return message;
        }
        public void setMessage(String message) {
            this.message = message;
        }
        public String send() {
            try {
                sendMail("**** @163.com", "test", message);
            } catch (Exception ex) {
                System.out.println(ex.toString());
                return null;
            }
            return "done";
        }
        private void sendMail(String email, String subject, String body) throws
NamingException, MessagingException {
            MimeMessage message = new MimeMessage(mailmy163);
            message.setSubject(subject);
            message.setRecipients(RecipientType.TO, InternetAddress.parse(email,
false));
            message.setText(body);
            Transport.send(message);
        }
    }
```

程序说明：代码中利用资源注入特性注入 JavaMail 会话 mailmy163，发送邮件的功能主要在方法 sendmail 中实现，首先以 mailmy163 创建一个 MimeMessage 实例，然后调用 setSubject、setRecipients 和 setText 来设置 MimeMessage 的内容，注意这里的参数 email 必须是一个真实有效的邮件地址。最后调用 Transport 的静态方法 send 将 MimeMessage 实例发送出去。

最后创建一个视图来显示邮件发送成功的确认信息，代码如程序 11-3 所示。

程序 11-3：done.xhtml

```
    <?xml version='1.0' encoding='UTF-8' ?>
    <!DOCTYPE html PUBLIC "-//W3C//DTD XHTML 1.0 Transitional//EN" "http://www.w3.
org/TR/xhtml1/DTD/xhtml1-transitional.dtd">
    <html xmlns="http://www.w3.org/1999/xhtml"
          xmlns:h="http://java.sun.com/jsf/html">
        <h:head>
            <title>邮件发送成功</title>
        </h:head>
        <h:body>
           邮件发送成功
        </h:body>
    </html>
```

运行程序 11-1，提交邮件内容后去测试邮箱查看邮件是否发送成功。

11.5 发送带附件的邮件

发送邮件时经常要附加附件。11.4 节的代码演示了如何发送简单的邮件。那么如何在邮件中发送附件呢？还是通过一个示例来演示。

首先创建提交邮件信息的视图，代码如程序 11-4 所示。由于要提交文件信息作为附件，因此视图中使用了第三方组件库 Primefaces。

程序 11-4：index.xhtml

```
<?xml version='1.0' encoding='UTF-8' ?>
<!DOCTYPE html PUBLIC "-//W3C//DTD XHTML 1.0 Transitional//EN" "http://www.w3.
org/TR/xhtml1/DTD/xhtml1-transitional.dtd">
<html xmlns="http://www.w3.org/1999/xhtml"
     xmlns:h="http://java.sun.com/jsf/html"
     xmlns:p="http://primefaces.org/ui">
    <h:head>
        <title>发送邮件</title>
    </h:head>
    <h:body>
        <h:form enctype="multipart/form-data">
            <p:fileUpload fileUploadListener="#{sendMail.upload}"
                          allowTypes="/(\.|\/)(gif|jpe?g|png)$/" sizeLimit="100000"
                          />
        </h:form>
        <h:form>
            正文 <h:inputText id="content" value="#{sendMail.message}" size="32"/>
            <h:commandButton value ="发送邮件" action="#{sendMail.send}"/>
        </h:form>
    </h:body>
</html>
```

视图运行界面如图 11-5 所示。

下面创建 Managed Bean 并实现将邮件附件发送功能，代码如程序 11-5 所示。

程序 11-5：sendmail.java

```
@ManagedBean
@SessionScoped
public class SendMail {
    @Resource(name = "mail/my163")
    private Session mailmy163;
    public SendMail() {
    }
    private String message;
    private String attach;
    public String getMessage() {
        return message;
    }
    public void setMessage(String message) {
        this.message = message;
    }
    public String send() {
        try {
            sendAttachedMail("******@163.com", "test", message, destination+attach);
        } catch (Exception ex) {
            System.out.println(ex.toString());
            return null;
        }
        return "done";
```

图 11-5　提交邮件信息视图

```
        }
        private void sendAttachedMail(String email, String subject, String body, String
    attachFilename) throws NamingException, MessagingException {
            MimeMessage message = new MimeMessage(mailmy163);
            message.setSubject(subject);
            message.setRecipients(RecipientType.TO, InternetAddress.parse(email, false));
            //              正文部分
            BodyPart messageBodyPart = new MimeBodyPart();
            BodyPart fileBodyPart = new MimeBodyPart();
            messageBodyPart.setText(body);
            //处理附件
            DataSource source = new FileDataSource(attachFilename);
            fileBodyPart.setDataHandler(new DataHandler(source));
            fileBodyPart.setFileName(attachFilename);
            Multipart multipart = new MimeMultipart();
            multipart.addBodyPart(messageBodyPart);
            multipart.addBodyPart(fileBodyPart);
            // 填充 MIME 邮件
            message.setContent(multipart);
            Transport.send(message);

        }
        private String destination = "c:\\tddownload\\";
        public void upload(FileUploadEvent event) {
      FacesMessage msg = new FacesMessage("Success! ", event.getFile().getFileName()
    + " is uploaded.");
            FacesContext.getCurrentInstance().addMessage(null, msg);
            try {
                attach = event.getFile().getFileName();
                copyFile(attach, event.getFile().getInputstream());
            } catch (IOException e) {
                e.printStackTrace();
            }
        }
        public void copyFile(String fileName, InputStream in) {
            try {
                OutputStream out = new FileOutputStream(new File(destination + fileName));
                int read = 0;
                byte[] bytes = new byte[1024];
                while ((read = in.read(bytes)) != -1) {
                    out.write(bytes, 0, read);
                }
                in.close();
                out.flush();
                out.close();
                System.out.println("New file created!");
            } catch (IOException e) {
                System.out.println(e.getMessage());
            }
        }
    }
```

程序说明：首先看如何实现附件文件上传的。示例中使用了 Primefaces 的上传组件。要使组件运行正常，除了将 Primefaces 添加到应用的库节点下，还要将两个相关的 jar（commons-fileupload 和

commons-io）添加到库路径下，最后应用的库节点下的内容如图 11-6 所示。

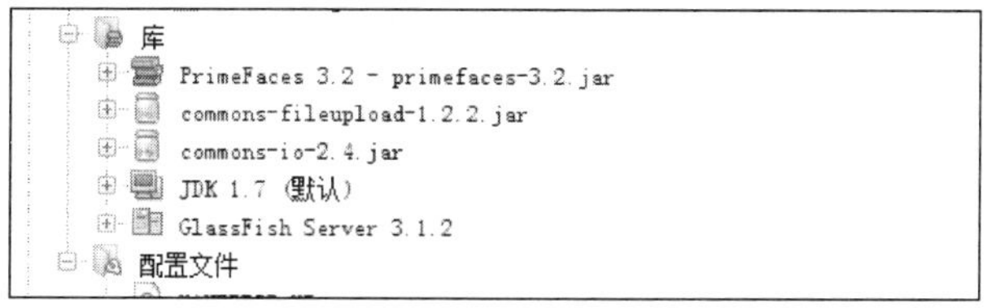

图 11-6　为 Web 应用导入相关的 Jar

另外，需要在 Web 应用的配置文件 Web.xml 中增加如下所示的配置信息。

```
......
<filter>
      <filter-name>PrimeFaces FileUpload Filter</filter-name>
      <filter-class>org.primefaces.webapp.filter.FileUploadFilter</filter-
class>
    </filter>
  <filter-mapping>
      <filter-name>PrimeFaces FileUpload Filter</filter-name>
      <servlet-name>Faces Servlet</servlet-name>
</filter-mapping>
......
```

上面这段配置信息的作用使得上传文件请求在 JSF 核心控制组件 FacesServlet 处理之前就会被上传组件的 Filter 拦截，从而实现文件上传处理。

这些准备工作完成后，Primefaces 的上传组件就可以正常工作了。在代码中，上传文件操作主要在方法 upload 中实现，它从参数 FileUploadEvent 中获得上传文件的名称后，调用辅助方法 copyfile 将上传文件复制到服务器上的一个本地位置。

下面看如何实现邮件发送功能。邮件发送主要在方法 sendAttachedMail 中实现，与程序 11-2 中的 sandMail 方法不同的是，根据 JavaMail 会话创建完 MimeMessage 实例后，还创建了两个 BodyPart 实例，分别保存邮件中的正文和附件，最后将二者打包进 Multipart，将 Multipart 实例作为 MimeMessage 的 setContent 方法的参数，最后仍旧是调用 Transport 的静态方法 send 将 MimeMessage 实例发送出去。

运行程序 11-4 来发送带附件的邮件，看看应用是否成功运行。

11.6　小结

Java Mail API 为 Web 应用程序提供了一个用于阅读、编写和发送电子邮件的统一接口，使得企业应用可独立于任何特定的邮件服务器，轻松地集成邮件发送功能。整个 Java Mail 体系可分为三层：抽象层、Internet 邮件实现层和协议实现层。另外，在本章的示例中还演示了如何使用 Primesfaces 的上传组件。

第 12 章　利用 Web 服务集成应用

12.1　引言

随着信息化程度的提高，人们已经不满足于将企业应用作为一个个的信息孤岛，而是迫切需要应用系统之间进行功能集成和数据交换，但是要实现这一目标却不是一件容易的事情。传统的应用程序都是“竖井”模式的，它们运行在各自的节点上，由于技术体制和运行模式的限制，很难在彼此间共享数据。

随着计算机技术的发展，出现了以 CORBA（Common Object Request Broker Architecture，通用对象请求代理架构）、MTS（Microsoft Transaction Server，Microsoft 事务服务器）和 Enterprise Java Bean（EJB）等技术为代表的分布式计算技术，它们允许不同的应用程序彼此进行通信（即使位于不同的计算机上），应用程序可以找到其希望与之进行交互的组件，然后像调用本地组件一样调用这些组件。

但是这种交互仍然存在很大的困难。最根本的原因在于这种组件层次上的交互实质上还是一种应用内部的交互，因为这种交互的前提是交互的双方必须采用同样的技术。但现实总是让人失望的，目前企业应用中的众多应用程序采用不同的开发技术（.net 或 Java 等），运行在不同的硬件平台和操作系统之上，如何让上述应用系统之间进行方便、高效的交互是开发领域迫切需要解决的技术问题。

为了解决异构应用之间互操作的问题，W3C（World Wide Web Consortium，万维网联盟）提出了 Web 服务。

12.2　Web 服务概述

12.2.1　什么是 Web 服务

从软件开发的角度来看，Web 服务是一组规范的集合。这种规范用来定义不同的应用系统之间是如何交互的，包括信息传递的内容、格式，信息的传输协议，以及相关的安全、策略、互操作等关键特性。

从使用者的角度而言，Web 服务是一种部署在 Web 上的对象或组件，它具备以下特征。

- 完好的封装性：对于 Web 服务使用者而言，它能且仅能看到 Web 服务提供的功能列表。
- 松散耦合：对于 Web 服务使用者来说，只要 Web 服务的调用界面不变，Web 服务实现的任何变更对它们来说都是透明的，甚至当 Web 服务的实现平台从 Java EE 迁移到了.NET，用户都可以对此一无所知。
- 使用标准协议规范：Web 服务的所有操作完全使用开放的标准协议进行描述、传输和交换。
- 高度可集成能力：由于 Web 服务采取简单的、易理解的标准协议，完全屏蔽了不同软件平台的差异，实现了在当前环境下最高的可集成性。

12.2.2　Web 服务技术体系

Web 服务规范是一组协议规范的集合，它可以分为两部分：基本 Web 服务规范和扩展 Web 服务规范。

基本 Web 服务规范定义了 Web 服务的核心实现，包括以下内容。

（1）SOAP（Simple Object Access Protocol，简单对象访问协议）：SOAP 是一个基于 XML 的传输协议，它详细说明了传输 Web 服务的消息格式，为在一个松散的、分布的环境中使用 XML 对等地交换结构化和类型化的信息提供了一个简单且轻量级的机制，目前最新版本为 1.2。

（2）WSDL（Web Services Description Language，Web 服务描述语言）：WSDL 是用来对 Web 服务进行描述的标准规范，它利用一种标准的方式描述了调用 Web 服务所需要的所有信息。应用程序可以从 WSDL 文件中提取这些详细信息，并生成调用 Web 服务需要的编程接口文件，目前最新版本为 2.0。

（3）UDDI（Universal Description, Discovery and Integration，统一描述、发现和集成）：UDDI 规范定义了发布和发现 Web 服务的方法。利用它，应用程序可以把自己的功能提供给其他应用程序或查找并使用其他应用程序提供的服务。

扩展 Web 服务规范用来对 Web 服务的安全、策略等特性进行定义，主要包括以下内容。

（1）WS-Security：用来处理加密和数字签名，允许创建特定类型的应用程序，以防止窃听消息，且能实现不可否认功能。

（2）WS-Policy：用来对 WS-Security 进行扩展，通过制定复杂的策略来定义哪些用户可以采用何种方式使用此 Web 服务。

（3）WS-I：Web 服务应设计成具有互操作性，但在实际中，各个规范对不同实现的解释的灵活性常常会导致出现问题。WS-I 提供了一组可用于防止出现各种问题的标准和实践，并提供了标准化测试来检查可能出现的问题。

（4）WS-BPEL：单个 Web 服务在多数条件下很难满足复杂的企业应用的需求，往往需要将多个 Web 服务组合成一个完整的系统，而 WS-BPEL 提供了用于指定创建此类系统所必需的交互（如分支和并发处理）。

注： 由于 Web 服务是目前相对比较活跃的研究领域，还有大量的扩展规范不断涌现，如 Web 服务资源框架和 Web 服务分布式管理等。

Web 服务规范中包含的各种协议规范并不是独立分散的，所有这些协议具有明显的层次关系，底层的协议为上层的协议提供服务支撑，这些协议共同组成了一个协议栈，如图 12-1 所示。

<table>
<tr><td>路由、可靠性和事务层</td><td>待定</td><td rowspan="6">管理</td><td rowspan="6">服务质量</td><td rowspan="6">安全</td></tr>
<tr><td>服务发现、集成层</td><td>UDDI</td></tr>
<tr><td>服务描述层</td><td>WSDL</td></tr>
<tr><td>消息层</td><td>SOAP</td></tr>
<tr><td>传输层</td><td>HTTP，FTP</td></tr>
<tr><td>网络层</td><td>IPv4，IPv6</td></tr>
</table>

图 12-1　Web 服务协议栈

从图 12-1 中可以看出，Web 服务协议栈中的网络层和传输层继续沿用目前流行的 TCP/IP 协议中的网络和传输层的协议，只是在传输层之上，Web 服务增加了自己特有的服务协议，包括用来定义消息内容格式的 SOAP 协议，对服务进行描述的 WSDL 协议以及发现和集成服务的 UDDI 协议。同时，对于 Web 服务的一些重要特性，如安全、服务质量等，还定义了专门的协议，这些协议与前面提到的协议之间是正交的，它跨越各个层面，来确保 Web 服务的上述特性得到一致实现。

从 Web 服务的协议栈可以看出，Web 服务所有的协议规范完全是基于现有的技术，并没有创造一个完全的新体系。无论是 IPv4、HTTP 或 FTP 等这些现有的网络协议，还是 SOAP、WSDL 等这些基于 XML 而定义的协议都遵循着一个原则：继承原有的被广泛接受的技术，这样才能使得 Web 服务能够实现最大程度的可集成性，并且被业界广泛接受。

12.2.3 Web 服务工作模型

在 Web 服务工作模型中共有三种角色，其中服务提供者（服务器）和服务请求者（客户端）是必需的，服务注册中心是一个可选的角色。它们之间的交互和操作构成了 Web 服务的体系结构。如图 12-2 所示，服务提供者定义并实现 Web 服务，然后将以 WSDL 描述的服务信息发布到服务请求者或服务注册中心；服务请求者使用 UDDI 查找操作从本地或服务注册中心检索服务描述，然后使用服务描述与服务提供者进行绑定并调用 Web 服务。这样，服务请求者就可以调用服务提供者提供的 Web 服务了。

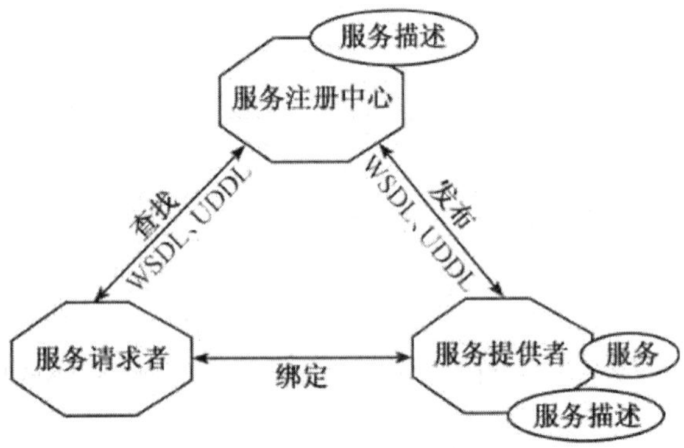

图 12-2 Web 服务模型

在 Web 服务的客户应用程序一方，客户程序在本机调用方法，但是被调用的方法会被转换为 XML（基于 SOAP）并通过网络发送给 Web 服务供应商应用程序。供应商再利用 XML 文档（基于 SOAP）发回对方法调用的响应。

由于 Web 服务是通过 URL、HTTP 和 XML 得以访问的，所以运行在任何平台之上、采用任何语言的应用程序都可以访问 Web 服务。

12.3 Java EE 平台下的 Web 服务实现

Web 服务规范是由 W3C 领导制定的，它是独立于任何厂商的具体实现的标准规范。为了帮助 Java 开发人员更好地开发 Web 服务，Java Community Process (JCP) 定义了使用 Java 语言实现 Web 服务规范的接口 Java API for XML Web Services (JAX-WS) 2.0，JSR 224 ，它是 Java EE 平台的重要组成部分。作为 Java API for XML-based RPC 1.1 (JAX-RPC) 的后续发行版本，JAX-WS 简化了使用 Java 技术开发 Web 服务的工作，并且通过对多种协议（如 SOAP 1.1、SOAP 1.2、XML）的支持，大大提高了开发 Java Web 服务的效率。

除了 JAX-WS 2.0 外，JCP 还制定了一系列的 API，用来辅助支持 Java 下的 Web 服务开发，如下所示。

- 用于 XML 处理的 Java API（Java API for XML Processing（JAXP））：JAXP 为获得 XML 解析器提供了标准接口；它包括在 Java 2 平台，标准版 SDK v1.4 以后的版本中。
- 用于 XML Schema 到 Java 类的动态绑定的 JAXB（Java Architecture for XML Binding)：JAXB 能将 Java 对象树的内容写到 XML 实例文档，也提供了将 XML 实例文档反向生成 Java 对象树的方法。
- 用于 Java 的带有附件的 SOAP API（SOAP with Attachments API for Java（SAAJ））：SAAJ 是一个包，它使开发人员能够生产并处理那些遵循 SOAP 1.1 规范的消息及其所包含的 SOAP 附件。
- 用于 XML 注册的 Java API（Java API for XML Registries（JAXR））：XML 注册中心通常用来存储已发布的 Web 服务的有关信息，而 JAXR API 则提供了访问这种信息的统一的方法。

幸运的是，目前的许多开发环境都实现了对开发 Web 服务的支持，因此，开发人员完全没必要直接利用上述 API 来开发 Web 服务了。

12.4 开发 Web 服务实例

注：本节的示例代码保存在 chapt12/HealthTester 下。

下面将演示如何创建 Web 服务。在本例中创建的 Web 服务实现了一个简单的体重监测功能，它根据用户传递来的身高和体重信息得出是否超重的判断。首先创建一个名为 HealthTester 的 Web 工程。

12.4.1　创建 Web 服务组件

右击 HealthTester 节点，然后选择【新建】→【Web 服务】。弹出【新建文件】对话框，如图 12-3 所示。

在【类别】列表中选中“Web 服务”，在右侧的【文件类型】列表中选中“Web 服务”，单击【下一步】按钮，进入新建 Web 服务窗口，如图 12-4 所示。

图 12-3 【新建文件】对话框

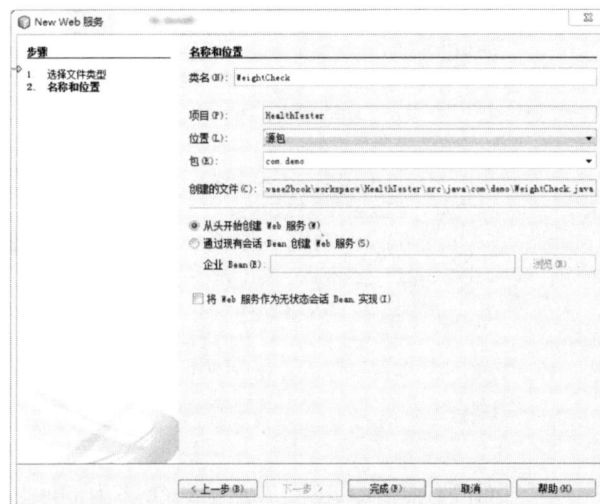

图 12-4　输入 Web 服务详细信息

在【类名】文本框中输入“WeightCheck”，在【包】文本框中输入“com.demo”，默认其他选项，然后单击【完成】按钮。

在【项目】窗口中将新增一个“Web 服务”文件夹，显示新建的 Web 服务。如图 12-5 所示：

NetBeans 默认生成的 Web 服务的框架代码如程序 12-1 所示。

图 12-5　项目窗口中显示新创建的 Web 服务

程序 12-1：WeightCheck.java

```
package com.demo;
import javax.jws.WebService;
import javax.jws.WebMethod;
import javax.jws.WebParam;
@WebService(serviceName = "WeightCheck")
public class WeightCheck {
    @WebMethod(operationName = "hello")
    public String hello(@WebParam(name = "name") String txt) {
        return "Hello " + txt + " !";
```

```
        }
    }
```

程序说明：类定义前的注解@WebService 表明这是一个 Web 服务组件，注解@WebMethod 和@WebParam 分别用来声明 Web 服务方法和方法的参数。

12.4.2 为 Web 服务组件添加业务逻辑

在 Web 服务组件中添加业务逻辑很简单，只需要像程序 12-1 中的方法 hello 一样通过注解@WebMethod 和@WebParam 来声明一个方法即可，对应的代码片段如下：

```
    ……
    @WebMethod
        public String check(@WebParam(name = "sex") boolean sex, @WebParam(name =
"weight") int weight, @WebParam(name = "height") int height) {
            int r=height-weight;
            if(sex)r=105-r;
            else r=115-r;
            if(r<-10)return "太瘦";
            if(r<0&&r>-10)return "偏瘦";
           if(r>0&&r<10)return "超重";
            if(r>10&&r<20)return "肥胖";
            else return "严重肥胖";
    }
    ……
```

在上面的代码中，我们增加了一个名为 check 的 Web 方法，它包含三个 Web 参数。

12.4.3 部署 Web 服务

在【项目】窗口右击 HealthTester 节点，然后选择【部署项目】，在 NetBeans 右下角的输出窗口可以看到 Web 服务 WeightCheck 部署成功的提示，如图 12-6 所示。

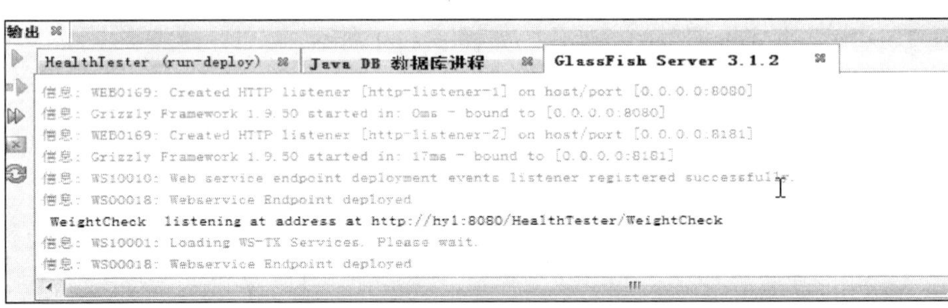

图 12-6 Web 服务部署成功提示信息

12.4.4 测试 Web 服务

在【项目】窗口右击 HealthTester 节点，然后选择【运行项目】。打开浏览器，在地址栏中输入“http://localhost:8080/HealthTester/WeightCheck?Tester”，将得到如图 12-7 所示的运行结果页面。单击链接【WSDL File】可查看 Web 服务对应的 WSDL 文件的内容，如程序 12-2 所示。

注：将此文件保存到你的文件系统中，以便后面调用 Web 服务时使用。

在【check】按钮后面的三个输入框中分别输入 Web 服务 WeightCheck 的操作 check 的三个参数，可以对发布的 Web 服务进行测试。

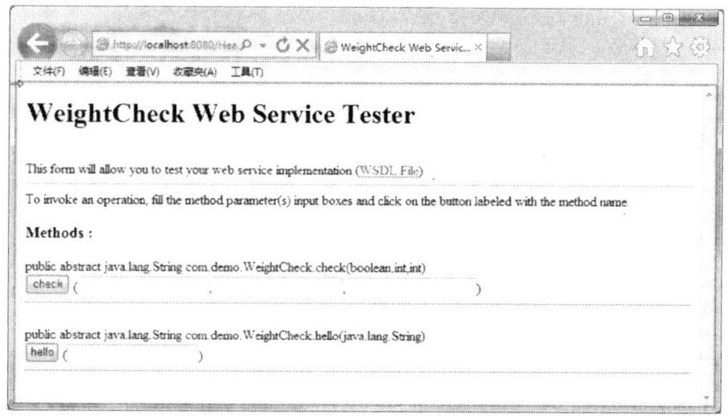

图 12-7 Web 服务测试界面

程序 12-2：WeightCheck.wsdl

```
    <?xml version='1.0' encoding='UTF-8'?><!-- Published by JAX-WS RI at
http://jax-ws.dev.java.net. RI's version is Metro/2.2.0-1 (tags/2.2.0u1-7139;
2012-06-02T10:55:19+0000) JAXWS-RI/2.2.6-2 JAXWS/2.2 svn-revision#unknown. --><!--
Generated by JAX-WS RI at http://jax-ws.dev.java.net. RI's version is Metro/2.2.0-1
(tags/2.2.0u1-7139;    2012-06-02T10:55:19+0000)    JAXWS-RI/2.2.6-2    JAXWS/2.2
svn-revision#unknown. --><definitions xmlns:wsu="http://docs.oasis-open.org/wss
/2004/01/oasis-200401-wss-wssecurity-utility-1.0.xsd" xmlns:wsp="http://www.w3.
org/ns/ws-policy"    xmlns:wsp1_2="http://schemas.xmlsoap.org/ws/2004/09/policy"
xmlns:wsam="http://www.w3.org/2007/05/addressing/metadata"
xmlns:soap="http://schemas.xmlsoap.org/wsdl/soap/"   xmlns:tns="http://demo.com/"
xmlns:xsd="http://www.w3.org/2001/XMLSchema"
xmlns="http://schemas.xmlsoap.org/wsdl/" targetNamespace="http://demo.com/" name=
"WeightCheck">
    <types>
    <xsd:schema>
    <xsd:import namespace="http://demo.com/" schemaLocation="http://localhost:
8080/HealthTester/WeightCheck?xsd=1"/>
    </xsd:schema>
    </types>
    <message name="check">
    <part name="parameters" element="tns:check"/>
    </message>
    <message name="checkResponse">
    <part name="parameters" element="tns:checkResponse"/>
    </message>
    <message name="hello">
    <part name="parameters" element="tns:hello"/>
    </message>
    <message name="helloResponse">
    <part name="parameters" element="tns:helloResponse"/>
    </message>
    <portType name="WeightCheck">
    <operation name="check">
    <input wsam:Action="http://demo.com/WeightCheck/checkRequest" message="tns:check"/>
    <output  wsam:Action="http://demo.com/WeightCheck/checkResponse"  message="tns:
checkResponse"/>
    </operation>
    <operation name="hello">
    <input wsam:Action="http://demo.com/WeightCheck/helloRequest" message="tns:hello"/>
    <output  wsam:Action="http://demo.com/WeightCheck/helloResponse"  message="tns:
```

```
helloResponse"/>
    </operation>
    </portType>
    <binding name="WeightCheckPortBinding" type="tns:WeightCheck">
    <soap:binding transport="http://schemas.xmlsoap.org/soap/http" style="document"/>
    <operation name="check">
    <soap:operation soapAction=""/>
    <input>
    <soap:body use="literal"/>
    </input>
    <output>
    <soap:body use="literal"/>
    </output>
    </operation>
    <operation name="hello">
    <soap:operation soapAction=""/>
    <input>
    <soap:body use="literal"/>
    </input>
    <output>
    <soap:body use="literal"/>
    </output>
    </operation>
    </binding>
    <service name="WeightCheck">
    <port name="WeightCheckPort" binding="tns:WeightCheckPortBinding">
    <soap:address location="http://localhost:8080/HealthTester/WeightCheck"/>
    </port>
    </service>
    </definitions>
```

程序说明：Web 服务接口描述文件，其他应用程序根据此接口文件与 Web 服务进行交互。

12.5 调用 Web 服务

注：本节的示例代码保存在 chapt12/WSClient 下。

既然Web服务是用来实现应用之间交互的,下面演示如何在另外一个Java EE Web应用中调用12.4节开发的 Web 服务。

12.5.1 添加 Web 服务客户端

① 首先创建一个新的 Web 工程 WSClient。然后在项目窗口选中【WSClient】，单击右键，在弹出的快捷菜单中选择【新建】→【Web 服务客户端】，弹出对话框如图 12-8 所示。

创建 Web 服务客户端必须首先选择 Web 服务的接口描述文件（WSDL 文件）的位置，它可以来自 Netbeans 中的一个项目，也可以来自文件系统中的一个文件，或者是网络上的一个 URL 地址。在本例中选择【本地文件】的形式，单击【浏览】按钮，选择先前保存的 Web 服务的 WSDL 文件，在【包】文本输入框中输入 Web 客户端文件所在的包“com.demo.wsclient”，单击【完成】按钮，则 Web 服务客户端创建完毕。NetBeans 根据 WSDL 文件自动生成了调用 Web 服务所需的源代码。在【生成的源文件】节点可以看到 Netbeans 自动生成的 Web 服务客户端代码。如图 12-9 所示。在【项目】窗口可以看到新增加的 Web 服务引用。

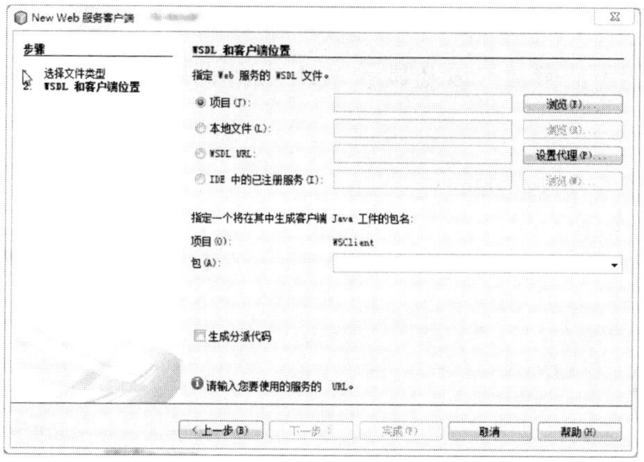

图 12-8　新建 Web 服务客户端

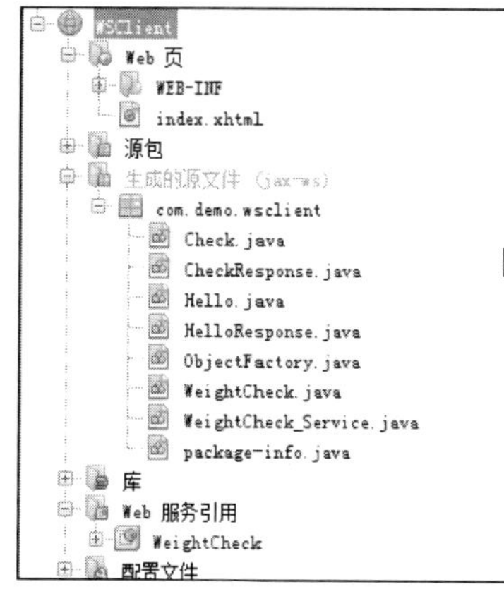

图 12-9 【项目】窗口中显示的 Web 服务客户端

12.5.2　调用 Web 服务

下面创建一个 Managed Bean 来调用 Web 服务，代码如程序 12-3 所示。

程序 12-3：WeightBean.java

```
......
@ManagedBean
@RequestScoped
public class WeightBean {
    @WebServiceRef(wsdlLocation = "WEB-INF/wsdl/WeightCheck.xml.wsdl")
    private WeightCheck_Service service;
    public WeightBean() {
    }
    String sex;
   int height;
    int weight;
String Result;
//省略 getter 和 setter
......
    public String checkWeight() {
        boolean temp = false;
        if ("男".equals(sex)) {
            temp = true;
        }
        Result = check(temp, weight, height);
        return "done";
    }
    private String check(boolean sex, int weight, int height) {
        com.demo.client.WeightCheck port = service.getWeightCheckPort();
        return port.check(sex, weight, height);
    }
  }
......
```

程序说明：在上面的代码中，通过注解@WebServiceRef 来引入一个 Web 服务，注解的参数 wsdlLocation 代表 Web 服务接口描述文件的位置。我们在前面建立 Web 服务客户端时已经将其引入到项目中。Java EE 通过资源注入特性将 Web 服务客户端实例注入到 Service 中，然后调用它的 getWeightCheckPort()方法获取 Web 服务的服务端口，最后根据请求信息中传递来的参数来调用服务端口的方法 check。

下面创建一个 JSF 视图来提交 Web 服务调用的参数，以及显示 Web 服务调用结果，代码分别如程序 12-4 和程序 12-5 所示。

程序 12-4：index.xhtml

```
<?xml version='1.0' encoding='UTF-8' ?>
<!DOCTYPE html PUBLIC "-//W3C//DTD XHTML 1.0 Transitional//EN" "http://www.w3.
org/TR/xhtml1/DTD/xhtml1-transitional.dtd">
<html xmlns="http://www.w3.org/1999/xhtml"
      xmlns:h="http://java.sun.com/jsf/html">
    <h:head>
        <title>Facelet Title</title>
    </h:head>
    <h:body>
        <h:form>
            性别<h:inputText value="#{weightBean.sex}"/>
            身高<h:inputText value="#{weightBean.height}"/>
            体重<h:inputText value="#{weightBean.weight}"/>
            <h:commandButton  value="检测" action="#{weightBean.checkWeight}"/>
        </h:form>
    </h:body>
</html>
```

程序说明：收集用户信息作为参数来调用 Web 服务。

程序 12-5：done.xhtml

```
<?xml version='1.0' encoding='UTF-8' ?>
<!DOCTYPE html PUBLIC "-//W3C//DTD XHTML 1.0 Transitional//EN" "http://www.w3.
org/TR/xhtml1/DTD/xhtml1-transitional.dtd">
<html xmlns="http://www.w3.org/1999/xhtml"
      xmlns:h="http://java.sun.com/jsf/html">
    <h:head>
        <title>调用 Web 服务结果</title>
    </h:head>
    <h:body>
        你的体重状态属于：#{weightBean.result}
    </h:body>
</html>
```

程序说明：用来显示 Web 服务调用结果信息。

说明： 由于 Web 服务是由 Web 应用 HealthTester 具体实现的，因此在运行 Web 应该程序之前，确保 Web 应用 HealthTester 处于运行状态。

Web 应用 WSClient 部署完毕并启动后，打开浏览器，在地址栏内输入“http://localhost:8080/WSClient/faces/index.xhtml”，将得到如图 12-10 所示的运行结果画面。

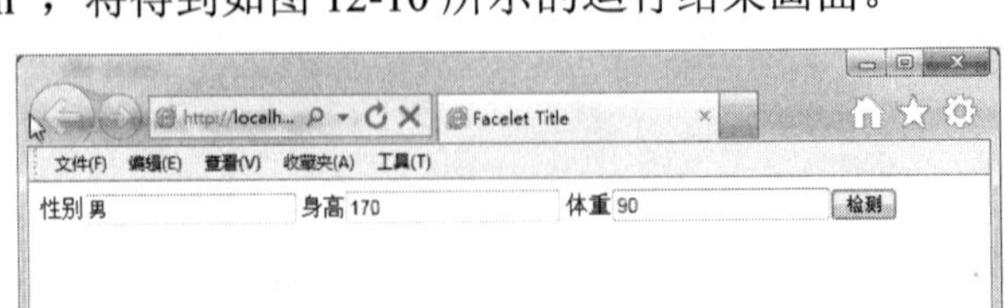

图 12-10　提交参数来调用 Web 服务

在文本框内输入信息后，单击【检测】按钮，将得到如图 12-11 所示的运行结果页面，可以看到 Web 服务已成功调用，并返回处理后的结果信息。

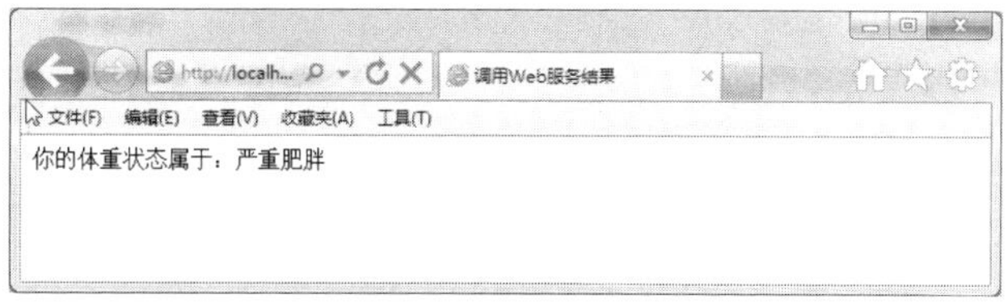

图 12-11 Web 服务调用结果显示页面

说明：我们在第 5 章学习过 Servlet 组件，Web 服务组件和 Servlet 组件一样，都是以请求应答的模式运行，并且都是针对客户端请求 URL，返回一个响应信息。不同之处在于 Servlet 只能接受一个简单的 HTTP 请求，而 Web 服务接受的请求内容是一个 XML 文档。对于处理后返回的响应，Servlet 通常返回的是 HTML 页面或者二进制输入/输出流，而 Web 服务返回的仍旧是 XML，因此 Web 服务组件在跨平台方面优势明显，而 Servlet 性能上要占优势，因为它避免了复杂的 XML 解析校验等流程。因此，二者是适应不同场合的 Web 组件。

12.6 将会话 Bean 发布为 Web 服务

注：本节的示例代码保存在 chapt12/HealthTester 下。

会话 Bean 的无状态特性使得它也适合作为 Web 服务组件来提供服务。下面演示如何将会话 Bean 发布为 Web 服务。首先创建一个会话 Bean WeightCheckSessionBean，它包含一个用来检测体重的商业方法，代码如程序 12-6 所示。

程序 12-6：WeightCheckSessionBean.java

```
package com.demo;
import javax.ejb.Stateless;
@Stateless
public class WeightCheckSessionBean {
public String check(boolean sex, int weight, int height) {
        int r=height-weight;
        if(sex)r=105-r;
        else r=115-r;
        if(r<-10)return "太瘦";
        if(r<0&&r>-10)return "偏瘦";
       if(r>0&&r<10)return "超重";
        if(r>10&&r<20)return "肥胖";
        else return "严重肥胖";
    }
}
```

下面来看如何将会话 Bean 暴露为 Web 服务。其实很简单，只需要创建一个 Web 服务，在 Web 服务组件中引用会话 EJB 组件来提供服务，Web 组件的代码如程序 12-7 所示。

程序 12-7：NewWeightService.java

```
......
@WebService(serviceName = "NewWeightService")
public class NewWeightService {
   @EJB
```

```
        private WeightCheckSessionBean ejbRef;
        @WebMethod(operationName = "check")
        public String check(@WebParam(name = "sex") boolean sex, @WebParam(name =
"weight") int weight, @WebParam(name = "height") int height) {
            return ejbRef.check(sex, weight, height);
        }
    }
    ......
```

程序说明：在代码中，首先注入 EJB 组件，然后再在 Web 服务方法中调用 EJB 的商业方法来提供 Web 服务。

说明：将会话 Bean 发布为 Web 服务，使得 Bean 能够适应各种类型的客户端，而不仅仅是 Java 组件。而且即使会话 Bean 不提供远程接口，也可为远程客户请求提供服务。

注：由于 HTTP 协议的无状态特性，使得只有无状态会话 Bean 才能发布为 Web 服务。

12.7 RESTful Web 服务

基于 SOAP 的 Web 服务解决方案虽然较为成熟，安全性也较好，但是由于使用门槛较高，因此在大并发量情况下会有性能问题，在企业应用中并不太普及。为提供大并发量条件下的 Web 服务，业界提出了一种新的解决方案——REST（Representational State Transfer，表现状态转移）。

注：本节的示例代码保存在 chapt12/RestWS 下。

12.7.1 什么是 REST

首先要明确的是 REST 它不是一种协议，也不是一种标准，而是指一种软件架构风格。REST 架构的软件由服务器端和客户端两部分组成，服务器上的所有信息都被视为资源，每个资源都对应一个唯一的 URL 标识，对资源的操作又可归结为 Create（创建）、Read（读取）、Update（更新）和 Delete（删除）四种操作处理。资源具有不同的表现形式和状态，当客户端执行读取操作时，资源的状态信息以合适的形式发送到客户端，当客户端执行更新操作时，资源的状态又被转移到服务器端，因此整个软件的运行过程可以视为资源的表示状态在服务器和客户端间转移，因此这种架构被形象的称为 REST。

REST 架构是针对 Web 应用而设计的，其目的是降低开发的复杂性，提高系统的可伸缩性。REST 架构的软件设计遵循如下设计准则。

- 网络上的所有事物都被抽象为资源（resource）。
- 每个资源对应一个唯一的资源标识符（resource identifier）。
- 通过通用的连接器接口（generic connector interface）对资源进行操作。
- 对资源的各种操作不会改变资源标识符。
- 所有的操作都是无状态的（stateless）。

REST 是一种轻量级的 Web 服务架构风格，其实现和操作明显比 SOAP 和 XML-RPC 更为简洁，可以完全通过 HTTP 协议实现，还可以利用缓存来提高响应速度，性能、效率和易用性上都优于 SOAP 协议。

REST 架构遵循了 CRUD 原则，CRUD 原则对于资源只需要四种行为就可以完成对其操作和处理：Create（创建）、Read（读取）、Update（更新）和 Delete（删除）。这四个操作是一种原子操作，即一种无法再分的操作，通过它们可以构造复杂的操作过程，正如数学上四则运算是数字的最基本的运算一样。

REST 架构让人们真正理解 HTTP 网络协议的本来面貌，获取、创建、修改和删除资源的操作正好对应 HTTP 协议提供的 GET、POST、PUT 和 DELETE 方法，因此 REST 把 HTTP 对一个 URL 资源的操作限制在 GET、POST、PUT 和 DELETE 这四个之内。这种针对网络应用的设计和开发方式，可以降低开发的复杂性，提高系统的可伸缩性。

12.7.2　利用 JAX-RS 开发 RESTful Web 服务

JSR-311（JAX-RS：Java API for RESTful Web Services）旨在定义一个统一的规范，使得 Java 程序员可以使用一套固定的接口来开发 REST 应用，避免了依赖于第三方框架。同时，JAX-RS 使用 POJO 编程模型和基于标注的配置，并集成了 JAXB，从而可有效缩短 REST 应用的开发周期。Java EE 6 引入了对 JSR-311 的支持。JAX-RS 提供的标注及其详细信息如下所示。

- @Path：该注解为资源指定了一个相对路径。@Path 所标识的 URI 路径用于资源类或是类方法处理请求所用。
- @GET：@GET 所注解的方法用于处理 HTTP GET 请求。当客户端向代表某个 Web 资源的 URI 直接发送 HTTP GET 请求时，JAX-RS 运行时会调用被@GET 所标注的方法来处理该 GET 请求。
- @POST：@POST 所标注的方法用于处理 HTTP POST 请求。
- @Produces：该注解用于标识 MIME 媒体类型，这样资源中的方法就会生成该类型的内容并返回给客户端。
- @Consumes：@Consumes 注解用于标识 MIME 媒体类型，这表示了资源中的方法可以接受客户端所请求的类型。与@Produces 注解一样，如果在类上指定了@Consumes 注解，该注解就会应用到类中的所有方法；如果在某个方法上指定了@Consumes 注解，那么它会覆盖类上所指定的@Consumes 注解。

JAX-RS 还提供了其他一些方便的特性，比如基于参数的注解可以获得请求中的信息，@QueryParam 就是这样一种注解，它可以从请求 URL 的查询字符串中获得查询参数。其他基于参数的注解还有@MatrixParam，它可以从 URL 路径的 segment 部分获取信息；@HeaderParam 可以从 HTTP 头中获得信息，而@CookieParam 则可以从 cookie 相关的 HTTP 头中获得 cookie 信息。

下面通过实例来演示如何利用 JAX-RS 来开发 RESTful Web 服务。

① 首先创建 Web 工程 RestWS，然后选择【新建文件】，弹出如图 12-12 所示的新建文件窗口。本示例将创建一个对数据库中的表进行操作的 REST 风格的 Web 服务，因此，在左边【类别】列表选择“Web 服务”，在右侧的【文件类型】列表选择“基于数据库 REST 风格的 Web 服务”，单击【下一步】按钮，得到如图 12-13 所示的界面。

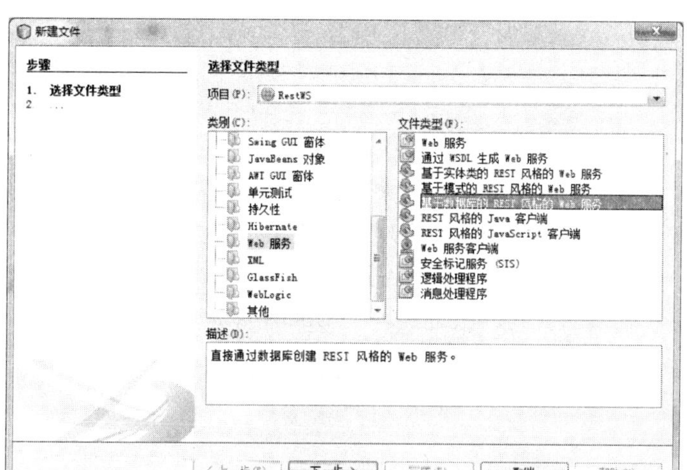

图 12-12　新建 REST 风格 Web 服务

② 在【数据源】下拉列表中选中内置的 Java DB 数据库的默认数据源 jdbc/sample，在可用表栏中选中表 Goods，单击中间的【添加】按钮，表 GOODS 转移到选定表栏，单击【下一步】按钮，得到如图 12-13 所示的界面。

③ 这一步要为选定的表创建实体类，在文本输入框【包】中输入实体类所在的包名"com.demo.entity"，如图 12-14 所示。

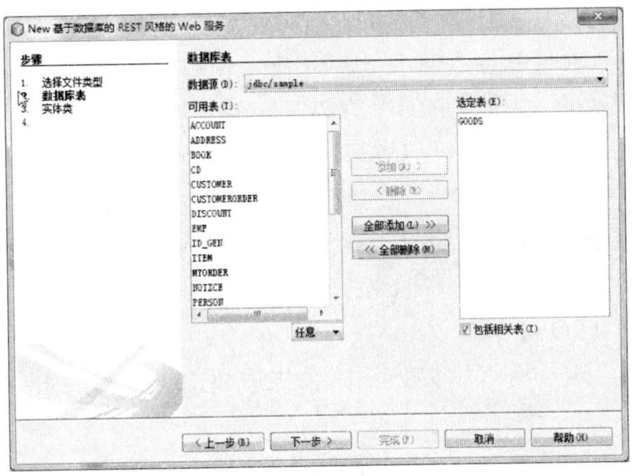

图 12-13　选择数据库表

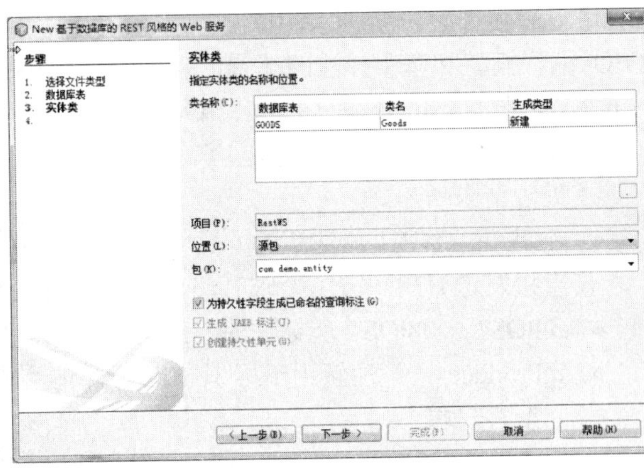

图 12-14　为数据库表设置实体类

④ 单击【下一步】按钮，向导将生成 Web 服务相关的其他组件，如图 12-15 所示。

⑤ 默认所有选项，单击【完成】按钮，RESTful Web 服务创建完毕。

首先来看一下向导都生成了哪些组件，RestWS 的目录结构如图 12-16 所示。

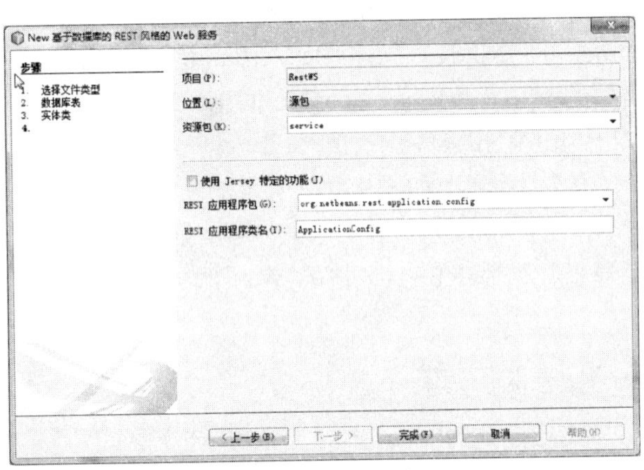

图 12-15　Web 服务相关组件

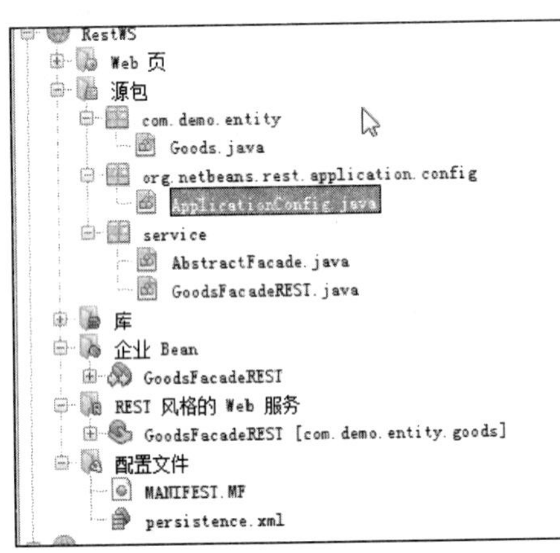

图 12-16　RestWS 的目录结构

在【源包】节点下生成了三个包，分别用来包含实体类、REST 服务注册类和 REST 服务实现，由于 RESTful Web 服务通过会话 EJB 来实现，因此在【企业 Bean】节点下多了一个 EJB 组件 GoodsFacadeREST，在【REST 风格的 Web 服务】节点下多了一个 Web 服务 GoodsFacadeREST。关于实体 Goods 的源代码参看附赠的代码，服务实现类 GoodsFacadeREST 的代码如程序 12-8 所示。

程序 12-8：GoodsFacadeREST.java

```
......
@Stateless
@Path("com.demo.entity.goods")
public class GoodsFacadeREST extends AbstractFacade<Goods> {
    @PersistenceContext(unitName = "RestWSPU")
```

```
    private EntityManager em;
    public GoodsFacadeREST() {
        super(Goods.class);
    }
    @POST
    @Override
    @Consumes({"application/xml", "application/json"})
    public void create(Goods entity) {
        super.create(entity);
    }
    @PUT
    @Override
    @Consumes({"application/xml", "application/json"})
    public void edit(Goods entity) {
        super.edit(entity);
    }

    @DELETE
    @Path("{id}")
    public void remove(@PathParam("id") Long id) {
        super.remove(super.find(id));
    }
    @GET
    @Path("{id}")
    @Produces({"application/xml", "application/json"})
    public Goods find(@PathParam("id") Long id) {
        return super.find(id);
    }
    @GET
    @Override
    @Produces({"application/xml", "application/json"})
    public List<Goods> findAll() {
        return super.findAll();
    }
    @GET
    @Path("{from}/{to}")
    @Produces({"application/xml", "application/json"})
    public List<Goods> findRange(@PathParam("from") Integer from, @PathParam("to")
Integer to) {
        return super.findRange(new int[]{from, to});
    }
    @GET
    @Path("count")
    @Produces("text/plain")
    public String countREST() {
        return String.valueOf(super.count());
    }
    @Override
    protected EntityManager getEntityManager() {
        return em;
    }

}
```

程序说明：代码以一个会话 Bean，利用 JPA 实现对数据库的操作，这也是 Java EE 推荐的经典模式。值得一提的是，在 EJB 的方法前，都是利用 JAX-RS 的相关注解进行了标记，使得它们支持 RESTful Web 服务。

为了注册 RESTful Web 服务，向导自动生成一个注册类，代码如程序 12-9 所示。

程序 12-9：ApplicationConfig.java

```
......
@javax.ws.rs.ApplicationPath("webresources")
public class ApplicationConfig extends Application {

    public Set<Class<?>> getClasses() {
        return getRestResourceClasses();
    }
    private Set<Class<?>> getRestResourceClasses() {
        Set<Class<?>> resources = new java.util.HashSet<Class<?>>();
        resources.add(service.GoodsFacadeREST.class);
        return resources;
    }
}
```

程序说明：通过注解@javax.ws.rs.ApplicationPath（“webresource”）将 Web 服务实现映射到 URL “webresource”。

下面测试创建的 Web 服务，部署并运行 Web 工程，打开浏览器，输入“http://localhost:8080/RestWS/webresources/com.demo.entity.goods”，其中的 webresources 为 RESTful Web 服务注册的 URL，而 com.demo.entity.goods 为 Web 服务实现 GoodsFacadeREST 对应的 Path 注解的值。由于后面没有提供任何请求参数，因此 GoodsFacadeREST 将调用匹配的 findAll 方法，得到如图 12-17 所示的运行结果。

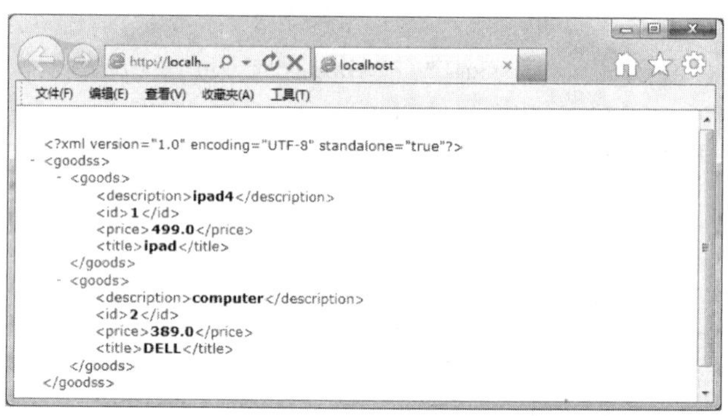

图 12-17　调用 RESTful Web 服务返回的结果

可以看到数据库中表 Good 的所有记录信息都以 XML 的形式返回给客户端。

注： 测试程序之前要在表 Goods 中录入测试数据。

12.7.3　与 SOAP 对比

为了更好地在实践中应用 Web 服务技术，有必要对 REST 和 SOAP 这两种 Web 服务方案进行对比。

（1）成熟度

SOAP 虽然发展到现在已经脱离了初衷，但是对于异构环境服务发布和调用，以及厂商的支持都已经达到了较为成熟的状态。不同平台，开发语言之间通过 SOAP 来实现的 Web 服务都能够较好的互通。

但是由于 REST 只是一种基于 HTTP 协议实现资源操作的思想，因此各个网站的 REST 实现都自有一套，也正是因为这种各自实现的情况，在性能和可用性上会大大高于 SOAP 发布的 Web 服务，但标准化方面远远不及 SOAP。

（2）效率和易用性

SOAP 协议对于消息体和消息头都有定义，同时消息头的可扩展性为各种互联网的标准提供了扩展的基础，WS-*系列就是较为成功的规范。但是也由于 SOAP 因各种需求不断扩充其本身协议的内容，导致在 SOAP 处理方面的性能有所下降。同时在易用性方面以及学习成本上也有所增加。

REST 被人们所重视，在很大程度上是因为其高效以及简洁易用的特性。这种高效一方面源于其面向资源接口设计以及操作抽象简化了开发者的不良设计，同时也最大限度地利用了 HTTP 最初的应用协议设计理念。同时，REST 还有一个很吸引开发者的就是能够很好地融合当前 Web 2.0 的很多前端技术来提高开发效率。例如很多大型网站开放的 REST 风格的 API 都会有多种返回形式，除了传统的 XML 作为数据承载，还有 JSON、RSS 等形式，这对很多网站前端开发人员来说就能够很好地解析各种资源信息。

（3）安全性

SOAP 在安全方面是通过使用 XML-Security 和 XML-Signature 两个规范组成了 WS-Security 规范来实现安全控制的，当前已经得到了各个厂商的支持，.net、php、java 都已经对其有了很好的支持（虽然在一些细节上还是有不兼容的问题，但是互通基本上是可以的）。

REST 没有任何规范对于安全方面作说明，目前开放 REST 风格 API 的网站主要分为两种，一种是自定义了安全信息封装在消息中（其实这和 SOAP 没有什么区别），另外一种就是靠硬件 SSL 来保障，但是这只能够保证点到点的安全，如果是需要多点传输的话 SSL 就无能为力了。

总之，REST 和 SOAP 各自都有自己的优点。REST 对于资源型服务接口来说很合适，同时特别适合对于效率要求很高、但对安全要求不高的场景。而 SOAP 在成熟度上优于 REST，可以给需要提供给多开发语言的，对于安全性要求较高的接口设计带来便利。

12.8　Web 服务的优缺点

作为一种新兴的应用集成模式，Web 服务具有以下优点。

（1）跨平台特性

XML 语言本身就是跨平台、跨语言的数据表示方法，再加上通用的 HTTP 等协议，使得 Web 服务天生就适用于基于异构平台的应用。如果系统的客户端包含了各种不同的平台，例如，开发人员希望自己的服务既可以被 Java 程序所调用，又可以由 VB 和 COM 程序所调用。开发人员有两种选择：一种是为不同的平台提供相应的 API，还要为不同的语言提供 API；如果提供 Web 服务，所有平台和语言都可以调用。

（2）穿越防火墙

对于基于二进制协议的 RMI/IIOP 的应用集成，如何穿越不同网络间的防火墙将是一个棘手的问题。客户端浏览器极有可能在 ISP（Internet Service Provider）防火墙后，大多数防火墙都只允许和外部的 HTTP 连接，因此要想 ISP 防火墙后的客户端能和防火墙外的 RMI/IIOP 的应用端口进行连接的话，就要改变 ISP 的安全策略，让客户端能够连接除了 80 以外的其他端口。但是如果运行 RMI/IIOP 应用的服务器也位于防火墙之后的 DMZ（Domain of Military Zone，军事区）中的话，那这个连接就更加复杂了，需要跨越两个防火墙。而 Web 服务由于使用的是 HTTP 协议，传递的是纯文本的 XML 数据，因此拥有穿透防火墙的良好性能。

（3）对于遗留系统的集成

大多数企业内部都有着各种各样的应用系统，它们是由不同的软件开发商开发的，运行在不同的平台和系统上，系统的开发语言也各不相同。由于现代企业信息自动化程度的提高，各个系统之间的互动和相互通信便提到日程上。因此，保护原有投资，重用遗留系统是当前很多中大型企业的重要任务。

由于遗留系统的运行平台是异构环境，因此企业应用集成的代价一般来说是很高的。但如果使用 Web 服务作为应用集成的手段，将会大大降低集成的消耗。Web 服务与平台和语言无关的特性是企业应用集成的利器。

但是使用 Web 服务的同时，开发人员也要正视它所存在的缺点，具体如下。

（1）Web 服务是一种无状态（stateless）服务。

所谓 stateless 就意味着不保存客户端服务调用者的任何信息。这是由 Web 服务的本质所决定的。Web 服务要为应用程序之间提供数据通信的标准，为企业应用之间动态地提供大颗粒度的服务，所以 Web 服务并不适合于非常精细的基于会话的方法调用，以及复杂的事务（transaction）处理。

（2）数据绑定也存在一些不足。

因为所有的数据传递都用 XML 格式，因此，需要在二进制数据和 XML 数据之间有个转换。但是，并不是所有的二进制数据都能方便地用 XML 来表示，并不是所有的 Java 对象都能被 XML 所表示。因此，经常在转换过程中会出现语义丢失的情况。

（3）性能上的缺陷

由于 XML 文件的解析处理需要耗费较大的 CPU 计算资源和内存资源，因此对服务器的性能提出更高的要求。网络资源的消耗也是 Web 服务应用的一些限制。因为基于 XML 数据传递的数据量通常要比二进制的协议（如 RMI/IIOP）要大得多。这种额外的消耗在网络资源比较紧张或网络传输比较频繁的应用中会产生一定的影响。

（4）技术要求高，学习曲线较长。

Web 服务具有复杂的协议栈和底层实现机制，对于真正意义上严肃的应用，一定要了解 Web 服务的各个方面，设计整体结构和解决方案，还要根据具体的应用调整性能。所有这些都需要对 Web 服务知识的全面掌握。这也就意味着对开发人员的技能和水平提出更高的要求。

12.9 小结

Web 服务是异构应用系统进行集成的强有力手段，它通过一组协议规范来定义不同的应用系统之间的交互，其中 SOAP 定义了消息传输格式，WSDI 定义了服务接口描述方式，UDDI 定义了服务发布和发现规范。为帮助开发 Web 服务，Java EE 提出了 JAX-WS 2.0。REST 是一种简化版的 Web 服务解决方案，它将应用间的交互方式简化为与 HTTP 方法对应的几种操作，并能够利用 Cache 来提高应性能。Java EE 提出了 JAX-RS 来支持 RESTful Web 服务的开发。将会话 Bean 发布为 Web 服务是一种很好的开发模式，将能够适应更多的客户类型。Web 服务具有跨平台、集成性强等优点，但是复杂的协议也带来性能上的开支，在实际应用中要注意平衡。

第 13 章　利用消息服务实现应用间异步交互

13.1　引言

应用间的交互有两种模式：同步交互和异步交互。同步交互就好比打电话，需要交互的双方都在线，我们第 12 章讲的 Web 服务就是一种同步交互模式。同步交互模式适合实时性较强的场景，交互的双方需要在线等待对方的回应，对应用的资源消耗和性能都会产生重大的影响。因此，在一些实时性要求较低的场合，异步交互可能更适合。异步交互通常基于消息机制实现。发送者将消息发送给消息服务器，消息服务器在合适的时候再将消息转发给接收者；发送和接收是异步的，发送者无须等待，二者的生命周期也可以不必相同，而且发送者可以将消息间接传给多个接收者，将大大提高程序的性能、可扩展性及健壮性，这使得异步处理模型在分布式应用上比起同步处理模式更具有吸引力。

为支持基于消息机制的企业应用间的异步交互，Java EE 提供了 JMS 规范和消息驱动 EJB。

13.2　JMS 概述

在 JMS 之前，由于没有统一的规范和标准，基于消息中间件的应用不可移植，不同的消息中间件也不能互操作，这大大阻碍了消息中间件的发展。JMS（Java Message Service，Java 消息服务）是 Java EE 提出的旨在统一各种消息中间件系统接口的规范。它定义了一套通用的接口和相关语义，提供了诸如持久、验证和事务的消息服务，它最主要的目的是允许 Java 企业应用程序无缝地访问现有的消息中间件。JMS 规范没有指定在消息节点间所使用的通信底层协议，一个特定的 JMS 实现可能提供基于 TCP/IP、HTTP、UDP 或者其他的协议。

13.2.1　JMS 消息模型

JMS 消息由以下几部分组成：消息头、属性和消息体。

- 消息头（header）：JMS 消息头包含了许多字段，它们是消息发送后由 JMS 提供者或消息发送者产生，用来表示消息、设置优先权和失效时间等等，并且为消息确定路由。
- 属性（property）：由消息发送者产生，用来添加消息头以外的附加信息。
- 消息体（body）：由消息发送者产生，JMS 中定义了 5 种消息体：ByteMessage、MapMessage、ObjectMessage、StreamMessage 和 TextMessage。

13.2.2　JMS 消息服务接口

针对消息服务，JMS 提供了以下编程接口。

- ConnectionFactory：连接工厂，JMS 用它创建到消息服务的连接。
- Connection：JMS 客户端到 JMS 实现的连接。
- Destination：消息的目的地。
- Session：一个发送或接收消息的线程。
- MessageProducer：由 Session 对象创建的用来发送消息的对象。

- MessageConsumer：由 Session 对象创建的用来接收消息的对象。

13.2.3 消息传递模式

JMS 支持两种消息传递模式：点对点（PTP）和发布-订阅模型（Pub/Sub）。

1. 点对点

点对点模式用于消息生产者和消息消费者之间点到点的通信。消息生产者将消息发送到由某个名字标识的特定消费者。这个名字实际上对应于消息服务中的一个队列(Queue)，在消息传递给消费者之前它被存储在这个队列中。队列可以是持久的，以保证在消息服务出现故障时仍能够传递消息。

2. 发布-订阅

消息被分成若干主题（Topic），消息生产者将消息发布到特定主题，消息消费者订阅特定主题的消息。一个消息生产者可以发布多个主题的消息，而一个消息消费者同样可以订阅多个主题的消息。

13.3 配置消息服务资源和连接工厂

像 JavaMail 会话一样，与 JMS 消息服务的连接也是以服务器资源的形式提供给 Java EE 应用的。因此在应用程序访问消息服务之前，首先要在服务器上创建 JMS 消息资源。

GlassFish Server 3.1.2 内置了消息服务实现 MQ-Core，我们将建立针对 GlassFish Server 内置消息服务的连接。启动 GlassFish Server 3.1.2，并进入 Web 管理控制界面。选择【资源】→【JMS 资源】→【目标资源】，得到目标资源列表，单击【新建】按钮，得到如图 13-1 所示的【新建 JMS 目标资源】界面。

在【JNDI 名称】文本输出框中输入 JMS 资源的 JNDI 名称“jms/GoodsShipped”，在代码中将通过此名称来建立与资源的连接。在【资源类型】下拉列表中选择“javax.jms.Queue”，表示我们建立的是一个针对消息队列（即点对点消息传递模式）的连接，在【物理目标名称】输入“Goods”来设置消息队列的名称，单击左上角的【确定】按钮，JMS 资源创建完毕。

JMS 消息资源创建完毕后，下面就该建立对 JMS 资源的连接了。选择【资源】→【JMS 资源】→【连接工厂】，得到连接工厂列表，单击【新建】按钮，得到如图 13-2 所示的【新建 JMS 连接工厂】界面。

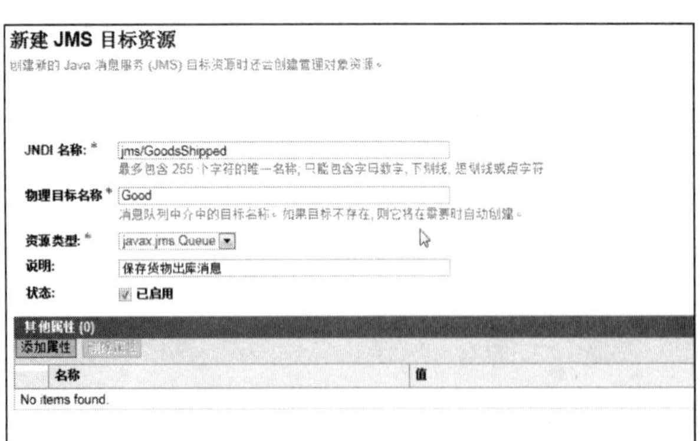

图 13-1 【新建 JMS 目标资源】界面

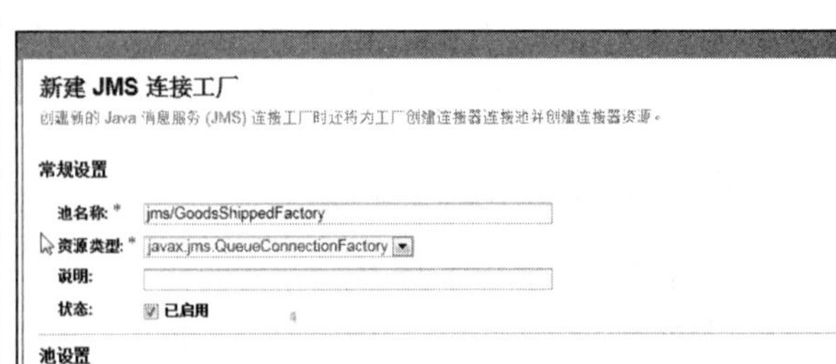

图 13-2 【新建 JMS 连接工厂】界面

在文本输入框【池名称】列表中输入连接工厂的名称“jms/GoodsShippedFactory”，因为要连接的目标资源为消息队列，因此在下拉列表【资源类型】中选择【javax.jms.QueueConnectionFactory】，最后单击【确定】按钮，JMS 连接工厂创建完毕。

13.4　发送 JMS 消息

注：本节的示例代码保存在 chapt13/JMSMessage 下。

下面创建一个 Web 工程 JMSMessage，然后创建一个 Servlet 组件 SendMessage，用来向 JMS 消息队列发送消息。在自动生成的 Servlet 的框架代码中单击右键，在弹出的快捷菜单选择【插入代码】，弹出如图 13-3 所示的窗口。选择【发送 JMS 消息】选项，弹出如图 13-4 所示的运行窗口。

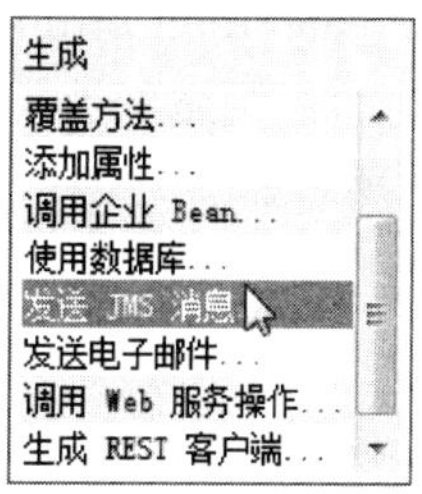

图 13-3　插入发送 JMS 消息的代码

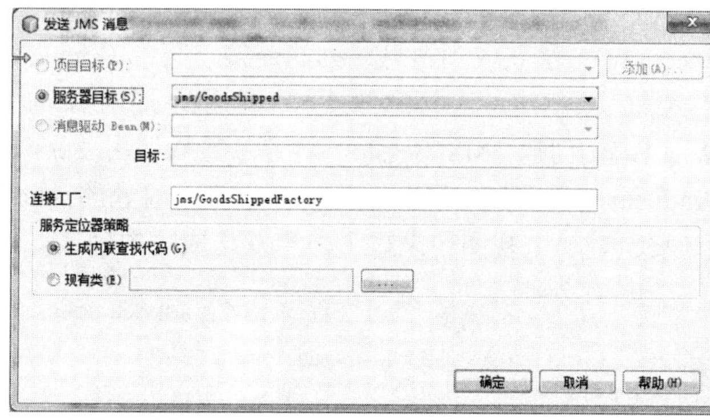

图 13-4　配置发送 JMS 消息的代码选项

在【服务器目标】项选中之前创建的 JMS 资源“jms/GoodsShiped”，在文本输入框【连接工厂】输入之前创建的 JMS 连接工厂的名称“jms/GoodsShippedFactory”，默认其他选项，单击【确定】按钮，连接 JMS 的框架代码将插入 Servlet 中。最后的代码如程序 13-1 所示。

程序 13-1：SendMessage.java

```
......
@WebServlet(name = "SendMessage", urlPatterns = {"/SendMessage"})
public class SendMessage extends HttpServlet {

    @Resource(mappedName = "jms/GoodsShipped")
    private Queue goodsShipped;
    @Resource(mappedName = "jms/GoodsShippedFactory")
    private ConnectionFactory goodsShippedFactory;
    protected void processRequest(HttpServletRequest request, HttpServletResponse
response)
            throws ServletException, IOException {
        Connection connection = null;
        Session session = null;
        Goods g = new Goods();
        g.setID(101);
        g.setAmount(3);
        g.setTarget("北京海淀区中关村大街 65 号");
        try {
            connection = goodsShippedFactory.createConnection();
            session = connection.createSession(false, Session.AUTO_ACKNOWLEDGE);
            MessageProducer messageProducer = session.createProducer(goodsShipped);
            ObjectMessage message = session.createObjectMessage();
            message.setObject(g);
            messageProducer.send(message);
            messageProducer.close();
            session.close();
```

```
                connection.close();
            } catch (JMSException ex) {
                ex.printStackTrace();
            }
            response.sendRedirect("faces/sendSuccess.xhtml");
        }
        ......
    }
```

程序说明：发送消息的代码主要位于方法 processRequest()中，首先利用 ConnectionFactory 接口的 createConnection()方法获取到消息队列的连接，其中 ConnectionFactory 接口的引用是通过应用服务器的资源注入来实现的。连接获取后，调用连接对象的方法 createSession(false, Session.AUTO_ACKNOWLEDGE)创建 JMS Session 对象，然后调用 Session 对象的方法 createProducer(queue)创建 MessageProducer 对象，最后调用 MessageProducer 对象的 send 方法来将创建的消息发送到消息队列中。

下面还要创建一个视图用来显示消息发送成功的确认，代码如程序 13-2 所示。

程序 13-2：sendSuccess.xhtml

```
<?xml version='1.0' encoding='UTF-8' ?>
<!DOCTYPE html PUBLIC "-//W3C//DTD XHTML 1.0 Transitional//EN" "http://www.w3.org/TR/xhtml1/DTD/xhtml1-transitional.dtd">
<html xmlns="http://www.w3.org/1999/xhtml"
      xmlns:h="http://java.sun.com/jsf/html">
    <h:head>
        <title>发送成功</title>
    </h:head>
    <h:body>
        出库通知已经成功发送
    </h:body>
</html>
```

运行程序 13-1，最终将得到如图 13-5 所示的运行结果。

13.5 利用 MDB 处理消息

注：本节的示例代码保存在 chapt13/MDB2 下。

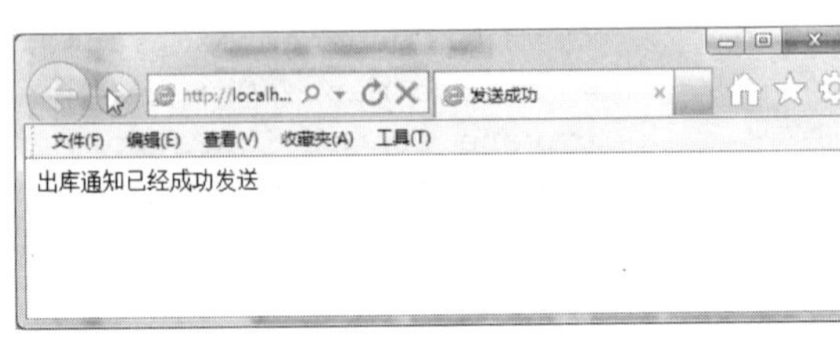

图 13-5 消息发送成功确认

消息驱动 Bean 使得 Java EE 应用程序能够异步处理 JMS 消息。消息驱动 Bean 类似于事件侦听程序，不同的是，消息驱动 Bean 接收消息而不是事件。消息可以由任何 Java EE 组件（应用程序客户端、其他 Enterprise Bean 或 Web 组件）发送。

消息驱动 Bean 的最大优势是可以避免占用更多的服务器资源。通过会话 Bean 也可以接收处理 JMS 消息，但它们以同步方式运行，而不是像消息驱动 Bean 那样异步运行。因此在许多场合，开发人员可以使用消息驱动 Bean 代替会话 Bean。

在某些方面，消息驱动 Bean 类似于无态会话 Bean，具体如下。

- 消息驱动 Bean 的实例通常不保留特定客户端的数据或会话状态。
- 消息驱动 Bean 的所有实例都是等效的，从而使 EJB 容器能够向任何消息驱动 Bean 实例指派消息。容器可以将这些实例集中在一起，以便能够并行处理消息流。
- 单个消息驱动 Bean 可以处理来自多个客户端的消息。

但与会话 Bean 不同，消息驱动 Bean 的客户端不通过接口对其进行访问。它们之间是通过异步消息松散耦合的。消息驱动 Bean 只有一个 Bean 类。

在部署了一个消息驱动 Bean 后，它就被指派到一个虚拟通道上监听特定主题或队列中的消息。JMS 客户机发送的任何消息（该消息必须符合 JMS 规范）都将由应用服务器转发给某个虚拟通道上的消息驱动 Bean。当 EJB 容器接收到这条消息时，它将会从某个实例池中选择该 Bean 类的一个实例来处理该消息。Bean 实例将调用 onMessage()方法来处理这条消息。

容器为创建的消息驱动 Bean 实例提供 MessageDrivenContext 接口，MessageDrivenContext 使 Bean 实例能够访问由容器为其维护的上下文。

下面新建 Web 应用 MDB2，并在其中创建一个消息驱动 Bean 组件来处理 JMS 消息。选择【新建文件】，弹出如图 13-6 所示的【新建文件】对话框。

单击【下一步】按钮，得到如图 13-7 所示的运行界面。在文本输入框【EJB 名称】中输入“GoodsShippedMessageBean”，注意在【服务器目标】选项选中之前创建的 JMS 资源“jms/GoodsShipped”，单击【完成】按钮，消息驱动 Bean 创建完毕。

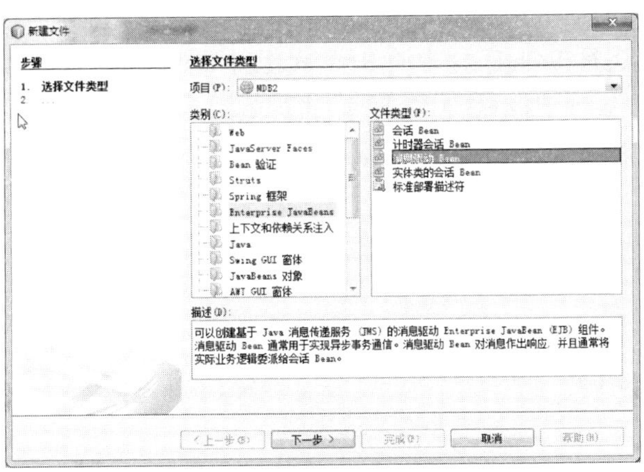

图 13-6　新建消息驱动 Bean

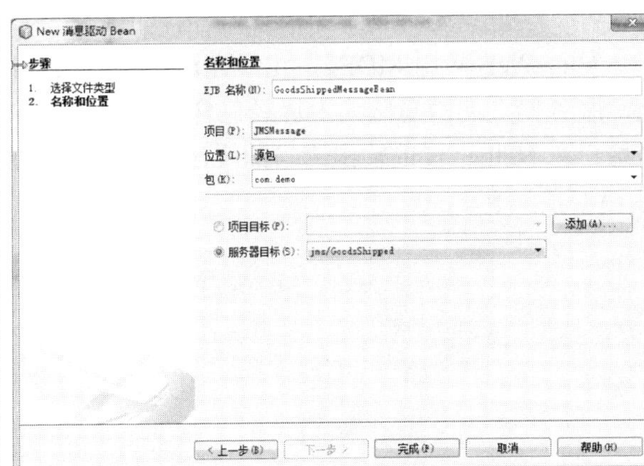

图 13-7　【New 消息驱动 Bean】对话框

消息驱动 Bean 的完整代码如程序 13-3 所示。

程序 13-3：GoodsShippedMessageBean.java

```
@MessageDriven(mappedName = "jms/GoodsShipped", activationConfig = {
    @ActivationConfigProperty(propertyName = "acknowledgeMode", propertyValue =
"Auto-acknowledge"),
    @ActivationConfigProperty(propertyName = "destinationType", propertyValue =
"javax.jms.Queue")
})
public class GoodsShippedMessageBean implements MessageListener {
    public GoodsShippedMessageBean() {
    }
    @Override
    public void onMessage(Message message) {
        ObjectMessage msg = null;
        try {
            if (message instanceof ObjectMessage) {
                msg = (ObjectMessage) message;
                Goods g = (Goods) msg.getObject();
               if(g!=null){
                  System.out.println("编号为"+g.getID()+"的出库通知已经收到");
```

```
                }
            }
        } catch (JMSException e) {
            e.printStackTrace();
            } catch (Throwable te) {
            te.printStackTrace();
        }

    }
}
```

程序说明：本例中的消息驱动 EJB，它的主要功能是将传递来的消息实体打印出来。在类定义的前面可以看到注解@MessageDriven，它表明此类为消息驱动 Bean。注解标记后面括号内的信息为此消息驱动 Bean 对应的 JMS 资源信息。当消息驱动 Bean 部署时，应用服务器将根据此信息来为消息驱动 Bean 配置 JMS 资源。

Bean 类实现了 MessageListener 接口，接口方法 onMessage(Message message)是消息处理逻辑实现的地方，这里只是将收到的消息内容打印出来。

发布 Web 应用 MDB2，由于之前我们已经多次运行 Web 工程中的 Servlet 组件 sendMessage，因此，服务器上的消息队列中已经包含了多条 JMS 消息。此时消息驱动 Bean 将被触发来处理队列中的消息，在 Netbeans 的输出窗口的【GlassFish Server 3.1.2】视图将看到消息驱动 Bean 输出的信息，如图 13-8 所示。

图 13-8 消息驱动 Bean 输出的信息

由此可以看出，基于 Java EE 的消息服务，即使交互的 Web 应用不在线，消息服务中间件也会确保将消息通知给对端来处理，从而实现可靠的交互。

13.6 小结

基于消息机制的异步交互是一种适应性较广的应用间的交互方式。Java EE 提供了 JMS 规范来统一企业应用各类消息中间件的接口，并提供了消息驱动 Bean 来处理异步消息。JMS 支持两种消息传递模式：点对点（PTP）和发布-订阅模型（Pub/Sub），开发人员应根据业务需求来选择合适的消息传递模式。